2022

最具公众影响力
品牌传播案例集

金旗奖编委会　编著

中国财富出版社有限公司

图书在版编目（CIP）数据

2022最具公众影响力品牌传播案例集 / 金旗奖编委会编著 . — 北京：中国财富出版社有限公司，2023.6

ISBN 978-7-5047-7869-7

Ⅰ . ① 2… Ⅱ . ①金… Ⅲ . ①公共关系学—案例 Ⅳ . ① C912.31

中国国家版本馆 CIP 数据核字（2023）第 104448 号

策划编辑	周　畅		**责任编辑**	周　畅		**版权编辑**	李　洋
责任印制	梁　凡		**责任校对**	张营营　杨小静		**责任发行**	杨　江

出版发行	中国财富出版社有限公司			
社　　址	北京市丰台区南四环西路 188 号 5 区 20 楼		**邮政编码**	100070
电　　话	010-52227588 转 2098（发行部）		010-52227588 转 321（总编室）	
	010-52227566（24 小时读者服务）		010-52227588 转 305（质检部）	
网　　址	http：//www.cfpress.com.cn		**排　　版**	宝蕾元
经　　销	新华书店		**印　　刷**	宝蕾元仁浩（天津）印刷有限公司
书　　号	ISBN 978-7-5047-7869-7/C・0243			
开　　本	787mm×1092mm　1/16		**版　　次**	2023 年 9 月第 1 版
印　　张	37.25		**印　　次**	2023 年 9 月第 1 次印刷
字　　数	814 千字		**定　　价**	168.00 元

GOLDEN FLAG AWARD 金旗奖 | 2022

最具公众影响力品牌传播案例集

China's Most Influential Brands

Communication Case Studies In 2022

| 编委会

主　编：银小冬

编审委员会（按姓氏音序排列）：

陈先红　龚妍奇　何春晖　李国威　商　容　杨美虹　张殿元

编　委（按姓氏音序排列）：

常濯非	陈依依	陈永东	陈永泰	储　门	董　斌	樊传果	顾杨丽	郭为文	韩红星
胡远珍	黄玲忆	来向武	李　玲	李兴国	李　焱	李志军	刘　畅	刘海迎	刘晓程
刘　焱	刘永强	马源源	马志强	孟　茹	彭焕萍	尚恒志	邵松岩	沈　激	孙瑞祥
汪　珺	王春雨	王洪波	王　虎	王晓晖	吴　翀	吴加录	吴志远	徐　俊	杨　晨
杨　亮	姚利权	姚　曦	殷　俊	俞竹平	岳　慧	张　辉	张　洁	张景云	张　宁
张文轩	张晓艳	张再洲	张　泽	赵　晖	郑　威	钟育赣	周朝霞	朱瞻宇	左　跃

前 言 | CONTENTS

品牌向上带动社会向上

2022年，是金旗奖创立第13年。

过去12年，是金旗奖不断寻找和超越自己的历程。

回顾过去，我们一直在探索金旗奖的发展方向，一直在思考作为以贡献长期价值为考量的品牌传播大奖，金旗奖该奖励什么，又该承担怎样的社会责任。

答案似乎很清晰，却又无法描述。

清晰，是因为12年来，金旗奖始终没有偏离创立时的初衷，坚持发掘在文化与价值层面为公众带来美好期盼与向往的优秀案例和品牌榜样，倡导品牌向上带动社会向上。

无法描述，是因为我们一直无法用准确的文字表达金旗奖的理念。我们希望每个品牌都能成为引领社会向上发展的榜样，汇聚成推动社会向上发展的巨大力量，用向上的价值观、文化，美好的产品与服务影响和带动消费者。

我们希望把这种理念贯彻在每一次的行动中，让每个参与金旗奖的品牌或企业都能感知并同我们一起行动。

为了能够清晰地表达这个理念，我们对金旗奖品牌视觉系统进行了全面升级，变化之彻底，连我们都始料未及。

新的金旗奖品牌标识由一个方形和一个圆形组成，方形由旧标识的旗帜演化而来，代表品牌，圆形则代表了地球，寓意每个品牌就像一面旗帜，引领社会向上发展。

以品牌向上带动社会向上！

是的，在12年不断追寻和思考中，品牌理念早已成为金旗奖基因的一部分，并引导我们完成了正确的事。

金旗奖聚合了丰富的、优秀的品牌公关实践案例，我们将之结集成册，持续出版，这些案例进入高校教材，走进高校课堂，帮助企业实现品牌社会价值最大化，同时，推动产学结合，助力人才培养，赋能个人成长，促进职业发展。

12年来，金旗奖持续走向国际舞台。把来自中国的优秀的具有示范意义的品牌公关营销案例介绍给全球，为中国品牌提升国际影响力贡献力量。

金旗奖组委会编著的中国品牌公关营销行业第一本英文案例集 *Public Relations Case Studies*，在全球电子教材平台 VitalSource 上线并发行，200多个国家和地区的数千家机构和数百万名学生可在线学习来自中国市场的品牌公关营销案例，向全球展示了中国商业文明。

12年来，金旗奖陪伴和见证了中国及国际品牌在中国市场的快速成长。它们的足迹都记录在金旗奖案例集中。

2013年，"牛奶的秘密"恒天然品牌微电影整合传播案例，展示了国际品牌面对数字化、社会化变革引领的品牌体验创新时代，在中国市场为探索品牌沟通方式做出的新尝试。

2014年，京东成功赴美上市公关传播案例，翻开了京东新的一页，也翻开中国电商新的一页。

2015年，澳优乳业"守护第一口奶"明星公益传播案例，时值娱乐圈结婚生子大潮，通过明星效应、公益行为、热点话题组合进行话题性事件传播，诠释社会责任感，塑造品牌形象。

2016年，腾讯里约奥运实时营销案例，每天产出1~3张实时营销海报，用独特的画面或富有内涵的文案诠释奥运报道"不一样的视角"。

2017年，佰草集故宫限量版上市推广案例，佰草集与故宫博物院合作推出太极丹十二美人限量版产品。在拉近公众与故宫文化距离的同时，奠定佰草集民族品牌的权威地位。

2018年，雅加达亚运会闭幕式上的八分钟"杭州时间"，"万科，与杭州一起2022"品牌借势城市热点传播案例，成为杭州品牌借势亚运会的"教科书"级城市整合传播案例，广受市民和官方好评。

2019年，波司登全球整合营销项目，波司登摸索出一套服装领域的营销传播升维打法，结合纽约时装周等一系列联动全球线上线下的整合营销传播活动，提升品牌全球势能。

2020年，腾讯＆人民网国庆H5"我的年代照"传播，以H5创意形式展现中华人民共和国成立70年来生活变迁，为全年龄段用户合成极具代入感的年代照，打造了一场跨越代际的全民回忆盛宴！

2021年，《炬光》纪录片项目，推出关注扶贫助农、聚焦年轻人创业与灵活就业、助力中小商家成长及关注疫情中各地商业复苏等内容，打造了巨量引擎社会责任品牌建设的第一个里程碑。

2022年，"30+ 不止于超越"安踏集团30周年传播，多角度讲述安踏30年来的故事：从一家传统的民营企业，成为中国体育用品公司的领跑者，并进一步走向世界参与全球竞争。突显不止于自我超越，更要向上担当，以商业向善为原则，与各利益相关方实现价值共生的企业形象。

10年10册，金旗奖案例集已经成为记录中国品牌公关营销行业发展历史的生动载体，一个个展现时代特征的经典案例，铸就了一个个代表中国传媒业发展的里程碑。

下一个12年，金旗奖将继续聚合更多优秀品牌力量，为中国品牌传播续写新的篇章，这是我们的责任与使命！

金旗奖创始人

目 录 | CONTENTS

2022金旗奖最具公众影响力营销创新金奖　/ 073

2022金旗奖最具公众影响力元宇宙产品创新金奖　/ 095

2022金旗奖最具公众影响力政府类项目金奖　/ 107

2022金旗奖最具公众影响力NGO类项目金奖　/ 117

2022金旗奖最具公众影响力市场公关传播金奖 / 243

2022金旗奖最具公众影响力市场公关活动金奖 / 273

GOLDEN
FLAG
AWARD
金 旗 奖

2022
—
金旗奖最具公众影响力
全 场 大 奖

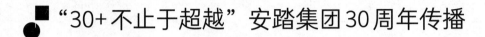 "30+不止于超越"安踏集团30周年传播

执行时间：2021年1月1日—12月31日
企业名称：安踏体育用品集团有限公司
品牌名称：安踏集团
获奖类别：2022金旗奖最具公众影响力全场大奖

项目概述

安踏集团自1991年创立以来，秉持永不止步、不断超越的精神，从一家传统的民营企业，转型为具有现代化治理结构和国际竞争能力的公司，成为中国体育用品公司的领跑者，并进一步走向世界，参与全球竞争。2021年，安踏集团在成立30周年之际，围绕"30+不止于超越"这一主题打造系列活动，多角度讲述30年来的故事，展现安踏集团的使命感、价值观、方法论和产品力，突显不止于自我超越，更要向上担当，以商业向善为原则，与各利益相关方价值共生的企业形象。

行业分析：受2022年冬奥会等赛事影响，中国运动行业发展空间巨大，增长势头强劲；人们更加重视健康，运动市场关注度空前；国家关注与支持运动市场，出台《全民健身计划（2021—2025年）》。

媒体分析：音视频社交渐成主流，相关平台成为人们获取信息的主要阵地；以大数据为支撑的内容分发平台，可以更好地触达意图影响人群；掌握优质内容的头部平台加速整合，打造新媒体大IP格局。

受众分析：受众触媒习惯发生变化，更看重情感价值及认同感，更接受图片等直观阅读方式，文字方面则趋于深度阅读，个性化内容增多。

项目策划

1.项目目标

对安踏集团过往30年发展历程的关键节点、抉择时刻进行回顾和梳理，高度总结、深入挖掘，受众分层、精准触达，通过兼具主流价值与创新活力的全渠道融媒体传播，讲述安踏三十而立的故事。

行业端：增进资本市场与行业人群对于安踏集团成长潜力和战略愿景的理解。

员工及社会公众：提高安踏集团在员工及公众认知中的归属感与美誉度。

消费者：推动消费者种草安踏集团产品，提升安踏集团产品在消费者心目中的喜爱度和第一提及率。

2. 项目洞察

安踏30年，是企业与国家共同发展的30年。30年间大浪淘沙，能存活下来的企业很不容易，那些抓住历史机遇、不断超越自我的企业，成了行业代表。在步入新纪元的高光时刻，安踏集团更应从容思考"超越"的含义——仅仅体现超越"强大"并不足够，一家企业需要满足员工、投资人、消费者、行业上下游伙伴等利益相关方的多方需求，需要以商业向善为原则思考义利合一。

3. 整体策略

（1）内容策略：讲述安踏集团从自我超越到成就超越再到展望未来、成为一家受人尊敬的企业的真实故事，同时从行业人士及合作伙伴、员工、消费者及社会大众等不同的受众角度，提炼不同的核心内容。

资本市场、媒体及智库领袖：安踏的方法论——安踏集团全新的企业格局和未来战略，将为资本市场带来更大投资信心，成就投资者，助力他们获得更多利益。

行业人士及合作伙伴：安踏的价值观——安踏集团将和行业人士及合作伙伴携手共赢，让每个参与者都能从中获得更多的价值感和成就感。

员工：安踏的文化——安踏集团回顾过往、总结经验，感恩员工，弘扬企业文化，展望未来，方向清晰，增进员工的自豪感，提高组织凝聚力。

消费者及社会大众：安踏的产品力——安踏集团以成就消费者超越自我为目标，打造具有硬实力、高品质的体育用品，让每个消费者都能从中获得满足感和乐趣。

（2）媒介策略：通过进一步校准核心信息，确定具体的媒介策略。

高举高打：通过权威媒体抢占传播高地，重量封面报道，总结安踏方法论。

双管齐下：文字与影像并重，权威媒体结合KOL，多元形式创造更大声量。

项目执行

根据全年传播节奏，针对不同受众，从不同沟通角度推出侧重点分明的线上、线下传播活动。在整个项目过程中，对各个环节进行全流程监控，根据受众反馈及时调整。

在项目执行过程中，完成了以下内容：一个头版，《人民日报》头版刊发文章《安踏坚持提质量创品牌——心无旁骛做实业》；一条视频，《人民日报》新媒体特别呈献安踏30周年原创视频《不止于超越》；一系列封面，包括《中国新闻周刊》《三联生活周刊》《哈佛商业评论》等；一场战略合作，携手清华大学联合创立"清华大学–安踏集团运动时尚联合研究中心"；一次戈壁徒步，成为实现玄奘之路ABC段大满贯的企业军团；一个基金会，在安踏集团成立30周年之际，创始人家族宣布投入价值100亿元的现金及股票，成立"和敏基金会"，投身医疗救助、体育、乡村振兴及环境保护四大领域的公益项目；一种价值主张，以"创造共生价值"为商业准则打造"共生型组织"，推动实现可持续发展及共同富裕。

"30+ 不止于超越"安踏集团30周年传播

项目评估

最终，在方案高效执行和及时调整的情况下，"30+ 不止于超越"安踏集团30周年传播整体实现了核心媒体齐发声、主流媒体深聚焦、社交媒体强破圈、自有媒体频刷屏的效果。传播组合拳带动微信指数爆发上涨，实现了海量媒体自发正面传播的效果。

1. 核心媒体齐发声

《人民日报》史无前例头版报道、整版图文点赞安踏坚持自主创新，心无旁骛做实业，坚持与体育、社会、环境共同进步的理念；人民日报App、新华社、中国体育报专题报道，其中30周年系列视频《永不止步》及《不止于超越》在人民日报App及人民日报微博播放量累计超1600万次，系列报道话题阅读量累计超4300万次。

2. 主流媒体深聚焦

《中国新闻周刊》《三联生活周刊》《哈佛商业评论》从组织、战略、文化等多个维度深度解读安踏的成功之道，将安踏集团作为企业成长的标杆案例。《国民品牌突围》《安踏的"进化论"》《三十年磨一鞋》等深度文章刷屏，成功打造安踏样本。

3. 社交媒体强破圈

商业财经及生活方式自媒体大号相关报道总阅读量破100万次，单篇阅读量超50万次；安踏集团30周年战略发布72小时内媒体自发报道信息总量超8500条。

4. 自有媒体频刷屏

安踏集团微信公众号30周年系列推文总阅读量突破10万次，安踏集团视频号30周年系列视频播放量累计突破 100 万次。

相关介绍报道

亲历者说 姚鹏　安踏集团传播高级总监

　　而立之年的安踏，如何向外界展示一个沉稳而不失少年感、始终拥有向上力量的活力青年人设，传递能够引领这个行业时代潮流和未来趋势的洞见，是本次传播面临的最大挑战。在企业形象展示上，我们在以往"超越自我，永不止步"企业精神内核的基础上进行了迭代，推出"30+ 不止于超越"，体现了安踏集团在商业成功之外，以运动文化和体育精神为推手，承担更多社会责任，推动人们迈向美好生活的使命感，并以此生发出了"创造共生价值"的全新价值主张，在更高的格局上给 30 岁后的安踏集团奋斗方向定调，驱动安踏集团作为中国运动用品企业的代表，在下一个十年走向更广阔的舞台，支持爱运动的每一个人。

案例点评

　　点评专家：吴志远　华中师范大学自媒体研究中心主任，湖北省自媒体协会会长

　　作为国内一家知名的体育用品品牌，安踏除了生产体育用品，还承担更多的责任，例如，推进中国服饰产业升级换代。因此，在这次营销活动中，安踏需要对自己的各类受众都有所交代，例如投资者、合作伙伴，当然还有最重要的消费者。值得肯定的是，在此次营销活动中，安踏非常注意针对不同的公众输出不同的品牌内容，尽量照顾到各方。

2021 "福特汽车环保奖" ①

执行时间： 2021年5月1日—2022年5月31日

企业名称： 福特汽车（中国）有限公司

品牌名称： 福特中国

代理公司： 伟达（中国）公共关系顾问有限公司上海分公司

获奖类别： 2022金旗奖最具公众影响力全场大奖

项目概述

近年来，生物多样性保护成为世界关注的公共议题之一。为了更好地保护环境，2021年，"福特汽车环保奖"开创性地设立了"生态旅游路线奖"，开展生态之旅，支持和鼓励有关方在各类自然保护地开展面向公众的优秀生态旅游项目。一方面推动了自然保护地更好地实现游憩、教育功能，另一方面使生态旅游项目能够被更多公众了解，并促进了当地生态保护事业和所在社区的可持续发展。

2021 "福特汽车环保奖"

项目策划

1.项目调研

随着经济发展和科技进步，人们对生活质量和生存环境的要求日益提高。生态环境保

---

① 本文中所涉及的视频及照片，伟达（中国）公共关系顾问有限公司上海分公司均已得到被拍摄者的使用许可。

护已成为全人类共同关注的话题，人们的旅游消费需求也在不断发生变化，除旅游产品自身品质和价格外，人们的关注点开始转向环保、教育等。国家重视生态旅游并积极推进其发展。

2. 项目策略

（1）通过打造"福特汽车环保奖"生态旅游IP，在公众视野中树立品牌符号，积极传递生态旅游理念，从而深化企业在环保界的领袖形象，并在行业中起到引领作用。

（2）通过"福特汽车环保奖"背后的丰富资源，赋能民间环保力量，提升生态旅游项目经营管理效能，从而带动当地社区可持续发展。

（3）利用品牌影响力，借助媒体等多方资源，宣传优秀的生态旅游项目，加强项目的公众影响力。

3. 传播规划

（1）传播节奏：根据"福特汽车环保奖"全年活动规划进行内容传播。

启动仪式：通过线上结合线下的启动仪式，向环保社会组织等征集项目，并向公众公布奖项创新举措。

项目探访：在"生态旅游路线奖"参评项目中，挑选两条优秀的生态旅游路线，邀请相关方进行项目探访并对项目和探访地进行全面有深度的传播。

线上颁奖：表彰优秀的生态旅游路线，提升项目知名度和影响力，助力其可持续发展。

（2）内容规划：为打造生态旅游IP，以"生态旅游路线奖"和生态之旅作为全年传播重点。

阶段性发布官方新闻稿：启动仪式、项目探访、线上颁奖3篇主新闻稿。

配合生态之旅项目探访，推送相关资料信息。阐述生态旅游定义：积极面向参与者及公众普及正确的生态旅游概念，阐述生态旅游和大众旅游的区别。提供可持续发展建议：参与者共同探讨生态保护与社区共建可持续发展议题中的机遇与挑战。侧写环保人物/组织故事：深度挖掘环保社会组织幕后故事，提升机构或组织的生态旅游影响力。植入产品信息：项目探访与产品试驾相结合，侧面宣传产品信息，提升品牌美誉度。推广生态旅游路线攻略："福特汽车环保奖"的"生态旅游路线奖"结果公布后，企业携手在线旅游平台打造生态旅游清单。

4. 传播创意

打造"福特汽车环保奖"生态旅游IP：活动启动后，征集到来自全国27个省（市、区）的环保社会组织的近100份提案。企业在此基础上，将其中优秀的生态旅游路线整理成册，在"福特更美好的世界"公众号及官网推出生态旅游清单。携手马蜂窝和携程旅行网等知名旅游平台，为公众呈现游历美丽中国的特别攻略。

线上打造轻量级生态旅游话题营销事件：由大V发起话题#没有手机的24h，你会做什么#；KOL全平台话题引导#生态旅游的21种打开方式#，邀请20位KOL分享自己对"生态旅游"的理解，第21个分享用户为"福特中国"，意为"福特汽车环保奖"21年；在C端（个人用户端）进行故事征集，打造多维度话题营销模式，破圈传播，引发网友热议。

5.媒介策略

公益媒体背书：从公益角度介绍项目在行业中的影响力，回顾品牌多年公益路的坚持与成就，传递"打造更美好的世界"的愿景。

旅游、摄影等生活方式类媒体及KOL破圈传播：以更加视觉化及故事化的方式传递生态之旅这一全新的生活方式，扩大信息覆盖面，吸引公众广泛关注。

汽车、行业类媒体为品牌赋能：从品牌战略出发，撰写深度文章，引发行业关注，提升品牌形象，强化产品记忆。

项目执行

2021年5月，"福特汽车环保奖"组委会积极探讨项目发展方向，创新、拓展授奖领域，支持和鼓励更多民间环保力量参与进来。

马蜂窝升级打造的生态旅游攻略

2021年7月，2021"福特汽车环保奖"正式启动，创造性地设立"生态旅游路线奖"。

2021年9月，公开招募公众参与投票。

2021年10月，福特中国正式开启2021"福特汽车环保奖"生态之旅，推动公众参与，倡导人与自然的和谐共生。

2021年11月，将参评的优秀生态旅游路线整理成册，在"福特更美好的世界"公众号及官网推出生态旅游清单。

2022年1月，"福特汽车环保奖"公布年度获奖组织名单，以表彰有突出贡献的环保社会组织。

2022年2月—5月，品牌携手马蜂窝和携程旅行网等知名旅游平台，升级打造更适合公众参与的生态旅游路线，为公众呈现游历美丽中国的特别攻略。

项目评估

1. 效果综述

2021年，"福特汽车环保奖"设立"生态旅游路线奖"，创新性地拓展了该奖项的授奖领域。同年10月，福特中国首次开展"福特汽车环保奖"生态之旅，携百位媒体、福特车主及员工志愿者探访了优秀的参评项目，获得一致好评。

参与者大多为第一次进入国家公园，或第一次感受生态旅游这种全新的旅游方式，为正确引导参与者理解和参与生态旅游，福特中国邀请到当地政府领导参与，阐述当地生态保护和社区可持续发展现状，并得到了他们对该项目的认可与支持；同时，邀请到权威生态专家普及生态旅游概念，代入经典案例，展示保护生物多样性的重要性。

在整个探访过程中，经验丰富的导览员、巡护员为参与者进行了知识讲解，引导其带着思考去探访。探访结束后，参与者既了解到奋斗在环保一线的可爱人们的故事，又为环

唐家河保护区野生动物保护专家及资深野生动物摄影师马文虎进行导览讲解

保组织以及社区的可持续发展献计献策，产出了高质量的深度报道，在各个领域触达公众，呼吁公众参与其中。

2. 媒体统计

2021"福特汽车环保奖"启动仪式线上直播总浏览量超过10万次。

深度内容报道在社交媒体全平台阅读量超过6781万次，互动量超过39万次，实现"破圈"效应。

马蜂窝和携程旅行网相关平台的"福特汽车环保奖"生态旅游路线推荐共触达人群6313万人。

亲历者说 张朗萱 福特汽车（中国）有限公司企业社会责任经理

在负责企业社会责任工作的10年间，"福特汽车环保奖"一直是我的骄傲。这一奖项落地中国二十余年，见证和陪伴了中国民间环保力量的成长。

2021年，随着"生态旅游路线奖"的设立，我们带领媒体、车主、员工，在专家的引导下深入国家公园等，体验独有的民族文化、生态环境，体会到旅游原来不仅仅是行色匆匆、拍照打卡，也可以跟生态教育融合，帮助社区发展。我们希望借助生态旅游在公众和环保之间架起一座桥梁。

案例点评

点评专家：李焱 马来西亚国家石油公司（简称马石油）中国主席

作为世界上规模极大的环保奖项之一，"福特汽车环保奖"于2021年在中国开创性设立"生态旅游路线奖"，推进了国家生态环境保护工作，也进一步诠释了公司的愿景和初衷。该案例体验性强、内容呈现形式多样、传播主题鲜明，在生态环境保护和公众之间架起一座沟通的桥梁。通过打造一系列符合目标人群生活方式的深度体验项目，有效地实现了与目标人群的情感链接。在满足产品及品牌推广需求的同时，向公众传达了环境保护的重要性，通过凝聚多方资源及号召力，带动了当地生态环境的可持续发展。该案例时间跨度大，执行难度高，但通过团队的共同努力，最后呈现出了非常理想的传播效果，是值得学习和推广的"整合营销+生态保护"案例。

2022年全国科技工作者日

执行时间：2022年4月1日—6月30日
企业名称：中国科学技术协会（简称中国科协）
品牌名称：中国科学技术协会
代理公司：胜加
获奖类别：2022金旗奖最具公众影响力全场大奖

项目概述

全国科技工作者日，时间为每年的5月30日。2022年中国科协开展一系列线上及线下传播，致敬全国科技工作者。企业通过此次传播，弘扬科学家精神，突出新时代科技工作者的人格魅力和精神风貌，体现对广大科技工作者的崇高敬意。

项目策划

1. 策略

高速发展的数字化时代，人们的关注点，往往难以集中在信息本身，人们对情感的表达似乎也没有那么强烈了，但获取信息的初衷、关注情感的本质没有发生改变。越是繁杂的时代，越需要输出务实的内容，而好的故事，需要依托最真实的情感。

与其为了吸引关注，将科技工作者的故事"编"得更有戏剧冲突性，不如还原故事本身最纯粹的内核，用真诚抒发最直接的情感，用真实输出最打动人心的内容。

2. 洞察

在研究了大量科技工作者的资料后，项目组发现，"科技工作者"这个头衔，其实在字面上掩盖了科技工作者本身的部分个性。

口语化的表达，能够快速拉近故事与观看者的距离，能够给关注科技发展的每个人带来共情的基础，而背后科技工作者身上的那种求真精神也能够得到完美表达。

3. 创意

这种平实的创作，也体现在创意主题"大地上的星火"上。很多小行星会以伟大科学家的名字来命名，让人们仰望。而各领域的科技工作者，更像是大地上的星火，发出自己的光和热。这众多"星火"背后，正是"星火燎原"的信仰。

视频脚本在结构上由几部分组成：概念引入、5位科学家的真实故事、结尾由叙事向情感的转变。5位科技工作者有着不同的工作地点、不同的工作领域，他们都是为未知、为人民、为国家而发光，照亮一方、照亮时代。

在平面设计方面，画面中地面上的执火者与夜空中的群星呼应，点明"大地上的星火"这一主题。而文字上，则采用了书法与场景中山体和岩石纹理融合的方式，将中国元素与视觉冲击力结合了起来。

项目执行

宣传片超出客户预期完成，得到一致好评。策划先行，本次项目旨在弘扬科学家精神，宣传新时代科技工作者人格魅力和精神风貌，同时体现国家对科技领域、科技工作者的长期关注，以昂扬的姿态迎接党的二十大胜利召开。精选音乐，由于该宣传片串联多个人物故事，且时长较长，为了整体内容的起承转合，本次共购买了多条音乐素材，对其加以重新编排，促使音乐与内容更好结合。后期精益求精，宣传片经过近20次修改，不断优化整体视频的逻辑及结构，并调整画面、音乐、配音、情绪等细节，最终获得了科技日报社的肯定。

项目评估

以"大地上的星火"为主题，讲述科技工作者扎根基层，专注于自己的科研领域，开辟全新道路的故事，将他们为国家、为时代负重前行的事迹进行艺术化呈现。宣传片将科技工作者比作"大地上的星火"，重点体现科技工作者在不同领域和地方，以自己的力量，在不确定中寻找确定，为未知带来希望感人行为，传递科技工作者身上的科学家精神。总浏览量为562万次，总互动量为11万次。

亲历者说 岳峰　项目创意总监

本项目由中国科协发起，我们参与其中，协助科技日报社完成部分任务。其间，我们有幸与一群科技工作者发生超越空间与时间的情感碰撞，在这种碰撞中感受一种来源于人的、可敬可爱的叙事力量。同样，我们有幸能在这个数字化时代通过输出务实的内容，向大家传递真实情感所带来的力量，我们感到自己的工作很有价值。

案例点评

点评专家：龚妍奇　劲霸男装董事、品牌副总裁

　　短片以小见大，展现出中国当代科技工作者真诚、平实、朴素的精神面貌和人格魅力。正是因为有默默无闻的科技工作者，才有了中国现今科技进步的伟大成就。短片虽然没有华丽辞藻和煽情设计，却让人感受到大地上的星光就是改变时代的浩瀚星辰，在致敬科技工作者的同时让我们产生共鸣：总要相信光！

2022新康泰克"康泰克先生关爱热线"项目

执行时间：2022年9月
企业名称：中美天津史克制药有限公司
品牌名称：新康泰克
代理公司：北京行行行广告有限公司
获奖类别：2022金旗奖最具公众影响力全场大奖

项目概述

随着Z世代的到来，陈旧的品牌形象已经不能吸引年轻人目光。为抢占年轻市场，新康泰克计划对使用多年的品牌形象"康泰克先生"升级焕新，重新融入年轻人文化，提升市场认知度。

IP目标：在年轻消费者心中建立并巩固"康泰克先生"IP"疗愈系"的温暖形象，提升影响力。品牌目标：沉淀长期可复用的品牌资产，拉高其在未来市场上的关注度和销量。传播目标：把握年轻消费者兴趣点，引发可感知、有价值的互动热潮。

项目策划

1. 洞察

感冒是日常生活中常见的病症，但人们常常忽视对感冒患者的生理和心理关怀。

"感冒是小病"，所以忘记吃药，导致感冒反复发作，身体痛苦不堪；"感冒是小病"，所以病人也不需要特别安慰，可以正常上班上学。但谁说生病脆弱的感冒患者不需要被关爱？

2. 核心策略

结合"康泰克先生"IP形象，从"感冒场景＋两性情感"双向切入，通过"数字＋娱乐"的创新营销方式，强调消费者在感冒时期渴望被关爱的需求，并利用年轻人感兴趣的话题，打造暖心的情感体验——"康泰克先生关爱热线"，持续提升"康泰克先生"IP影响。

项目执行

1. 预告短片造悬念，提前输出，激活期待

以"金鹰剧场预告片"风格打造预告短片，吸引大众注意。

2. 多重触点炒声量，使热度集中爆发

线下覆盖重点感冒场景：购药触达，联合线下药店、会员社群等，从最贴近感冒人群的场景出发，积累更多种子用户。

线上多个渠道营销突围：KOL种草，集中传播"康泰克先生关爱热线"开箱视频，以用户真实反馈为核心，撬动更多年轻用户参与传播；社群体验，UGC（用户生成内容）中趣味内容预埋，用海量的聊天记录，打造体验式自传播；官方长期互动，官方持续征集物料，鼓励消费者参与创作，制造长期资产。

3. 新闻媒体上价值，国外网友加码，引发持续讨论

以"海外社交媒体"扩散，"反哺"国内声量，制造可持续传播的话题。

项目评估

1. 体验创新，一种前所未有的感冒关爱体验

"康泰克先生关爱热线"深度挖掘长期以来被大众忽视的情感诉求——"感冒时期需要被关爱"，打破常规营销套路，绑定年轻圈层感兴趣的"配音形式"，为感冒人群送去一次心里有感、真正有用的情感体验。

2. 技术创新，一个极具新意的"小程序+热线来电"组合

"康泰克先生关爱热线"突破性地将小程序与热线电话相结合。真人小程序：通过真人视频互动的小程序机制，全程沉浸式交互，持续引导用户订阅热线内容。心动热线来电：打造五大声音类型、70余条不同种类语音来电，为感冒患者送上每天不重复的心动关爱。

3. 品牌创新，一份可长期留存复用的品牌资产

"康泰克先生关爱热线"技术形式可复用，不仅可作为长线运营的品牌资产，也为品牌未来创造更多定制化内容提供可能。

传播总曝光量超5000万次，互动量超2万次。

亲历者说 **武颖祺 项目负责人**

很开心可以加入本项目。本次我们的活动就是面向年轻人，结合感冒场景，去做有趣的事。感冒是日常生活中常见的病症，人们却常常忽视对感冒患者的生理和心理关怀。我们通过这一洞察，立足情感文化这个点借助不同类型的声音提醒，不断放大品牌关怀，希望每一个订阅康泰克先生关爱热线的用户都能感受到这种语音的陪伴。

案例点评

点评专家：汪珺　GE航空航天大中华区传播总监

　　营销创新手段很多，贵在"以情动人"，真正做到直抵人心。感冒发烧是日常生活中最常见的病痛，可能一天就好了，但哪怕只有一天，这24小时的难受和"一个人战斗"的孤独仍然需要被看到。于是，新康泰克先生的"关爱热线"适时出现，如同午夜电台一般给消费者带来心底的触动。这样的营销设计，"轻取"人心，令人久久回味。设计者还利用海外社交媒体引起国外网友的热议，把这份关爱持续扩散到地球上其他需要被照亮的地方。

白象吃光光挑战社交媒体营销[①]

执行时间： 2022年6月2日—8月18日

企业名称： 白象食品股份有限公司（简称白象）

品牌名称： 白象食品

代理公司： 北京飞扬广告有限公司（简称飞扬广告）

获奖类别： 2022金旗奖最具公众影响力全场大奖

项目概述

经历了3·15和残奥会两轮舆情高峰的白象食品，面临着社会上"是否会昙花一现"的质疑，同时，5月到7月恰逢方便面行业淡季，白象希望做到"淡季不淡"，以创新传播承接之前的好感度和热度，为8月、9月的销售旺季打好基础。

白象吃光光特效展示

项目策划

1. 项目洞察

基于对客户需求的了解，项目组将这个项目的核心目标总结为以下3点：创意出彩、

---

① 本文中所涉及的视频及照片，北京飞扬广告有限公司均已得到被拍摄者的使用许可。

出圈但是不出格；小预算实现大效果，"四两拨千斤"；紧密围绕品牌和产品的特点，拒绝"天马行空"。

基于项目背景和目标，选择抖音作为本次传播的平台，原因有以下3点。

流量好：想要实现好的传播效果，平台的月活用户一定要多。选择抖音作为传播平台，有机会获得较高的流量。

创意好：抖音平台有较强的互动性，玩法多，有利于创意的展开。此外，短视频形式相对于图文形式更具有视觉冲击力，可以让创意更直观地展现给用户。

商业化：抖音近两年在商业化层面持续发力，选择抖音平台可以更好地为品牌的抖音电商小店积攒人气和流量。

基于平台的选择，经过头脑风暴，项目组决定为白象开发一款抖音特效，原因有以下两点。

参与门槛低：抖音特效已经是抖音用户常用的视频拍摄辅助工具，发现特效、使用特效、上传视频已经是绝大多数抖音用户驾轻就熟的操作。

可大范围传播：一款优秀的抖音特效，可以自带流量，用户看到喜欢的特效时会不自觉地进行"拍同款"操作，从而大范围传播。

项目组设计了一款抖音特效游戏，命名为《白象吃光光挑战》，用户可以张开嘴巴接住掉落下来的各种白象元素，如炖鸡、火腿、面饼、面碗等，接住所有元素的用户会得到挑战成功的奖励。

2. 难题与解决方案

完成核心创意策划后，在与特效师沟通时，项目组遇到了4个难题，同时提出了解决方案。

难题1，抖音官方特效合作费用高：抖音官方开发特效合作费用60万元起，费用较高，会挤占特效发布之后推广、投放的费用。

解决方案1，与特效师进行非官方合作：最终选择与专业特效师进行非官方合作，将成本降低为官方开发的20%。

难题2，非官方特效不允许商业化：抖音非官方特效不允许带有商业化、营销、品牌元素，否则无法通过平台审核上线。

解决方案2，用极易辨识、高度还原的元素：无论是特效中面的设计还是老母鸡汤、招牌猪骨汤的名称，都是白象特有的元素，消费者极易辨识。

难题3，只有高度还原的元素，品牌呈现仍然不够明显：只有高度还原的元素，还不足以让所有消费者一看便知这是白象的宣传推广。

解决方案3，让BGM/文案/抖音话题充满浓浓的白象味儿：配合抖音特效，创作BGM《白象面真香》；话题＃白象吃光光挑战＃。

难题4，特效/BGM的整合问题：由于不允许商业化，特效和音乐相对独立，无法在发布前对其进行结合，但只有两个独立的元素结合起来才能变成完整的传播工具。

解决方案4，选择"官方账号，首发特效+BGM"：官方账号给首发特效视频配上《白象面真香》BGM，就能将特效与BGM组合起来，后续用户直接"拍同款"，两个独立的元素就组合在了一起进而传递开来。

3. 媒体策略

在白象抖音官方账号首发，可以使白象的粉丝第一时间知道该特效，并使用该特效。官号首发可以将抖音特效与BGM音乐绑定在一起，后续的KOL和博主可以通过"特效"按钮或者"拍同款"按钮直接拍摄特效、BGM音乐绑定好的视频。

同时，邀请特效师以非官方的形式开发抖音特效，节约了80%的费用，节约的费用可用于KOL、博主投放，请他们来给用户粉丝做示范，推荐这款有意思的特效。本次共选择了2位头部KOL、4位肩部KOL、4位腰部KOL和3位尾部KOL参与传播。

除此之外，通过抖音星图的"全民任务"功能，向所有注册了星图的博主发放挑战任务。

项目执行

7月19日特效通过平台审核，官方抖音账号首发，后续KOL和全民任务跟进；7月29日，官方主动传播结束，播放量为8500万次，但用户参与的热情仍没有停息，8月3日传播量破亿次，截至提交奖项审核时传播量已经达到1.6亿次，并且在不断增长中。

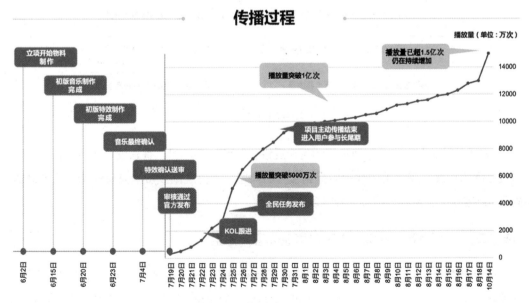

传播过程

《白象面真香》歌曲仅有6句歌词,初稿向客户提交了5个版本,调整细节7次,而后通过编曲和演唱风格的搭配,创作出3条DEMO,票选出最佳版本后,提交抖音平台审核。

特效制作方面,在1个月的时间里,共提交1个初版和22个修改版,对特效里每一个元素、轨迹、速度等都进行了精确到毫秒级别的优化,最终在抖音特效平台"一稿过"。

项目评估

由于项目成本所限,投放资源并不多,#白象吃光光挑战#在立项时设定的传播KPI(关键绩效指标)为1800万次的播放量,但是由于特效趣味性强、参与门槛低、KOL传播效力惊人等,项目组在特效上线第五天(7月23日)就完成了任务。随着后续全民任务发布,越来越多的草根大号参与扩散,在品牌方主动传播结束(7月29日)时播放量达到8500万次。用户参与热情并没有随着推广结束而熄灭,越来越多的用户加入#白象吃光光挑战#,8月3日话题播放量突破1亿次,截至发稿前,播放量已经达到1.6亿次,有10万用户参与挑战。

项目创新总结

#白象吃光光挑战#得到了良好的用户反馈,"全家一起玩""有意思""边吃白象的面,边玩白象的游戏"成为用户评论中提到较多的内容。官方主动投放的点赞评论,互动量达到了100万次,全民参与的互动量难以统计。

亲历者说 罗炜曦 飞扬广告第四事业部客户总监

成为白象的合作伙伴,我们肩负着使命感和紧迫感。一家有良心、有情怀的民族企业,值得我们投入更多精力,助力它走得更好、更远。我们始终以白象人的视角和思维进行自我审视。我们会问自己："这符合白象的品牌调性吗？""这会给白象带来风险吗？""这么做白象的消费者会喜欢吗？"也正因如此，我们有幸能够和这家令人尊敬的公司建立战略合作关系。

案例点评

点评专家：何春晖　浙江大学经济与文化研究中心执行主任，浙江大学公共外交与战略传播研究中心副主任，中国公关学会副会长

案例利用抖音特效，创造了数字营销的新玩法。案例以品牌现阶段传播诉求和品牌调性为本，以延续品牌社会好感度、创新品牌淡季传播为诉求，选取抖音特效作为社交营销切入口，取得了小投入大效果的传播实效，是一个淡季小成本营销提高传播声量的良好典范。采用抖音特效，品牌开发了数字营销新模式，通过为用户提供创作工具代替以往活动征集模式，提高用户参与主动性，凭借符合抖音平台玩法的强趣味性和娱乐性、低参与门槛和KOL扩散效应，精准触达目标用户，掀起全民UGC创作浪潮，蝴蝶传播效应明显。值得称赞的是，白象品牌在淡季营销过程中，还加入了家国情怀、民族振兴等，体现了企业的社会担当与责任，传递出品牌积极向上的正能量，显得非常可贵。

贝壳浑水做空事件危机公关

执行时间：2021年12月—2022年1月

企业名称：贝壳控股有限公司（简称贝壳）

品牌名称：贝壳

代理公司：北京品智尚诚文化传媒有限公司（M+传播）

获奖类别：2022金旗奖最具公众影响力全场大奖

项目概述

2021年12月16日晚，浑水公司（简称浑水）突然发布针对贝壳的做空报告。面对突发危机，贝壳作为一家千亿市值的中国知名企业，既要稳定资本市场与舆论环境，避免谣言扩散，影响市值大幅波动，又要维持良好品牌形象，需要财经公关、品牌传播、海外传播、政府关系等多部门高度协同、快速反应，平稳渡过危机，并借此增强对企业新战略的包装传播。

项目策划

1. 策略

第一时间反应，发布澄清公告，包含关键信息：本公司谨此澄清该报告中的指控失实，本公司稍后会进一步发布澄清公告。

由于浑水做空报告也质疑贝壳收购圣都家装，就此机会强化"一体两翼"战略论述和解读输出。"一体两翼"是2021年11月贝壳提出的新战略，"一体"即房产交易业务，"两翼"即家装家居业务和租房业务，贝壳在房产中介领域深耕十余年，积累的产业数字化经验延展到家装、家居、租房等更多居住服务领域。结合战略本身，关联平台责任、企业长期发展市场空间，持续进行角度拆解和数据、观点支撑，强调贝壳第二曲线前景、社会价值形象。

2. 创新

12月17日上午，北大管理案例研究中心官微发布贝壳入选北大光华案例相关新闻，结合一图读懂等重点信息物料，对贝壳诚实可信的价值观进行传播，间接反驳浑水对贝壳数据造假的无端指责，内容在多家权威媒体、财经媒体扩散，稳住内外信心。

3. 媒介策略

高权威媒体背书，拓宽回应声明的影响面，12月两版官方回应声明发布后，央视财经、中新经纬、《证券日报》、《证券时报》、智通财经、虎嗅网、大公网、中国网地产等多家权威财经媒体等快速转载传播，在实时信息流中迅速占据有利位置。

加强媒介针对性，覆盖最话、雪贝财经、万房研究、攸克地产等行业自媒体，在地产行业形成有效引导。

外媒定点沟通，第一时间发布公告信息。

拓宽媒介领域，注重股票社区引导。

4. 传播规划

第一阶段（12月16日）美股开盘前，官方号发布澄清公告，第一时间权威发声。

第二阶段（12月17日—12月24日），邀请财经媒体专家和KOL点评，解读做空报告的不合理性，结合三季报数据信息、北大案例入选事件，"巩固"基本面正向声音，同时联系机构分析师出具和做空机构观点相反内容，进行媒体和股票社区的二次传播。

第三阶段（1月20日—1月24日）发布做空内审报告中文声明后即刻传播中英文声明长图，第三方稿件正向引导，海外传播定点沟通，彭博新闻社、路透社、《南华早报》等第一时间发布公告消息。

项目执行

第一阶段快速响应，配合IR（投资者关系）拟订声明及24小时内反做空报告，制定及时应对做空策略，梳理可传播利好物料，沟通媒体加强定调，基于IR回应、研究报告最新内容，持续进行深度解读。

第二阶段持续对垒，随着股价波动趋缓，浑水暂无更新动作，舆论对做空事件的关注点逐渐偏移至贝壳本身基本面，借此强化企业"一体两翼"战略的论述和解读输出。同时，借势入选北大案例库，制作一图读懂等重点信息物料，间接反驳浑水对贝壳数据造假的无端指责。

第三阶段反击成功，30余家核心财经、证券、门户、地产媒体对事件跟进报道，引发13位券商分析师、媒体高层、行业专家学者等高影响力KOL为贝壳站台发声，在朋友圈转发官微声明，有力声援支持。

项目评估

总体来看，贝壳此次公关较为成功，有效避免了资本市场的大幅动荡，贝壳股价相对平稳，负面舆情可控，浑水的可信度大打折扣。通过及时、沉稳、有力的回应和传播，贝壳为中国企业反击恶意做空塑造出一个正面案例。

其间，多位地产行业大V、雪球社区KOL等第三方专家均第一时间支持贝壳；大摩、中金公司、中信证券等券商机构也陆续发布贝壳有利研究报告，其中，中信证券发布了详细的反驳浑水观点的深度研报，多家头部数据公司质疑浑水报告可信度。新华网主动肯定贝壳"一体两翼"战略及居住服务行业未来发展空间，《证券时报》《中国证券报》《证券日报》、界面、树懒生活Fine等多家媒体解读企业"一体两翼"战略，形成长期有效的舆情防护作用。一个多月的舆情应对期内，支持贝壳的原创媒体稿件近110篇，媒体超50家。

自浑水事件发生后，贝壳股票社区并未出现大面积负面内容，整体舆情中性偏正面，股民以支持和相信贝壳数据没有问题为主。贝壳雪球官方账号发布公告后，雪球社区大V纷纷自发评论，从浑水数据计算方式有误、中美房产经纪模式差别较大、贝壳信誉较好、财务数据造假不可信等角度声援贝壳。

亲历者说 吴尚　M+传播创始人及CEO

从业十多年以来，我亲历过各类大大小小的危机事件，这一次是尤为特殊的。在贝壳之前，浑水做空对于中概股企业的威慑力不言而喻，重压之下如何帮助贝壳渡过这一难关？项目组在浑水报告发布当晚迅速拟订紧急危机应对策略，凭借服务百余家企业的公关经验，配合贝壳公关中心协调多方资源，有力反驳浑水报告，最终在"自证清白"后取得阶段性胜利。

案例点评

点评专家：李兴国　中国公共关系协会第三、四、五届常务副会长，中共中央党校（国家行政学院）教授

这是一个成功的危机公关案例。打赢跨国做空保卫战，其成功值得学习借鉴。首先，危机处理及时。浑水公司发布针对贝壳的做空报告，危机爆发24小时以内企业方回应，发布包含关键信息的澄清公告。其次，化解危机时不仅自证清白，还请专家和权威机构分析做空报告的不合理性，增加权威性和可信度。寻求海内外权威媒体、网络大V进行多种渠道立体传播，扩大影响力。用事实说话，通过入选北大光华案例间接辟谣。

美的微晶冰箱寻味丝绸之路

执行时间： 2021年8月11日—2022年9月30日

企业名称： 合肥美的电冰箱有限公司

品牌名称： 美的冰箱

代理公司： 共振体信息科技（福建）有限公司

获奖类别： 2022金旗奖最具公众影响力全场大奖

项目概述

从最早的"三文鱼封存一周"挑战，到明星陈坤代言，美的微晶冰箱的品牌传播进入第4个年头，微晶一周鲜技术也升级到第四代。如何在传播端为电商渠道赋能，如何更有效地为美的微晶冰箱的高端形象和"不冻原鲜，口感如初"的核心利益点找到引爆网络的切入点，成为当下面临的挑战。

项目策划

1. 项目策略

美的微晶冰箱寻味丝绸之路 —— 一场美食"西游记"的口感探寻之旅。

（1）信念坚定的"唐僧" —— 美的冰箱：美的品牌坚持技术创新，以领先的科技为用

美的微晶冰箱寻味丝绸之路活动主画面

户带来更美好的生活享受，从未改变，从"探鲜"更进一步，追求食材的原鲜口感。美的重走丝绸之路，一路探寻丝绸之路上的中华传统美食，寻味海鲜类、肉类食材的原鲜口感，用对美食文化、食材口感的追求和传播取到真经——消费者的信任和好评。

（2）技能突出的"美猴王"——微晶冰箱：微晶冰箱如同技艺高超的孙悟空，为满足用户口感需求，能够精准识别肉类、海鲜类食材的冰点，更好地保存食物。

（3）最佳辅助——创意及传播：坚定的信念和目标、经得起考验的硬核技能，再搭配最佳辅助"八戒""白龙马""沙僧"——项目创意传播、大资源（敦煌菜创始人赵长安、文旅博主房琪kiki、星空拍摄师叶云等）及精准执行，才完成一场完美的中华美食口感之旅。

2. 创意呈现

第一站（尊重，泉州）：尊重食物，以原始的方式烹饪海鲜，并封存海鲜，地点为福建省世茂海上丝绸之路博物馆；美的微晶冰箱的微晶一周鲜技术，正是出于对食材原鲜口感的尊重，实现的技术更新迭代，旨在为消费者带来最极致的盛宴。

第二站（传承，西安）：守护非遗美食羊肉泡馍，有文化的美食应该传承下去，地点为汉长安城未央宫国家考古遗址公园；西安美食传承人一代又一代按照正宗的方法制作羊肉泡馍，不偷工减料，不删减流程，只为将千百年前的中华美食传承至今，美的微晶冰箱希望也能够成为传承中华美食文化的一员。

第三站（标准，兰州）：你吃的兰州牛肉面不一定是正宗的，只有符合标准的牛肉面才是正宗的，地点为金城关文化博览园；兰州牛肉面具有严格的制作标准，店面遍布全国各地，让身处不同城市的人们都能品味到兰州牛肉面的魅力。美的微晶冰箱作为肉类、海鲜类食材存储标准的制定者，也希望通过建立更高行业标准的方式将中华传统美食文化发扬光大。

第四站（创新，敦煌）：敦煌壁画里走出的美食，寻找丝绸之路敢于尝鲜、"勇于探鲜"的故事；敦煌菜创始人赵长安老师从敦煌壁画得到灵感，查阅百万文字资料，还原敦煌壁画上的菜品，在此基础上创新，把敦煌壁画"搬"到中国及国际友人的餐桌上，使用中餐西吃的方式，让更多人享受形色兼备的中华传统美食；美的微晶冰箱在探索和追求食材原鲜的道路上不断创新，将形色兼备的美食输送至更多大众消费者的厨房和餐桌。

**美的微晶冰箱寻味丝绸之路
泉州站海报**

美的微晶冰箱寻味丝绸之路
西安站海报

美的微晶冰箱寻味丝绸之路
兰州站海报

美的微晶冰箱寻味丝绸之路
敦煌站海报

项目执行

8月18日起，美的冰箱为让大家更了解丝绸之路的美食文化，开启活动，不断电的房车带着美的微晶冰箱从泉州到敦煌，历经7天7夜，重走丝绸之路。在泉州、西安、兰州、敦煌4站开展直播活动，为配合直播活动，与当地知名美食文化名人、微博/抖音/小红书美食生活类KOL合作，种草美的微晶冰箱产品。

活动结束后，在北京、成都、广州三个城市七鲜超市设置"中华美食博物馆"，将丝绸之路上的美食、文化、微晶一周鲜技术以面对面的形式展现给核心销售城市的消费者。

项目评估

美的冰箱京东官方旗舰店同步直播，预售美的微晶冰箱新品，传播及销售效果达到预期：全网曝光量超1.28亿次，为京东站内引流超262万人次，美的冰箱京东站内搜索量占比较上年提升11.32%，活动期间京东平台单价万元以上的美的微晶冰箱销量达1629台。

7天沿途直播，多平台多渠道传播，全民助力销售；线上邀请抖音平台叶云同学全程参与，用7天时间，沿泉州、西安、兰州到敦煌，每站还邀请非遗美食传承人直播，直播间在小红书、微博、七鲜App发起#万物皆可微晶 寻味丝绸之路#美食挑战赛，线下在北京、成都、广州三地七鲜超市进行现场展陈及互动，针对美的微晶冰箱的卖点以及该产品的使命，与消费者进行更深层次的沟通。

8位文化名人和美的微晶冰箱一起，成为中国传统美食守护者；近年来，越来越多的人关注并加入守护中国传统文化的行列，传统美食文化却未能进入大众视野。因此，这次活动邀请敦煌菜创始人赵长安老师，让其化身中国传统美食守护人，目的是让更多人关注中国传统美食文化。此外，这次活动邀请到了泉州历史文化中心理事洪泓、敦煌研究院文化弘扬部资深双语讲解员向丽君老师，闽菜大师胡朝荣、西安羊肉泡馍传承人刘磊、兰州牛肉面传承人马林龙，以及抖音千万粉丝文化旅行博主房琪kiki，为大家打造了一场为期7天的文化与美食盛宴。

亲历者说 冀斐　共振体信息科技（福建）有限公司客户总监

在执行的过程中一定有些许不完美和遗憾，但现在抽离出来再回看这个项目，我感到欣慰大于遗憾。因为只有亲历者才知道这场历时不足1个月的项目执行中遇到了多少困难和挑战。

大到中华美食口感守护之旅该如何完成，如何做到品效合一，如何让寻味丝绸之路这个线下的种子在线上实现更深、更广的传播，这些跟项目传播目标和本质相关的问题。

小到怎么把一台冰箱装进房车，如何保证一路颠簸中不发生紧急状况，在7天不停的紧凑节奏下如何保证线上线下传播的及时性，在各大直播场地如何解决信号、传输的问题等一系列执行细节的沟通、测试、确认问题等。

虽然过程非常坎坷，但是一路上看到各位美食文化传承人几十年如一日坚持在做的事，看到由我们亲手打捞上来的海鲜在敦煌沙漠依然保持鲜嫩弹滑状态，一切都值得了。

案例点评

> **点评专家：李玲　安踏集团副总裁**
>
> "营销＋体验"是在品牌传播活动中常用的手法。本案例把美食的承载和丝绸之路相关联，以区域为核心去影响消费者，在策划上也体现了上述方法，并以《西游记》的故事来引发消费者对于品牌几大特色的关注。几地的直播也很好地实现了销售转化。项目组在同质化的产品竞争大环境中制造了一些有趣的话题，带动了这个营销项目的传播力。

全棉时代「她改变的」水庆霞篇：
一个人的改变带领一群人的改变①

执行时间：2022年5月25日—6月13日
企业名称：深圳全棉时代科技有限公司（简称全棉时代）
品牌名称：全棉时代
代理公司：北京世相科技文化有限公司（新世相）
获奖类别：2022金旗奖最具公众影响力全场大奖

项目概述

2022年3月，全棉时代联合《中国妇女报》、新世相共创内容IP「她改变的」，以原创纪录片形式，记录当下勇于突破自我、充满正能量的女性代表，通过一个个真实的人物故事和精神表达，结合触动大众情绪的社会议题，让更多人看见"改变的力量"，激励每一位女性甚至更多人，在自己的领域，无论是职场中、生活中还是学习中，都能拥有改变的勇气，勇敢做自己。

全棉时代「她改变的」水庆霞篇：一个人的改变带领一群人的改变1

---

① 本文中所涉及的视频及照片，北京世相科技文化有限公司均已得到被拍摄者的使用许可。

2022年5月，全棉时代「她改变的」原创纪录片系列推出第二期，该期聚焦女足教练水庆霞，讲述的是她改变的故事。2022年2月，中国女足时隔16年重夺亚洲杯桂冠，在社交网络上引发了一波讨论热潮。而作为球队主教练的水庆霞，在当下的社交语境中其影响力毋庸置疑。项目组发现，在她的身上，有一股不服输、不言弃的女性精神和力量。同时，作为女性教练，她训练时严厉，生活中温柔，队员们都亲切地称她"水妈妈"。具有柔韧和刚强特征的水庆霞，正是企业寻找的拥有棉花特质的全棉女孩：外在柔软，内在坚韧，看似微小却有无限能量，面对逆境不言弃、不服输，铆着一股劲拼搏到底。水庆霞的精神特质与人格魅力，与全棉时代的价值理念相呼应，二者深度契合。

告诉自己
不要害怕去改变

教练员的职责就是改变 改变志气
改变战术改变场面 最终改变结局

全棉时代「她改变的」水庆霞篇：一个人的改变带领一群人的改变2

所以，全棉时代希望借由中国女足主教练水庆霞的故事讲述，输出高质量的时代内容，向消费者展现具有时代性的、中国的、正面的品牌形象，与更广圈层用户心智相通，不断放大品牌的情感价值，强化"全棉改变世界"的品牌愿景。

项目策划

这个时代不缺好的创意，缺的是好的内容。全棉时代希望通过「她改变的」这个内容IP，输出高质量的直击人心的原创内容，不断与消费者对话，成为时代内容输出的先行者。

1.坚持"原创"，打造品牌定制的人物记录剧集系列

品牌采用了最"真"的方式，选用品牌原创纪录片的形式，在短片呈现中保留了真实的人物故事，还原出细腻的情感体验。前期历经10余轮内容及脚本打磨，就是为了拥有更好的质感，短片的片头更是由全球顶尖三维动画制作团队（参与了《流浪地球》的制作）打造，聘请了中国顶级人像摄影师肖全。

2.展现时代女性的力量，与女性们共同去改变

全棉时代纪录片第二期，聚焦首位执教女足的本土女性教练水庆霞，讲述了一位坚毅卓越的女性带领一支队伍超越自我、改变局面的故事。全棉时代希望通过这样真实的经历，引起女性共鸣，让更多的女性在精神上守望相助，激励更多想要改变的女性勇敢做自己。全棉时代希望在这个时代里能和中国的女性站在一起，守护更多想改变自己的女孩。

项目执行

通过女足国家队主帅水庆霞的个人故事，准确表达「她改变的」精神内核。以扎实的工作拿到故事第一手资料，通过人物剧集这一区别于普通人物纪录片的方式，以高质感的制作表现和有情节的故事性内容，叙述完整的人物故事，展现人物光辉。

项目策划：2022年年初。

影片及平面拍摄：2022年4月。

后期制作：2022年5月。

项目上线：2022年5月25日—6月13日。

项目评估

高价值内容的破圈传播效应：微博话题阅读总量5.9亿次，总讨论量30万次。

自然热搜话题4个：#水庆霞回应执教女足行不行##水庆霞说至少要有赢的欲望##运动场上的女性力量有多燃##郎平发博致敬女性教练#。微博指数环比上涨超130倍。

中国女足主教练水庆霞的首支个人品牌短片，稀缺的头部资源带动了巨大的传播效应：视频全网播放量超2500万次，郎平、刘建宏、黄健翔、肖全、沙小荔等100余位名人/意见领袖/媒体人点赞力挺；中国女足、全国妇联等30余家政府机构/协会组织自媒体点赞转发，50多家体育媒体、大V转发加油；人民网、新华网、光明网、《中国新闻周刊》、《三联生活周刊》等超250家权威/重点媒体报道，深挖内容社会价值。

亲历者说 刘华　全棉时代副总裁

我们选择充满正能量的真实人物，用原创内容传达品牌价值，让不同年龄的消费者，在系列人物身上能够看到曾经的自己、现在的自己或未来的自己。

铅华洗尽，珠玑不御。时代在变，消费模式在变，媒介环境也在变，但品牌与消费者沟通的底层逻辑不变——始终围绕人展开。品牌持续稳定输出高质量内容，用特有的叙事方式与消费者沟通，形成自有的内容IP，方能成功。

全棉时代用产品赢得了消费者的喜爱和信赖，用心做好产品的背后是品牌始终坚守的

初心、理念和价值观。我们借助拥有时代精神的真实人物与消费者进行更深层次的沟通，旨在与消费者建立精神和价值链接。

案例点评

点评专家：李国威　闻远达诚管理咨询创始人

全棉时代推出系列品牌宣传片，是企业对使命、产品、服务客群、社会价值等一系列核心问题的思考答案，从提供棉柔巾、湿巾、贴身衣物产品，到提出"全棉改变世界"口号，品牌一直精心守护自己的初心，也在寻找棉花为世界、为消费者带来的改变。案例中的宣传片，延续了整个系列女性挑战世俗偏见、创造卓越成就的强大精神。2022年2月中国女足时隔16年重夺亚洲杯桂冠，教练水庆霞讲述了她如何从一名球员，成为国家队第一位本土女性主教练，并带领队伍战胜挫折，在亚洲登顶的经历。故事感人至深，表达娓娓道来，带着品牌走进消费者精神深处，实现价值的认同与升华。

全球首个人车智慧挑战综艺《了不起的停车场》

执行时间：2021年11月— 2022年2月

企业名称：广汽埃安新能源汽车有限公司（简称广汽埃安）

品牌名称：广汽埃安

代理公司：北京时空视点整合营销顾问有限公司

获奖类别：2022金旗奖最具公众影响力全场大奖

项目概述

《了不起的停车场》是品牌自制的旨在普及汽车智能驾驶知识的综艺节目，其利用趣味性科普、场景化体验，激发年轻用户对智能驾驶功能的兴趣，从而提升产品认同感，带动智能汽车产品销售。

项目策划

1. 市场洞察

新能源乘用车市场渗透率由2020年的5.8%增长至2021年的14.8%，2022年年底新能源乘用车渗透率有望突破20%，新能源智能化汽车消费将是未来汽车消费趋势。[①]

广汽埃安作为中国新能源汽车头部企业，以高市场占有量进行新能源汽车知识普及担起开辟智能电动汽车新赛道的重任；作为先人一步科技享受的倡导者，启迪、培育消费者对于超前智能科技兴趣。

2. 用户洞察

项目组经过走访人群并参考部分行业调研数据，发现很多公众对智能泊车和智能辅助驾驶的稳定性、可靠性、安全性有疑问，还有部分公众认为智能泊车和智能辅助驾驶的使用场景较少，这反映出大部分公众对智能汽车持续发展的智能功能了解有限。

另外在信息接收渠道上，近年网络综艺对年轻用户构成越来越大的吸引力，综艺内容人均观看时长提高，节目中的嘉宾发言、搞笑桥段、感动瞬间等片段经常发酵出圈，成为热门话题，也成为年轻人重要的社交"货币"。

[①] 数据引自《2022车市预测：乘用车年销2255万辆，新能源乘用车渗透率将达21%》，https://www.sohu.com/a/519808976_180520。

3. 目标

（1）认知：普及汽车超前功能 —— 智能泊车，引导用户正确认知智能化功能价值，激发消费者购买动机。

（2）认同：构建智能化汽车超前体验场景，展现超前价值，获取用户认同。

（3）购买：消除超前消费疑虑，以超前实用价值激发用户欲望，促成下单。

4. 受众

年轻先锋精英，他们享受生活，乐于尝鲜新产品、新科技、新生活方式；他们具备超前消费观念，愿意为未知的新生活付诸行动；他们乐于将自己的新知、新体验分享给身边朋友。

5. 整体策划

首个人车"智慧"挑战：每期由嘉宾挑战完成或使用 AION V Plus 智能泊车完成了不起的任务。

第一期：王晨艺5个任务小游戏 PK AION V Plus 跨楼层泊车，挑战螺旋停车场，看谁用时最短？

第二期：李永乐与主持人李敬 PK 长城之上操控 AION V Plus 超远泊车，挑战长城停车场，看谁得分最多？

第三期：俞更寅手动泊车记忆车位 PK AION V Plus 使用 A 学 B 用记忆车位，严寒的冰面停车场，看谁记得最快？

汽车智能功能娱乐化科普：节目内容以跨楼层代客泊车、超视觉遥控泊车、A 学 B 用功能卖点为主线，每期一个功能点，以娱乐化内容形式深度讲透汽车智能功能的实用性、可靠性。

每期内容选择全国最了不起的停车场进行实地拍摄，以最难、最场、最寒冷的极限环境检验 AION V Plus 智能泊车功能的智能性、可靠性、安全性、便捷性。

项目执行

STEP1：广汽埃安成立 #AION PLAY 综艺厂牌#，公布厂牌明星员工，吸引广大粉丝、媒体高度关注。累计1000多位粉丝用户转发，500多家媒体转发。

STEP2：官方发布明星预告片，公布挑战嘉宾、挑战主题、挑战了不起的停车场，引发全网围观。媒体转载700余次，粉丝转发5000余次，预告片累计阅读量超2000万次。

STEP3：正片上线，全网围观及热议综艺内容。在全网5个平台播放，3期累计播放量15亿次，媒体累计转发超5000次，话题阅读量20亿次，讨论20万次。

STEP4：节目内容吸引100个配音类KOL二次创作，进一步对明星、产品卖点进行传播。二次创作内容累计播放量超2000万次。

项目评估

（1）#AION PLAY综艺厂牌#01、02、03号员工公布，累计1000多位粉丝用户转发，500多家媒体转发，话题阅读量超10万次，全网累计阅读量超1000万次。

（2）预告片传播，累计阅读量超2000万次，互动量超10万次，媒体转发量超700次。

（3）3期正片传播，全网视频累计播放量15亿次，#AION PLAY综艺厂牌#话题热度值达13亿，#史上最卷综艺节目#话题热度值达7亿，累计话题讨论20万次。

（4）AION V Plus销量从2021年11月单月的1197辆到2022年1月单月的2230辆，单月增加1033辆，其中，80领航智驾版单月增加618辆，《了不起的停车场》综艺节目激活了用户对智能泊车的喜爱。

亲历者说 桑海岩　北京时空视点整合营销顾问有限公司事业十一部总经理

这是我们2021—2022年度经历的最难忘的项目，我们打造了让年轻人真正一起狂热的品牌综艺内容。它对超前性的智能科技做了功能娱乐化普及，让年轻人对汽车智能功能产生兴趣并正确认识智能驾驶的可靠性、安全性、便利性，成功激发年轻人购买智能汽车的欲望。

在项目执行前，我们团队充分研究年轻人，围绕年轻人兴趣嗨点、情绪价值等研究《了不起的停车场》内容创意，以做出真正打动年轻人的好看综艺，促使年轻人做出购买决策。

案例点评

> **点评专家：商容　微软亚太研发集团副总裁**
>
> 汽车行业的巨变正在发生。本项目是一次有意义的整合营销突破。产品为用户精心打造智能的流动的车家体验，同时更符合现代消费者追求低碳环保节能可持续生活方式的趋势。智能科技，创意挑战。"汽车智能＋人的智慧"，在《了不起的停车场》中呈现人车互动的超感智能模式，实现品牌数字IP的丰富延展。

爱奇艺《一年一度喜剧大赛》综艺娱乐营销

执行时间：2021年8月1日—2022年1月15日
企业名称：北京米未传媒有限公司
品牌名称：米未传媒
代理公司：北京众行互动数字文化传媒有限公司
获奖类别：2022金旗奖最具公众影响力全场大奖

项目概述

《一年一度喜剧大赛》是由爱奇艺、米未联合出品并制作的原创喜剧竞演综艺，马东担任组委会秘书长，黄渤、徐峥、于和伟担任组委会会长，节目从2021年10月15日起每周五晚8点在爱奇艺及奇异果TV全网独播，共12期。如何与其他喜剧节目做出区别，创造差异化内容，是《一年一度喜剧大赛》面临的首要问题。

项目策划

1.核心策略及创新点

核心策略：打造喜剧综艺天花板，聚焦群像及幕后故事。

节目包含多种喜剧形式，推出多种新兴喜剧种类，如sketch（素描喜剧）、默剧等，打造三大喜剧社团，营造喜剧人群像，让喜剧编剧从幕后走到台前，首次尝试演员与编剧共创形式。

创新点：打造喜剧人群像，推出热议出圈作品。

作品出圈带动选手关系线，打造长线作品，如初心四部曲、爆笑五部曲、爱情六部曲等。

结合时事热点，推出引发社会讨论

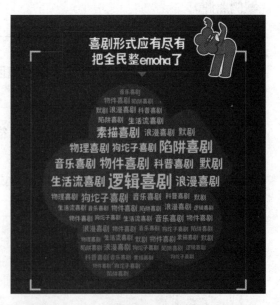

爱奇艺《一年一度喜剧大赛》综艺娱乐营销1

的作品，《高铁战士2021》《互联网体检》反讽当下大众槽点；《三毛保卫战》《丛林法则》讨论当代打工人困境；《爱人错过》《当男人踏入民政局后》展现当代年轻人恋爱观。

2. 内容创意

选手营业周周有，直播、大赛、彩蛋花式互动，联合台网开展多种活动，如每周选手直播，充分展现选手在节目中无法展现的个人魅力。优质作品播出后放大作品细节，先保证作品质量，再通过花絮、直播、采访、互动等各种维度巩固粉丝。

收官离大谱，"离谱颁奖典礼＋离谱剧透"，贴合收官节目内容，联合台网打造离大谱颁奖典礼，选手接力直播，热门搭档、热门社团都涉猎。

3. 媒介策略

线上线下全方位曝光，线上开屏（104家），多维联动，打破圈层壁垒（UU跑腿）。

开播＆收官：线下9城（北京、成都、广州、杭州、南京、上海、武汉、长沙、重庆）广告强势曝光。

全季：线下57城100座购物中心上线互动大屏52天。

挖掘喜剧新形式，刻画喜剧人群像，打造年度爆款综艺。

4. 阶段目标

播出前期：先官宣导师，拉高网友期待值，突出导师强大阵容，提高声量，放大宣传片及正片中导师的趣味点，奠定喜剧节目底色，再结合芭莎大片及洋葱新闻视频官宣选手，引发关注，强化喜剧人概念。

播出中期：借助作品本身，打造热梗话题，如#这个杀手不大冷#等，作品名相关热搜186个，同时根据作品进行社会向话题传播，如#如何看待腰部演员生存现状##喜剧要好笑还是有意义#等46个热议话题，引发全网讨论。

收官期：把选手的魅力放大，和作品相结合，让人和作品都强势出圈。

项目执行

传播新兴喜剧形式：通过出圈作品，打造"生活流喜剧""陷阱喜剧""高数喜剧"等标签，强化sketch新概念，节目名上热搜榜47次。

爱奇艺《一年一度喜剧大赛》综艺娱乐营销2

打造喜剧人群像：重点传播社团标签、组合标签，借势播出期的选手直播、挑战赛、群像花絮、采访等物料，播出期间选手组合、作品相关的微博总榜热搜数33个；选手空降豆瓣小组、虎扑互动，打破平台的讨论壁垒。

善用有热议性质作品：社会向作品均联合台网、头条新闻或蓝V传播；《戏精导航》引百家交通蓝V转发；《三毛保卫战》《爱人错过》《月光曲》《反诈银行》等引起不同圈层人群热议；作品向话题共上榜186次。

项目评估

爱奇艺站内内容热度值超过7600；全网热搜1296个；微博主话题阅读量27.3亿次，讨论量124.9万次；子话题阅读总量超143亿次，讨论量超732万次；相关视频播放量高达15亿次，微指数峰值高达1023626；豆瓣开分8.0，最终以8.5分收官；累计9次进入豆瓣热门小组，最高排名TOP1，国内口碑综艺榜最高排名TOP2；知乎评分8.3分，收获6000多条评论，知乎热搜、热榜100个，腾讯视频热点63个；收获抖音热搜58个，快手热搜82个。节目话题短视频播放量31.2亿次，衍生话题内容播放量突破13亿次，累计点赞量超1700万次，单个内容点赞量最高超164万次；B站共收获13个热搜，相关视频播放量超1450万次，累计点赞量超60万次，单个视频最高播放量超150万次；节目216次登上行业榜单；全网稿件超2.6万篇、重点稿件200余篇，阅读量超10万次的稿件40多篇。

亲历者说 朱礼鹏　北京众行互动数字文化传媒有限公司事业部总经理

《一年一度喜剧大赛》是一个新品类、新节目，我们在做的时候也是摸着石头过河，非常忐忑，但是小伙伴们强大的业务能力和节目本身过硬的内容使得该节目层层出圈，在为喜剧赋能的同时，将更多的喜剧人推到了大众面前。热爱可抵岁月漫长，《一年一度喜剧大赛》加油！

案例点评

> **点评专家：王虎　上海哲基数字科技有限公司（简称哲基数字科技）执行董事**
>
> 喜剧类节目近年深受欢迎，各平台和节目之间的竞争也愈加激烈，作为一个新节目，《一年一度喜剧大赛》第一季要想脱颖而出，正如众行互动在案例中指出的，唯有做到差异化。

从该案例中，我看到了一系列的差异化创新，挖掘喜剧新形式，刻画喜剧人群像，将节目创新的初心和亮点充分展露和传播开来，打造出一部年度爆款综艺。喜剧是以倒错、乖讹、自相矛盾的形式显示现实生活本质，项目组找到了一条差异化的传播之路：根据作品中反映的社会现象进行社会向话题的传播，让一个喜剧节目进入公众议程，为节目本身衍生出更多的话题与关注度，更有效提高了观众的黏性，40多个热点话题如＃如何看待腰部演员生存现状＃＃喜剧要好笑还是有意义＃等引发了全网讨论。

本案例传播形式丰富，传播内容精准，有效提升了大众对新兴喜剧的品类、内核的深入了解，声量及口碑双丰收，是一个成功的综艺宣发案例。

GOLDEN
FLAG
AWARD
金 旗 奖

2022
—
金旗奖最具公众影响力
产品创新金奖

◼ Pjoy 彼悦全新宠物食品品类品牌创新

执行时间：2021年6月4日—2022年12月31日
企业名称：成都好主人宠物食品有限公司
品牌名称：Pjoy 彼悦
代理公司：上海奥美广告有限公司
获奖类别：2022金旗奖最具公众影响力产品创新金奖

项目概述

大型跨国集团公司、农业产业化国家重点龙头企业通威集团，其旗下好主人品牌面临消费市场过于下沉且高度饱和、消费者消费意愿不强、产品概念陈旧等问题，故委任代理公司为其从0到1打造旗下全新高端宠物粮品牌，希望通过扩展品牌组合，抓住中国飞速发展的宠物食品领域所带来的新商业机会。

随着各个环节市场教育提升，细分品类升级需求激增，中国高端宠物粮市场发展展现主粮优质化、精细化趋势。对于新品牌来说，需要面对惯性的方便粮市场与引领品类的国内外竞争巨头，在高端市场中开辟具有商业潜力的需求空间；以具有差异化的品牌承诺，塑造品牌在高端市场的显著性，创造更强的品牌营利能力；面向目标人群需求，挖掘品牌能够提供的差异化利益点与产品支撑点，构建品牌与目标消费者高度匹配的核心能力。

代理团队目标：协助品牌完成新品牌的规划与设计，设计可持续增长的业务路径，确定新品牌的目标受众，开发新的产品概念、产品组合、品牌定位、品牌个性和命名，基于制定的品牌策略，协助品牌方落地新品牌的视觉识别、包装设计以及传播推广。

项目策划

项目组协助品牌进行专业有力的市场研究、竞品分析及消费者洞察，并与品牌进行多次深度访谈后，提出品牌先竞品一步探寻和体悟人与宠物情感共鸣的方案，因此将品牌命名为Pjoy彼悦，并开辟宠物粮"随心配"小包装赛道，突破传统宠物粮产品生产方式，采用3种烹饪工艺，创造全新产品概念及规划，发掘产品全新使用场景，用品质立住品牌，打造独特的品牌文化，确立未来发展路径。

动作一：发现"人和宠物的关系""宠物的生理需求"两个方面待解决的问题，基于问题产出洞察。

发现洞察"更丰富多样的产品组合能为爱宠带来更大的满足与愉悦",帮助消费者达成为爱宠提供种类齐全且营养食品的愿望,同时深入宠物精神世界。通过一系列定性、定量市场调研,明确品牌核心受众为尝新成长型人群。采用线下焦点小组座谈会的形式,协助品牌深度挖掘消费者需求,尤其是感性的心理需求:在科学养宠理念下,消费者希望宠物每时每刻都快乐幸福,以"更丰富,更多样"的饮食组合能为爱宠带来满足与愉悦。

动作二:明确Pjoy彼悦策略方向为"不断探索和发掘宠物世界的丰富性与复杂性,探寻人与爱宠的情感共鸣世界"。

如今,虽然营养与食品健康已逐渐成为中国消费者关注的重点,但大多数宠物依然日复一日地吃着高度加工的宠物粮。多数竞品忽略宠物自身情感需求。

通过核心消费者调查研究、竞争对手核心价值调查、宠物心理角度研究以及品牌定位布局观察与思考,项目组协助Pjoy彼悦制定策略方向。契合家庭宠物的生活方式;探寻和体悟人与宠物的情感共鸣,把握尝新成长型人群渴望了解宠物想法、情绪以让人宠生活更富情趣的诉求点;避开思维陷阱,赋予Pjoy彼悦高端宠物粮品牌所独有的品牌与产品理念。

动作三:创新的品牌命名,构建全新产品创新及组合概念。

养宠时,Pjoy彼悦核心受众更用心:"希望宠物能得到科学照料""有意识为宠物快乐幸福"。宠物饮食方面,在有限的收入下,他们希望尽自己所能给宠物最"丰富"的美食组合——日常,以主粮加自制粮/湿粮/零食/保健品方式喂养,避免爱宠营养不良、厌食,激发爱宠每一餐采食兴奋度,自身也能从中获得尽心照顾宠物的体验。

正因为看到了消费者对于宠物粮基础需求之外的精神需求,项目组协助品牌以"随心配"小包装为突破点,"酥、津、劲"3种工艺产品组合搭配,以期给消费者及宠物带去更好的愉悦感、幸福感体验。

动作四:颠覆性的新产品包装设计,更贴近消费者宠物粮选择动机,差异化品牌及产品信息使品牌识别度更高。

基于品牌策略,项目组进一步为品牌定义了个性风格及视觉风格,打造了一套完整的视觉识别系统及包装设计,传递品牌核心理念"以吾爱,予彼悦",以俏皮、可爱宠物元素为辅助,兼顾独特性、统一性和时代性,为品牌积累有效的视觉资产,塑造创新、愉悦的品牌视觉形象。

动作五:区别竞品,挖掘产品传播场景,结合产品,拓展新的传播路径,为后续传播寻找切入点。

随着品牌基础建设及初期资产的建立完成,Pjoy彼悦品牌于2021年"双11"在天猫平台正式上市,品牌后续传播工作也接踵而至。作为后续上市传播规划的一部分,项目组协助品牌围绕"随心配"打造了一系列经典营销事件,用有创意的、沉浸式的、互动性更强的形式，打造差异场景化，主打户外、特殊节日等使用场景，深度挖掘新场景，沟通年轻消费者，针对性输出产品核心利益点与品牌文化。后续为其打造了1个品牌概念宣传大片与16个电商产品视频，9场电商直播及口碑平台种草计划，并制作电商赠礼助力"双11"销售。

项目执行

第一阶段（14周）：品牌个性风格与命名定义（含前期研究与分析、品牌个性与风格、品牌命名与含义）。

第二阶段（8周）：品牌目标人群选择与产品概念撰写（含消费人群细分定量研究、上市产品概念接受度检测）。

第三阶段（2周）：品牌定位价值体系建立。

第四阶段（9周）：品牌标识与VI（视觉识别系统）手册设计。

第五阶段（6周）：产品包装设计。

第六阶段：持续进行品牌传播。

项目评估

品牌基础建设及初期资产建立完成后，通过一个整合传播策略为该品牌在"双11"的发布与传播提供支持，并联合众多意见领袖在主要的社交媒体平台宣传，扩大品牌知名度。

Pjoy彼悦品牌在2021第三届中国宠物行业高质量发展论坛首次亮相，令行业瞩目。"双11"期间正式面对消费者上市，由KOL在口碑平台分享带货，成功打造"随心配"爆款产品，在一定时间内大幅度提升了消费者对品牌和产品的认知度，并且借势粉丝效应提高品牌话题热度，实现大范围曝光，从而扩大品牌和产品的影响范围，同时引流购买，大大激发消费者购买行为。同步以KOC（关键意见消费者）快速铺量扩散，持续种草引流，采用体验分享、干货分享、实用技巧、心得分享等软性植入的形式，从消费者体验的角度，对"随心配"产品的优势及亮点进行多维度展示和讲解，在平台上快速营造起种草氛围，不断向圈层用户扩散分享信息，激发消费者潜在需求，促进群体的认可并激发购买需求的转化，市场反响较好，收到消费者广泛好评，为品牌收割了大批初期粉丝资产。

最终效果：百余位KOL领衔口碑种草，曝光超107万次，曝光达成率超108%，互动超6.9万次。千余位消费者自发正面评论，曝光超420万次，曝光达成率超122%，互动超20.9万次。数十位头部主播齐上阵，直播间带货，品牌在直播间首次上线，吸引超1万人次下单，好评率接近100%，总曝光超1070万次，曝光达成率超132%。宠物类社群种草超300个群，触达超13万人次。

亲历者说 梁玮豪 上海奥美广告有限公司经营合伙人

对于本次与品牌的合作以及消费者对 Pjoy 彼悦的认可，我们感到十分自豪。Pjoy 彼悦品牌的落地是我们实力的一次有力证明。证明了我们在各领域的专才能够从市场机会分析到品牌传播的执行最终到新品牌的诞生高效、无缝合作帮助客户。我们期待着将 Pjoy 彼悦打造成中国高端宠物粮的首选品牌。

案例点评

点评专家：陈依依 星展银行（中国）有限公司公共事务部负责人

在这个案例上，项目组体现了从 0 到 1 打造全新品牌的能力。尤其在宠物粮品牌领域，商机虽大，但竞争异常激烈，品牌及代理商还是找到了很好的切入点。万变不离其宗，打造针对 C 端（消费者、个人用户）的消费品牌，本项目还是从消费者洞察出发。品牌方对打造品牌也采取了耐心的态度，代理商与品牌进行多次深度访谈，以品牌角度沟通人宠共情关系，主打拟人化，创造了人与宠物世界的情感共鸣。品牌命名为 "Pjoy 彼悦"，中英文寓意良好，体现了品牌内涵并朗朗上口。

该项目能在高端市场中开辟需求空间，以具有差异化的品牌承诺塑造在高端市场的显著性，创造更高的品牌盈利能力，后续的规划也体现了可持续性，是一次成功的品牌策划。

安慕希主题店高考季营销项目

执行时间：2022年6月7日—7月30日
企业名称：内蒙古伊利实业集团股份有限公司
品牌名称：安慕希
代理公司：北京海唐新媒文化科技股份有限公司
获奖类别：2022金旗奖最具公众影响力产品创新金奖

项目概述

高考，是一个可以改变人生轨迹的经历，寒窗苦读，莘莘学子创造历史；挑灯夜战，只为凭实力一鸣惊人。安慕希始终关注青年考生个人成长与国家发展间的联系。安慕希借势高考季，打造一场营销盛宴，为青年考生送上高考祝福。

项目策划

坐落于南京夫子庙的安慕希全国首家主题店于6月3日正式开业，其依托秦淮河畔夫子庙贡院及状元文化，借助金陵古都的历史人文气息，助力莘莘学子今朝跃龙门。

安慕希新店开业选择与中国科举博物馆合作营销，进行深度捆绑，二者无疑是珠联璧合。

安慕希借势"科举"（高考）开展营销动作，打造集安慕希品牌、产品、营销及销售渠道于一体的深度传播矩阵；有"希君生羽翼，今朝跃龙门""金榜题名时，一起安慕希"等标语，成功借势高考季，结合品牌形象，重新诠释了中国故事。以史为鉴，传承科举文化精髓，打造了安慕希夫子庙门店开业地域特色营销事件，与中国科举博物馆一起解锁了更多特色地域玩法。

1.新模式：文化价值锚点开设主题店，占位状元文化

"地域＋产品＋内容"三位一体打造地域特色主题店，文化沉浸式场景体验深耕用户心智，文化认知与品牌体验结合。

跨界重量级IP中国科举博物馆，文化IP联动升级消费体验。

2.新体验：产品衍生新业态，酸奶茶升级品牌体验

借势"高考季"，推出特色高考特调酸奶茶；以安慕希酸奶为基底，研发多款酸奶茶饮

品，多维度覆盖用户口味，蓄力产品创新升级。

3.新营销：种草运营新模式，打造生意的新增长曲线。

产品口碑引发小红书、抖音UGC传播，抖音、小红书消费者爆款推荐，持续为线下门店引流。

项目执行

1.关键动作一：进行地域联动，联名跨界中国科举博物馆

占位高考季节点，深度绑定博物馆平台资源，从联名周边、馆内活动、直播体验多维度出发，打造一系列具有地域特色的门店开业营销事件，拉新引流，赋能品牌。

2.关键动作二："全网软性种草+强势安利"，引流转化扩大品牌声量

预热开店事件，微博、小红书双平台发声。通过创意内容推出＃金榜题名时 一起安慕希＃活动话题，打造悬念，为线下店铺发酵流量。

3.关键动作三：IP赋能产品创新，赋能实体店生意

结合主题，深度研发系列饮品，贴合高考与主题店金榜题名寓意，特别研发鱼跃龙门杯身画酸奶茶。提高声量，持续为线下门店生意赋能。

4.关键动作四：以状元文化回溯高考的前世今生，借高考季节点势能抢占高地

以元宇宙的新、奇、特视角打造探店视频，借助元宇宙势能强曝光，线上线下联动，持续引燃活动热度，为门店带货。打造微信SVG互动图文，通过回溯高考的前世今生，形成声量共振的效果。

5.关键动作五：抖音小红书矩阵营销，打造品效兼具的营销闭环

借助创新特调产品激活外围UGC口碑，撬动"抖音团购+小红书探店"持续为线下门店引流，促进运营模式创新。

项目评估

高考主题海报、元宇宙视频以及外围KOL扩散传播，活动期间曝光量超2000万次，话题总阅读量超500万次。

"联名跨界+探店直播"，活动期间曝光量超500万次，直播探店观看量超10万次，引流到店消费率达13%。

案例点评

点评专家：董斌 科大讯飞股份有限公司品牌市场中心副总经理

安慕希把主题店的开业做成了一个品牌链接、产品创新、营销带货和渠道引流体验的整合营销事件，环环相扣，构思精巧。品牌通过"金榜题名时，一起安慕希"主题，并以跨界文化IP南京中国科举博物馆推出鱼跃龙门杯身画酸奶茶为产品支撑，链接莘莘学子。元宇宙视角的探店视频和高考历史内容传播，又把地域特色主题店塑造成了年轻人的网红打卡地，整个案例实现了"品"和"效"的完美闭环，值得玩味。

GOLDEN
FLAG
AWARD
金 旗 奖

2022
—
金旗奖最具公众影响力
品牌创新金奖

2022罗氏肿瘤高峰论坛传播项目

执行时间：2022年5月1日—7月31日

企业名称：上海罗氏制药有限公司（简称罗氏制药中国）

品牌名称：Roche（罗氏）

代理公司：罗德（上海）传播有限公司

获奖类别：2022金旗奖最具公众影响力品牌创新金奖

项目概述

罗氏一直走在癌症研究与治疗领域的前沿。深耕中国市场近30年，罗氏不仅带来多款重磅药物，也在助力中国肿瘤学术和创新水平领航国际方面发挥重要作用。

罗氏连续多年举办肿瘤高峰论坛，至今已有20年左右历史，该论坛作为由企业发起并主办的行业内规模大、规格高、参与专家多的学术盛会，以往较少对外发声。2022罗氏肿瘤高峰论坛希望能够对外扩大影响力，对内吸引更多的行业专家、学者参与，推动全球肿瘤领域多方协作，实现"预防和治愈所有类型癌症"的终极愿景。在品牌低调严谨的作风中寻求创新、突破，实现破壁效果，让2022罗氏肿瘤高峰论坛不但是一场高规格的学术论坛而且真正成为一场出圈盛会，这是项目组的传播目标。

项目策划

2021年中国抗癌协会科普专业委员会与医百科技联合推出的《中国肿瘤医生数字化生活洞察报告》显示，医生参与线上学术会议的比例从10.32%跃升至51.98%，侧面反映线上学术会议数量繁多的现实。医生群体本身的职业特性，要求他们不断接触新观念、学习新知识，肿瘤行业科研技术发展日新月异，要求肿瘤医生在面对日益繁重的看诊任务的同时不断自我更新，重视新渠道、新知识学习，这也对线上学术会议的传播提出了新的要求。

数据化工具的发展激励着传统学习、工作模式的改变，数字化转型的力量也影响着医生专业学习与生活的方方面面。医生也在积极拥抱变化，并深度参与其中。报告显示，我国肿瘤医生每周上网时间15～17小时，年长的肿瘤医生会更重视对新渠道、新知识的学习。《医生/患者数字化生活2019》显示，医生的上网时间持续增加，与医学相关的上网活动时间占到整体上网活动时间的53%，使用移动端（智能手机）的时间占比首次超过50%。医生线上医学行为由被动获取碎片化信息，更多地转向主动学习、主动输出。

从过往经历来看，医药企业的数字化信息交互存在一定程度的内容错位，互联网发展带来网络信息的大量供应，海量的专业医学信息通过数字化渠道涌向医生，但是，这些信息质量参差不齐。"多、精、准"触达临床治疗指南、前沿医学信息，让这些信息成为医生临床学习的知识补充，"创造零障碍的医学交流空间"，是医生对于药企的新需求、新期待。

本项目主要传播受众是肿瘤医生与专家，因此传播策略着重于分阶段、多角度、持续不断传递罗氏领先形象。

（1）以博物馆概念转译学术会议内容：结合之前调研分析的肿瘤医生痛点，本次论坛选用H5作为关键信息的载体，将本论坛化身为一个可线上游览的博物馆，创意性地把精彩内容改造成博物馆中的"展廊"，让游览该博物馆的读者能直观地了解罗氏的创新史，并传递多个疾病领域的前沿资讯，既满足了医生将产品信息与临床学术相结合的需求，也彰显出罗氏深厚的历史底蕴。

（2）借助战略媒体打破专业壁垒：充分把握垂直媒体传播平台。选择"医学界"作为本次传播的核心战略媒体，其用户数、日活月活相对较高，子频道"医学界肿瘤频道"是肿瘤领域极具影响力的专业医疗资讯平台，借助"医学界"的全科室布局优势，可将影响力从肿瘤领域临床医生扩展到相应科室的全体医生，在深度、广度上都能直接触达更多的垂直领域受众，以达到为2022罗氏肿瘤高峰论坛背书的目标。

（3）多形式分享打卡向"圈外人士"传播：论坛于2022年7月9日举办，项目组从6月开始在不同媒体平台以多种形式为论坛的召开造势，包括上线H5、视频号传播、图文传播等，传递信息涵盖罗氏历史、企业愿景、行业前沿资讯分析等多角度内容，互动化创意门票推动罗氏员工纷纷在朋友圈打卡，成功将影响力扩散至更多利益相关者。

项目执行

2022年6月28日，"罗氏肿瘤创新博物馆"H5正式上线，包括中国管线板块、全球肿瘤创新史板块、未来管线板块以及互动性的答题板块。互动化创意门票打卡激发朋友圈传播热潮，门票上的二维码直通H5也形成了朋友圈口碑传播，产生裂变效应。

2022年7月4日—7月8日，战略媒体"医学界"视频号连续发布倒计时短视频，邀请与会专家从专家视角看待肿瘤防治、专家对未来肿瘤治疗的期望、专家和患者看待罗氏肿瘤和本届罗氏肿瘤高峰论坛专家亮点剧透及期待四大话题角度为论坛预热。同时，罗氏制药视频号发布高管寄语，对内也为论坛的召开造势，保证舆论关注度。

2022年7月7日—7月8日，发布《百尺竿头，更进一步，一图回顾罗氏抗肿瘤创新

"罗氏肿瘤创新博物馆"H5及互动化创意门票

之路》，以长图文形式回顾罗氏几十年历史以及罗氏深耕中国市场的研发创新布局。发布
《产学研医共聚首，罗氏话肿瘤创新领驭之道》，罗氏制药中国总裁边欣、罗氏中国创新
中心负责人沈宏、罗氏全球药品开发中国中心负责人李昕与罗氏制药中国医学与个体化
医疗副总裁李滨，从罗氏的研究、开发、医学和商业战略等不同视角，分享罗氏在行业
中的"先见之力"与"创行未来"，罗氏制药官微及新浪医药等行业媒体转载报道，增加
影响力。

2022年7月9日—7月17日，2022罗氏肿瘤高峰论坛正式拉开帷幕，报道聚焦罗氏愿
景，主会场报道在权威媒体、行业媒体、专业媒体均有露出，实现声量持续爆发；六大专
场论坛关于前沿科技与临床进展的信息，也在各疾病领域的垂直媒体露出，精准触达行业
专家和患者。

项目评估

2022罗氏肿瘤高峰论坛成为罗氏肿瘤高峰论坛史上参会级别最高、规模最大的盛会，孙燕、樊嘉、徐兵河、陈孝平、滕皋军5位院士与百余位专家学者担任讲者及讨论嘉宾，共分享40个精彩主题，得到内外部与会专家的一致好评，展现了罗氏在肿瘤领域的深厚积淀、强大管线和领导地位，共计33674位用户线上参与。

本届论坛共计产生26篇原发报道及80余篇转载报道，总计阅读量超十万次。《中国日报》《上海日报》、中国新闻网等主流新闻媒体对本届论坛盛况进行了综合报道，主流行业媒体医学界、《中国医学论坛报》、《肿瘤瞭望》等对精彩学术内容进行了深度报道。

"罗氏肿瘤创新博物馆"H5成为专家学者与内部员工获取信息、线上参会、互动交流的重要社交工具，共计触达超23897次浏览量，并在7月9日大会当天达到浏览量顶峰。

于痛点中育新机：精准洞悉受众群体职业特殊性以及数字化时代医生对于自我提升信息"多、精、准"的需求，以优质的工具为医生乃至患者提供更好、更多、更精的服务与支持。

于不变中求万变：本届论坛传播迎合数字化传播趋势，创新利用自有社交媒体和行业垂直社交媒体的长图文、视频号等，分阶段、多角度、持续不断传递罗氏领先形象。

于变局中开新局：充分迎合受众独特需求和痛点，创意打造H5全方位资讯平台，助力论坛关键信息持续露出。

亲历者说 李燕　罗氏制药中国企业事务与传播部高级经理

本项目自方案确定时便围绕"罗氏肿瘤创新博物馆"创意逐步推进，成为学术会议传播的一次全新尝试；不仅为肿瘤科医生提供了新颖的前沿医学资讯获取渠道，更融合了罗氏创新发展的历史脉络，使得专业枯燥的学术知识从此有了全新的展示形式。

未来，"罗氏肿瘤创新博物馆"概念将进一步贯穿罗氏肿瘤领域的学术传播，我们将继续通过不断自我更新为医生群体提供更加创新的知识平台，打造更多罗氏学术会议传播的创意名片。

案例点评

点评专家：周朝霞　浙江传媒学院教授

本项目创意的思维和传播行动突破了医药行业较高的传播壁垒，使罗氏肿瘤高峰论坛不仅是一场高规格的学术论坛，而且真正成为一场出圈盛会，很好地传播了企业品牌，树立了企业具有深厚专业积淀和底蕴以及强大管线和行业领先的公共关系形象。项目进行翔实调研，洞察数字化医学传播现状和痛点，以博物馆概念转译学术会议内容突破传播瓶颈；选用H5作为关键信息的载体，借助战略媒体打破专业壁垒；全员公关将项目影响力扩散至更多利益相关者。项目组从项目调研到传播内容、传播媒介、传播推广都进行了非凡创意设计和精心规划，实现了令人满意的传播效果。

● 爱无界·秘技向善　金斯瑞关爱蝴蝶宝贝公益周

执行时间：2022年8月15日—8月22日

企业名称：金斯瑞生物科技股份有限公司（简称金斯瑞）

品牌名称：金斯瑞生物科技

获奖类别：2022金旗奖最具公众影响力品牌创新金奖

项目概述

随着中国生物科技产业的蓬勃发展，作为一家在细胞＆基因治疗领域布局全球的生物技术公司，金斯瑞在2022年以公司成立20周年为契机，开启了关爱蝴蝶宝贝（遗传性大疱性表皮松懈症患者，简称EB患者）公益活动。金斯瑞联合公益组织上海德博蝴蝶宝贝关爱中心，共同举办公益周，旨在关爱罕见病群体，用科技传递温暖。

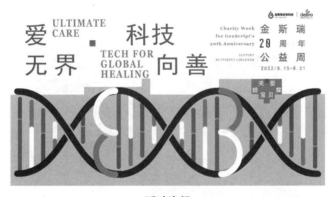

活动海报

项目策划

1.传播目标

通过金斯瑞关爱蝴蝶宝贝公益周活动，提升社会公众、医护人员和政府对EB患者群体的认知、理解与关注，呼吁更广泛的人群关注EB这种罕见病，最终通过持续关注改善EB患者的生存境况；通过来自社会各界的友善关注，消除EB患者的病耻感，为EB患者群体建立信心；吸引相关人才加入生物医药行业，从而更有效地提升生物医药行业的基础科研能力，加速生物药物研发，造福患者，回馈社会；树立金斯瑞行业领袖气质和勇于承担社会责任的形象，让企业员工切实感受到自身日常工作的社会价值，为企业更长远的发展沉淀力量。

2.相关方洞察

EB群体 —— 传递社会关注，为其提供发声机会和平台，助力其重塑信心；医务人员 —— 提高对EB群体的了解与关注，从而参与到日常救护工作；公众 —— 提升对EB群体的了解意愿和程度，减少误解与歧视；公益组织 —— 为其提供曝光机会，促进与患者的联结；生物医药行业人士 —— 引导更多行业人士关注、参与EB药物研发与治疗，提升治愈可能性。

3.策略与方法

挖掘EB患者群体积极生活、阳光向上的精神，而不着意于展现其所经历的磨难与痛苦。采取线上线下深度融合的方式，构建传播闭环，最终实现用户与活动的线上、线下深层互动，从而潜移默化地提升大众对EB及EB患者的认知。从具体操作来看，以公益纪录片、公益艺术巡展、蝴蝶宝贝圆梦清单为抓手，有节奏地唤起受众情感。

纪录片展现患者及其家庭的生存状况，使受众对EB患者形成初步认知；艺术巡展使受众走进患者的内心世界，加深对其的了解；圆梦清单中"想登台唱一首歌""想去云南写生"等精神层面的诉求，让受众真正理解EB患者群体，引发情感共鸣，并最终愿意为这一群体贡献力量。

公益艺术巡展1

在传播渠道上，线上打造社交媒体平台信息的高覆盖率，借助用户力量，在朋友圈、微博等高流量媒体聚集强劲的话题讨论之势。线下通过蝴蝶互动体验装置打卡、作品拼贴画等形式，联动患者、艺术家、媒体等 —— 展出EB患者画作、艺术家作品及公众投稿作品，邀请作者及媒体到场。一方面，为受众提供丰富的互动体验，提升其通过社交媒体传播的意愿；另一方面，让EB患者获得更多发声机会，让社会各界更多了解EB患者群体。

项目执行

（1）活动筹备，转变观念：金斯瑞与上海德博蝴蝶宝贝关爱中心一起深入近百户患者家庭，切实了解患者痛点，帮助其克服病耻感。随着社会正向反馈的增多，更多的患者转变观念，参与座谈、采访。

（2）启动仪式，引爆现场：8月15日，金斯瑞关爱蝴蝶宝贝公益周活动正式在南京启动，并进行直播。CCTV、江苏卫视、《新华日报》等媒体全程参与并深入访谈及报道，引发社会关注，扩大社会影响力。

（3）巡展开启，持续升温：8月15日—8月21日，开启"关爱蝴蝶宝贝 —— 聚焦温柔"公益艺术巡展，近半数作品为蝴蝶宝贝创作；邀请11位创作者现场创作，以表达对蝴蝶宝贝的祝福。

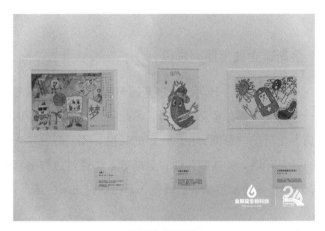

公益艺术巡展 2

项目评估

金斯瑞关爱蝴蝶宝贝公益周活动对于金斯瑞企业传播而言是一次突破性的尝试，并为B2B企业如何"破圈跨界"、用更具温度的方式打造行业领导力和社会影响力提供了借鉴。

活动成果远超预期，显现公益"出圈"效应。不同覆盖面的受众对EB患者群体、EB治疗、生物医药产业均有了不同程度的了解，促使社会更广泛关爱EB患者群体，为EB患者消除病耻感、建立信心起到了促进作用。首发132个蝴蝶宝贝圆梦清单，短期被认领129个，完成率约98%。值得一提的是，本次活动传播，基本上是通过内容本身吸引权威媒体关注，在社交媒体产生自然流量实现的。

从传播成果来看，本次活动得到《新华日报》、《南京日报》、《扬子晚报》、江苏卫视、南京电视台、南京广播电台以及《21世纪经济报道》、《E药经理人》的关注及报道，形成传播稿件近1000篇。在社交媒体端，#金斯瑞蝴蝶宝贝圆梦计划#微博话题阅读量突破600

万次；《看见·蝴蝶宝贝》公益纪录片观看量突破23万次；6条公益周短视频在微信视频号观看总量破120万次；超过3000人次通过线下或线上的方式观看公益艺术巡展。

本次活动除了得到媒体的广泛关注和报道外，也得到了来自公益组织、EB患者、生物科技业内人士等的积极反馈。

"这样的活动，也让我们更深刻地认识到患者需要的是什么，关注就是帮助，EB虽然罕见，但社会没有视而不见，我们在关注。这次合作宣传，将会给国内的EB患者带来更多帮助。"

——周迎春 上海德博蝴蝶宝贝关爱中心理事长

"非常感谢金斯瑞举办这次公益活动，为我们蝴蝶宝贝提供这个平台，让更多的人来关注罕见病，关注蝴蝶宝贝。作为一名患者代表，受邀参加此次活动，我非常荣幸，在现场我感受到了金斯瑞满满的爱。"

——EB患者代表

亲历者说 陈曦 金斯瑞企业传播副总裁

2022年是金斯瑞成立20周年，作为一家在基因和细胞治疗领域有着广泛布局的生物科技公司，我们想做一件比庆典更有意义的事情，因此我们举办了金斯瑞关爱蝴蝶宝贝公益周活动，关注罕见病，让罕见被看见。在这一周时间里，我们开展了一系列公益活动，为蝴蝶宝贝创造更好的社会环境。关注即帮助，金斯瑞希望通过这样的活动让更多企业关注社会公益，让罕见病群体多一分战胜病痛的勇气，早日回归正常生活。

案例点评

点评专家：张文轩 霍夫曼中国区副总经理

时至今日，科技向善已成为众多科技公司想要从价值观范畴积极输出的品牌理念。但能通过具体实践落地引发社会启示和广泛关注，才能更好实现自身品牌传播与社会公益的双赢效果。本案例给我的启发是，企业在进行社会公益项目传播时，内容上可以更注重挖掘小众话题，在形式和渠道上更注重后期长尾效应。社会公益项目的传播贵在真诚，本案例的成功正是得益于其回归传播初心，用科技向善的传播理念带来社会向善的实际效果，让大众在潜移默化中感知到了品牌的温度。

都市丽人品牌焕新营销战役

执行时间： 2022年5月15日—8月18日

企业名称： 广东都市丽人实业有限公司（简称都市丽人）

品牌名称： 都市丽人

代理公司： 北京一果营销科技有限公司

获奖类别： 2022金旗奖最具公众影响力品牌创新金奖

项目概述

都市丽人始创于1998年，其以贴身衣物一站式购物方式开拓全国市场，后于港股上市，经不断发展，逐渐成为内衣行业的龙头企业。近年来众多内衣新兴品牌陆续崛起，内衣市场竞争格局进入新阶段，为寻求突破，品牌焕新迫在眉睫。面对新冲击，都市丽人经过对品牌自身进行慎重思考和专业评估，未来将持续深耕专业化，确定了全国销量领先的专业内衣这一品牌定位。

项目策划

1.项目洞察

都市丽人成立二十余周年，已沉淀超6000万名女性会员，这奠定了都市丽人在内衣行业的销量领先地位，经沙利文认证2017—2021年连续5年全国销量领先。

都市丽人产品

在过去二十多年里，都市丽人一直在深入研究不同年龄阶段女性胸型变化及需求，拥有庞大的亚洲女性胸型数据库，累计获得457项专利，为不同年龄、不同场景的中国女性提供舒适又有型的专业内衣。

创新"黑科技"打造贴身舒适内衣：从传统零售到新零售，从传统内衣到无尺码内衣，都市丽人一直在引领时代潮流。面对新内衣品牌层出不穷的营销手段，都市丽人选择回归实用，用最朴实、最能代表自身的定位刷新用户认知，打响了此次都市丽人品牌焕新营销战役。

2.项目策略

多媒体多渠道联动实现360°全链路品牌焕新：品牌焕新从来不是通过单一渠道、单一媒介、单一内容能够完成的，它需要多媒体多渠道组成有机结构，让一个清晰的定位快速被受众听到、看到、体验到，完成对爆款产品的体验焕新、对全新定位的全方位内容焕新、运用全媒体的媒介焕新、线上线下购物的全渠道焕新等，最终实现消费者从认知到体验的全面刷新。

3.媒介策略

打造品牌焕新全媒介模型，确保内容在短时间迅速爆发传播，实现对全链路用户的触达。

品牌代言人形象：邀请唐艺昕推荐品牌产品，首次征集用户，组成百人代言天团，焕新产品形象。

广告：重新拍摄制作品牌KV（主视觉），在重庆投放户外广告、精准投放线上广告，广而告之与定向传播双线出击。

公关：召开发布会，公布白皮书，行业/权威/财经/时尚等多媒体深度报道证言。

《中国女性内衣白皮书》发布

社交媒体：新媒体平台多组视觉冲击，微信、小红书大量口碑发酵，夯实品牌新定位。

销售渠道：线下门店全面焕新，电商店铺、微信小程序等新渠道组合发力，助力销售。

都市丽人门店焕新

4.传播规划

（1）"听"到的口碑焕新：明星、行业领袖、学术教授、女性代表、各领域KOL等众多嘉宾发声，为品牌专业领先证言，更有5000多名用户发声，为品牌焕新蓄能；公域聚势，朋友圈和小红书广告持续传播承载品牌战略信息的图文视频内容，加强受众印象，提升好感度；白皮书在重庆正式发布，进一步定调品牌定位，"人民日报＋官方视频号"双平台全程联动，8小时不间断直播，各界权威嘉宾做客官方直播间，讲述都市丽人专业领先的故事。新华社、《人民日报》等权威媒体发声，女性、情感、财经、时尚、科技等媒体深度解读，超过200家媒体集中报道，进一步夯实都市丽人"领先专业"的品牌定位。

（2）"看"到的感官焕新：品牌形象焕新，品牌首次启用用户作为代言人，品牌推荐官唐艺昕携手百位代言人组成代言天团，更采用新Logo（商标）、新KV等传播物料，在传递品牌态度的同时提升品牌价值；品牌认知焕新，品牌专业背书系列传播物料全域分发，并转化为终端素材，全触点加深用户认知；唐艺昕与群像代言人品牌战略KV在重庆户外集中投放，精准传递品牌战略核心信息，加深受众群体的复合记忆。

（3）"感受"到的体验焕新：渠道焕新，启动全国线下门店的店面形象焕新，重庆率先完成焕新，电商渠道、新零售渠道同步启动视觉焕新，代言人群像KV线上线下全面曝光，凸显品牌销量领先定位。新零售焕新，为了实现对品牌会员的拉新促活，都市丽人以小程序为核心工具，灵活运用领券转化、红包裂变、预约有奖等组合拳，以种子用户为原点，征集百人代言，多重福利吸引用户互动参与，冲顶大会专业答题引导裂变，锦鲤抽奖导流直播，多轮主题直播，海量福利刺激，持续发力，为销售转化赋能。

项目执行

在确定品牌全新定位后，本项目于2022年4月初启动策划，经过一个月的筹备与多方协调，5月中旬正式执行，开启品牌焕新一系列传播活动，并于2022年8月初完成最后一场直播，至此重庆发布会及重庆品牌门店完成焕新，第一阶段完美收官，后续将在全国其他重点市场区域陆续启动焕新营销。

项目评估

1.效果综述

三大维度立体展现此次活动效果。

（1）品牌认知刷新：此次品牌焕新采用多媒体多渠道覆盖方式，整体曝光达到5亿次，面向新老用户实现了从认知刷新到体验刷新的过程；后续将持续在全国多个重要市场全面投放，保守预估曝光量10亿次。

（2）会员增长：截至2022年上半年，会员累计数量6068.4万人，其中2022年上半年会员新增110.9万人。小程序会员新增12.6万人。

（3）销售增长：仅小程序营销裂变形成销售额近5000万元。

2.项目亮点

打造品牌焕新全媒介模型：综合运用各类资源，多媒体多渠道立体化传播，多方位传递品牌信息，树立行业典范，为各行业品牌焕新建立模型。

一个信息内核引领内容焕新：围绕全国销量领先的专业内衣这一全新定位，梳理信息层级，建立品牌传播信息屋及传播者金字塔，借助不同层级、不同领域、不同用户的内容生产力，增强顾客信任，以海量优质图文、视频素材赋能销售转化。

两大突破实现视觉&形象焕新：邀请百名用户作为品牌代言人，启用新视觉、新Logo、新KV，从视觉到体验上全面实现从"我的品牌"到"我们的品牌"的转变；联合中国纺织品商业协会内衣委员会、京东服饰、前瞻产业研究院，发布《中国女性内衣白皮书》，领衔行业创新，奠定品牌领先的专业地位。

营销思维焕新实现公域种草：广告、公关等营销手段协同，将清晰的全新品牌定位及战略内容，以符合平台用户阅读习惯的方式推送到用户面前，借助公域引流构建前链路的内容种草力，实现与用户的有效链接。

渠道焕新见证新零售潜力：以微信小程序为核心工具，借助6000万名会员体系的私域运营能力，提升后链路内容的行为驱动力，通过海量内容、新颖活动、多重福利逐层渗透，实现有效裂变。

亲历者说 **李想　都市丽人集团副总裁**

此次活动正式打响了品牌全国销量领先的专业内衣这一全新定位的第一枪，聚集了公司会员运营、物流调配、门店经营三大优势资源，聚合外部各大媒体平台流量引流都市丽人小程序，以内容、福利双重裂变沉淀会员，最终真正实现了内容赋能终端的效果。

案例点评

点评专家：张景云　北京工商大学商学院教授

都市丽人从品牌要素和新KV传播物料等方面进行品牌焕新，确立了"全国销量领先的专业内衣"这一品牌定位。本项目通过整合营销传播方式开展体验营销，从视觉、听觉体验到认知层面，传递品牌价值感，进而让受众理解品牌定位。在嘉宾和媒体选择方面突出女性元素，并借助白皮书的发布突出女性营销特色。本项目将传统权威媒体和新型社交媒体结合起来，结合渠道触达，在扩大认知度的同时，实现流量转化。都市丽人与都市紧密结合开展营销传播活动，贴近城市。本案例中重点介绍的重庆开展活动的状况，线下门店焕新和锦鲤抽奖导流直播等，都贴近城市居民生活，富有城市特色。

英领物联 —— 英飞凌物联网认知传播案

执行时间：2021年6月1日—2022年8月30日
企业名称：英飞凌科技（中国）有限公司（简称英飞凌）
品牌名称：英飞凌科技
代理公司：北京科闻领睿咨询服务有限公司
获奖类别：2022金旗奖最具公众影响力品牌创新金奖

项目概述

随着低碳化、数字化转型在全球尤其是中国的推进，英飞凌在数字化方面确定了以物联网为核心的发展策略。英飞凌收购了赛普拉斯，通过整合赛普拉斯的业务线，完善了自己在物联网市场的布局，并迅速成为物联网市场的领导者。但是，市场对英飞凌的认知还普遍停留在英飞凌的业务以汽车电子和工业应用为主的层面，没有人认为英飞凌是一家物联网企业。项目组需要突破现有的行业认知瓶颈，让市场认识到英飞凌也是领先的物联网企业。

项目策划

面对进入全新市场从零开始、扭转品牌认知难、技术门槛高、目标受众太分散等诸多挑战，采取以下整体策略：用涵盖多种形式、多种场合、多种级别（从工程师到总裁）、多种渠道、多种层次的整合营销传播手段密集传播。在内容上，一方面重点强调低碳互联大趋势以及英飞凌在物联网领域的核心能力，以市场领导者的形象让目标受众产生心理认同；另一方面从目标受众最关心的应用场景、英飞凌自身的技术领先性和最佳实践以及终端使用者获得的收益入手讲好故事，从而营造亲近感，并形成有效的互动。这种内容营销与活动造势相结合，多渠道、广覆盖的传播方式，让英飞凌跳出半导体垂直领域，成为物联网行业的头部企业，转变了目标受众对英飞凌的认知。

首先，内容强势锁定：拆解物联网概念，将英飞凌的业务与物联网的核心环节一一对应，形成英飞凌与物联网的强关联、强捆绑。

其次，手段多元长效：图文、视频等多种形式内容在不同层面持续发力，打好多层次、立体化、广覆盖的宣传组合拳，形成内容、活动、渠道多层面长效传播机制。同时渠道扩展升维：电子类专业媒体、垂直行业类媒体、大众媒体和财经媒体等多渠道触达，循序破圈扩层，快速提升品牌影响力。

最后，活动打破界限：主动突破既往活动多由不同事业部分头主办的现状，以融合四大事业部业务的全阵容生态圈大会出击，主动响应物联网、新能源、低碳等市场热点，并借此树立起英飞凌在上述领域的领先性。

第一阶段，内容落地：以深度文章、短视频等优质内容撬动品牌认知转变，形成内容链路。

概念拆解、信息梳理，进行战术聚焦：对物联网概念进行拆解，将其细分为感知、计算、连接和安全五大关键硬件元素，将英飞凌与物联网绑定，形成记忆关联，让英飞凌是物联网头部企业的认知植入目标受众心智。

系列深度文章产出，影响目标受众心智。业内资深媒体策划撰写系列深度文章，深入剖析五大半导体支柱是如何撑起英飞凌完整物联网版图的，解读物联网新巨头的"大视野"，在业内人士中建立起英飞凌是物联网头部企业的认知。

以社交媒体为阵地，以丰富多样的短视频调动不同人群圈层的"胃口"，增强传播延展性，在更广泛的受众中建立英飞凌是物联网头部企业这一认知。

利用自有及合作媒体的社交媒体平台，以故事与短视频结合的创新传播方式作为重要抓手，用短视频讲好物联网故事，以富有趣味和创意的、形式多元的视觉化表达，增强用户互动和黏性。

第二阶段，活动造势：明确线上传播与线下活动循环联动的总体思路，线上发酵拓宽广度，线下聚合，借力生态优势，构筑传播同心圆，提高热议程度，制造声量高点。

走进绿色智能工厂，了解物联网创"芯"过程。紧跟碳中和等热点话题，适时启动以"低碳互联凌距离"为主题的媒体活动，邀请40多家知名媒体一起走进英飞凌无锡工厂实地参观访问，这是英飞凌首次面向媒体举办芯片智造工程的实地参观活动，通过双向信息输出，在信息爆炸的时代突出重围，收获流量。

走进绿色智能工厂

举办英领物联线上媒体沟通会，面向主要媒体，全景展示物联网头部企业的十八般武艺。打破了以前专门针对新产品/新技术召开媒体发布会的格局，将英飞凌四大事业部联合在一起，举办了紧扣物联网主题的英领物联线上媒体沟通会，邀请30多家媒体齐聚一堂，全面展示英飞凌作为一站式端到端物联网解决方案提供商的强大实力。

跨行业生态圈大会，聚力引爆。英飞凌主动打破各事业部之间的产品和业务界限，融合自身四大事业部，在深圳创新举办2022英飞凌生态圈大会。

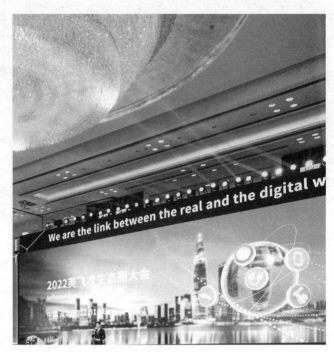

2022英飞凌生态圈大会

项目执行

首先，目标清晰步步为营 —— 以讲好英飞凌物联网故事、树立英飞凌物联网头部企业形象为目标。为实现这一目标，英飞凌的相关公关传播和市场推广活动串联起看似相互独立的传播事件，并将"系统级物联网解决方案提供商"核心信息持续传递给广泛的目标受众。

其次，内容多元渠道升维 —— 打破以往B端（企业用户商家）企业宣传内容形式单调的藩篱，视频、漫画、说唱等新形式齐上阵，实现全媒体覆盖，覆盖人群广。媒体露出形式涵盖电子类专业媒体、垂直行业类媒体、大众媒体和财经媒体以及社交媒体等，影响力广泛。

最后，全阵容主动出击 —— 打破事业部产品与业务的界限，全阵容出击知名行业大会和自身大会，直达目标受众。并且，利用知名行业大会，帮助销售接触目标受众，实现了公关驱动业务增长的目标。

项目评估

在传播内容层面，通过长期的布局与准备，形成了清晰的核心传播信息，加深了目标受众对英飞凌的认知，在瞬息万变的市场环境中，英飞凌依旧能够讲好自己的物联网故事。

新闻报道落地数量超过4500个，重要报道举例：新华网专访英飞凌大中华区总裁，产出《电气化与数字化将成为半导体行业发展的必由之路》；无锡电视台参观、采访英飞凌无锡工厂，产出《探访英飞凌的绿色智能发展之路》《低碳互联助推工业4.0——探访英飞凌的绿色智能发展之路》；澎湃新闻参观英飞凌无锡工厂，产出《如何智能化生产？实探英飞凌无锡芯片工厂》；《经济观察报》专访英飞凌大中华区总裁，产出《缺芯潮缓解，巨头英飞凌学到了什么？》。

视频采访、直播活动播放量近130万次，重要采访及直播活动举例：新华网直播观看量超78万次；知名行业媒体集微网专访英飞凌高级副总裁曹彦飞；知名行业媒体电子发烧友对英飞凌进行直播采访；知名行业媒体集微网邀请英飞凌参与以未来车为主题的直播活动；知名行业媒体与非网邀请英飞凌参与以工业控制为主题的直播活动。

在自有社交媒体平台发布的短视频数量超过82个，总体观看量达到40万次。

与中国电子网合作，利用与英飞凌紧密相关的关键词，进行形式创新的广告合作，为英领物联相关页面导流，曝光量超过200万次。

亲历者说　朱琳　英飞凌科技企业传播部大中华区负责人

经历了整个项目的策划、实施、复盘，我深刻体会到，就品牌认知而言，旧认知的改变和新认知的建立是异常艰巨的任务。因此，品牌新认知必须建立在业务层面有扎实支撑的基础上，要确定清晰的目标、精准的策略，辅以坚定执行和积极复盘。同时，我领悟到了一站式端到端物联网解决方案提供商的深刻内涵，它是赋能终端设备智能化、网联化，推动行业变革的核心力量。我为能参与到本项目而感到自豪。

案例点评

点评专家：张再洲　北京华瑞成业管理顾问有限公司总经理

面对数字化转型的新赛道，企业品牌急需在此阶段迅速完成品牌认知的大幅度跨越和快速提升。从零开始，困难重重，企业将自身品牌在半导体领域的影响力和产品力优势作为背书基础，同时明确传播受众和目标，巧妙通过多维度的内容传播和合理化的媒介组合，使目标客群的差异化传播诉求得到满足，真正实现"在你的维度讲我的故事"，高效完成了品牌在物联网领域的影响力和地位的奠定，最终实现了公关推动业务发展的目标。

中信银行对公金融"成就伙伴"品牌传播项目

执行时间：2021年4月1日—12月31日

企业名称：中信银行股份有限公司（简称中信银行）

品牌名称：中信银行对公金融

代理公司：北京新禧品牌管理有限公司

获奖类别：2022金旗奖最具公众影响力品牌创新金奖

项目概述

1. 项目背景

中国进入品牌经济发展重要阶段，品牌战略逐渐上升为B端企业战略。2020年年末，中信银行对公金融发布"成就伙伴"品牌。"成就伙伴"，是对中信银行几十年优势沉淀的总结，对中信银行"协同＋创新"基因的凝练。

2. 项目目标

打造具有中信银行特色的对公金融品牌，宣传中信银行对公金融招牌。"成就伙伴"主品牌价值落地，牵引多层级品牌矩阵传播，赋能业务。"成就伙伴"品牌理念链接客户，实现品牌价值认同。

项目策划

1. 品牌策略

以品牌共振时代：站在国家经济视角看"成就伙伴"对公金融品牌价值，站位"品牌强国"角度，输出品牌价值。

以品牌对话产业：强化中信银行、中信集团各子公司的"中信协同大对公舰队"，强化品牌综合金融服务支撑产业的能力。

以品牌共情客户：强化品牌"成就伙伴"价值观传播，和客户深度共情，升级对公金融客户影响力。

2. 内容创意

（1）人民网抖音首发"成就伙伴"品牌主张、跨界得到七城巡讲，以品牌共振时代。人民网抖音号首发品牌主题TVC（商业电视广告），让"成就伙伴"价值链接时代声音。跨界得到启发俱乐部七城巡讲，罗振宇现场诠释当下时代的"伙伴关系"。

（2）联合五大财经媒体智库，共同打造"成就伙伴"超级案例，以品牌对话产业。

案例即优势：挖掘中信银行对公核心优势，以超级案例落地"创新＋协同"优势。中信银行历经几十年沉淀，打造了综合高效的业务体系，创造了众多支持实体经济的行业案例。在"成就伙伴"品牌传播之际，面向客户、面向行业输出超级案例，以创新服务模式落地"创新＋协同"优势，展现"成就伙伴"的品牌实力。

案例即议题：链接时代语境，围绕"十四五"规划热词开辟产业话题入口。为使"成就伙伴"品牌与产业语境、时代语境链接，洞察并提炼了"产业升级""实体经济""双循环""普惠金融""碳中和""绿色金融""战略新兴"等热词，以此作为案例萃取维度，开辟产业话题入口。

案例即能力：协同"6+1"子品牌、全国37家分行，萃取90余个"成就伙伴"一线案例。内部业务板块协同、总分支三级协同，进行50余场调研访谈，提炼创新服务模式，萃取90余个一线优质案例，展现"成就伙伴"品牌赋能实体业务的能力。

案例即范本：联合五大头部财经媒体智库，打造20余个"成就伙伴"超级案例，形成价值范本。联合财新传媒、《21世纪经济报道》、虎嗅网等五大头部财经媒体智库，进行方案价值重塑与议题升级，打造具备行业研讨价值的20余个超级案例，形成价值范本。

案例涵盖战略新兴行业、绿色产业、互联网医疗、普惠金融、现代农业、5G、先进制造业、进出口行业、供应链金融、物流行业十大经典行业，涉及"乡村振兴、碳中和、产业升级、智慧医疗、智慧城市、自贸区、综合融资、双循环"等热门趋势。

案例即证言：超级案例宣发，打透"头部财经圈＋产业垂类圈"，证言"成就伙伴"能力。20多个超级案例矩阵式宣发，链接产业核心人群。与行业对话，联合第一财经、21CN、虎嗅网等财经媒体，发布案例，输出"成就伙伴"品牌差异化竞争力；与产业对话，联合创业最前线、每日汽车观察等10余位产业大V解读超级案例，落地结合"6+1"子品牌业务与明星大单品，证言品牌成就实体业务的能力。

案例即工具：案例多样化演绎为"案例集＋短视频"等，充分赋能一线。

将20余个"成就伙伴"超级案例聚合成案例集，落地线上互动、线下商务杂志，为一线提供多样化营销工具；将部分案例演绎为短视频，内容精准触达目标企业客群。

（3）5·20与7·1两大关键时点、两大创新客户沟通模式，以品牌共情客户。

1场5·20"告白伙伴"活动，传递"成就伙伴"价值观，与客户深度共情。借力5月20日，联合第一财经、《21世纪经济报道》等主流媒体，以品牌TVC等方式向企业伙伴"告白"，与客户深度共情，展现助力企业伙伴更快、更高、更远发展的品牌理念。

1次7·1"伙伴互动"活动，触达对公企业"朋友圈"，实现价值观共振。选择7月1日节点打造"做你的100分伙伴"主题互动H5，通过中信银行对公金融全矩阵宣发，触达对公企业"朋友圈"，促使企业客户价值观共振。

项目执行

整体项目涉及中信银行对公金融多个业务板块协同、全国总分支行三级协同。特别是在"成就伙伴"案例打造上，调研及萃取等工作难度很大。项目核心传播节奏如下。

4月—12月，中信银行 × 得到启发俱乐部七城巡讲持续开展；5月20日，联合主流财经媒体"告白伙伴"，覆盖财经媒体视频号矩阵；6月，"成就伙伴"主题TVC在人民网抖音号首发；7月1日，"做你的100分伙伴"主题互动H5宣发，触达对公企业朋友圈；7月—11月，联合五大财经媒体智库，打造并发布"成就伙伴"超级案例；11月—12月，"成就伙伴"超级案例聚合成案例集，并演绎为短视频等多样化形式，持续发布。

项目评估

1. 效果综述

2021年，品牌曝光量超2.4亿次。其中，人民网抖音观看量超100万次，第一财经及21CN等视频号矩阵曝光超420万次，朋友圈广告曝光超2000万次。"6+1"子品牌宣传覆盖主流财经媒体，累计曝光超5500万次。

年度萃取90余个"成就伙伴"案例，形成20余个超级案例。年度萃取90余个案例，最终联合21CN、虎嗅网、财新智库等5大专业财经媒体输出10大经典行业案例、10大热门趋势案例，并整合成案例集。其中，虎嗅网"成就伙伴"案例专题曝光超370万次，超过100万人次参与互动。

"成就伙伴"案例及对公业务解读短视频上线品牌官方抖音号，播放量合计超300万次。

2. 项目亮点

建立起拥有与产业对话能力的对公品牌，形成议题化突破：建立"成就伙伴"的高端对话能力，打造产业圈议题，议题穿透多个核心产业链。

建立起拥有与时代对话能力的对公品牌：围绕"十四五"热词打造"成就伙伴"超级案例，展现中信银行对公金融支持实体业务的能力、支持国家建设的能力。

建立起真正落地品牌价值、赋能业务的对公品牌：围绕"成就伙伴"多层级品牌矩阵，层层穿透，让品牌赋能多个业务板块；通过"成就伙伴"超级案例打造价值范本，让品牌赋能业务、赋能一线，持续获得更多价值客户。

建立起真正以客户为中心、链接客户的对公品牌：借5·20、7·1等关键时点与企业客户共情，通过得到启发俱乐部链接企业圈核心受众，对客传递品牌价值内涵。

建立起具有"中信特色"的对公品牌：通过"成就伙伴"超级案例传播等，展现"创新+协同"基因，对行业、对客户展现中信银行对公金融差异化优势。

建立起中信银行对公金融的品牌影响力矩阵：链接头部财经媒体圈、产业垂类圈、新媒体圈等核心圈层，为"成就伙伴"品牌建立起影响力矩阵。

亲历者说 马洋　北京新禧品牌管理有限公司公关事业部总监

从0到1建立对公品牌的打法，其魅力不仅在于它的商业价值，也在于社会价值。

在打造"乡村振兴票据案例"的过程中，我们为"如何精准赋能乡村"这一问题提供了"中信答案"，实现了品牌价值、业务价值、社会价值三赢：让"成就伙伴"品牌获得认可；让合作企业建立市场影响力；让更多企业机构看到乡村振兴的利好与可应用的商业模式，影响更多人加入乡村振兴。

对公品牌传播，不仅能够树立品牌、赋能业务，更能实现对公传播的美好愿景——行业向新，产业向善，时代向前。

案例点评

点评专家：赵晖　众行传播首席策略官

这个案例含金量很高，虽然看上去不酷，但贵在扎实。一是企业打造首个对公金融品牌体系，没有太多可参考的内容，从0到1需要慢慢摸索，这很"难"；二是切入时有高度有广度，既能贴近热词，符合金融行业的严肃性和大局观，又能接地气，通过关键节点和目标用户说心里话，赢得信任，这很"牛"；三是媒体选择充满智慧用心，有人民网定调子，也有与得到的跨界合作，主打企业主，更符合目标用户的喜好，这很"巧"。

GOLDEN
FLAG
AWARD
金 旗 奖

2022
—
金旗奖最具公众影响力
营销创新金奖

BOE 解忧实验室

执行时间：2022年6月—9月
企业名称：京东方科技集团股份有限公司
品牌名称：京东方
获奖类别：2022金旗奖最具公众影响力营销创新金奖

项目概述

作为半导体显示产业领导者和全球领先的物联网创新企业，BOE（京东方）多年来深耕半导体显示领域，其显示技术赋能物联网领域千行百业。但由于京东方处于科技行业，在进行宣传时，往往存在与消费者生活距离远、理解门槛高等问题，企业在大众端仍存在缺乏认知度与记忆点的情况。

晦涩的技术名词遇上技术科普综艺《BOE解忧实验室》的新奇解答方式，能让大众对技术名词和优势有直观理解，同时，能够深化BOE全球创新型物联网企业形象，加深大众对于高科技企业的认同。

BOE解忧实验室

项目策划

1. 项目洞察

B2B 科技领域的产品、技术十分专业，对普通公众来说往往晦涩难懂，且因B2B科技领域的多数核心产品技术并不直接面向C端用户，以往的传播更多的是在本行业小众圈层引发关注，较难形成自发的、破圈的大众传播。

将科技属性的内容与综艺形式相结合，既可以将技术变得"通俗易懂"，也可以拉近与消费者尤其是年轻群体的距离，塑造一个有温度、有人文关怀的京东方。

2. 项目创意

《BOE解忧实验室》创新性地将技术科普与综艺相结合，邀请明星艺人、技术专家、意见领袖和媒体大咖加入，每期节目分别设置科学讲解师、宝藏引荐员、好物收藏家、新奇体验官等角色，在实现感官娱乐的同时兼具科普意义。在展示方式上，节目立足柔性显示、8K超高清、高刷新率、智慧车载、MLED、"数字艺术+视觉艺术"等京东方核心技术，引入综艺中的趣味性游戏、实景体验和互动实验等环节，极大降低了大众对高精尖技术的认知门槛。

3. 传播策略

《BOE解忧实验室》节目上线，通过@京东方BOE官方新媒体平台首发，综艺节目官方微博、抖音（@BOE解忧实验室）双向引流，并借助明星艺人的流量与良性互动形成话题热度。同时，各大视频平台、传统媒体与社交网站KOL等同步宣发，有效提升受众话题讨论度、节目传播力和影响力。

（1）预热期。对外：以节目预告片、明星ID和多人群像预告海报为载体，通过艺人自身流量和影响力，配合@京东方BOE @BOE解忧实验室官方微博、抖音等KOL话题发酵，扩散传播，同时通过预热稿件、深度稿件形式在科技、娱乐类等15家媒体进行预热传播。对内：邀请公司高层领导和内部员工参与录制高管预热视频，以领导推荐和员工采访的形式进一步提高公司人员对节目的参与度。

（2）集中期。以6期综艺正片为主要内容，在优酷、芒果TV、北京时间App等视频平台及@京东方BOE @BOE解忧实验室官方平台上线，同时制作每一期节目的精彩集锦，创新性地推出粉丝饭制视频及UP主原创视频内容，借助艺人热度和头部KOL影响力，促进亮点内容在社交平台的二次传播。

围绕综艺节目上线，策划推出多角度、多观点的新闻稿件，并在各类媒体重点宣发推广，全网累计发布751篇稿件；邀请出席节目录制的相关媒体嘉宾进行深度稿件传播，累计发布稿件40篇。

创新性地筹备并举办BOE解忧技术沙龙，邀请相关领域资深人士、媒体等参与超前点映，由公司技术高管对相关领域技术优势、技术特点及未来发展趋势进行深度解析。传播期间，共举办3期技术沙龙，吸引60余家资深媒体热情参与。

面向员工开展"解忧掷色子"地推活动并设立参与奖励机制，将定制的节目周边作为礼品，鼓励内部员工转发朋友圈，引发社交媒体现象级传播。

（3）长尾期。在6期节目完整上线后，通过节目精彩CUT、完整传播战报、收官新闻稿件、花絮视频对节目的精彩内容、上线效果等进行回顾与二次传播，完美收官。

项目执行

6月开始进行整体项目的方案策划，根据BOE的核心技术优势选择技术科普的主题方向，确定拍摄排期和传播排期，做好项目组成员分工安排；7月确认拍摄场地，确认参与拍摄人员并协调档期，同步推进录制现场的舞美设计和道具准备，7月31日—8月4日，正式开始为期5天的综艺拍摄，并完成节目全部内容的录制工作。随后进入节目内容制作、包装环节，同时在公司内完成了高管预热视频的拍摄。8月29日，京东方官方新媒体平台首发预告海报及预告短片，自此开始了为期一个月的集中传播和宣发。

项目评估

1. 效果综述

自8月29日至9月20日，《BOE解忧实验室》在各大视频平台全面上线，全网传播总量超过1.4亿次，相关主题获主流媒体报道1482篇，微博话题阅读量超过8104万次，成为科技型企业破圈营销新典范。

2. 受众反应

作为一家全球创新型物联网公司，京东方独创性地推出6期技术科普综艺节目，在让观众沉浸式体验高科技魅力的同时进一步提升了京东方在消费者心中的认知度。节目引起了网络平台用户的热切关注和讨论，其中，微博#BOE解忧实验室#相关话题讨论高达9.4万次。

3. 市场反应

《BOE解忧实验室》借助综艺形式推进技术科普，融入了更多人文思考和关怀，受到市场极大欢迎和关注。

著名科技、财经作家易北辰指出，一个好的技术科普类综艺，既要有知识干货，又要有流量，还要寓教于乐，这对制作人而言是个考验。如果这样的综艺能长期做下去，会影响、激励千千万万青少年了解科技、热爱科技。基于高科技这道门槛，市场上能推动技术科普并持续下去的"人"很少。而技术大厂京东方去做这样一件事，你不会觉得突兀，甚至会觉得合情、合理、合乎商业逻辑。

资深产业经济分析师、钉科技创始人丁少将指出，《BOE解忧实验室》的策划与播出，是京东方面向C端用户展现"用心改变生活"品牌使命的创新之举，也是让京东方的前沿科技、技术品牌走进用户生活的创新方式。

亲历者说 张贺　京东方科技集团融媒体中心中心长

做这档节目，首先是基于我对京东方技术非常熟悉这一事实，作为大众、媒体与京东方沟通交流、加深了解的窗口，我能感受到外界在理解、认识京东方时存在一定的门槛。

策划这档技术科普节目的初衷，就是希望能够通过它让科技不再"高冷"，让大众知道科技与生活息息相关，且已经走进千家万户，打造京东方"屏实力 Powered By BOE"的全球领先物联网创新企业形象。未来，京东方将继续不断探索新的传播营销模式，以更接地气和更年轻化的传播方式，带领观众走进见所未见的新"视"界，带给大家一个更有温度、更有人文关怀、用心改变生活的京东方。

案例点评

点评专家：刘畅　克诺尔中国区副总裁、中国欧盟商会政府事务论坛主席

To B 类的企业在面向终端用户宣传时往往存在专业性太强、不接地气的问题。但终端用户对 To B 类企业的理解，又会对后者的业绩产生间接影响。

因此，该案例最大的特点就是通过综艺节目的形式，将京东方自身在显示及物联网领域的优势能力，借助明星效应，以有趣的形式对消费者进行科普，在潜移默化中提升了京东方的企业品牌形象。因此，该案例算是科技型企业"破圈"营销典范。

霍尼韦尔2021智能智造峰会

执行时间： 2021年5月5日—11月20日
企业名称： 霍尼韦尔安全与生产力解决方案集团（简称霍尼韦尔SPS）
品牌名称： 霍尼韦尔
获奖类别： 2022金旗奖最具公众影响力营销创新金奖

项目概述

智能制造作为中国发展的重要战略，同时是霍尼韦尔SPS的重要市场战略方向。霍尼韦尔SPS在工业领域拥有悠久历史和品牌积淀，旗下企业软件事业部围绕精益数字化产品的一站式解决方案进行产品重塑和整合之后，在制造领域需进一步提高品牌和产品知名度，以提高客户认知度和品牌、产品影响力；同时，应加强与生态伙伴以及行业组织等的联系，构建生态系统，推进行业合作。此外，通过集中化、系统化的推广活动，推动制造领域跨业务销售合作，并挖掘新的销售机会，助力业务增长。

项目策划

1. 营销目标

扩大品牌认知：提升霍尼韦尔SPS在泛制造业领域的品牌知名度；深化"东方服务东方"的品牌战略；树立专业、权威、开放的市场领导者地位。

助力业务推广：充分发挥当地专家的背书力量；发布精益数字化研究院及发布智能制造白皮书，为业务开展提供深度理论依据；通过"苏州工厂"及客户案例，以实践夯实业务能力。

促进销售转化：邀请合作伙伴、客户参会，通过线下"生态圈"创造更多机会；以数字化手段搭建线上"生态闭环"，通过收集数据、持续沟通促进销售转化。

目标人群为离散制造业的高级管理层，其本身具备较广泛的行业知识，企业需通过有深度、有启发性的内容，形成对目标人群的吸引力。

2. 主题创意

智造之道我知道。

围绕"智造"，明确智能制造的行业属性和大主题，以"论道"突出企业在制造领域的自身经验优势和HOS（霍尼韦尔运营系统）精益管理理念。

3. 时间规划

利用全年精益数字化线上线下传播活动引流，通过频繁的线上直播和社交平台内容传播维持品牌曝光度，并通过11月的主题峰会形成营销爆发点，汇集高质量目标人群以形成转化。

4. 媒介策略

以白皮书内容为核心，通过前期专业内容预热，以自媒体平台（微信、视频号）为主要日常宣传渠道，结合媒体广告（百度、腾讯、领英）和垂直媒体资源，在活动前期汇集流量；结合EDM扩大观众触达及参会登记。

自媒体包括自有微信公众号、视频号、集团公众号，此外，要充分利用员工社交圈资源，扩大曝光量。

选择2B端商务人士较集中的领英广告，有详细人群画像的微信朋友圈广告以及互联网广告DSP，吸引客户注册登记。

垂直媒体部分，选择在制造领域具备较大声量的e-works作为合作伙伴，利用其庞大的制造业会员资源，宣传并引导观众注册。

项目执行

根据项目需求，将执行拆分成10个部分，分别安排负责人单线跟进，责任到人。

定期梳理和把控进展情况，并分析各阶段执行效果，持续优化和改进。

从内容、邀约和进度等方面跟踪，识别影响最终效果的潜在风险并制订预案。如加强线上直播的宣传，得益于充分的前期准备，确保了场地、嘉宾以及线上渠道的参与。

项目评估

本项目充分利用媒体、社交平台、生态伙伴以及内外部资源，通过内容营销、数字营销和线下活动营销的结合，顺利发布智能制造白皮书，并宣布了霍尼韦尔精益数字化研究院的成立，成功塑造并宣传了霍尼韦尔在制造领域的专业地位，提高了霍尼韦尔精益数字化解决方案的知名度和信任度，并为多个业务部门建立新的客户关系提供机会。此外，活动产出的大量专业性内容，也为后续的长期宣传奠定了内容基础。

在峰会部分，活动共吸引超过500人报名线下参会，800人报名线上直播，线上观看超过5000人次。

在数字营销部分，在数字媒体平台共产生超348万次曝光，相关文章点击量超过12000次，微站访问达39379次，会后白皮书下载近500次（截至2022年3月31日）。

在媒体传播部分，共组织了1场会前专访、1份署名文章、峰会同期6家媒体专访，峰会带来超过90篇的文章曝光，覆盖大众、财经、技术、门户以及行业垂类媒体。

在销售转化部分，截至 2022 年 3 月 31 日，共产生 50 余次潜在购买机会，以及 10 次明确需求的成交机会。

内容营销：通过与内部专家的紧密合作，产生多篇制造深度软文，平均阅读量超出日常文章的 55%。内容的专业性和深度，同时吸引了外部 KOL 的主动转发分享。

亲历者说 张燕　霍尼韦尔 SPS 市场部经理

这个项目凝聚着团队所有成员几个月日日夜夜的付出，从白皮书的一字一句，到创意的一笔一画，以及高效规划和运作，我们最终使一个新生行业品牌获得了行业高度认可，并带来了实实在在的销售业绩，真正做到了从品牌到效果整齐划一。我很难忘也很自豪！

案例点评

点评专家：王洪波　中国对外文化集团有限公司新闻总监

2B 的营销难度往往比 2C 高几个层级，因为营销对象是专业人士，在他们面前，品牌需要有更多的干货。本项目的团队显然深谙其中之道。根据需求，该项目将执行拆分成多个部分，分别安排负责人单线跟进，责任到人，工作做得很细。更重要的是，前期的信息渗透、中期的信息集中隆重发布、后期的信息持续滴灌，共同构成了这座信息花园的良好生态。影响有影响力的人，要让所有参与者受到尊重，尤其是要给专业人士以足够的表达空间，让他们感到被尊重，他们的表达比商家自说自话更有力度，更能影响客户。

● 康希诺生物品牌焕新整合传播

执行时间：2022年4月20日—5月30日

企业名称：康希诺生物股份公司（简称康希诺生物）

品牌名称：康希诺生物

代理公司：瑞思无限公关顾问（上海）有限公司

获奖类别：2022金旗奖最具公众影响力营销创新金奖

项目概述

十余年时间，康希诺生物从默默无闻的疫苗研发企业，成长为科创板"A+H"上市的创新疫苗产业巨头。为适应和迎合全球化业态的快速发展，2022年，康希诺生物发布全新品牌形象与理念。

本项目并不单是通过国内外的视觉刷新与概念提升来获得社会曝光度。一方面要通过对内的宣导和活动，加强公司员工归属感和凝聚力；另一方面要升级对外展示平台的服务属性和功能属性，引领品牌全方位向上发展。

项目策划

1.项目洞察

康希诺生物属于创新研发型企业，在全球展开市场合作，在多个国家和地区获批疫苗使用，并合作建成海外灌装生产线。随着生产组织能力和商业化运维团队的逐渐成熟，管线推进、收入增长进入快车道。原有老旧品牌形象已不足以承载快速成长的、国际化的康希诺生物。

外界对于康希诺生物的品牌认知，几乎全部来源于其疫苗产品。

国内外知名生物医药企业纷纷进行了品牌焕新，包括辉瑞、赛诺菲、BMS（百时美施贵宝）、百济神州、GSK（葛兰素史克）等。

2.策略分析

品牌机遇：国际行业集体行动，品牌自带流量，渗透难度降低，无既有商业形象，创新导向卖点多。

与国际一线生物医药企业同步品牌焕新动作，将单个企业影响力上升为行业影响力。借疫苗建立公众对康希诺生物的品牌认知与联想。国际化视觉洗刷，全方位品牌功能升级。

项目执行

项目执行层面，内容与媒体、动静视觉、物料与活动3条线路互相配合、同步启动。

在4月25日一天时间内，完成了康希诺生物新品牌形象发布、办公地及厂区标识物料更新、官方线上展示平台视觉与功能升级、百度百科词条更新、线下内宣落地活动、媒体与KOL跟进报道等。

项目评估

整个品牌焕新动作充分借势，侧重内容筹备与物料端，用极少量的媒体资源，达到了极好的传播效果。

在4月25日品牌焕新发布日的前一天，刚果（金）埃博拉疫情导致民众担忧情绪起伏。随后快速调整发布策略，在微博热搜话题下以媒体和大V报道形式，跟进康希诺生物埃博拉疫苗相关科普内容，最终话题阅读量9.2亿次、讨论量16.8万次，为之后的品牌焕新日活动打下有效的曝光基础。

辉瑞等国际行业龙头企业的品牌升级，让行业和财经端纷纷关注康希诺生物的品牌焕新动作。在公司官方微信公众号发布消息和快闪视频后，通过权威媒体及行业媒体进行官宣报道，后续KOL跟进企业点评，引发网络用户自主发帖围观。

4月25日还是历史上DNA双螺旋结构被发现确立的日子。康希诺生物新Logo的设计灵感正是来源于DNA。当天发布了主题短片，致敬所有科学人士，在行业内收获好评和影响力。

4月25日一天之内完成全球视觉洗刷，包括VI、宣传片、办公地及厂区标识物料、品牌手册等。国内外官方网站与社交平台，不仅进行视觉刷新，更进行功能升级、内容板块升级。

在康希诺生物厂区举办品牌"焕新市集"，向康希诺生物内部员工宣传公司理念。线下活动场地超500人参与，官方微信公众号当天阅读量超平日10倍以上。

为了强化康希诺生物品牌的"先进、创新"基因，挑选了一些重大事件节点和项目配合媒体传播，包括：康希诺生物新冠疫苗列入世卫组织紧急使用清单。

亲历者说 张弛　上海瑞思品牌营销副总经理

接触康希诺生物这个客户以后，我才真正了解到为了大众不被传染病侵扰医学工作者背后付出了多少努力和艰辛。很荣幸能够参与和见证这样一个创新且有匠心的品牌成长，也很荣幸成功打了一场低成本、高效的传播战役。

案例点评

点评专家：张洁　金科华东大区品牌总经理

这是一个经典的借势营销的案例，选择合适契机借热点话题引爆大众对品牌的关注，借力打力，取得了非常好的传播效果。主题明确，传播形式丰富，借快闪视频、KOL评论、视觉包装升级等不断引发二次传播效应。在对外展示新形象的同时不忘对内进行品牌价值传输，用互动性很强的"焕新集市"加强了企业内部受众对品牌焕新的全新认知。这是一次低成本高传播收益的品牌传播活动。

林内跨界实验视频营销

执行时间：2021年10月8日—12月31日

企业名称：上海林内有限公司

品牌名称：林内（Rinnai）

代理公司：美格国际公关顾问（北京）有限公司

获奖类别：2022金旗奖最具公众影响力营销创新金奖

项目概述

消费者因收入、年龄、区域和审美等方面的不同，形成了各自的兴趣偏好和圈层文化，呈现明显的消费分级现象。林内传统品牌形象认知固化，辨识度较低，为打破消费者对品牌的固有印象，打造更立体的品牌形象，林内从消费者需求出发，制作更利于展示品牌产品特点、更利于传播的趣味科普实验视频，选择权威媒体、专业媒体和大众媒体，通过3个阶段分层次传播，实现了不同圈层用户的内容触达。

项目策划

1. 公关目标

打破消费者对林内的固有印象，提升目标受众对品牌及产品的认知度，扩大市场影响力。

2. 内容创意与洞察

随着网络营销应用越来越普遍，用户接触信息的方式越来越多元化，整个市场对品牌营销的内容也提出了更高的要求。做品牌营销，从内容呈现形式的选择就面临着挑战。目前的互联网环境中，多项数据显示，消费者更愿意看一些内容有趣、观点鲜明、目标精确且渲染力强的视频。相较图文内容而言，视频内容克服了内容单一、表达效果不够直观的缺陷，更适合全方位呈现科技产品；而相较中长视频来说，短视频的观看成本更低，更适合网友的碎片化使用场景，也更不易被打断。

林内与中国极具影响力的科技媒体果壳网达成合作，通过哥德堡实验形式，将林内热水器Micro Bubble核心技术原理和产品效果进行可视化呈现，将复杂的科学原理转化为简明易懂的趣味科普实验视频，看似是探寻大自然中的"神奇气泡"，寻找奇妙的自然现象，实则是以专业角度解读林内的 Micro Bubble 核心技术。

视频发布后，通过全网不同渠道将其传递给用户，实现多点触达，以此突出产品技术优势，塑造品牌专业形象，提升品牌的大众认知度，扩大影响力。

3. 项目策略

规避同质化产品营销内容，另辟蹊径，选择与科技媒体合作，通过趣味科普实验视频，解读林内热水器核心技术原理，呈现该技术在生活中的使用场景，展现该技术产品的清洁能力，通过更加具象化的方式展现产品，给用户沉浸式观看体验，从而引发网友的兴趣与好奇心，激发用户分享欲。通过选择权威媒体首发、专业媒体扩散、大众媒体二次扩散 3 个阶段分层次传播，不断增强视频传播力度，最终实现传播裂变、持续发酵、热度攀升。

多平台分发与多元化内容相结合，塑造更强大的传播声量，为消费者带去更美妙的视觉体验和精神感受。以精心打造的趣味科普实验视频为载体，叠加"视觉创意互动化＋多渠道覆盖"组合拳，让视频内容实现传播层面的多点触达、多线引爆，最终完成品牌专业形象在大众眼中的认知强化。

4. 媒介策略

通过"权威科技媒体专业解读＋专业媒体扩散＋大众媒体二次扩散"矩阵式媒体传播，进行全方位、系统化的整合深度传播，打破受众圈层，扩大受众人群。

整体形成广度的视频平台传播和深度的传统媒体传播。借垂直领域专业媒体的持续曝光、权威媒体人的专业点评及社交平台达人的扩散分享保持热度，呈现出专业、立体的品牌形象和产品优势，通过层层递进的传播节奏，拉近品牌与受众各兴趣圈层的距离，传递林内注重产品核心技术与品质的态度，树立林内更加专业化的品牌形象，扩大品牌在中国市场的影响力。

5. 传播规划

（1）权威媒体首发：2021 年 11 月，与果壳网合作，以哥德堡实验的形式，拍摄趣味科普实验视频，用富有创意且有互动感的短视频，为用户带来沉浸式产品体验与解读，为之后的全网营销打下坚实基础。

利用权威媒体平台强势赋能短视频，同时创作相关文章，将林内热水器及其应用的 Micro Bubble 技术用妙趣横生的科普方式呈现给受众，在果壳网全平台发布，多媒体矩阵传播，在行业内权威背书，立足权威市场，建立信任。

（2）专业媒体扩散：通过"哲北大叔""炎龙说数码"两个垂直类专业媒体，在新媒体平台抖音、小红书上再次进行传播，将视频进一步扩散，扩大在垂直类媒体中的影响力，同时通过垂直类媒体的流量转化，扩大品牌影响力，提升品牌专业度。

（3）大众媒体二次扩散：通过爱奇艺、优酷、腾讯视频等视频网站，以及新浪微博达人、知名媒体人等，在社交平台进行大范围的二次扩散，扩大受众影响力，实现传播裂变，保持热度。

项目执行

与科技媒体果壳网合作，拍摄趣味科普实验视频，给用户带来沉浸式产品解读。利用权威媒体平台强势赋能短视频，并创作相关文章，在果壳网全平台发布，在行业内权威背书，建立信任。

"林内与果壳网合作哥德堡实验跨界视频"现场花絮1

视频发布后，通过垂直类专业媒体，在抖音、小红书再次传播，在互联网高流量的有力支持下，保障内容的持续输出，通过垂直类媒体的流量转化，扩大品牌影响力，提升品牌形象专业度；通过爱奇艺、优酷、腾讯等视频网站，以及新浪微博达人、知名媒体人等进行大范围的二次扩散，实现传播裂变，保持热度，最终实现各类媒体宣发效果，提升品牌形象及大众认知度。

"林内与果壳网合作哥德堡实验跨界视频"现场花絮2

项目评估

1. 效果综述

本次营销通过趣味实验科普视频的拍摄与传播，将产品所应用的复杂的 Micro Bubble 技术化繁为简，赋予科技产品新的解读方式。合作具有影响力的科技媒体权威背书，借助权威媒体、垂直类专业媒体传播，横跨B站、腾讯视频、优酷、微博、微信等平台，持续向不同圈层受众传递林内品牌理念和产品亮点，扩大影响力，拉近品牌与用户距离。

2. 整体传播概况

72小时覆盖人次超过2124万；阅读量达148万次；果壳腾讯视频播放量高达76万次，高于同业相关视频播放量；微信头条阅读量突破24万次，再创现象级传播；果壳B站、优酷、西瓜视频、视频号总播放量超过22万次，打造最强传播；果壳App、果壳PC端等总阅读量超过14万次，多点位露出，聚焦引流；果壳今日头条、腾讯新闻、网易新闻总阅读量超过12万次，传播齐头并进；媒体朋友圈助力传播，扩大媒体圈层影响力，形成高黏性刷屏级互动，实现媒体用户口碑双丰收。

亲历者说 孙鹏飞　美格国际公关顾问（北京）有限公司总经理

我参与了一场难忘的科普视频拍摄，专业团队在摄影棚搭建了完整的哥德堡实验装置，微缩模型还原自然生态中的气泡，以可视化方式讲述林内热水器和核心技术Micro Bubble，深入浅出地诠释复杂的科学原理，产品效果展现得一目了然。我们选择头部科技媒体合作，权威媒体、专业媒体背书，大众媒体二次扩散，有趣的科普内容和层次分明的传播策略，最终让这支视频的传播效果超出预期，触达更多关注品质家电的用户。

案例点评

点评专家：沈激　日产中国公关传播副总经理

林内作为日本品牌，为突破传统品牌形象认知，提高品牌认知度和喜爱度，从消费者洞察出发，借助果壳网，通过哥德堡实验形式，将核心技术原理和产品效果用短视频方式呈现，分层次传播，在目标消费者喜爱并经常光顾的不同社交平台上不断扩大视频传播力度，实现针对不同圈层用户的内容触达。

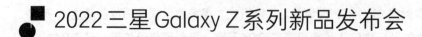

2022三星Galaxy Z系列新品发布会

执行时间： 2022年7月10日—8月22日

企业名称： 三星（中国）投资有限公司

品牌名称： 三星

代理公司： 南京霍巴信息科技有限公司

获奖类别： 2022金旗奖最具公众影响力营销创新金奖

项目概述

2022年8月，三星全新推出第四代折叠屏手机——三星旗舰产品Galaxy Z Fold4和Galaxy Z Flip4，与以往发布会不同，此次三星想要打造具有全新风格及全新体验的发布会，创造一个全新的Galaxy世界。

此次新品发布会推出三星旗舰产品系列，创建三星"元宇宙"Folderland以及未来城市Galaxy，并以此作为整体发布会故事背景，将折叠城市的概念融入发布会，也将发布会内容巧妙融入其中，同时在现场打造互动体验模式，使虚拟与现实互动交织，开启全新的线下发布体验。

项目策划

以往的三星发布会将制作视角专注于镜头语言的运用以及酷炫的转场特效，在视觉上具有很强的冲击力，这一次的发布会没有延续以往发布会的玩法，而是选择了一个全新的方式，以一种极具创意性的互动体验，自始至终都在同一个空间内完成所有的画面呈现，同时将线下发布会的内容直接放到线上呈现。

基于这一全新的发布会想法完成创意头脑风暴，制作团队结合虚拟现实技术与元宇宙概念，在此基础上思索如何更好地为发布会助力。同时，紧扣此次发布会主题，展现三星不断自我升级的高要求以及放眼未来的宏观格局。在发布会整体创意构想中，基于品牌概念做延展，将品牌的匠人精神在发布会中更好地呈现与传递出来，彰显品牌先锋实力。

此次发布的新产品是三星折叠屏系列第四代新品以及配件产品，全新的产品升级背后的匠心设计及产品工艺，都是发布会上值得仔细述说的内容，而针对不同的产品发布会内容上的考量也各有不同，整体上发布环节以不同产品做区分，对Folderland做细节规划后定义不同发布的故事背景：极具匠心工艺的Fold4环节展现产品力，背景设定在具有艺术美感的实验室；小巧精美的Flip4则设定在嘉年华的背景下，着重体现Flip4的视觉设计感以及精巧实用的功能点；而Galaxy Watch & Galaxy Buds以及一些定制服务相关的功能点则设定在了更具未来感的赛博朋克Galaxy都市背景下。在此基础上，完善内容细节，根据每一个功能点的呈现方式定制一些演绎情节，每个情节都是团队无数次推敲打磨、不断进行细化调整制定的，以便能够清晰表述产品，同时在细节构思时，项目团队也在思索如何带给现场观众眼前一亮的互动体验，最终有了一个大胆的想法：利用"移动屏幕+超大巨屏"设置互动装置，给予观众视觉上更"大"的冲击，同时利用屏幕的灵活性去配合虚实内容演绎，在同一个空间完成虚实切换，将产品的性能展示和解说在演讲人与虚实切换的互动配合中呈现，让观众在欣赏发布会的同时能有更多的乐趣及更好的体验，将三星的品牌理念传递给所有人。

Folderland场景

Galaxy场景

在整体内容制作中，团队运用了诸多先进技术，如XR（扩展现实）技术、绿幕特效技术、动作捕捉技术等，创作高质量、有趣味、可看性强的影视级别发布会，首次采用8K巨屏作为发布会内容展示屏，增强视觉冲击力的同时带来新颖的现场互动。

项目执行

此次发布会是一次新的尝试，创作初期的脚本构想环节需要考虑到品牌、制作、最终呈现等多个层面，这是此次发布会制作过程中一个比较关键以及耗时的环节。

制作过程中，为了实现最终呈现效果，不断优化、调整技术手段，以便更好地完成内容制作。由于时间紧张，XR技术、绿幕拍摄、三维制作、动捕技术等团队明确分工，在制作初期就同步开展准备工作，在创作中期为了更好地投入制作，设定了详细的制作规划。在整体制作进程中，各个团队定期沟通进度与制作难度，共同解决制作中遇到的问题，及时调整项目进度，同时保持紧密的交流，在制作量如此大、制作时间如此紧张的情况下高效、高质量地完成了项目。总之，一场极具意义的发布会的成功呈现离不开各方的努力。

项目评估

现场的互动体验感远超预期，创意实现后的效果令人眼前一亮，现场的观众频频发出赞叹，掌声也络绎不绝。在线上发布会后，媒体争相报道，对此次发布会给予高度认同，指出此次发布会设计新颖，极具创新性，虽然去掉了三星自身的一些"标签"，但依然传递了品牌自信与品牌理念，能够更好地被大家接受。同时，以线下发布会的方式去做线上，比起现在诸多的虚拟发布会更新颖，给人的观感也相对真实许多。该项目作为制作团队又一力作，承载了制作团队诸多心血，有诸多亮点。

- 多种先进技术助力 —— 团队运用了诸多先进制作技术辅助发布会制作，如XR技术、绿幕技术、动作捕捉技术等，创作了高质量、有趣味、强可看性的发布会内容，同时首次采用8K巨屏线下展示，完美呈现制作内容。

- 虚拟现实互动交织 —— 利用"移动屏幕+超大巨屏"设置互动装置，给予观众视觉上更"大"的冲击，利用移动屏幕的灵活性演绎虚实交映的发布会内容，在一个空间内完成虚实切换，通过演讲人与虚实切换的互动配合呈现产品设计理念与性能，提升观众体验感的同时令品牌理念深入人心。

- 影视级内容制作 —— 与影视领域顶级公司合作，采用先进的技术打造影视级别的内容盛宴，配合8K巨屏展示，带给观众绝佳的视觉体验。

- 品牌资产沉淀 —— 创建属于三星的"元宇宙"Folderland与未来城市Galaxy，三星产品元素贯穿发布会始终，沉淀品牌资产。

亲历者说 刘作宇　南京霍巴信息科技有限公司 SVP（高级副总裁）

作为制作的总负责人，我有太多的感受。我们团队其实在发布会制作方面有着诸多经验，但这是第一次制作时间如此紧张和制作量如此大的项目，即便经验丰富，难度依然不小。尤其是在内容共创阶段，我们一次次修改、调整内容，打造符合品牌调性、能够传递品牌内容的发布会，同时用最适合的技术去做最完美的呈现，去安排去调度不同的制作人员，以确保发布会顺利上线并确保效果，我们几乎没有什么休息时间。在大家的支持下，我们完成一个极具挑战却意义非凡的活动，开启了无限可能。

案例点评

点评专家：张文轩　霍夫曼中国区副总经理

本次新品发布会的创意无疑让人们眼前一亮。无论是面向未来城市的前沿概念，还是现场虚实交互无缝切换的效果，都重新定义了发布会能够带来的出色体验。更为难得的是，三星的发布会并没有只停留在新产品引领的趋势上，而是注重将自身一直孜孜追求的匠人精神和渴望卓越的品牌精神作为发布会的主信息传递出来，让品牌格局在先进视觉技术的加持下得到升华，从而使品牌更加深入人心。这是一次产品与品牌双重营销的成功实践。

腾讯视频电影科幻季传播项目[①]

执行时间：2021年11月22日—2022年8月27日
企业名称：腾讯科技（北京）有限公司
品牌名称：腾讯视频
代理公司：北京沃姆互动行销策划有限公司
获奖类别：2022金旗奖最具公众影响力营销创新金奖

项目概述

腾讯视频通过整合平台自有内容、蓝星球科幻电影周等行业资源，打造科幻季。借势航天大年科技趋势，以"探见未来的光"为核心传播主题，聚焦科幻属性，打造"大山里的小小航天人"正能量事件，传递电影品类正向价值使命，激活大众对腾讯视频的好感度。

项目策划

为腾讯视频电影科幻季首次上线打造对应的事件营销，采用线上+线下的方式，以科幻为核心抓手，来到卫星发射基地附近山区，为孩子们带来科幻梦想。联合媒体，打造正能量价值，提升传播力度。

1.实施策略

（1）电影品类优质资源整合：重磅打造9大头部IP科幻片单，展现平台优质内容，集结《重启地球》《神兵特攻》《失控玩家》《极地追击》《沙丘》《明日之战》《末日救援》《银河系大排档》《缩小人特攻队》9大优质科幻影片，深挖优质IP精神内涵，传递希望、正义、成长、信念等正向科幻价值观。

（2）明星主创化身腾讯视频时光推荐官，为科幻季发声造势：借势科幻IP明星主创热度，集体录制ID视频，引发用户关注。

2.内容创意

联合公益组织，落地正能量创意事件：腾讯视频携手满天星民族文化传播公益组织、中国美术学院走进大凉山，通过一堂主题公开课、一次艺术共创与一部科幻电影放映，激发电影品类正向引领价值。

[①] 本文中所涉及的营销视频及照片，北京沃姆互动行销策划有限公司均已得到被拍摄者的使用许可。

活动海报

3.传播规划

（1）优质媒体加持，彰显平台社会影响力，CCTV-6对线下活动内容进行报道，提升事件正向价值，提升腾讯视频品牌正向影响力。

（2）四川省成都电视台第五频道线下全方位跟进报道，传递品牌事件的社会新闻价值，覆盖1000余万地方用户。

（3）行业侧联合《城市画报》、《科幻世界》、《新周刊》、影视前哨等媒体跟进发声，从正能量公益角度对"大山里的小小航天人"进行深度报道。《城市画报》发布"大山里的小小航天人"事件稿件，从科幻梦想照进现实角度生动还原小小航天人追求科幻想象的过程，深化"探见未来的光"传播主题。

《科幻世界》借由"大山里的小小航天人"创意事件，邀请《缩小人特攻队》主创团队进行深度采访。

（4）四川省科协官网、中国数字科技馆官网等媒体自主转发。

项目执行

前期预热发布腾讯视频电影科幻季相关内容，落地预告事件，团队前往四川大凉山，对线下公益活动进行落地，并制作相关物料进行传播。多方媒体报道，扩散线下事件的影响力，提升正向能量价值。

项目评估

"大山里的小小航天人"相关短片播放量约10万次，获得用户一致好评，#探见未来的光#阅读量4.6万次。多方媒体转发，覆盖1000余万地方用户。

亲历者说 田琳　北京沃姆互动行销策划有限公司高级客户经理

科幻并不只是属于城市里的儿童，大山里的孩子可以近距离欣赏天空的浩瀚与美丽，我们希望每个孩子都可以在最美好的时光看到最美好的未来，激发每个孩子对于未来的无限想象力。

案例点评

点评专家：陈永东　上海戏剧学院创意学院教授，上海市虚拟环境下的文艺创作重点实验室副主任，中国文化产业协会文化元宇宙专委会高级专家委员

本案例基于科幻电影IP，精心策划了线上公益事件营销，在深挖优质科幻电影IP精神内涵的基础上，传递希望、正义、成长、信念等正向科幻价值观，配合一堂主题公开课、一次艺术共创与一部科幻电影放映，激发大山里的孩子的想象力，彰显电影品类的正向引领价值。同时，媒体全方位跟进报道，并引起多家科技媒体的关注与报道，不仅扩大了公益事件的影响力，较好地传递了品牌事件的社会新闻价值，并且有利于相关电影IP的影响力提升。通过公益事件，将孩子的幻想与科幻电影进行了巧妙联系及有机结合，并重视了正向价值观输出，对于品牌及相关电影IP是一次不错的有创意的策划及有效果的方案执行。

GOLDEN
FLAG
AWARD
金旗奖

2022
—
金旗奖最具公众影响力
元宇宙产品创新金奖

此刻·更爱 ALL BEST MEGA

执行时间： 2022年8月4日—9月20日

企业名称： 印力集团

品牌名称： 上海南翔印象城MEGA

代理公司： 上海则同新媒体科技有限责任公司（简称LOOX｜则同）

获奖类别： 2022金旗奖最具公众影响力元宇宙产品创新金奖

项目概述

项目加速酝酿升级步伐，引入代表性标杆品牌，通过内容引导打造融洽的运营氛围。

项目策划

1. 前宣：UGC百张海报热度点燃 STEP 1

活动预热期，项目组通过线上平台，以#此刻·更爱#为标签，发动参与者分享自己与上海的有爱故事，在微博上制造话题并持续分享。最终这些故事、朴实但深入人心的话语化身为百张海报，成为商业项目中难得一见的UGC作品，在拉近与消费者距离的同时，让原本偏商业化的周年庆营销活动多了分人文情怀。

周年庆活动当天收集到168张海报，话题阅读量超1亿次，某种程度上其参与转化率和项目已有的近70万名会员基数以及日常会员消费占比超40%的高黏性正相关。

2. 爆破：数字人物IP亮相 STEP 2

项目原创IP形象"MEGA Family"正式诞生，为市场注入新鲜活力。以"Family"为名，最终孕育的四人组分别对应"MEGA"4个字母，并延展出姓名——MOKO、EVE、Giik、Abby。形象、命名是显性的展示，内涵则体现了项目的价值观，这4个形象分别代表了拥抱、沟通、记录、诞生，表达的是上海南翔印象城MEGA对于这个城市以及每一个个体的态度。

它们化身官方系列海报中的元素，其中，最憨厚的MOKO还被制作成了两套表情包，"拥抱"社交媒体。对于这套IP形象的运用，此次活动只是开始，它们的诞生是一次全新启程，后续它们会在更多场合、事件中持续呈现。

3. 亮相：元宇宙空间数字赋能 STEP 3

以人为本，通过原创IP打造出的故事，最终将高潮汇聚到内场 —— 位于L2的鹤鸣中庭，打造一套"MEGA，我的世界"元宇宙主题装置，并推出"MEGAVERSE"新词，其更多指向"universe"一词。与过往散射状分布的主题展有所不同，整个空间以"爱"串联，分别解锁MOKO、EVE、Giik、Abby所代表的拥抱、沟通、记录、诞生密钥，让现场消费者也能结识4位形象代言人，并通过文字、声音、画面等多元化形式进行互动。

4.赋能：奔向太空，品牌升级、场景升级、体验升级 STEP 4

科技赋能，全民共创万人元宇宙数字作品，最终通过火箭发射入太空，而火箭发射的残骸，将以众筹的形式，与国潮设计师合作，设计制作潮流项链，销售所得捐赠给政府机构。

活动传播从微博转战到大众点评、抖音等其他社交媒体平台，开启#MEGA我的世界#同名话题，以期消费者能分享心中的MEGA，商场也在官方平台同步发布相关系列视频。项目通过线上线下、场内场外、输入输出等，打造了这样一个具备商场与消费者"双向奔赴"理念和情感的主题活动。

项目执行

项目进度把控及团队构成如下。

项目前期筹备：项目调研；消费者走访；品牌走访；媒体走访。

项目方案打造：营销全案；传播方案；活动方案；元宇宙方案。

项目团队管理：营销小组；平面设计小组；建筑结构小组；制作小组；活动执行小组等。

项目紧急预案：保险；保安；保洁。

项目评估

2022年8月4日至8月7日总客流突破45万人次，总销售额突破9千万元，会员拉新突破2万人，会员消费占比突破50%，荣登大众点评上海购物中心热门榜TOP3。

首次实现商业板块百人故事征集发布亿次曝光，首次共创MEGA元宇宙概念商业体验，发布首个全民共同完成的星际元宇宙作品 *ME&WE* 太空登录计划，首次推出全新IP形象，携手MEGA元宇宙为商业注入新活力，与场内优质品牌紧密合作，携手开心麻花跨界打造品牌首个打卡展示的交互空间，携手斯凯奇以城市露营微度假为主题举办SMMER PACK POP-UP STORE。

商场新进周师兄火锅、添好运等必吃榜网红餐饮品牌，CHANEL、GUCCI等高端美妆。

总会员68万人，黑金卡会员突破10万人，会员消费占比42%，福卡销售额突破1千万元。

上海"五五购物节"、嘉定区"缤纷夏日购物节"于上海南翔印象城MEGA盛大开幕，其喜提上海首个纯购物中心体LEED铂金级认证，斩获超20个国内外奖项，喜获上海市首批汽车品质消费示范区授牌，举办首个"新潮出街"新能源车展，成功售车超600辆。

品牌取得了一点小小的成绩，更收获了数以万计关于爱的故事。

亲历者说 管桦 LOOX｜则同合伙人

因为有你，此刻，更爱！当行业、市场、企业、品牌和消费者都经历不确定性考验时，一场有效的营销不再只追求数据与成果。作为一个营销人，我更关注营销的力量如何转化为我们社会乃至世界的正能量！

案例点评

点评专家：殷俊　教授、重庆工商大学文学与新闻学院院长

该项目策划视野开阔，灵活可行，充分发掘线上功能，以身边的故事贴近消费者，将朴实且深入人心的话语变为一张张海报，成为商业项目中极有创意的内容，以用户的高黏性获得可观的转化率，效果显著。

骁龙虚拟偶像 Amira 年度运营

执行时间：2021年5月1日—9月30日

企业名称：高通（Qualcomm）

品牌名称：骁龙

代理公司：北京九九互娱数字文化传播股份有限公司

获奖类别：2022金旗奖最具公众影响力元宇宙产品创新金奖

项目概述

虚拟偶像逐步进入主流大众视野，针对目标游戏人群，骁龙这一品牌知名度还有待提升，尤其是其品牌形象B端强势、C端却鲜为人知。如何与C端电竞游戏用户直接建立互动与连接？项目组通过定制独家电竞女战士Amira，作为代言人入局虚拟偶像市场，让品牌与电竞游戏圈层实现具象沟通。

项目策划

全方位打造Amira虚拟偶像形象，强化情感连接，以品牌形象化的方式吸引目标用户关注，拉近品牌和目标用户的沟通距离，利用虚拟形象让目标用户快速建立品牌联想进而识别品牌。

活动海报

项目执行

借当下虚拟偶像发展趋势，上线骁龙首支虚拟偶像CG动画视频。2021年打造Amira同名出道单曲《Amira》，用高频次的投放和网络高覆盖，强势曝光品牌，提升品牌形象与品牌声量。在2021年上海Chinajoy期间，上线裸眼3D大屏，以酷炫的方式向观众推介骁龙。

虚拟偶像 Amira

项目评估

Amira 项目传播各平台数据统计：浏览量超 1.755 亿次、互动量超 90 万次。

《Amira · New Journey》数据统计：浏览量 4670817 次、互动量 7909 次。

《Amira》歌曲发布数据统计：浏览量 33098769 次、互动量 201558 次。

《Amira》歌曲商业起飞，此次视频人群处于六大分区，视频总点击量超出目标预期，截至发稿前，总点击量超过 18 万次，曝光量超过 1800 万次。

微博 KOL 传播数据：浏览量 8490 万次、互动量 251875 次。

抖音 KOL 舞蹈创作视频数据：浏览量 2680.3 万次、互动量 198107 次。

户外裸眼 3D 视频投放数据：整体传播周期 7 天，总曝光量 700 万人次。

户外投屏

亲历者说 薛静雯　北京九九互娱数字文化传播股份有限公司高级客户经理

　　项目初期从总部获取到虚拟人物Amira的低精度模型后，我们进行了资产激活。为虚拟偶像Amira打造世界观，并创作、宣发、推广CG视频及同名歌曲《Amira》。很辛苦，但付出的努力是值得的。

案例点评

点评专家：常濯非　派合传播总裁兼董事

　　自元宇宙概念推出，虚拟人、数字人就大量且频繁地运用在营销传播案例中，一个成功的虚拟人不仅要有颜值，也要有丰满的人格画像，其更需要源源不断的内容策划加上多元的传播才可以具备真正的商业价值和品牌助力属性。本案中Amira横空出世，并在电竞行业头部活动ChinaJoy隆重亮相，营造了一个令人关注的事件。企业借此进行强势推广和传播，虚拟人靓丽的外形和惊艳的动画内容又可直接与极速运算、流畅处理的产品特性紧密连接，无论是对C端还是B端，均可利用虚拟人进行捆绑传播，可谓一举两得。总体而言这是一个非常成功的品牌整合营销案例。

优格元宇宙实验室

执行时间：2021年12月30日—2022年8月1日

企业名称：优格微度公关顾问（北京）有限公司（简称优格公关）

品牌名称：优格微度

获奖类别：2022金旗奖最具公众影响力元宇宙产品创新金奖

项目概述

随着元宇宙热潮来袭，虚拟数字人等逐渐成为新型营销抓手。优格公关成立优格元宇宙实验室，推出产业科普书籍《虚拟数字人3.0：人"人"共生的元宇宙大时代》，联手中国传媒大学媒体融合与传播国家重点实验室联合推出《中国虚拟数字人影响力指数报告（2021年度）》；在虚拟数字人传播及运营上，作为央视网小C、黑镜科技小镜的合作方，通过出道、品牌联合、场景推广等方式打造优秀案例。

项目策划

1. 项目调研

建设数字中国被纳入"十四五"规划纲要，相关技术创新应用或将成为我国产业创新的必经之路。近年来，元宇宙概念兴起，国内对虚拟内容需求持续增加，虚拟数字人的发展进入快车道。对于品牌管理行业而言，虚拟数字人能够以新媒介角色，广泛应用于元宇宙新生态，担任信息制造、传递的重任，是元宇宙"人"与"人"、"人"与事物或事物与事物之间产生联系或发生孪生关系的新介质。

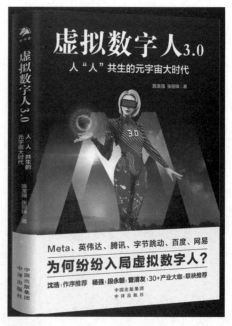

《虚拟数字人3.0：人"人"共生的元宇宙大时代》

因此，优格公关顺势，聚焦虚拟数字人等的策划、设计、运营，探索"元宇宙营销"新密码。

2. 项目策划

选定赛道后，首先要做的便是带领团队通过学习新概念、新理论梳理框架，找准业务战略和方向。因此，优格元宇宙实验室在成立之初便确立了"理论—实践—创新"的执行路径。

2022年，优格公关由CEO张丽锦带队，在行业洞察及理论输出上做了大量工作。

1月，在中国传媒大学教授、博士生导师沈浩指导下，与该校媒体融合与传播国家重点实验室联合推出《中国虚拟数字人影响力指数报告（2021年度）》。指数评分方面，从2021年全年全网监测数据、营销效果数据、专家团队评分3个维度呈现虚拟数字人的影响力分值，打造了全面的虚拟数字人影响力评价体系。同时，该报告将当前商业化应用较好的虚拟数字人分为虚拟偶像、虚拟主播、数字员工3类，进行分析评估，发放"2021中国虚拟数字人影响力"调研问卷，合计参与数突破17万人次，主流媒体、科技及财经类自媒体、智库等纷纷引用报告内容。

4月，优格公关CEO作为作者之一，推出《虚拟数字人3.0：人"人"共生的元宇宙大时代》，该书成为京东、当当等平台智能经济、元宇宙领域的畅销书。

虚拟数字人方面，作为央视网小C、百信银行AI虚拟品牌官AIYA、黑镜科技小镜的合作方，通过虚拟数字人人设定位、策划、运营，以品牌联合、场景推广等方式，打造跨界联合出道、抖音直播、大型金融会议现场虚拟主持等优秀案例。同时，与数十家虚拟数字人研究、技术、制作公司建立战略合作，组建了多个虚拟数字人技术系统运营团队。

3. 媒介策略

优格元宇宙实验室的整体打造，始终秉承"权威＋大众"双线并行、国内国际同频共振的媒介策略。例如，《中国虚拟数字人影响力指数报告（2021年度）》与中国传媒大学合作；《虚拟数字人3.0：人"人"共生的元宇宙大时代》与中译出版社合作；在虚拟数字人的营销上，与央视网深度合作，与新华网、《商学院》杂志、《中国银行业》杂志等合作。

项目执行

2022年，优格元宇宙实验室依照取势、明道、优术的策略稳步推进，通过建团队、组生态、造案例的方式，取得良好的实践成绩。

建团队。元宇宙概念兴起、元宇宙营销处于探索期，最缺的是领域内的人才，设计虚拟数字人等，更需要跨界人才。优格公关需要"内部培养＋外部引入"，快速组建有战

《中国虚拟数字人影响力指数报告（2021年度）》

斗力的团队。报告和书籍的策划、撰写，自有理论框架的梳理、分享，让团队建立了理论框架、产业视角。

组生态。作为新生事物，元宇宙营销的跨界性决定了一家公关公司要做好就必须采取跨界合作、组生态的方式。因此，优格公关从研究机构、权威媒体、技术开发商中全面寻找合作伙伴，与中国传媒大学、央视网、黑镜科技、迈吉客科技、偶邦科技、头号偶像科技等合作，组建了集虚拟数字人策划、开发、运营等于一体的生态圈。

造案例。寻找市场，打造落地案例，是优格元宇宙实验室2022年的重要使命。为央视网小C、百信银行AI虚拟品牌官AIYA、黑镜科技小镜等提供出道、品牌联合、场景推广服务，是优格公关做出的成功探索。

项目评估

1. 市场反应

百信银行AI虚拟品牌官AIYA与央视网数字小编小C的联合出道，获得了数十家主流权威媒体的报道，两位虚拟人双双入选《中国虚拟数字人影响力指数报告（2021年度）》数字员工、虚拟主播前十。

2. 项目亮点

优格元宇宙实验室2022年的探索，获得了以下阶段性成果。

《中国虚拟数字人影响力指数报告（2021年度）》被《证券日报》、《都市热报》、央广网、澎湃新闻、凤凰网、网易、智东西等多家权威媒体主动报道，同时报告内容被众多研究机构、企业等多次引用。

《虚拟数字人3.0：人"人"共生的元宇宙大时代》入选中译出版社独角兽系列、入选长安街读书会书单、百道网书单，成为京东、当当、新华书店等智能经济热门图书，并应邀亮相服贸会、数字中国建设峰会、上海书展、深圳书展等。

虚拟数字人策划、运营领域，与中国传媒大学、黑镜科技、偶邦科技等合作，推出了虚拟数字人策划、制作及运营全链条服务。

亲历者说 张丽锦　优格公关CEO

品牌管理和营销是一条登峰之路，不进则退。每一年的年底我都会做未来趋势预计，包括业务形态变化、新业务趋势、业务体量变化等。我发现，正是这种思考，让优格公关发现了H5、小程序、短视频等机遇——从2021年年中开始，虚拟数字人营销是最令我兴奋的趋势洞察。

虚拟数字人、元宇宙这种跨界融合与创新，让我有很强的好奇心、分享欲。于是，一方面我跟中国传媒大学教授沈浩老师开始了多轮沟通、分享，另一方面我开始与银行、金融科技、互联网公司以及媒体合作伙伴探讨落地机会。很庆幸，我的老师、客户和合作伙伴都在第一时间给予我反馈和支持，让优格元宇宙实验室得以落地、生长。

愿我们团队可以保持好奇心、保持热爱，成为探索先锋，激发出更多想象与可能，朝元宇宙中心前进。

案例点评

点评专家：郑威　华硕电脑中国业务总部副总经理兼新闻发言人

在虚拟数字人领域百信银行的 AIYA 是一次突破性的尝试，能够从中看到品牌想要年轻化的决心；而与中国传媒大学的合作从技术上也将虚拟人创造提升了一个层级。

GOLDEN
FLAG
AWARD
金 旗 奖

2022
—
金旗奖最具公众影响力
政府类项目金奖

2022中国中医药健康科普文化传播大会①

执行时间：2022年6月18日

企业名称：中华中医药学会

品牌名称：中医药健康科普

代理公司：北京天下凤凰文化传播有限公司

获奖类别：2022金旗奖最具公众影响力政府类项目金奖

项目概述

2022中国中医药健康科普文化传播大会由中华中医药学会主办召开，北京天下凤凰文化传播有限公司承接举办。本届大会主要贯彻《"健康中国2030"规划纲要》精神，围绕近年中医药"赋能健康科普，弘扬中华文化"这一主题，在新内容模式下进行交流讨论，以权威、垂直、切实的方式展现中医药的文化魅力。

项目策划

1.目标

（1）普及正确、权威的中医药知识，破除大众误区。

（2）助力中医药科普工作，扩大中医药影响力。

（3）以会带产，促进中医药产业发展。

2.整体策略

（1）开幕式暨主会活动。主会以科普宣讲、科普表彰、院士主题报告、科普行业论坛为内容，通过线上宣发传播、线下研讨表彰的形式，以优质的正向引导、前瞻的行业内容拥抱时代，提升中医药行业形象，用专业的科普知识传播正能量。

（2）科普及行业类平行分论坛。本届大会平行分论坛将由组委会统一组织、统一邀请。以中医药"医疗科普+"的跨界融合形式，围绕科普、短视频传播、名医、学术等维度，面向名医科普、学术探讨、创新型商业模式、数字产业融合等领域，打造立体化多维度的医疗产业布局。

3.受众

中医药行业产业从业人员、中医药爱好者及潜在爱好者。

---

① 本文中所涉及的视频及照片，北京天下凤凰文化传播有限公司均已得到被拍摄者的使用许可。

4.传播规划

（1）评选2020—2021年度中医药行业科普优秀人物及作品，并在传播阶段发布"年度中医药科普人物＆作品"。

（2）对本届大会上张伯礼、王琦等权威专家的行业主题报告进行传播。

（3）在大会上举行《中国中医药科普标准知识库（1.0版）》发布仪式。

（4）在大会上举行《中国中医药科普报告（2021）》发布仪式。

（5）对名医名家科普工作室进行授牌，并在大会结束后对其进行宣传。

5.媒介策略

（1）通过主流报纸、杂志、网站等渠道进行活动宣传，营造良好的宣传氛围。

（2）通过行业协会资源与行业专家、大V多角度分享，与主流媒体等多维度合作，全方位呈现中医药文化，提升大会的专业水准。

（3）搭建品牌项目自媒体平台，如官方微信平台、微博、今日头条等自媒体客户端，创新宣传形式内容，提高粉丝数量，提高品牌关注度。

（4）与短视频媒体如抖音、快手、西瓜视频、火山小视频、微视、好看视频等合作，通过短视频平台不同的传播形式，创新宣传推广，吸引更多线上观众，形成良好的口碑效应。

项目执行

大会筹备过程中，最初打算以线下大会的形式在海南博鳌举办，也得到了海南省琼海市委市政府的大力支持。自2021年3月提交第1版方案以来，大会筹备过程中共组织召开了4次专家座谈会、2轮方案研讨会、4次方案汇报会，得到了各级领导和专家的大力支持。

在线下会展筹备阶段，大会由开幕式＆主论坛、平行分论坛、中医药科普大讲堂、专家访谈、大咖讲科普、企业展示、中医药文化科普成果展示、药膳文化美食品鉴、专家团企业实地调查等环节组成。由于疫情的影响，在2022年6月18日，大会以线上直播的方式成功举办，大会邀请张伯礼、王琦等中医药行业内院士、国医大师作主题报告，受到行业内外多方关注。

大会上张伯礼作主题报告

项目评估

1.效果综述

2022年6月18日下午，2022中国中医药健康科普文化传播大会如期上线，光明网官方直播，科普中国及行业内5家平台同步推送，观看量超过550万次，此次大会是近年来业内一场成功的大会。

2.受众反应

大会发布《中国中医药科普标准知识库（1.0版）》《中国中医药科普报告（2021）》等行业权威内容，规范了中医药行业科普标准，为今后中医药科普工作提供了标准支持，受到行业内高校、医院、企业等多方热切关注。

大会上发布权威内容

3.市场反应

在前期宣传阶段，邀请张伯礼、王琦等中医药行业专家大咖讲述中医药科普工作感受，对大会提出祝贺及寄语，为大会成功举办提前预热。同时，大会带动超过50家名医名家科普工作室开展中医药科普工作。

活动海报

4.媒体统计

本次大会得到人民日报健康客户端、央广网、光明网、健康中国、《中国中医药报》、中医在线网、南方健康网、大医智道等多家媒体支持，从前期预热、直播再到后期传播，总曝光量超809万次、推荐量超732万次。

5. 项目亮点

（1）高层次、高规模。邀请国家院士及国医大师代表从中医药传统文化、中药科普、科学论证、产业融合等多维度作主题演讲，让广大民众对中医药知识有更全面、科学了解。

（2）树典型、立标杆。本次大会对在中医药科普领域做出突出贡献的科普人物、科普机构、科普作品进行了表彰。

（3）搭平台、落产业。根据《中共海南省委 海南省人民政府关于促进中医药在海南自由贸易港传承创新发展的实施意见》，结合海南优良的中医药自然及人文环境，联合中华中医药学会科学普及部、中华中医药学会科普分会、中医在线网等，促进海南中医药产业发展。在乡村振兴战略大背景下，落地中医药科普基地示范区，为中医药进入小学课本搭建实地科普课堂。

（4）建渠道、广宣传。大会立足琼海市大健康产业，面向中医药大健康领域海南省相关上下游产业链，包括但不限于种植、饮片加工、中药加工、中成药加工等，展开全方位的产业对接，建立多元化的销售渠道。依托大会媒体矩阵宣传，抖音、快手等短视频热门自媒体助力，加大宣传力度，让更多科普知识由书本回归生活。

亲历者说 刘孟洋 2022中国中医药健康科普文化传播大会组委会成员

通过大会我认识了那么多博学的国医大师、专家，他们的专业和专注，让我内心更加相信科普的力量。同时，我也深刻感受到中医药科普工作者在科普时的困难。当今时代大众对中医药文化和健康的误解该如何消除，这一问题困扰着每一位中医药科普工作者。作为大会的参与者，我希望能为中医药科普事业的发展尽绵薄之力，让更多人认识中医药，爱上中医药。

案例点评

点评专家：王晓晖 国际关系学院国家安全学院文化与传播系副教授

本次大会以"院士专题报告"凸显权威性、专业性，以"科普表彰"和"科普行业论坛"增强行业凝聚力，以通过短视频等丰富形式传播的科普宣讲拓宽中医药知识的辐射面，一套组合拳打下来点面结合、既有深度也有广度，对于提升中医药行业形象、重振中医药事业发挥了积极作用。更难能可贵的是落地中医药科普基地示范区，搭建实地科普课堂，这一策略体现了企业对于中医药事业可持续发展的深谋远虑和高瞻远瞩。

2021上海国际金融中心发展论坛

执行时间：2021年11月1日—2022年12月31日
企业名称：上海交通大学上海高级金融学院
品牌名称：上海交通大学上海高级金融学院
代理公司：哲基数字科技
获奖类别：2022金旗奖最具公众影响力政府类项目金奖

项目概述

为增强中国在全球金融领域的影响力，由上海交通大学上海高级金融学院发起并联合上海市徐汇区人民政府、中央广播电视总台上海总站主办的2021上海国际金融中心发展论坛于2021年12月25日成功举办。论坛以"新发展格局中的上海国际金融中心建设"为主题，邀请国内外金融行业领袖共同解读经济形势与金融政策，探讨金融市场热点问题，助推上海国际金融中心的高质量建设与发展。

项目策划

1. 项目调研

上海国际金融中心论坛是以服务国家战略为目标，以支持上海国际金融中心建设为核心，会聚中外知名学者、政策制定者以及行业专家的开放型交流平台。本次论坛具有高规格、高标准、高影响力的特点。"高规格"在于论坛将监管部门领导、行业专家与全球知名学者等400余位金融行业人士会聚一堂；"高标准"在于本次论坛由国际性论坛组织执行，会议邀请、嘉宾接待、礼仪安保等牵一发动全身；"高影响力"在于2021年发布的《上海国际金融中心建设"十四五"规划》，意味着上海国际金融中心建设步入3.0时代，本次论坛具有"承上启下"的重要转承作用。

2. 项目目标

（1）整体目标：引领行业对上海国际金融中心建设的深度思考，开启全新视角和理论指引，借此契机，打造业内标杆式论坛。

（2）执行目标：以高标准执行规范，用成熟执行团队，确保论坛成功举行。

（3）传播目标：将本届论坛打造成金融行业的年度重磅事件，将其打造成与外滩金融峰会、陆家嘴论坛相媲美的金融论坛，树立2021上海国际金融中心发展论坛的行业影响力以及主办方上海交通大学上海高级金融学院的品牌力，助力其对金融人才的吸引。

3. 嘉宾邀请

国内外知名金融学者、专家等助力，是本次活动影响力和专业度的重要保证。中国人民银行原行长周小川，伦敦金融城市长 Vincent Keaveny（柯文森），中欧陆家嘴国际金融研究院院长姜建清，全国政协委员、原中国保监会党委副书记周延礼等重要嘉宾发声。

4. 内容创意

在视觉设计上，为了体现新变局下论坛新的使命和定位，"刷新"了论坛Logo和主画面。新的Logo基于字母"S"进行延展，意为以上海这座中国金融之都为依托；Logo由莫比乌斯环演变而来，莫比乌斯环被认为是无穷大符号"∞"的创意来源，也是艺术家眼中的经典造型；3条曲线分别代表金融业"三驾马车"——券商、保险和银行，共同构成"星光大道"，寓意共融共生共促金融高质量发展。整体Logo由两个开放的圆环组合而成，代表新金融服务国内"双循环"新发展的伟大格局。另外，在全新Logo基础上，设计出配套VI手册，通过视觉符号的强化，叠加论坛的影响力。

5. 传播规划

本次论坛重量级报告即《国际金融中心发展报告2021》《人民币离岸金融体系建设研究报告》的发布，整体围绕一条传播主线，挖掘不同传播角度，如央视从上海国际金融中心建设服务国家战略的角度、财经证券类媒体从"绿色金融"的角度深度挖掘此次论坛给上海建设带来的新思路。

全新Logo、主画面及论坛主舞台

6. 媒介策略

以专业取胜，围绕"造势＋穿透"，提高高权重媒体的比例，充分发挥权威媒体信息原点作用，借力垂直类资深媒体提高论坛的专业度。特邀中央广播电视总台作为本次传播的主力传播平台，保障本次论坛的强影响力，并邀请中证网在内的金融垂类媒体对论坛进行全方位、多角度报道，夯实论坛在财经领域的影响力。通过联合主办方的媒体资源，撬动上海市本地权威媒体资源。

项目执行

1. 活动前期

设计与制作KV延展物料，包括场地搭建、嘉宾相关和线上传播物料；通过上海高级金融学院公众号，联动徐汇区政府等机构类公众号，多频次、逐步释放论坛亮点，包括重磅嘉宾、金融圈热议话题、活动宣传片等，吸引报名或预约直播。

2. 活动中期

联合"1台＋4大证券"，央视频领衔直播矩阵，央视新闻App、央视财经及四大证券报同步直播；《上海证券报》《中国证券报》活动当天专题报道；当晚《新闻联播》《经济信息联播》《朝闻天下》《中国新闻》等CCTV多个栏目报道。

3. 活动后期

新华社、《光明日报》等重量级媒体、核心财经媒体深度报道，上海高级金融学院在公众号发布重磅嘉宾的解读文章。

项目评估

1. 效果综述

本次论坛共监测全网各平台累计报道（含转载）2500余篇；电视端中央广播电视总台新闻播报5条；平面端报道53篇，《上海证券报》、中证网进行论坛专题报道，阅读量超700000人次；新媒体端报道2380篇，其中，新华社原创及转载的论坛主题演讲嘉宾单人报道，累计阅读量超6000000人次。

2. 受众反应

本次论坛抛出的都是行业热议话题，与会演讲嘉宾和圆桌嘉宾提出的前瞻性的思考与观点，对于金融行业从业者来说，是判断金融未来走向和突破点的风向标。

3. 市场反应

上海徐汇在论坛中传递的"为金融人才打造新磁场"的信号，将有利于优化徐汇区金融环境，吸引更多金融机构。

4. 项目亮点

本次活动传播以图文传递为主，这是因为考虑到金融行业受众人群较为垂直，图文承载的信息量更大，相比视频更适合传递深度内容。

（1）高权重媒体占比：中央广播电视总台大大提高了此次论坛的传播量级，中央广播电视总台新闻播报，领衔直播矩阵，央视频、央视新闻 App、央视财经直播观看量达到 100 万次以上；CCTV《新闻联播》收视率 11.15%，收视份额 34.83%；CCTV 和 CGTV 共计 5 个栏目露出；新华社、《光明日报》等重量级媒体、核心财经媒体跟进报道。

（2）高时效迅速铺开：新闻通稿第一时间统发，邀约垂直媒体迅速产出。CCTV、CGTN 多个频道作为重要信息原点集中释放相关内容，充分发挥权威媒体和垂直媒体的作用，迅速铺开相关信息。

（3）高水准深度挖掘：《上海证券报》《中国证券报》专题报道，展现论坛嘉宾观点交锋碰撞；新华社、《人民日报》、文汇网等陆续发布深度报道，全方位解读上海国际金融中心建设的新思路。

CCTV《新闻联播》栏目报道

亲历者说 刘雅琳　上海交通大学上海高级金融学院发展总监

我们邀请了众多具有国际影响力的行业精英、机构高管与学界权威出席论坛，进行高维度思想碰撞。"十四五"时期，上海将进一步围绕"两个中心、两个枢纽、两个高地"目标，推动国际金融中心迈向更高台阶。上海交通大学上海高级金融学院以具有全球视野的金融研究体系和顶级政策智库，为"十四五"新发展格局构建和上海国际金融中心建设助力。我们期望本论坛能更好地承接时代赋予的责任，共创金融新蓝海。

案例点评

点评专家：左跃　中国传媒大学高级研究员、硕士生导师

　　本案例围绕核心目标，在议题设置、嘉宾邀请、视觉形象、传播策略、媒介策略等方面做了系统策划和精心设计，每个环节执行实施到位，有特色、有亮点，充分地展示了论坛"高规格、高标准、高影响力"的特点。本案例聚焦核心，定位清晰，方向明确，视觉设计上体现了新变局、新使命、新定位；媒介策略上达到了"造势＋穿透"，通过"高时效铺开＋高水准挖掘"，实现了在《新闻联播》等重量级媒体的宣传报道，可以说是特色鲜明、重点突出。本案例具有较好的教育、示范和推广价值，针对类似论坛活动的策划组织、宣传推广，都可作为优秀的借鉴案例使用。

GOLDEN
FLAG
AWARD
金 旗 奖

2022
—
金旗奖最具公众影响力
NGO类项目金奖

● "无线"畅想 —— 蓝牙物联网公关传播项目

执行时间：2021年4月15日—12月30日
企业名称：蓝牙技术联盟
品牌名称：蓝牙技术联盟
代理公司：北京科闻领睿咨询服务有限公司
获奖类别：2022金旗奖最具公众影响力NGO类项目金奖

项目概述

近年来，蓝牙技术联盟（Bluetooth SIG）在经典蓝牙技术的基础上开发出了低延迟、低能耗、低成本的低功耗蓝牙技术，并在大众消费品领域获得一定应用，但其应用潜力在新兴的物联网领域还未被广泛认知，其市场还有待进一步拓展。

本次公关传播项目采用了"由大众至行业"的"两步走"策略：第一步，"广而告之，全面开花"，通过传统媒体发布会与社交媒体传播搭配的形式，深化大众认知；第二步，瞄准物联网从业人士，通过高端行业展会和研讨会等形式，持续为低功耗蓝牙发声，在物联网市场打出蓝牙品牌的知名度和美誉度。

项目策划

传统公关和社交媒体相结合：通过核心电子、物联网、IT及大众媒体的传播以及在社交媒体平台的放大宣传，多渠道覆盖目标受众，信息直达行业开发者和广大公众。

借势名企讲故事：邀请多个蓝牙技术联盟知名成员公司讲解本土应用案例，发挥示范效应，吸引物联网从业人员关注蓝牙在该领域的应用。

（1）第一阶段"广而告之，全面开花，品牌声量最大化"。2021年4月15日，针对蓝牙技术联盟发布的《2021年蓝牙市场最新资讯》，举行线上媒体沟通会。本次发布会聚焦垂直行业，吸引了40家核心科技、大众媒体等参加。蓝牙技术联盟市场开发高级总监Chuck Sabin为大家解读蓝牙在不同市场尤其是新兴市场的应用更新，话题内容涉及低功耗音频、智能车钥匙、智能照明、室内定位等。本场媒体沟通会作为蓝牙技术联盟全年最大型的媒体沟通会，为本次公关传播项目的成功打响了"第一枪"。

2021年7月至8月，通过微信公众号、哔哩哔哩以及喜马拉雅平台上线《蓝牙创新说

2021》视频以及音频系列节目，以多重社交媒体渠道覆盖目标受众，在全网铺开品牌宣传。系列节目常驻主持人由蓝牙技术联盟亚太区资深市场经理李佳蓉和亚太开发者关系经理孙啸领衔，重点解读《2021年蓝牙市场最新资讯》与低功耗蓝牙技术在新兴领域的应用，以通俗易懂、轻松活泼的语言解读科技，让广大蓝牙爱好者对蓝牙的新应用有更深入的了解。

（2）第二阶段"精准营销，发挥名企示范效应"。2021年4月至10月，蓝牙技术联盟亚太开发者关系经理孙啸多次参加国内大型行业展会及线上研讨会，直击核心行业目标群体，从不同应用领域讲解低功耗蓝牙技术的潜力与优势，在行业内提升品牌影响力。

（3）发布蓝牙成员系列专题文章。从2021年6月开始，吸引成员公司参与推广项目，与阿里巴巴、小米、蓝色创源、乐鑫科技等国内知名公司合作发布系列专题类文章，讲述各自的低功耗蓝牙技术应用案例及行业预测，内容涵盖蓝牙技术应用的四大领域 —— 音频传输、数据传输、位置服务及设备网络。此系列文章同时面向蓝牙技术联盟全体成员公司和媒体传播，同时成员公司之间积极转发应用案例，形成生态传播矩阵。

与国内知名物联网媒体集团 AspenCore 合作，借助其平台和影响力，成功举办2021蓝牙中国研讨会，借此直达目标受众。该研讨会以"无线未来 无限想象"为主题，携手阿里巴巴、小米、涂鸦智能、蓝色创源、瑞昱半导体等9家行业领导者及新创团队，以多重视角分享蓝牙物联网解决方案的广泛应用及其给企业带来的收益，话题涉及数字钥匙、数字健康、智能照明、无线音频创新等。会议最终收获超过3000次观看量，观看者全部为开发应用第一线的物联网从业人员，在核心目标群体中打造低功耗蓝牙技术在物联网中应用潜力无限的概念。

项目执行

本次公共传播项目采用了"由大众到行业"的漏斗形两步走策略。

第一步，于2021年4月15日举办《2021年蓝牙市场最新资讯》线上媒体沟通会，并将之作为引爆事件；2021年7月在官方社交媒体上线《蓝牙创新说2021》系列影音节目，在

《蓝牙创新说2021》海报

微信、微博、哔哩哔哩及喜马拉雅多个平台覆盖，通过传统媒体搭配社交网络的方式造出一波声势。

第二步，收窄受众范围，精耕垂直行业领域，在2021年6月—10月邀请知名成员公司发布系列专题文章，并参与目标受众云集的多个知名行业大会，多次与行业进行深度对话，大面积覆盖物联网行业不同领域的决策者。在2021年11月，以2021蓝牙中国研讨会对项目进行收官，邀请业内知名蓝牙公司分享低功耗蓝牙技术在物联网领域的应用，充分发挥"大牌"示范效应，在行业内打透"低功耗蓝牙技术权威"的品牌心智，引发行业广泛讨论。

项目评估

《2021蓝牙市场最新资讯》的线上直播研讨会引起《电子产品世界》、环球网、界面新闻、36氪、极客公园等全国50余家核心电子、IT、商业及大众类媒体广泛报道。

《蓝牙创新说2021》系列节目共5期，在蓝牙技术联盟微信公众号、微博、哔哩哔哩、喜马拉雅同步推送，共获得了超过25000次的浏览量以及超过16000次的音频播放量，收获了众多蓝牙粉丝及爱好者的好评。

2021蓝牙中国研讨会邀请到共计9家成员公司，最终线上直播收获超过3000次观看量；此外，成员公司嘉宾问答环节的设计实现了参会人群与行业内头部从业者的直接对话，深化了受众对低功耗蓝牙技术应用的理解，受到与会观众广泛好评。

2021年总计参加国内行业展会7次，线上线下行业覆盖范围广泛，充分传达了在物联网各个领域中低功耗蓝牙技术的优势等核心信息，覆盖核心行业人群达17600人次。

共计与小米、阿里云、蓝色创源、InPlay、乐鑫科技5家头部成员公司联合发布5篇专题文章，文章内容涵盖低功耗蓝牙技术在低功耗音频、智能照明、室内定位、智能车锁等领域的实际应用案例及优势解读；专题文章被刊登于全国近30家核心电子、IT、商业及大众类媒体，并被大量转载。

亲历者说 赵书饶　北京科闻领睿咨询服务有限公司高级顾问

做完这个项目，我再次深刻感受到蓝牙技术的蓬勃生命力与其之于生活、生产的重要意义。我很荣幸以最前线见证者和传播者的身份，向大众介绍低功耗蓝牙技术在音频领域之外，在汽车、医疗、照明、室内定位等领域的物联网创新应用。蓝牙技术联盟是科技类NGO，越来越多的国内知名科技企业加入蓝牙生态。我相信，此传播项目定是很好的助力，我为能参与这些科技推广工作而感到自豪。

案例点评

点评专家：杨晨　上海外国语大学公共关系学系系主任

公关目标具体明确，传播策略有效适配。为了打开企业品牌在物联网领域的应用市场，本案例创意采取"由大众至行业"的科技品牌推广路径，以及整合营销传播手段，先面后点，点面结合，在深化大众认知的基础上，将信息直达物联网行业关键人群，并彰显了案例主体的 NGO 地位和作用。案例文字也较为简明流畅。

GOLDEN
FLAG
AWARD
金 旗 奖

2022
——
金旗奖最具公众影响力
企业社会责任金奖

"9·12无陷宝贝计划" 公关传播

执行时间：2021年6月28日—10月30日

企业名称：拜耳（中国）有限公司（简称拜耳）

品牌名称：爱乐维

代理公司：上海释宣商务咨询有限公司（简称释宣公关）

获奖类别：2022金旗奖最具公众影响力企业社会责任金奖

项目概述

作为母婴健康领域的领导者，拜耳曾连续公益支持"9·12无陷宝贝计划"。2021年是此项目开展的第3年，拜耳公关传播全面升级。项目启动会在人民日报社演播大厅举办，央视主持人李梓萌及多位专家、明星和拜耳代表参加并接受媒体采访，人民网线上同步直播，央视、《人民日报》、新华网等重磅媒体参与活动报道和内容传播，共同呼吁大众重视出生缺陷预防，关注母婴健康，引发话题讨论，进一步确立了拜耳在母婴健康领域的领导地位，展现了拜耳持续开展公益科普项目的决心。

活动主视觉海报

项目策划

1. 项目背景

将9月12日设定为"中国预防出生缺陷日"，旨在引导、动员全社会共同努力、积极行动，全面加强出生缺陷防治，切实维护和保障妇女儿童健康。2018年《全国出生缺陷综合防治方案》发布，持续推进出生缺陷干预三级预防策略。但是，时至今日，公众对于出生缺陷预防仍认知有限。让万千中国家庭更早了解到备孕常识，任重道远、迫在眉睫。作为母婴健康领域的领导者，拜耳和旗下母婴营养品牌爱乐维有责任也有决心，通过自己的努力，携手社会各界传播科学备孕和全孕期健康管理的理念，守护生命早期1000天，给每个宝宝最好的开始。"9·12无陷宝贝计划"主题活动因此应运而生。

2. 传播策略

建立高、广、深的360度媒体策略矩阵，全面覆盖不同类型目标族群。紧贴国家大政方针，强调社会价值。权威核心媒体报道，引发全社会关注。巧妙撬动微博大V，通过社交媒体打造相关话题讨论热点，并让明星发声，进一步提高活动声量。随着活动的落地，从线上到线下，深入县域科普，联合当地权威媒体，提高活动在当地的参与度，提升品牌和合作伙伴在县域地区的知名度和可及性。

3. 媒介策略

为了彰显项目主办单位的权威性，提升媒体影响力，项目启动会选择在人民日报社的1号演播厅举办，邀请央视知名主持人李梓萌参与主持，并通过人民网健康频道全渠道直播。启动会之后安排的专家采访和拜耳高管的媒体专访，一方面深度解读专家观点，多角度传播优孕理念，另一方面展现拜耳在母婴健康领域的贡献和努力，确立拜耳在该领域的领导地位，提升拜耳和旗下爱乐维品牌的美誉度。结合央视关注疾病日的特性，在9·12当天发布专家采访报道，传递优孕理念和品牌核心信息。以九宫格的形式发布科普内容，撬动人民日报官方微博转载，引发公众对于相关话题的讨论，登上微博热搜。明星为活动发声，在社交平台上进一步提高活动声量。通过精挑细选的权威专业媒体发布新闻通稿和深度稿，在广度上扩大传播的覆盖面和影响力。落地活动邀请当地权威媒体参与报道，提升活动的参与度和品牌的知名度。

4. 传播规划

提前准备，把握时间点，触及更多受众。提前进行核心信息梳理，准备微博九宫格图片和话题，安排专家采访、明星视频录制，并做好启动会的脚本、采访安排和稿件准备工作。9·12当天央视发布专家采访报道，呼吁关注"隐性饥饿"，倡导科学备孕，关注生命早期1000天。健康时报微博发布九宫格科普内容，直击传播要点和专家观点，撬动人民日报等大V转发，带动公众对于相关话题的讨论。启动会直播和明星视频发布，吸引更多群体关注。精挑细选的核心媒体采访和新闻稿发布，通过多角度的新闻报道和深度报告，传递关键信息。

项目执行

立项之后，最先筹划和梳理的是传播主题和核心信息。确认采取高举高打的方式，尽可能联合权威媒体进行公关传播和核心内容的输出。把"优孕中国 无陷未来"当作活动的主题。因为紧贴国家政策，所以项目能在预算有限的条件下依靠内容和话题本身成功吸引记者的关注和媒体的主动传播。

同时，基于拜耳深耕孕期营养多年所积累的丰富专家资源和良好口碑，专家的媒体采访和九宫格科普内容背书推进得十分顺利。项目的公益属性，使整个活动获得多位明星助阵，极大地提升了活动的传播声量和影响力。

项目评估

活动获得权威媒体、拜耳管理层、业务部门和合作伙伴等的一致好评，为后续项目推进打下了坚实的基础。整个传播项目共产生342篇报道，其中原发报道共计34篇，转载308篇，形式包括直播、电视新闻、短视频、图文等，话题阅读量超6200万人次，整个传播总覆盖7亿人次。

专业的科普演讲和主题论坛，深化了活动内涵，为深度稿提供了丰富内容；央视著名主持人李梓萌担当活动主持人，吸引关注，以专业和严谨的主持为活动的顺畅进行做保障；唐嫣在现场被聘为"爱心守护官"，多位明星以"爱心助力官"身份为视频助阵、添彩，吸引更多关注。启动会在人民日报社演播厅举办，人民网健康频道全渠道直播，实时观看人数超百万人。

CCTV多个频道及央视新闻客户端共发布8条视频，触及亿万名受众；引发安徽卫视、吉林卫视、江苏公共新闻等地方卫视转发，持续扩大声量；腾讯、搜狐、新浪等多个视频平台持续转载。

健康时报微博围绕出生缺陷现状及如何防治出生缺陷发布的科普九宫格，引发9大微博话题，由人民日报、人民网等权威大V主持，产生2大微博热搜，最高第32位（要闻榜第3位），占据榜单数个小时，单条话题阅读超4千万次，阅读总计超6千万次。

新华网、中新社、《光明日报》、人民政协网等十余家权威媒体相继对项目进行多角度报道和传播。新华网App端，单篇阅读量超144万人次。人民日报海外版、搜狐健康等发布深度稿件，详述出生缺陷预防；大众健康类媒体也参与核心内容报道，关键信息传达率100%。

多位明星助阵传播，共同发博，粉丝积极评论转发，广泛扩大传播范围。

在潍坊和临沂举行的两场落地活动，得到了当地权威媒体，如《齐鲁晚报》、齐鲁壹点、《潍坊日报》、《临沂日报》等的重点报道。

科普九宫格画面

亲历者说 Daisy Ding（丁经纬） 拜耳品类市场总监

"9·12无陷宝贝计划"作为一个整合性传播项目，从高度、深度、广度上都有很大升级。权威背书让项目赢得了社会各界的支持，也让参与的每一方，如明星、各地妇幼机构、医生及连锁药店都对消费者的营养教育产生了深深的责任感。爱乐维在孕妇营养领域扎根十余年，品牌通过"9·12无陷宝贝计划"获得更广泛支持和更可持续的发展，这展现了品牌反哺社会的意愿和落到实处的行动。

案例点评

点评专家：**樊传果　江苏师范大学文化创意产业研究院院长、广告研究所所长、传媒与影视学院教授**

做好公关传播，关键是围绕主题开展整合传播，使受众关注的热点，引发大量媒体关注并产生广泛的新闻报道，在社会上形成深远的影响。本案例无论是在传播的高度、传播的深度还是在传播的广度方面，都做得非常到位。

首先，在传播主题和内容输出方面，活动主题贴近相关政策，权威媒体报道和系列宣传主题内容输出；明星助阵传播，都使此次公关传播更具公信力和影响力，体现了该项目传播的高度。其次，在媒介策略方面，360度的媒体传播矩阵，彰显此次公关传播的广度和深度。最后，在传播规划和执行方面，提前进行准备工作，有效把握时间点，科学、周密统筹推进。

2022年世界多发性硬化日公益传播

执行时间：2022年4月25日—5月29日

企业名称：渤健生物科技（上海）有限公司（简称渤健）

品牌名称：复彼能™（氨吡啶缓释片）

代理公司：西岸奥美（北京）信息咨询服务有限公司

获奖类别：2022金旗奖最具公众影响力企业社会责任金奖

项目概述

为提升社会和患者对罕见病多发性硬化（简称MS）所致的包括步行功能障碍在内的症状的认知，鼓励患者积极管理疾病、乐观面对生活，提升社会对MS的认知和患者关爱，渤健携手北京病痛挑战公益基金会在2022年举办"中国首届脱髓鞘疾病医患公益脱口秀"。针对MS患者以中青年为主且大部分人因步行功能障碍无法自由外出社交和工作的画像，利用时下中青年群体喜爱的脱口秀娱乐形式，通过创新型疾病科普，使MS群体获得医生、媒体、大众的广泛关注。

项目策划

随着国家对罕见病重视程度的不断提升，相关利好政策不断出台。渤健作为神经科学领域的先锋，深耕MS领域超过25年，将2款创新型治疗药物引入中国。因此，提升患者和社会对于MS所致的包括步行功能障碍在内的症状的认知，鼓励规范化治疗，并呼吁社会给予MS患者更多关爱，帮助他们卸下内心的沉重负担和压力、乐观生活，尤为重要。

每年的5月30日是世界多发性硬化日。渤健希望借此契机开展疾病传播活动，使患者和社会形成对于MS的正确认知，呼吁社会为MS患者带来更多关注和关爱。

在如今信息喷涌的互联网世界，要想吸引公众对罕见病的关注并不容易。特别是对于年轻的患病群体和公众来说，传统的疾病科普教育更难引起他们的兴趣与关注，因此需要寻找当下流行的娱乐形式，以年轻群体喜闻乐见的方式，吸引他们的关注。此外，希望能为困于方寸间的MS患者搭建一个疏解焦虑、抒发自我的平台，在患者群体间树立起积极治疗的模范形象，引导更多患者主动接受规范化治疗，激发患者对自由生活的向往，改善患者的治疗意识。

脱口秀受到年轻群体的喜爱，人们借用善意的调侃，排遣生活和精神上的郁闷，使压抑的情绪得以释放。结合 MS 患者群体大都面临步行困难，无法自由外出社交和工作等困境，项目组决定采用线上脱口秀的娱乐形式，用喜剧的外壳包裹严肃的患者故事，让患者在自我调侃间相互鼓励、接纳疾病、积极治疗，也让观众在笑与泪之间听到患者真实的声音，感受生命的力量，传递温暖。就此，一场以"跌跌撞撞的人生"为主题的"让人看哭的脱口秀"应运而生。

2022 年世界多发性硬化日的主题是"连接，我们一起连接"。渤健联合北京病痛挑战公益基金会举办"中国首届脱髓鞘疾病医患公益脱口秀"，结合生活场景，打造"跌跌撞撞的人生"等创意话题，向全国各地的 MS 患者和各大医院神经免疫疾病领域的专家、医生征集 MS 患者与疾病共存的故事，与患者深入交流，挖掘他们故事中的笑点与泪点，协助患者对文字稿件加以润色，并邀请专业人员对他们进行脱口秀演讲技巧培训，最终遴选出参与本次脱口秀表演的嘉宾。通过这种公众表达性强的形式，让更多人了解罕见病 MS，鼓励更多患者积极面对、规范治疗，更好地接纳疾病。

同时，由于活动全程借助互联网平台举办，趣味性和互动性强的网络社交用语及表达方式贯穿活动始终，颠覆传统，复杂的医学信息被转换为大众易于接受和理解的语句，目标受众在轻松愉悦的状态下了解疾病信息，满足了年轻群体个性化、趣味化的追求。

为确保利用有限的资源实现传播效果的最大化，活动规划了预热、引爆、二次传播，前、中、后期的传播节奏，保证热度持续性；并制定了多维度的传播策略。传播内容层面，结合不同平台和媒体的特性，精准链接中青年受众，运用不同角度的讲述方式，引发多圈层话题讨论；平台投放层面，通过打通"主流权威媒体+年轻化社交平台"传播路径，在主流权威媒体进行声量覆盖的同时，深度联动多领域社交平台，实现多渠道跨圈传播；最后，运用多种互动形式吸引公众参与，包括快闪预热视频、海报、疾病科普 H5 等，激发公众兴趣与关爱行动。

项目执行

活动预热阶段，制作创意快闪视频，不仅发布在公众号、视频号等新媒体平台，还投放于年轻群体青睐的权威大众新闻类媒体微博端及抖音号，同时吸引身患 MS 的小红书博主自主转发。

活动当天联合多平台共同直播脱口秀。借助权威媒体如新华社、中新社、人民网等发布新闻通稿，树立权威性；借势大众媒体如澎湃新闻、界面新闻、凤凰网、新浪等发稿，扩大传播范围。此外，邀请 4～6 家权威大众媒体深访专家、患者组织、患者代表及渤健高层，解析 MS 群体尚未被满足的迫切需求，呼吁社会各界多方携手，科学管理疾病。

二次传播阶段，制作了互动科普H5，串联脱口秀视频集锦和MS疾病教育关键信息，并联合头部生活类公众号对参与患者进行深度采访，通过"患者集锦故事＋社交媒体"发酵，将传播效果溢出公众圈层。

项目评估

活动以创意的形式科普疾病，在全网引发了医生、患者和大众群体的热烈反响，掀起了罕见病领域跨界传播的热浪。

根据人群特征，前期快闪预热短视频精准投放至抖音、微博、小红书3个社交媒体账号，总播放量超过63.6万次，产生留言、点赞和转发共计2000次以上互动，吸引了MS病友群体在多个社交媒体自主转发预热视频与海报，患友奔走相告，相互鼓励打气。

脱口秀活动当天，节目在凤凰网公益、新浪健康、爱问医生等媒体平台同步播出，共吸引了来自全国各地超过117万名观众在线观看，包含公众、病友、医生、媒体等群体。其中，吸引40余家媒体相聚云端，全网主流媒体对脱口秀活动争相发稿报道，包含权威媒体如中新社、新华社、《环球》、光明网，综合性主流媒体如《中国新闻周刊》，大众健康类媒体如21新健康、《健康时报》，地方媒体如《北京日报》、澎湃新闻、界面新闻、《南方周末》、《羊城晚报》，以及新浪、搜狐等各大门户网站。多家媒体参加活动后对患者进行深度访谈并发稿报道。

涵盖脱口秀表演视频集锦、疾病科普、公众绘画送祝福内容的互动H5的发布，吸引了众多年轻网友参与和转发。头部生活类公众号一条对参与演绎的患者进行了深度访谈，单篇文章阅读量近11万人次，近2000人次互动。

受脱口秀活动在患者群体中引发的积极影响，产品上市后3周内超过300名具有步行功能障碍的患者开始积极接受对症治疗。

本次活动携手罕见病公益组织，精准有效触达3万～5万名MS罕见病患者；针对患者多为20～40岁的特点，策划了新颖的传播形式——脱口秀，将罕见病与目标受众相连接，并结合步行功能障碍的生活场景，打造流行话题"跌跌撞撞的人生"；活动突破了健康领域的传统传播方式，以跨媒体、跨平台、跨越圈层的传播策略，横向拓宽了多元化的圈层受众。

亲历者说 杨启慧　北京病痛挑战公益基金会脱髓鞘疾病项目组负责人

非常高兴和渤健共创了这场别样的脱口秀，将神经免疫医生和我们多发性硬化病友们连接在一起，创造一个表达自我、传递关爱的舞台，同时以这样精彩纷呈的方式提高了社会对于罕见病的认知。这次活动让病友们感受到：疾病罕见，但我们并不孤单！希望可以激励更多病友不言放弃，积极接受规范化治疗，与罕见病和解，迎接美好生活。

案例点评

点评专家：王虎　哲基数字科技执行董事

　　罕见病科普类活动并不鲜见，借助社交媒体和传播形式创新，此类公益活动越来越多地走近我们身边。本案例以脱口秀的形式，精准有效地将MS罕见病患者的处境触达更广泛的年轻受众，唤起他们的关注和传播参与；真实的故事与自我调侃式的演说，消解了传播中的刻意感，增强了传播力，给予了病患更多的力量与希望。主流权威媒体配合新媒体平台也引起了更广泛的社会关注与共情，引导更多人了解此类罕见疾病，并给予病患关爱与帮助。从创意构思、传播策略及内容、媒介选择等多层面来看，这是个较为全面的企业社会责任传播案例，有巧思、创新又兼顾温暖与责任。

BMW 儿童交通安全训练营

执行时间：2022年6月1日—9月6日

企业名称：宝马（中国）汽车贸易有限公司，华晨宝马汽车有限公司

品牌名称：宝马

代理公司：北京蓝色光标数据科技股份有限公司

获奖类别：2022金旗奖最具公众影响力企业社会责任金奖

项目概述

近年来，西部地区经济发展迅速，汽车保有量迅速增加。但仍有不礼让行人、随意换道、抢道等不文明驾驶现象，对交通安全造成一定威胁。本项目致力于提升儿童及家长的交通安全意识。

项目策划

1. 传播策略

联结合作伙伴和利益相关方，实现自下而上的社会协作；以具体、多样的场景将"礼行天下"的公益倡导理念清晰、直观地传递给目标受众。

2. 项目洞察

交通安全教育存在4个落差：学校教育与家庭教育、社会教育之间的落差；面向成人的交通安全教育与少儿交通安全教育在内容、形式方面的落差；交通安全法治意识、规则意识与交通安全文明意识之间的落差；发达地区与不发达地区、城市与乡村不同地区之间的落差。我国道路交通状况复杂，加强交通文明建设，塑造安全有序、文明和谐的交通环境，对于保障交通安全来说十分重要，当前公众文明交通意识有待提升。

3. 创意阐述

2022年，继续深化"礼行天下"公益倡导主题，提出"礼行天下2.0"。企业联合清华大学美术学院，大胆做出"以社会创新设计助力公益服务"创新尝试。从实际社会需求出发，提出"礼行天下，为你点赞"口号，通过"金拇指"社会创新设计，以更具象化、场景化的表现形式，让"礼行天下"的公益倡导理念更加生动，更容易被广大公众接受、推广及应用。

"礼行天下"儿童交通安全文明礼仪包

携手中国教育发展基金会、共青团中央等社会协作伙伴，走进青海省西宁市及青海省5个国家乡村振兴重点帮扶县，培训当地交警、青年教师、大学生志愿者、车主及经销商，深入西部农村地区、学校、社区，开展儿童交通安全体验课。

联合共青团中央，支持100支"七彩假期"志愿服务示范团队，为其提供儿童交通安全培训课及"礼行天下"儿童交通安全文明礼仪包，进入社区及学校，开展儿童交通安全体验课及"七彩假期"志愿服务。

儿童交通安全培训课

4. 媒介策略

与全国核心媒体、企业社会责任媒体深度沟通，确保关键信息有效传递；邀请区域核心媒体，提升区域关注度；充分利用自有平台，扩大活动在员工、车主、经销商和公众之间的影响力。

项目执行

侧重对"儿童交通安全教育""去西部""礼行天下"等信息的传播，通过全国核心媒体及企业社会责任媒体发声，提升社会公众对儿童交通安全教育的关注。截至2022年11月，该项目共收集3047篇正面报道，总触达2133万人次。

活动层面，6月30日，"儿童交通安全进西部公益研讨会暨2022年BMW儿童交通安全训练营开营仪式"在北京成功举行。123家媒体出席活动，通过开营仪式、BMW儿童交通安全大使培训、媒体专访等，与会者共同探讨"儿童交通安全教育"新思路。8月15日，"儿童交通安全进西部——2022 BMW儿童交通安全训练营培训课"在青海省西宁市正式启动，79名志愿者在现场上了一堂别开生面的儿童交通安全培训课。

项目评估

6月30日，"儿童交通安全进西部公益研讨会暨2022年BMW儿童交通安全训练营开营仪式"在北京成功举行。来自公安部交通管理局、宝马、中国教育发展基金会、共青团中央青年志愿者行动指导中心、中国少年儿童新闻出版总社的代表，共同倡议：凝聚社会力量，支持农村地区少年儿童交通安全宣传教育，建设美丽乡村，助力平安中国。70家媒体、社会合作伙伴及宝马爱心车主参加了研讨会，53家区域媒体和公众在线观看直播，观看人数超过100万人。

8月15日，"儿童交通安全进西部——2022 BMW儿童交通安全训练营培训课"在青海省西宁市正式启动，在公安部交通管理局的指导下，宝马携手中国教育发展基金会、共青团中央青年志愿者行动指导中心、中国少年儿童新闻出版总社，为当地交警、青年教师、大学生、宝马经销商及车主等79名志愿者开展了儿童交通安全培训课。

公安部交通管理局：交通安全宣传教育提升行动是我们的一项中心任务，我们鼓励社会力量参与进来，助力公众养成交通安全意识。我们希望，社会各界围绕交通安全，创新社会治理方式，合作共赢。

共青团中央青年志愿者行动指导中心："七彩假期"100支大学生志愿者团队将与宝马一起，为提升西部地区儿童交通安全意识做出贡献。

中国少年儿童新闻出版总社：寓教于乐的教材是帮助孩子理解"礼行天下"、提高交通安全意识的好工具。

中国教育发展基金会：避免和减少儿童道路交通伤害是重中之重，特别是西部地区应加大对儿童交通安全教育的支持力度。

宝马爱心车主及BMW儿童交通安全训练营志愿者：BMW儿童交通安全培训课是儿童交通安全教育的重要组成部分，我们将倡议更多的宝马车主加入队伍。

截至2022年11月，该项目共收集3047篇正面报道，总触达2133万人次。"道路交通安全""企业社会责任""创新""社会协作"等成为媒体报道热词。

亲历者说 **高乐 宝马集团大中华区总裁兼首席执行官**

秉持"家在中国"的理念，宝马集团在中国持续为客户、社会、汽车工业创造价值，驱动共同发展。宝马集团认为，优秀的企业公民不应仅仅关注商业成功，而且要追求更高目标，为社会发展做出更大贡献。聚焦社会问题，深刻洞察社会的需求并持续提供创新解决方案，同时深度融入利益相关方，是BMW儿童交通安全训练营开展十余年的成功经验，更是宝马集团在中国践行企业社会责任的成功经验。

案例点评

点评专家：杨晨 上海外国语大学公共关系学系系主任

案例体现了策划主体对西部农村机动车快速增长背景下急需加强农村地区交通安全宣传教育的社会洞察力，年年有新的小朋友需要接受交通安全教育也保证了项目的可持续性运作。另外，此案例以问题为导向，要点较全，重点突出。

今麦郎凉白开携手城市英雄公益行动

执行时间：2022年5月14日—7月5日

企业名称：今麦郎饮品股份有限公司（简称今麦郎）

品牌名称：今麦郎凉白开

代理公司：北京海唐新媒文化科技股份有限公司

获奖类别：2022金旗奖最具公众影响力企业社会责任金奖

项目概述

今麦郎面向抗疫一线部门启动"北京同城速递凉白开"物资捐赠行动。为扩大行动的覆盖面及影响力，今麦郎又发起"城市英雄集结令"，号召更多志愿者加入送水大军。今麦郎积极主动承担，城市英雄踊跃参与，将总价值超过400万元的凉白开送到防疫站点。行动中，今麦郎机动灵活，组织高效，调动全国经销商筹措物资、专人配送。媒体跟进报道在严峻时刻忘我坚守的今麦郎和城市英雄，传递出民族品牌的胸怀与格局、中国人民的大爱与至善。

项目策划

1.项目策略：面向社会发起的公益行为

（1）入眼：聚焦疫情防控重点城市、重点单位、重点人群，分阶段、有针对性地部署捐赠行动，把物资送到最急需的地方和人手里，亮明"人民品牌为人民"的态度，迅速触达目标阶层。

（2）走心：通过募集城市英雄，将品牌公益行动转化为社会公益行为，让"北京同城速递凉白开"行动更有温度，让一瓶水守护一座城更加走心。

（3）入脑：通过权威电视媒体对城市英雄个人事迹报道、地方主流媒体跟踪扩散，不断拉高事件热度，并带动更多人参与公益行动，传递公益活动从个人到集体向上、向善的正能量，潜移默化地完成品牌传播。

2.媒介策略

"多元形式打造内容力＋关键媒体释放影响力＋重点平台扩散话题力"：在有限的预算下筛选出关键媒体，发挥各层级、各类型、各平台媒介优势，组建从中央到地方、从传统媒体到新媒体全覆盖的传播矩阵。以权威媒体平台影响力、地方电视台区域辐射力、主流官方媒体多平台组合力、高质量自媒体矩阵扩散力，对捐赠行动进行全方位、多角度传播，精准触达传播受众。

3. 内容创意

本次行动以城市英雄为核心创意，通过高饱和传播内容及全环节传播动作（前期官宣预热＃北京同城速递凉白开＃城市英雄招募令；中期通过各种媒介渠道持续放大行动声量；后期价值高度升华），让受众感受到爱的凝聚、心的沸腾，激发城市英雄参与企业公益行动的积极性与荣誉感，表达出品牌公益主张。

4. 传播规划

（1）传统媒体：地方电视台跟进报道今麦郎捐赠情况，增强了品牌区域传播影响力，维持传播热度，辐射广大群众；借分众媒体传播品牌联合行动，覆盖更广泛人群，持续扩大公益行动影响力。

（2）社交媒体：在品牌官方矩阵平台及社群主动发声，释放捐赠行动信息，运营微博话题；选择权威抖音官方媒体、快手官方媒体、高质量自媒体微博大号、高质量媒体社群进行视频、图文内容的扩散，释放传播影响力，为品牌全国行动引流。

（3）网媒发布：通过门户网站、地方主流媒体等网媒发布活动信息，提升今麦郎公益行动传播高度，主动对外传播捐赠信息，彰显民族品牌、中国民营企业500强的社会责任与担当。

项目执行

1. 企业层面：快速响应、全面行动

今麦郎保持高度敏锐的洞察力以及快速响应的行动力，发动面向全国的捐赠行动。在北京，快速抽调销售人员组建运送团队，并承诺"24小时送到，使命必达"。今麦郎在3天内迅速筹集蔬菜、蛋奶、肉食、面品等优质产品，并将物资运送到上海，圆满完成保供任务，有力地支持了当地抗疫行动。今麦郎迅速调配货源，安排专人向吉林市、长春市多家医院捐赠凉白开8000箱……

2. 传播层面：扩散影响，补充外援

众多个人志愿者、公益组织以城市英雄的名义加入送水大军，有效补充了今麦郎送水团队的效能，大大提升了送水效率。行动启动后，品牌官方自媒体矩阵主动传播捐赠行动进展信息。同时，今麦郎在全国多地的捐赠行动也被人民网、新华网、北青网、北京卫视、吉林卫视等先后报道。此外，潇湘晨报、中国网直播等官方媒体的抖音、快手平台，以及多个高质量权重自媒体大号、媒体社群等，也通过转载视频、图文等形式对捐赠行动进行扩散。

项目评估

1.捐赠效果

本轮持续数月、辐射全国多地的捐赠行动，为各地疫情防控工作平稳有序推进提供了稳固的后勤保障。今麦郎通过联合志愿者、公益组织和其他品牌，为北京1601个站点捐赠总价值超440万元的今麦郎凉白开。今麦郎凉白开向全国16个省份、38个城市、1680个一线疫情防控站点，捐赠了总价值超1100万元的民生物资。

2.市场反应

本次公益行动为今麦郎赢得了从政府到行业、从媒体到民众的一致认可。在向全国多地捐赠物资的过程中，今麦郎收到多个疫情防控一线部门的感谢信。活动经媒体报道、多平台主动发布，极大提升了话题度与影响力，在多个平台积累了积极声量，传递了正能量，强化了民族品牌在关键时刻的企业社会责任与担当，强调了今麦郎和中国人民站在一起的品牌形象；通过对社会公益活动的投入，获得消费者信任，提高品牌曝光度，收获大量正面评价；市场层面影响关键人群，为后期销售赋能。

3.媒体统计

媒体接连传播扩散，助力今麦郎捐赠行动话题热度攀升。北京卫视报道影响人数近1000万人；吉林卫视《守望都市》栏目、哈尔滨电视台《都市新发现》栏目、泉州电视台《今晚播报》栏目、杭州电视台《行走》栏目等跟进报道，电视媒体曝光量超92万次，辐射人群累积约1.8亿人次。潇湘晨报、中国网直播等权威官方抖音号、快手号，思想聚焦、封面新闻等高质量自媒体，转载扩散视频、图文，为品牌行动引流，实现总曝光量超2亿次；经权威媒体、社群及朋友圈传播，抗击疫情捐赠合集视频全平台累计播放量达300万次；此外，品牌联合行动借势分众媒体，影响超1300万人。

4.项目亮点

城市英雄成为本次公益行动的最大亮点。在北京持续近两个月的物资捐赠过程中，今麦郎从0到1搭建私域池，专项收集防疫站点用水需求并招募送水志愿者——城市英雄，通过私域运营，共沉淀了近300位有效用户，收到其中204位用户提交的677个站点用水需求，总计约55万瓶今麦郎凉白开。同时，针对城市英雄群体策划的创意海报和创意视频，一经上线，便引发了大量关注与评论，经权威媒体、社群及朋友圈传播，城市英雄创意视频播放量超40万次。

亲历者说 李春燕　今麦郎高级公关经理

一群天南海北的人跨越时空的距离，把公益从一个想法变成一场轰轰烈烈的行动。集团内部快速决策，面向社会捐赠，承诺24小时使命必达。我们面向全北京招募城市英雄，他们中有总经理、总监、员工，也有志愿者、公益组织、其他品牌伙伴。他们素不相识，却在路上比肩前行，这次行动让我看到，这世上，终有一些东西，是利益不能驱使的；唯有使命，才有感召力，才能让我们一腔热血，奋不顾身、勇往直前。

案例点评

点评专家：李志军　中央财经大学广告系教授

　　企业品牌准确地找到了自己的定位以及进行社会责任传播的突破点。在解决物流阻塞问题的同时，迅速将难点转化为升华点，通过向全京城募集城市英雄，将品牌公益行动转化为社会公益行为，也在众多的企业善举中脱颖而出，形成了更加独特和深化的传播点。品牌在预算有限的情况，通过有效的传播策略，不仅实现了优异的传播效果，也为品牌影响力提升以及后期销售赋能做出了实打实的贡献。

李锦记杯学生创新大赛

执行时间：2011年－2022年

企业名称：李锦记（中国）销售有限公司（简称李锦记）

品牌名称：李锦记

获奖类别：2022金旗奖最具公众影响力企业社会责任金奖

项目概述

作为国际知名的中式酱料品牌，李锦记在百余年时间里一直致力于产品研发和科技进步，推动调味品这一传统产业创新和升级。李锦记杯学生创新大赛以"创新"为主旋律，鼓励食品科学及相关专业的大学生针对传统中式调味品进行产品开发与创新；同时，李锦记秉承"人才兴业"的理念，积极为未来的食品业人才提供专业的实践与创新平台，与中国食品科技院校及食品企业联手培育食品研发人才。

项目策划

2011年，中国食品科学技术学会（CIFST）与李锦记联手主办学生创新大赛。该比赛已连续举办十余年，每年均有10～15所高校参赛，大赛于每年4月正式启动，至11月结束。每届大赛都会设定一个主题，鼓励参赛团队从家庭烹饪的角度出发，以李锦记的一款或多款经典产品为原料或辅料，开发出一款兼具营养和美味的酱料，同时鼓励参赛团队与相关学科团队合作，制作1份宣传海报或视频。

大赛围绕着"传统中式调味品"这一核心内容，结合食品行业及市场环境，与时俱进，不断更新主题和创新产品的研发方向。大赛主题从酱料创新到应用创新、产品针对人群从广泛用户走向细分消费者；与此同时，赛制赛程也在不断优化与完善，2018年增加了答辩环节，2019年拓展了直播渠道，2020年出

2022年度李锦记杯学生创新大赛海报

现了线上云启动和云访谈，摄影、宣传片、海报等附加赛内容也不断丰富、升级，充分体现了李锦记对学生多专业、跨领域合作的鼓励。在传播方式上，更是紧跟时代、与时俱进，以社交媒体为载体、以年轻人喜闻乐见的方式进行。截至发稿前，共有27所高校参加过李锦记杯学生创新大赛，其中定向高校18所、非定向高校9所。

李锦记杯学生创新大赛自创办以来，得到众多业内专家、企业和媒体的支持，其中包括中国工程院院士、北京工商大学校长孙宝国，国家食品安全风险评估中心主任李宁，中国疾病预防控制中心营养与健康研究所研究员刘秀梅，原黑龙江省食品药品监督管理局常务副局长张守文，中国检验检疫科学研究院首席专家陈颖，中国食品发酵工业研究院原副院长宋全厚，中国肉类食品综合研究中心副总工、教授级高工臧明伍，上海市食品研究所所长吴晓明，中国农业大学食品科学与营养工程学院教授胡小松，南开大学教授王硕，上海海洋大学原校长潘迎捷，天津科技大学校长路福平等业内专家，康师傅、旺旺、统一、《中国食品报》、《消费日报》、食今不昧等多家食品企业与行业媒体代表，均参加过历届大赛的评审工作。

2021年大赛首次尝试策划抖音话题挑战任务，运用全域信息流推送，对30个参赛团队的风采进行全面展示。每个入围团队用1句广告语来诠释"我心目中的李锦记"，以抖音视频的形式呈现，并使用组委会指定歌曲为背景音乐。以视频点赞数量为基本评选依据，同时对视频作品质量和评论质量等因素进行综合考量，最终由大赛组委会公布结果。

项目执行

3月—4月，确定大赛口号和主题；4月—5月，大赛启动，各参赛高校报名，校园宣讲，形成团队并开始构思创意；5月—6月，提交产品创意策划书，专家进行初评，公布入围名单；6月—9月，产品研发及附加创新项目制作完成；9月上旬，提交最终成品和报告书；9月中旬，入围团队进行答辩，由专家进行最终评审，评选出一、二、三等奖和优秀产品、优秀组织高校、最佳指导教师等奖项；9月下旬，公布成绩；10月或11月，举行颁奖典礼，为获奖团队颁发证书和奖金。

项目评估

李锦记杯学生创新大赛是以传统中式调味品为对象展开的创新性应用与研究，它为学生提供了专业的实践与科研创新平台，有利于为中国食品工业未来发展播下希望的种子，培育食品研发人才。历届大赛均围绕"传统中式调味品"这一核心内容，迎合食品行业及市场环境的不断变化，与时俱进，变换大赛主题、更新创新产品的研发方向以及附加创新的内容。大赛创新产品方向既有调味品本身的创新，如复合调味品、传统中式调味品、方便型植物基酱料、预制菜调味料等，又有调味品应用的创新，如咸味休闲小吃、方便或烘焙类食品等。

累计参赛高校27所，参赛学生约23100名，提交初赛报告书约3300份，获奖作品约198份。每届大赛历时约8个月，鼓励在校学生根据对调味品行业和市场的了解，针对不同群体的需求，以李锦记现有产品为原材料，对传统中式调味品进行产品开发，强调产品的创新性、方便包装以及创新应用。

来自食品企业、科研院所和媒体的相关专家组成终审评委会，从产品的创新性及市场定位、配方合理性、加工方法可行性等方面进行评分，最终选出优胜作品。通过参加李锦记杯学生创新大赛，学生体验到从构思、研发到制作成品的整个过程，有效地激发了学生的创造力、市场洞察力、实践能力和团队合作精神。

李锦记在坚持卓越品质的同时，秉承"思利及人"的理念，为各食品院校学生交流提供了一个客观和公正的平台，也为未来的食品业人才提供了一个专业的实践与创新平台，李锦记希望与中国食品科技院校携手，共同为促进食品研发人才培育、推动食品科技进步做出贡献。

前期渠道沟通，提供挑战赛话题页相关素材、媒体搭建，如2021年8月24日"美蚝生活鲜人一步活动"话题页上线，2021年8月24日—9月18日进行硬广开屏素材、媒体创建投放计划，通过抖音开屏广告为话题页引流，提高曝光度，并根据城市、年龄等因素精准投放。2021年9月5日热榜资源上线，参赛用户视频置顶及相关数据输出，提高选手视频曝光强度，平均流量加推提升整体话题内容扩散范围，至2021年9月30日整体曝光量达552.1万次。

2017年度李锦记杯学生创新大赛部分作品展示

亲历者说 赖洁珊　李锦记企业事务总监

产业创新是企业发展的动力，是李锦记世代传承、长盛兴旺的秘籍，李锦记杯学生创新大赛为民族企业与青年人才的对接搭建了桥梁，为食品专业高等教育提供了支持，也为食品行业创新发展积蓄了力量。

青年是国家和民族的希望，创新是社会进步的灵魂，李锦记杯学生创新大赛，为创新人才提供了发展平台，让创意拥有原动力，让年轻梦想照进现实，让青春拥有无限可能！

案例点评

点评专家：张辉　亚虹医药企业传播及公共事务总监

　　企业能把针对学生的创新大赛连续坚持举办十多年，本身就是社会责任的体现。在针对年轻人的项目中，难点是如何尊重并适应年轻人的话语体系和价值观，用他们的语言和他们进行沟通。李锦记持续多年的探索和积累，相信能给行业留下丰富的案例参考。

灵北中国2021世界精神卫生日绿丝带系列活动

执行时间：2021年10月1日—10月30日
企业名称：灵北（北京）医药信息咨询有限公司（简称灵北中国）
品牌名称：灵北中国
获奖类别：2022金旗奖最具公众影响力企业社会责任金奖

项目概述

10月10日是世界精神卫生日，灵北中国携手人民日报健康客户端、"渡过"抑郁互助康复社区和好心情互联网医院，共同开展了"打开心灵，让爱同行"2021世界精神卫生日绿丝带系列活动。在全国8个城市（北京、上海、广州、深圳、长沙、重庆、成都、西安），邀请20位顶级专家开展10场线上科普直播，旨在持续提高公众对精神疾病尤其是抑郁症的认知，有效联动社会各方力量，改善精神疾病患者的生活质量，推动全民精神健康。

活动KV

项目策划

1. 策略

灵北中国致力于通过持续性疾病科普活动提高国内公众对精神疾病尤其是抑郁症的认知，消除病耻感，为患者提供更加科学的建议，联动社会力量，推动全国各地区的医疗教育工作。为此，在2021年的世界精神卫生日，灵北中国希望通过与权威媒体（人民日报健康客户端）、患者组织（"渡过"抑郁互助康复社区）、数字平台（好心情互联网医院）等多方合作，将精神健康的科普教育信息传递给更广泛的群体，引发全社会对精神健康特别是对抑郁症的关注。通过微博、知乎等新媒体渠道，扩大活动的辐射范围，形成内容裂变，呼吁更多年轻人参与到相关探讨和学习中来。

2. 核心信息

（1）心理健康需全社会共同关注：心理健康是健康的重要组成部分，党和政府高度重视心理健康服务工作，尤其关注青少年心理健康，要求各地积极推进《健康中国行动（2019－2030年）》和《健康中国行动——儿童青少年心理健康行动方案（2019－2022年）》。

（2）抑郁症治疗目标重在恢复社会功能：抑郁症会显著影响患者的社会功能和生活质量。部分患者难以正常工作、学习与生活，承受着健康与经济双重负担。

"抑郁症治疗是一个长期、系统的过程，"中国科学院院士、北京大学第六医院院长陆林教授强调，"抑郁症的治疗目标重在恢复社会功能，经过规范的治疗，抑郁症患者可以恢复情感功能，工作、学习以及人际交往能力。"

北京回龙观医院主任医师杨甫德教授指出，即使是轻度的抑郁症患者，也应该尽早接受正规治疗。患者尽早就医，尽早识别，尽早诊断，尽早接受规范化治疗，病情可以缓解和康复。医生会根据患者情况推荐个体化的药物治疗方案和综合性的全程干预方案，患者需要听从专科医生的建议，坚持长期治疗，这有助于全面缓解抑郁症患者的症状，避免复发，帮助其最终回归正常的学习、工作与生活状态。

（3）社会多方力量形成合力，成为患者抗击疾病的后盾：希望社会能够对抑郁症患者消除歧视，多一些理解和关爱，成为他们抗击疾病的后盾，帮助患者重返社会。抑郁症患者恢复社会功能，不仅需要有效的药物治疗和专业的心理咨询服务，还需要社会长期的系统性支持。社会各界只有通力合作，才能全方位地帮助抑郁症患者走出抑郁，回归社会。

3. 传播规划

权威媒体联合顶级专家主办启动仪式：活动联动权威媒体人民日报健康客户端，邀请中国科学院院士、北京大学第六医院院长陆林教授，北京回龙观医院主任医师杨甫德教授及"渡过"抑郁互助康复社区创始人张进发表主题演讲。

"在线科普直播＋社交媒体话题活动"：2021年10月，灵北中国在北京、上海、广州、深圳、长沙、重庆、成都、西安举办了多场专家在线科普直播，普及抑郁相关知识。联合媒体在微博、微信、知乎等社交平台发布相关话题，目标公众广泛覆盖各个年龄层。

项目执行

启动仪式（10月10日）：由人民日报健康客户端主办，"渡过"抑郁互助康复社区和好心情互联网医院协办，灵北中国支持的"打开心灵，让爱同行"2021世界精神卫生日绿丝带系列活动举行启动仪式。

启动仪式上，丹麦王国驻华大使马磊、灵北全球高级副总裁及中国总经理戴麓然（Lorena Di Carlo）致辞并祝贺，中国科学院院士、北京大学第六医院院长陆林教授，北京回龙观医院主任医师杨甫德教授，"渡过"抑郁互助康复社区创始人张进，发表了主题演讲。

在线科普直播：该活动启动后，2021年10月，分别在北京、上海、广州、深圳、长沙、重庆、成都、西安举办多场专家在线科普直播。

社会媒体话题活动：2021年10月，在新浪微博发布#抑郁关爱小课堂#话题，在知乎举办问答活动，并邀请23位顶尖专家参与。

项目评估

1. 效果综述

总体概述：截至2021年11月底，活动触达4000万人次以上。

在线启动仪式：启动仪式直播在各平台的总浏览量达到136万次，其中，人民日报健康客户端浏览量超过134万次。

在线科普直播：共举办10次线上讲座，共计邀请20位精神领域专家参与。公益讲堂直播在好心情互联网医院和"渡过"平台的总浏览量近29万次。

社会媒体话题活动：在新浪微博发布#抑郁关爱小课堂#话题，话题总阅读量超千万次。在知乎发起的相关问答活动，吸引了23位顶尖专家参与，知乎总浏览量超过20万次。

媒体报道：该活动共计邀请了47家媒体参与，并收获了超过600篇活动相关内容科普报道，相关内容的总浏览量超100万次。

2. 项目亮点

"打开心灵，让爱同行"2021世界精神卫生日绿丝带系列活动与人民日报健康App、抑郁自助互助社区——"渡过"，和有影响力的数字化医疗平台——好心情互联网医院联合推广科普教育，充分发挥在线平台的优势，提升公众对于心理健康的认知，传递更科学、更专业的心理健康知识。同时，与社交媒体平台——新浪微博、知乎联手，围绕该活动发起社会热点话题，邀请KOL及用户探讨，通过新媒体渠道辐射更多的年轻群体，呼吁各个年龄段的人群关注精神健康。

本次活动联动了政府、专家、媒体等多方力量，致力于推动中国精神卫生科普教育事业发展。未来，灵北中国将会继续支持世界精神卫生日绿丝带系列活动，持续推动公众、患者与医生的相关教育，提高公众对精神疾病的认知，帮助中国患者成为最好的自己。

亲历者说 张丽娜（Lina Zhang） 灵北中国企业传播、IT 及行政部副总监

近年来，心理健康成为公众关心的议题。灵北中国作为全球领先制药企业，始终致力于帮助患者恢复健康，使每个人成为最好的自己。

我们携手各合作方，开展了"打开心灵，让爱同行"2021世界精神卫生日绿丝带系列活动，旨在推动中国精神卫生科普教育，提高公众对疾病的认知。

通过充分发挥线上平台、社交媒体的优势，项目取得了良好效果，感谢各方的支持和参与。

案例点评

点评专家：俞竹平　奥美公关中国区总裁，奥美北京集团董事总经理

越来越受到关注的心理健康课题，给本案例的传播提供了更好的土壤。本案例的突出之处，在于除了结合主流媒体、医学专家和社交媒体外，与互助康复社区以及互联网医院合作，恰到好处地提供给患者、家属和其他有需要的群体，一个尊重隐私而又安全的空间。他们可以在此吸收心理健康的科普知识、参与医学专家的问答以及咨询适合的资源接受协助。这充分反映了执行团队对于目标群体的深刻洞察。

女性科学家成长计划

执行时间：2021年12月1日—2022年9月6日
企业名称：赛默飞世尔科技（中国）有限公司（简称赛默飞）
品牌名称：赛默飞世尔科技
代理公司：北京福莱希乐国际传播咨询有限公司
获奖类别：2022金旗奖最具公众影响力企业社会责任金奖

项目概述

当前，女性科技人才在科技创新中的作用尚未得到充分发挥，亟须外部力量为其突破与发展提供动能。2021年12月，赛默飞世尔科技携手中国妇女发展基金会正式启动女性科学家成长计划，旨在为中国科研领域的女性群体营造良好发展环境，激发女性潜能，鼓励女性研究人员在STEM［科学（Science）、技术（Technology）、工程（Engineering）、数学（Mathematics）］领域中坚持职业发展道路，追求更高的发展目标。

项目策划

1. 项目调研及项目发起

赛默飞世尔科技始终重视并鼓励女性在科学领域的成长及发展，截至2021年，赛默飞世尔科技全球范围内女性员工占比40.4%。建立多样性与包容性的文化，是赋能赛默飞世尔科技人才建设与企业发展的重要一环。2021年，赛默飞世尔科技更是跻身全球最佳女性友好企业百强名单，位列全球第63位。

2021年，依托于在科技服务领域长期细致的洞察，赛默飞携手中国妇女发展基金会共同发起女性科学家成长计划。赛默飞计划从女性STEM领域从业者出发，利用该项目向更广泛的群体传达多元和包容的观

女性科学家成长计划海报

点，影响STEM领域年轻人，携手行业打造科研生态集群。该项目计划采用线上互动与线下活动相结合的模式，多阶段逐步开展。

2. 项目实施及传播策略

在项目实施的第一个阶段，赛默飞计划邀请多位科研领域的成功女性科学家讲述她们在科研领域的职业故事，树立职业榜样，鼓励女性科研人才创新发展，激发女性活力和潜能。与此同时，赛默飞进行为期1个月的社交媒体活动，在微信、微博、抖音等平台创建社会话题标签，以女性科学家访谈内容为基础，制作线上传播视频，表达科学"颠覆想象"的核心内容，并号召全网女性STEM从业者及学生发起#HerScience挑战。

同时，为了构筑与科学领域新生代的交流平台，赛默飞发起#女科学家，颠覆想象#实验室挑战，鼓励年青一代成为勇敢的科学探索者，并在科学新生代偏好的社交媒体平台传播相关活动信息，鼓励年轻人积极参与。

此外，赛默飞计划将该项目延伸至高校，推出高校女性科学家巡回及宣讲活动，通过线下和线上形式的校园活动，宣传赛默飞对于女性STEM人才培养的承诺。宣讲的合作目标院校涵盖多所中国顶尖大学，主要聚焦生物、临床等专业领域。在校园巡回宣讲现场，赛默飞将邀请来自多家科研机构、多所高校及赛默飞的专家、学者及高管共同参与，与正处在职业生涯关键阶段的女性青年科研人才建立起沟通桥梁，共话职业未来。该系列校园活动还将与校园招聘活动相结合，为生物、临床、药品等专业的应届生、在校生提供实习及就业机会，切实助力相关人才培养。

项目执行

赛默飞于2021年12月在线上顺利启动了女性科学家成长计划项目。在执行阶段，赛默飞邀请了来自不同科研领域的5位杰出女性科学家，共同发起"说出你的'飞'凡"主题活动，讲述她们在科研领域的非凡故事。该系列活动为该项目在全平台的顺利铺开奠定了良好的基础，受到了社会各界尤其是STEM领域从业者的广泛关注。

在物料制作与产出阶段，赛默飞与各方通力协作，群策群力，采取多元手段强化传播。启动仪式后，5位杰出女性科学家的海报、专访视频及专题文章陆续在赛默飞官方微信公众号及各合作媒体平台发布。同时，通过不同环节的设计，该项目让更多受众参与到传播中，呼吁大家分享身边STEM领域女性的故事，产出了诸多有强感染力的UGC，在各平台持续发酵相关话题，进一步增强了项目的传播效果。

项目评估

在启动阶段，该项目即引起了广泛的关注。在项目启动日，赛默飞官方微信单条宣传内容阅读量近10万次，媒体报道发文近30篇。在赛默飞官方微信评论区，大众积极参与和互动，来自STEM领域的从业者及学生群体均自发地分享对于项目的感触以及身边女性科学家的故事，引发了广泛的社会讨论。

在活动期间，赛默飞官方微信公众号平台陆续发布5位女性科学家故事推文，获得社会的大量关注，累计阅读量破10万次，累计互动量近千次。此外，包括活动倒计时、KV在内的物料也在赛默飞官方微博陆续发布，覆盖超32万用户群体，互动量超7000次。

该项目一经启动，在社交媒体不断发酵，包含各大高校、中国妇女发展基金会在内的多位合作伙伴，累计在其官方微信公众平台及微博发帖近40条，包含STEM领域人士在内的广大公众表现出强烈的共鸣，科研领域非凡女性故事激发了公众尤其是女性科研人员追求职业成功的信心。

截至发稿前，该项目累计触达80万人次以上，收到了3万余份反馈，鼓励了众多身处科研领域的女性进一步发掘、追求和实现自我价值。

亲历者说 杨冬岚　赛默飞企业市场与传播高级总监

2022年是赛默飞世尔科技进入中国的第40年。长期以来，我们一直关爱女性员工，重视女性员工的职业发展。以女性科学家成长计划为开端，未来，赛默飞将持之以恒地致力于为女性科研工作者提供良好的科研环境，帮助怀揣热爱、迈入科研领域的女性找到属于她们的"人生坐标"。另外，赛默飞将利用自身的全球化视野，积极关注与回应全球CSR（企业社会责任）的重点问题，在中国寻找有力的合作伙伴，共同打造更接地气的项目，与社会各界携手共建更健康、更安全的现代中国。

案例点评

点评专家：胡远珍　湖北大学新闻传播学院教授

本活动体现了对于人类发展、科技发展和企业发展未来的思考，大处着眼、小处生花，从主题创意、传播策略到落地实施，精心谋划、匠心打造、用心执行，很好地彰显了企业"赋能科技进步的全球领导者"的发展理念。有效引发社会广泛关注，展开深度讨论，营造全社会对女性进步关注的良好氛围，激励女性自强不息、突破自我、敢于奋斗。活动计划善于将宏大叙事与企业包容性文化有机结合，善于通过环环相扣的传播链，形成良好的传播势能。后续还将走进大学校园，深度达到企业、社会、校园相连的网络化传播效果。

Student Voices：Greener Future（马石油绿色环保科普教育及实践活动）①

执行时间：2021年10月18日—2022年10月31日

企业名称：马石油（PETRONAS）

品牌名称：马石油

代理公司：上海致未文化传播有限公司

获奖类别：2022金旗奖最具公众影响力企业社会责任金奖

项目概述

马石油成立于1974年，作为力求进步的能源与解决方案伙伴，马石油致力于为运营所在地的社会福利做出贡献，实现商业、环境和社会责任的和谐共赢。专门设立的YAYASAN PETRONAS（马石油基金会），以环保、教育与社会福祉为企业社会责任的三大支柱。在中国，马石油积极履行企业社会责任，聚焦以绿色环保为主方向的科普教育等社会活动，持续向目标人群传播绿色科学环保理念，与年青一代共同探索绿色未来。

马石油双子塔

---

① 本文中所涉及的视频及照片，马石油均已得到被拍摄者的使用许可。

项目策划

1. 项目目标

循序渐进地引导青少年树立绿色环保的理念与习惯，激发青少年投身于实现共建绿色美好家园和净零碳排放的愿景中来，培养其自主创新能力并为未来社会可持续发展提供不竭原动力。

2. 目标受众

以6～18岁青少年、家庭及学校等为主，覆盖环保、教育等相关机构，能源行业从业者，以及关注环境保护、青少年教育发展等领域的大众人士。

3. 项目策划

深度挖掘自身资源，多角度切入、全方位普及绿色环保知识。马石油借助自身丰富且多领域的专家资源，通过线上、线下形式，用专业又通俗易懂的语言和有趣的互动方式普及绿色环保知识，激发青少年对绿色环保的学习热情。

与权威合作伙伴共创科普教育平台，长期持续扩大项目影响力。马石油通过与中国著名权威媒体集团 —— 上海报业集团《新民晚报社区版》《虎妈牛娃》、*Shanghai Family Parents & Kids* 的深度合作，借助丰富的学校资源，共创共建并成功落地让青少年尽情"释放"绿色畅想的环保科普平台，并通过媒体集团庞大的传播资源（平面媒体、微信、视频号、直播等），最大限度地扩大项目的传播力和影响力。

马石油首次以官方合作伙伴身份，助力2022年度 Student Voices 英语演讲比赛。Student Voices 基于环保、教育与社会福祉开展，通过向年青一代灌输可持续发展价值观，引导他们分享并实践相关理念，完成"从输入到输出"的社会责任实践。本次比赛以"绿穹之下，净零未来"为题，启动之初共收到约500份演讲视频投稿，来自24所学校的266位选手入围半决赛，其中107位进入决赛。

比赛之外，马石油携手 *Shanghai Family* 策划"绿穹之下，净零未来"环保视频创意大赛，鼓励孩子们借助新兴视频媒介，以蓬勃创造力对"环保"作创意表达，以唤起更多人的环保意识。

马石油还支持并参与了为期5天的2022 Student Voices 暑期媒体实践营，围绕"绿穹之下，净零未来"主题，带领青少年从记者的角度出发畅想绿色未来。媒体实践营的"小记者们"对马石油中国区主席

2022年度 Student Voices 英语演讲比赛

李焱女士及晶科能源高层进行了面对面采访及互动，真实体验编辑部工作的同时，通过参观能源展厅，形成了对新能源及绿色未来更深入的思考和洞见。

除了向青少年科普环保知识，马石油还在2022年5月31日首次走进中国高校，与复旦大学共同开展了以"能源转型：一起点亮绿色未来"为主题的对话会，吸引了十余所高等院校的近百位师生参与。通过开展对话的方式，双方希望让更多企业和青年学生投身于实现人类可持续发展、共建绿色美好家园和净零碳排放的愿景。

4. 内容创意

拍摄塑料废弃物回收、太阳能、氢能、新能源汽车4个主题科普视频，在马石油及Shanghai Family微信平台推出。同时，策划相同主题小课堂微信推文，以图文、视频等可视化方式呈现，方便青少年阅读、理解，并启发他们的思考。

此外，为2022年度 Student Voices 英语演讲比赛创作了主题"绿穹之下，净零未来"相关物料。"穹"为天，"绿穹之下"描绘了一幅极具画面感的美好图景：绿树参天，阳光透过疏密有致的绿叶投下斑驳的光影，在阳光和蓝天之下，与未来的小朋友们，一同感受这静谧与安宁。这一愿景若要成为现实，离不开"净零"。"净零"是一个学术名词，指温室气体的排放量与清除量达到平衡，净零是实现"绿穹"必不可少的一环。通过对清洁能源的探讨，助力"净零"，进而实现"绿穹"，这正是 Student Voices 主题的重要内涵。

5. 媒介策略

马石油借助自身宣发渠道，由内而外对项目进行大范围传播，动员马石油员工及其家人积极参与项目活动。同时，利用马石油自有媒体矩阵，包括官方微信、自有媒体发布资源等，向外传递项目价值和文化。

马石油与上海报业集团合作，借用其丰富的传播渠道，如电子刊、微信公众号、视频号等，对活动进行持续报道追踪，扩大项目传播声量。

项目执行

（1）马石油公开课：2021年10月至2022年8月，马石油4位来自化工、新能源领域的专家与中国青少年开展线上线下分享交流活动，并制作4个绿色能源科普教育视频，配合十余篇图文并茂的科普文章，在微信公众号上持续推送。

（2）2022年度 Student Voices 英语演讲比赛：2021年10月，马石油宣布助力2022年度 Student Voices 英语演讲比赛。2022年，经历了6月的线上复赛，比赛于10月下旬圆满收官。

（3）马石油环保视频创意大赛：2022年3月—4月共收到约500个参赛视频，最终选出10位"地球卫士"。

（4）复旦-马石油对话会：2022年5月，马石油走进大学校园，将影响受众扩展至大学生群体。

（5）暑期媒体实践营：2022年7月—8月，马石油带领青少年线下参观马石油上海办公室和晶科新能源公司总部，与高层交流。

2022 Student Voices 暑期媒体实践营

项目评估

1. 项目成果

通过马石油公开课系列科普教育，马石油中国平均每年可以影响30多所学校，触达40000余名学生；此次环保科普视频，已吸引6800余人次观看；相关科普推送曝光量超4000次。

自2021年10月开展以来，截至发稿前，整个项目累计影响人数超过200000人，线上复赛直播吸引了3000余人次观看。

马石油环保视频创意大赛，共计收到约500个参赛视频，产出10位"地球卫士"。

为期5天的暑期媒体实践营，吸引多所国际学校及双语学校的学生参加，8位导师一对一精心辅导，并邀请到3位行业专家参与现场采访及互动。

复旦－马石油对话会吸引了来自厦门大学、北京外国语大学、中国石油大学等十余所高等院校的近百位师生参与。

2. 项目亮点

（1）"双碳"风口，互利共赢：马石油顺应国内政策趋势，量身定制在华传播策略，帮助受众更好地储备"双碳"知识，引导树立正确的可持续发展价值观。

（2）专业优势，业务驱动：作为能源企业，马石油发挥专业所长，依托业务发展积累的经验，向目标受众输出环保知识，用专业价值影响更广泛的受众。

（3）突破局限，善用权威资源：马石油携手权威合作伙伴，在为科普教育工作创造丰富的传播物料和传播通道的同时，极大地提升整个项目平台高度和权威性。

（4）多角度传播，精准触达受众：通过线上竞赛、线下实践相结合的方式，帮助目标受众完成"从输入到输出"的闭环学习，并形成层层递进、深度与广度兼具的持续性传播。

3. 受众反应

Shanghai Family 总编辑 Anabela Mok 表示：作为年青一代，选手们对清洁能源有很多创造性的思考，未来将由他们主导，这让我感到离绿色未来更近了一步。

2022 Student Voices 暑期媒体实践营的"小记者们"，通过与马石油及晶科能源高层交流互动和参观展厅，不仅收获了丰富的低碳环保知识，也对太阳能的有效利用有了更多认识。这激发出他们的环保意识，他们将自己对环保、绿色未来等的思考与感悟发表于 *Shanghai Family* 电子刊，传播给更多青少年。

亲历者说 胡旸昱　马石油北京代表处职员

我很荣幸参与了项目策划与执行，在中国，我们以教育为核心出发点，延伸出一系列比赛、实践活动，力争让年青一代获得前沿知识，学会自我思考并提升自身能力，帮他们意识到，比赛并非目的，吸收知识的过程才是关键。我们相信，认真投入时间与精力，会比简单投入资金更好。马石油众多专家非常乐于在繁忙之余，投入时间、精力践行企业社会责任，努力将行业专业术语变得通俗易懂，达到科普效果。这是真正有价值、有意义的投入。

案例点评

点评专家：李国威　闻远达诚管理咨询创始人

企业品牌结合在中国的业务，推出了一系列面向行业、教育机构的活动，特别是针对6—18岁青少年以及他们的家庭和学校展开的创意活动，帮助青少年树立绿色环保的理念和习惯，激发他们参与美好家园建设、打造低碳未来。马石油在受众需求和企业目标之间找到了最佳结合点，用公关思维和方法规划、实施了丰富多彩的传播活动，有效提升了品牌影响力。

她创至善　女性社会创业家奖

执行时间：2022年2月—9月

企业名称：Anastasia Beverly Hills

品牌名称：ABH

代理公司：埃培智市场咨询（上海）有限公司（万博宣伟）

获奖类别：2022金旗奖最具公众影响力企业社会责任金奖

项目概述

ABH是来自美国比弗利山庄的美妆品牌。创始人 Anastasia Soare 作为单亲母亲，从罗马尼亚移民到美国，并在1997年创立了ABH品牌和自己的美妆帝国。她对女性创业的困难感同身受，并一直致力于用美的力量带来积极的改变。2022年是ABH正式进驻中国市场的第一年，品牌希望以本地化的方式分享其企业社会责任价值观，为中国"她力量"的发展做出贡献，帮助更多的女性成就自己，实现梦想；同时，品牌希望与中国消费者群体深入沟通、建立情感联系，以有力地传递品牌精神，打造品牌声量和积极的社会影响力。

项目策划

1. 项目目标

针对女性在社会上面临的困境等，利用品牌资源解决困境和痛点，从个人到社会层面都建立持续、正向影响力，并建立品牌联系。

2. 项目洞察

ABH需要从自身品牌基因出发，找到可以致力的社会痛点，赋能创业初期的女性特别是有着社会使命感的创业者，正是一个完美的契合点。

（1）新一代创业浪潮蓬勃发展，女性展现巾帼力量：伴随着中国经济发展进入新阶段，经济结构、产业结构、人们的消费习惯都在发生变化，越来越多的女性投身到创业浪潮。《青年创业城市活力报告（2021）》表明，在2011—2020年，我国共新增超4400万家创业公司，平均每7秒就有1家创业公司成立。在蓬勃的创业市场中，女性创业比例达到44.6%。

（2）女性创业者注重传统文化和民族文化的保留和传承：不少年轻女性创业者更专注

于有人文关怀视角的项目，担任起以新时代的方式传承民族传统文化的重任，探索在时代交织节点传统文化的可持续发展道路。

（3）"商业向善"的企业渐渐起步，力求实现商业价值与社会效益双赢："商业向善"成为许多负责任创业者遵循的根本宗旨，他们以商业策略解决社会问题，追求商业价值与社会效益的平衡共赢，这也意味着他们势必面临双重挑战。

（4）面对社会创业的挑战以及多重身份，女性创业困难重重：在理想状态下，社会创业将实现社会价值和商业价值的双赢，然而现实中，中国投资教父阎焱认为，中国的创业成功率不会高于1%。以解决社会问题为目标的女性创业者，除了要面临外部市场竞争、行业发展潜力等企业常见的挑战，还要面对更为突出的创业难题。

（5）单亲母亲只手创立ABH，用美的力量带来改变：作为女性在逆境中创业，对于ABH来说不是一个陌生的故事。1989年，单亲妈妈Anastasia带着女儿只身从罗马尼亚移民到美国，开始独自追逐自己的美国梦。从一位美容沙龙技师到创立自己的品牌，Anastasia用了7年，她创建了风靡全球的美妆帝国，在美国掀起了"眉毛革命"，成了美妆行业成功的企业家之一。从此，ABH一直关注社会焦点以及女性成长议题，专设基金会，开展一系列慈善项目，赋能弱势群体，传递多元、包容的品牌价值观。

3. 整体创意

（1）与上海浦东新区恩派公益基金会（简称恩派）联手，打造女性社会创业深度赋能项目：根植于创新精神并且在美国有着多年慈善经验的ABH，可以给中国这些面临挑战的女性社会创业企业家提供有力的支持和指导，同时扩大自身在中国的社会影响力和品牌声量。作为中国领先的支持性公益组织，恩派多年致力于公益组织孵化与能力建设、公益资金管理与项目优化、社会企业投资等。经验丰富的恩派以本土化方式为ABH量身定制了在中国的首个企业社会责任项目——她创至善　女性社会创业家奖，项目设立"她创至善　女性社会创业家奖"和"她创新势　女性创业家奖"两个奖项，旨在赋能女性创始人，助力她们在创业初期提升核心竞争力和影响力，开创更伟大的事业，产生更强的社会正能量。

（2）线上线下联动，全渠道多方位触达赋能人群：项目聚焦多个创业相关主题，通过一系列活动助力创业者全方位成长，受益人通过线下研习沙龙、线上直播课程开展互动参与式学习。

（3）多个行业大咖组成导师网络，精准剖析创业情景，逐个突破难点：来自投资、社会创业、公益等领域的多个专家，包括资深创业导师/天使投资人黄景旗、回寅资本董事长/颗粒公益传播发展中心创始人顾源源、投资专家李逸飞等共同打造定制化课题，组成一个长期赋能社群，受益人在沉浸式学习中精进业务，厘清战略。

（4）一对一深度辅导，助力创业者在实战演练中获得最大收益：项目为受益人量身定制个人成长计划，深层次挖掘创业过程中的痛点，打造解决方案，并通过实战演练支持受益人找到未来的创业道路。

（5）专设创业奖励金，鼓励受益人乘风破浪：项目授予每位受益人2万元的个人奖励金，鼓励她们继续无畏风雨，砥砺前行。

（6）内外围多家媒体联动，进行多角度报道：项目深挖受益人个人亮点，联手多家媒体，从多个角度讲述受益人的创业故事，为她们的品牌增大声量。

4.传播规划

整体传播规划分为4大板块，分别为潜力初创评估、多主题行业精英联动路演、品牌创始人联动、多媒体传播，从内容、互动、渠道、行业领袖维度精准策划。

（1）多主题沙龙深度剖析创业难点，提升创业者的商业认知和技能：项目针对各个受益人创业难点和痛点推出线上线下沙龙，聚焦的主题包括"【产品】找准定位，打造产品力""【品牌】讲好品牌故事，建立品牌信任""【营销】迎接数字化，做好新营销""【业务模式】数字化时代下的精益创业""【可持续发展】共益创新之路工作坊""【领导力】未来领导力"等。

（2）目标筛选，探讨创业者个人发展道路，提升个人影响力：前期通过一对一深度访谈，对80家报名初创公司进行筛选，通过多角度评估，从社会企业、时尚、设计、科技等多领域筛选出潜力股。通过深度访谈挖掘创业者个人亮点，深化个人品牌塑造概念，以定制化方案助力受益人厘清品牌传播思路。

（3）ABH创始人和总裁亲自辅导，分享品牌和领导力打造经验：ABH创始人Anastasia Soare和总裁Claudia Soare为项目录制特别视频，聚焦创业品牌和数字化营销时代影响力的打造，现场与受益人连线互动，传递灵感和鼓励。

（4）项目路演和颁奖，见证受益人成长，各界媒体对项目进行多角度深度报道：项目多媒体矩阵囊括大众主流媒体、公益网络资源，将项目和受益人的创业故事打造为深度传播内容，为受益人赋能影响力。

项目执行

项目初期聚焦于参与项目多方的准备、宣传以及对受益人的招募评选；中期聚焦于项目受益人的全方位赋能计划（线上线下联动沙龙、一对一深度辅导、ABH品牌辅导赋能等）；后期聚焦于项目案例采编、媒体宣发、路演和奖项颁发等。

项目评估

1.受众反应

中国女性新力量社群成立，在自我突破中不断成长，变成更好的自己，绽放光芒：

"她创至善 女性社会创业家奖"项目从80多位优秀的申请者中甄选出了10位杰出的女性创业者。项目从产品、品牌、营销、业务模式、可持续发展、领导力等方面打造了6场定制化线上线下联动沙龙，并开放给公益社群中的其他创业家。在成功投资者和创业导师的指导下，受益人经历了一个转型过程。除了方法论、硬技能的提升，她们对社会创业和公益领域有了更加透彻的认知，对自己以女性身份创业的优势有了更深入的洞察和了解。在产品和商业模式的打造上，她们也更加成熟、方向清晰。项目不仅提升了她们的自我核心竞争力和影响力，更加强了机构持续造血的潜力。在深度体验ABH对女性力量的支持和赋能后，多位受益人表示对今后和ABH合作有着极强的兴趣。

更为重要的是，10位受益人与中国其他女性企业家包括来自文化、环境、中医药、科技和教育等不同领域的上百位创始人组成了一个紧密的社群。这个有着强大能量的社群，将会陪伴这些女性创业者一生，让她们持续互相赋能，最大限度地为社会创造价值，发挥在实现可持续发展目标方面的影响力。

2.媒体反馈

ABH在中国市场的形象和声量有了良好的开端，奠定了品牌发展的坚实基础。项目没有主动大肆宣扬发稿，而是聚焦于和媒体的深度沟通，多家媒体对项目提出的社会创业以及女性创业亮点的结合很感兴趣，为品牌引来了美妆之外类型媒体的持续关注和合作意向。这是ABH进入中国市场的第一炮，有着领头传播作用，为品牌之后的发展奠定了良好的基础。

3.市场反应

平台粉丝增长10%，销售势头强劲，实现品效合一。项目中期与ABH独家入驻丝芙兰时间吻合，ABH微信平台粉丝增长量达到每月10%，而ABH入驻丝芙兰，销售情况也超乎预期。

亲历者说 Seven Peng（彭升荣） 万博宣伟中国高级副总裁

女性在当代社会中的角色和定义已经超越了传统的范畴，在这个演变的过程中，她们会遇到很多挑战，需要以更大的勇气、更强的毅力和能力去拓宽边界，打破常规，寻找并实现更多的可能。ABH品牌创始人正是现代新女性的楷模，在她的精神带领下，我们遇见了很多有着相同故事、经历和力量的中国女性。女性更应该重视和锻炼自己的领导力，释放多面精彩。这种新女性的力量和精神超越了国界，让全球女性得到共鸣，共同成长，绽放光芒。

GOLDEN
FLAG
AWARD
金 旗 奖

案例点评

点评专家：龚妍奇　劲霸男装董事、品牌副总裁

　　用真诚的情感和敏锐的洞察，以公益为切口，品牌的这次活动实现了多赢！单亲妈妈创业成功的真实品牌故事是所有逻辑成立的基座。紧紧围绕女性创业者的痛点设计项目内容，扎扎实实落地赋能女性创业者，接地气的实效内容自然形成凝聚力、感染力和传播力。公益不必不言商，这个案例的成功证明了多赢的美好！

GOLDEN
FLAG
AWARD
金旗奖

2022
—
金旗奖最具公众影响力
ESG传播金奖

◖ 安盛天平：立足主业优势，助力中国保险业 ESG可持续发展转型升级

执行时间：2022年6月—8月

企业名称：安盛天平财产保险有限公司（简称安盛天平）

品牌名称：安盛天平

代理公司：上海富思博睿格润公共关系顾问有限公司（富捷思国际）

获奖类别：2022金旗奖最具公众影响力ESG传播金奖

项目概述

"守护生命之本，践行人类进步"是安盛集团全球恪守的品牌使命，集团的可持续发展战略聚焦气候变化及普惠金融。坚定传递ESG（环境、社会、公司治理）理念，是安盛天平的长期承诺。安盛天平严格遵循集团的ESG倡议，以严格标准规范自身运营，在可持续发展领域不断探索和创新，通过系列主题活动，有效地将集团全球领先的ESG理念与实践与中国本土需求相结合，充分调动了员工、合作伙伴等在ESG活动中的积极性，助力中国保险业ESG可持续发展转型升级。

项目策划

1. 目标

积极响应监管要求，践行外资财险公司在中国市场的企业社会责任，将全球ESG可持续发展经验及资源在中国市场有效落地、传播，开启了安盛集团在中国ESG可持续发展传播的新篇章。

2. 传播策略

围绕安盛集团ESG聚焦领域——气候变化设计传播主题，充分且有效利用可持续发展资源员工志愿活动"安盛筑爱在行动"，以第二届中国国际消费品博览会为舞台，对ESG可持续发展的具体项目进行落地及整合传播。通过线下垃圾捡拾、线上绿色生活方式倡导、气候变化论坛、新闻发布、媒体采访等传播手段，联动全国范围内总、分公司，协同内外部核心目标受众，实现线上线下同频矩阵式一体化传播。

3. 受众

价值链渠道伙伴、ESG领域合作伙伴、媒体记者、集团内兄弟公司、公司员工等。

4. 内容传播

溯源长江，助力低碳，在全国开展"安盛筑爱在行动"系列志愿者活动。

安盛天平参加第二届中国国际消费品博览会，与海南国际经济发展局签署战略合作备忘录，共同推动海南绿色金融创新。

安盛天平踊跃支持海南特色产业发展，提供保险保障解决方案，通过提供可持续发展咨询、气候变化培训、气象指数保险服务和建立综合防御减灾体系等方式，为当地旅游业、农业发展及城市巨灾防范等提供支持与保障。安盛天平向海南省政府及高校捐赠气候变化及保护生物多样性环保课件，提升公众对于可持续发展理念的理解，助力"双碳"目标实现。安盛天平与全球领先的咨询、经纪和解决方案公司韦莱韬悦签署了合作框架协议，响应安盛集团在全球发起的应对气候变化的倡议，让绿色金融、气候韧性、气候适应等理念在中国落地实施，通过保险、咨询和培训等服务支持中国企业ESG转型。

5. 媒介策略

全方位覆盖并在垂直领域纵深：搭建新闻、主流财经、ESG、地方电视等多领域重量级媒体矩阵，联动新媒体，扩大传播声量，利用微博、微信、新闻客户端等进行图文、视频多方式传播。

项目执行

第一阶段，2022年6月，安盛集团年度员工盛事"安盛筑爱在行动"在全国各公司范围内展开。例如，安盛天平组织员工在上海长江入海口举办环保活动，约60名员工及合作伙伴齐聚位于长江入海口的吴淞炮台湾湿地森林公园，分组进行垃圾捡拾PK赛，活动志愿者的背包，是塑料瓶回收再生制作的，图案来自"爱佑·安盛童乐园"小朋友的环保画作，寄托了他们对保护环境的企盼；邀请环保组织"绿色江河"代表开设环保讲堂。

第二阶段，2022年7月，安盛天平亮相第二届中国国际消费品博览会。安盛天平与海南国际经济发展局合作建设气候变化应对体系，支持海南省战略性新兴产业发展，并向海南国际经济发展局及高校捐赠相关课件，与全球领先的咨询经纪和解决方案公司韦莱韬悦签署合作框架协议，力求让绿色金融、气候韧性、气候适应等理念在中国落地实施。

活动照片1

活动照片2

项目评估

1. 效果综述

ESG传播内涵丰富，落地执行不易。安盛天平巧妙地将内外活动相连接，通过精准的主题策划、多样化的传播渠道助力，在把控传播节奏的同时，引领中国保险业ESG可持续发展转型升级。

2. 受众反应

本次活动受到社会各界积极评价。其中，海南省常务副省长沈丹阳表示，希望安盛天平紧紧把握海南建设自由贸易港的重要机遇，在支持本地特色产业发展、合作建设气候变化应对体系、创新保险产品与服务等方面积极贡献，推动保险服务实体经济，加快建设海南现代产业体系。法国驻上海商务领事沙伟表示，法国商务投资署全力支持在华法国企业可持续发展转型升级。中法合作成立的"法中生态城俱乐部"，汇聚了包括安盛天平在内的近30家在华法国企业，就生物多样性和气候变化开展交流。受邀参与活动的中新经纬代表魏薇表示，安盛天平作为外商独资财险公司，不仅将ESG理念贯穿到日常业务管理流程和风险管理体系中，还在海南等地积极开展公益活动，进一步为全球可持续发展作贡献，成为保险企业ESG的突出代表。

3. 市场反应

活动期间，经北京环交所认证的碳计算器测算，安盛天平和伙伴共实现碳减排4427.885千克，累计近千人参与。安盛集团气候代表向海南国际经济发展局及高校捐赠了相关教材课件，通过保险、咨询和培训等服务，携手中国企业ESG转型。

4. 媒体统计

媒体报道累计469篇，产生的广告价值约为28801647元。

5. 项目亮点

实现了"一键三联"：公司层面总分联动、受众群体内外联动、传播方式线上线下联动，传播效果立体、多层次。安盛天平打造的中国版专业课件，集合了环境领域专家观点，相关课程培训实现了99%以上的员工覆盖率，企业通过向海南省政府和高校捐赠课件，进一步提升了公众意识。

亲历者说 **黄长青　安盛天平首席市场营销及公共事务官**

坚定地传递ESG理念，是安盛集团在中国市场的长期承诺，围绕安盛集团"守护生命之本，践行人类进步"的全球品牌使命，安盛天平积极遵循绿色金融监管指引，响应集团ESG全球倡议，以严格的标准规范自身运营，在可持续发展领域不断探索和创新，充分调动员工、合作伙伴等的积极性，为构建新发展格局、积极稳妥推进碳达峰与碳中和相关工作做出贡献。安盛天平立足主业优势，讲好可持续发展的中国故事，发挥传播之力，为保险业ESG传播书写了新的篇章。

案例点评

点评专家：韩红星　华南理工大学新闻与传播学院教授、博士生导师

项目旨在践行企业社会责任，将ESG理念进行有效传播。项目围绕ESG理念组织了一系列的主题活动，如线下垃圾捡拾、线上绿色生活方式倡导、气候变化论坛、新闻发布等，以此推动理念的落地与传播，促进理念于公司的上下联动、目标认同等。项目目标明确，活动关联性高，在公司内部与社会层面都获取了良好的反馈，还有望在后续活动中拓展传播渠道、与社会形成良好互动，从而形成持续影响。

DHL快递可持续航空燃料传播项目

执行时间： 2022年3月21日—4月20日

企业名称： 中外运-敦豪国际航空快件有限公司（DHL快递中国区）

品牌名称： DHL快递

获奖类别： 2022金旗奖最具公众影响力ESG传播金奖

项目概述

3月22日，DHL快递宣布与bp和Neste开展全新战略合作，采购合计超过8亿公升可持续航空燃料。航空运输业减碳对全球可持续发展极为重要，应用可持续航空燃料更是航空运输脱碳的关键推动力。在中国，航空运输业也在以"双碳"为目标，不断探索可持续航空燃料的应用。此次传播符合国内绿色物流发展的大方向，同时，DHL快递作为绿色物流先行者，也希望加深行业思考，为行业更广泛地采用可持续航空燃料带来更多推动力，并通过展现企业责任激发公众的环保意识和行动。

活动海报

项目策划

1. 洞察

2021年3月，DHL快递母公司德国邮政敦豪集团发布了全新的可持续发展路线图，围绕ESG设定了中长期目标。此次DHL快递采购8亿公升可持续航空燃料，正是集团朝着该目标迈出的重要一步，也是企业在ESG领域取得的又一里程碑式发展。

可持续航空燃料是航空业在航空燃料生命周期内减少碳排放的关键途径之一，但落地应用任重道远，关键原因是成本高昂和存在供应缺口。此次 DHL 快递的大笔投资，旨在通过加强与相关供应商的合作伙伴关系，不断提高可持续航空燃料的使用比例，降低成本，加速行业应用和去碳化进程，具有较大的行业推动和示范作用。

2. 传播策略

由于相关话题较为专业，与公众距离也较远，因此相较传播形式，项目组更注重内容本身，着力把内容说透、说清楚，以期通过高质量的内容推动传播扩散。

本次重点对接主流媒体（如综合、财经类）和垂直领域媒体（如物流、能源类）。对垂直领域媒体来说，短、平、快的消息只能说明新闻事件，而无法引起行业思考。为此，项目组专门撰写了一篇三方稿，从行业角度更深地对这一新闻事件进行解读，进而带动了更大范围的关注和思考。

针对大众，项目组围绕新闻稿内容制作短视频，并与抖音平台的财经自媒体合作推广。

3. 传播规划

对英文新闻稿及相关素材进行翻译和调整，于国外新闻发布当天即时发布本地新闻稿，并向近 200 家综合、物流、航空、财经、能源等媒体推送，与之分享图片资料。通过 DHL 快递 2 个分别以媒体（DHL 快递 Views 订阅号）和客户（DHL 快递服务号）为主要受众的平台发布新闻，触达不同直接受众，并通过企业微信在公司内网发布新闻稿，经员工分享进一步铺开传播面，覆盖更多客户。

制作时长 1 分钟左右的短视频，以新闻为传播点进一步介绍 DHL 快递绿色航空物流发展及航空业整体减排趋势，并在新闻稿发布后与抖音平台的 2 个财经自媒体合作推广，形成第二轮传播。

另外，撰写深度稿件，以新闻事实为切入点，结合航空业减排难度和进度，以及可持续航空燃料的应用，对航空业减排的意义及要解决的问题等进行深度讨论，倡导行业各方携手合作，推动可持续航空燃料应用。以稿件为基础，针对有意向的财经、行业及垂直媒体进行深度沟通，推动落稿。

4. 媒介策略

本次传播中"可持续发展"与"绿色航空物流"相关内容与国家当前政策方向相符，与主流媒体和行业媒体的选题方向有很强的关联性，因此，在制定媒体策略时，项目组重点关注了中国新闻网、《中国日报》等主流媒体以及《中国航空报》等行业媒体。在对接深度报道时，更聚焦财经类、能源类媒体，如财新网、新浪／网易／凤凰财经、中国能源网、《中国化工报》等。

在触达大众方面，主要通过短视频进行传播。在平台选择上，调查发现抖音用户较为年轻，对社会经济重要议题等关注度高于其他短视频平台，因此项目组选择通过抖音大 V

进行推广。

由于要展现的内容更聚焦企业重大事件和行业趋势，项目组选择了两个体量较为不错的财经自媒体，其主要传播内容为全球主要企业及行业重要事件，他们更看重新闻事件传播的行业价值，输出质量和审核门槛较高，符合传播需求。两个抖音自媒体每支视频均围绕一个专题进行短、平、快展示，内容轻松易懂，粉丝群体均为企业和行业关注者，点赞量及讨论热度数据较为不错，能够实现我们希望吸引更广泛受众的目的。

项目执行

3月21日至22日，制定传播策略，完成新闻稿的本地化。

3月22日，新闻发布当天，向媒体推送新闻稿，并在自有微信渠道和内部渠道发布稿件。

3月23日至29日，进行抖音合作媒体筛选与沟通，撰写视频脚本并完成视频制作，对选定的可能有意向进行深度报道的媒体进行前期问询。

3月30日，抖音两个财经自媒体进行短视频推送。

3月31日至4月20日，撰写行业深度文章，有针对性地与部分媒体沟通深度报道内容，推动深度稿件传播。

项目评估

本项目不仅在主流媒体及行业媒体获得了很高的关注度，在抖音平台也取得了较好的互动效果，实现了跨界传播。

在抖音平台，截至4月中旬，合作视频播放量超过5000万次，点赞量超过5万次，评论超过4300条（几乎全部为正面评论），分享超过6200次。其中，粉丝评论热度在两个自媒体内横向比较都处于较为不错的水平，让更多抖音用户关注到了绿色航空物流的发展。视频内容触达较多可持续发展及航空业关注者，也收获了较多关于航空物流及新能源方面的讨论，真正让企业新闻进入大众视野。

除此之外，在媒体报道方面有不错的表现。截至4月下旬，共监测到新闻报道近400篇，这些报道散布在传统媒体平台和微博、微信等社交媒体平台，传播的媒体涵盖权威、财经、商业、能源、物流等多领域媒体，在广度和深度上均产生不错的传播效果。

尤其是行业深度报道，在多个权威能源和财经等平台发布，侧面证明了传播角度与行业关注度相契合，以及与国家推动绿色航空物流发展方向相一致。报道媒体包括中国新闻网、中国日报中文网等权威媒体，财新网、新浪财经、凤凰财经等财经媒体，《中国经营报》等商业媒体，中国能源网等能源类媒体，以及《中国航空报》《现代物流报》《中国物流与采购》等物流航空领域媒体。

亲历者说　刘乐园　DHL 快递中国区企业传播经理

　　此次传播，思考和尝试如何将一个具有行业专业性的"小众话题"放到大众中去传播让我印象深刻。对于可持续航空燃料这样一个具有新闻价值和社会属性的专业话题，我们需要兼备深度和广度，既要把专业话题说透，又要通过传播唤起更多人对可持续发展的关注。因此，在传播策略方面，我们通过新闻稿和第三方角度稿件实现垂直传播，并通过试水短视频传播，实现更广泛的触达。得益于对内容的精准定位和深耕，在本次传播中我们取得了"以小博大"的理想传播结果。

案例点评

　　点评专家：朱瞻宇　励尚公关中国区总经理、亚太区合伙人

　　公关团队把自己的故事放在宏大的叙事中，吸引普遍关注，还充分利用社交媒体的力量，加大传播力度。这一成功的传播案例一方面体现了公关团队的深入思考，另一方面展示了企业在可持续发展方面投入的决心。未来期望能看到更多关于这一项目的故事，比如，飞机是如何针对新燃料优化的，客户对这一项目的反应等。

■ 联合利华和路雪太仓"灯塔工厂"项目①

执行时间：2022年1月1日—4月30日

企业名称：和路雪（中国）有限公司

品牌名称：和路雪

代理公司：伟达（中国）公共关系顾问有限公司上海分公司

获奖类别：2022金旗奖最具公众影响力ESG传播金奖

项目概述

2022年3月，联合利华和路雪太仓生产基地正式投产。借助全球冰激凌行业第一家"灯塔工厂"落成投产这一契机，和路雪积极宣传深耕中国市场、助力行业高质量发展以及给消费者带来更优质的欢愉体验的品牌故事，打造自己负责任的行业领导者形象。

线上揭幕仪式

项目策划

1.传播策略

基于传播目标，选择、聚焦有影响力的媒体，通过工厂参观、高层采访等深度互动活动，挖掘企业故事，产出深度内容；同时，策划、制作工厂探访视频，在多元平台分发，覆盖广泛受众。

---

① 本文中所涉及的视频及照片，和路雪（中国）有限公司均已得到被拍摄者的使用许可。

2. 媒体策略

广泛覆盖，深度产出：权威媒体参与，利用其头部影响力带动转发传播，形成高频曝光；商业、食品行业垂类媒体，挖掘深度故事，为品牌的专业性背书；主流门户类、大众类、地方类媒体发声，广泛触达大众。

3. 内容策略

（1）引领数字化智能制造的落地：利用数字化技术加强产品全生命周期的品质控制是太仓生产基地获评"灯塔工厂"的亮点之一。该生产基地具备人工智能模型、以消费者为导向的数字化创新工具，有柔性生产线、全程自动化操作的"黑灯工厂"，以及实现了端到端的价值链整合等领先优势，引领行业高质量发展。

（2）助力实现碳中和："灯塔工厂"利用精益制造和先进的数字化技术，在给消费者带来高质量产品的同时，减少能源消耗对环境的影响。

（3）深耕中国，为消费者带来更优质的欢愉体验：联合利华和路雪太仓"灯塔工厂"项目是和路雪在中国市场里程碑式的发展，体现了和路雪服务中国、致力于成为行业领导者的决心。近年来，和路雪基于消费者洞察不断进行产品革新。和路雪"灯塔工厂"获得国家"三同认证"即所有冰激凌产品同线同标同质，国内外消费者将获得一样的味觉享受。"灯塔工厂"的落成投产，代表着和路雪将进一步打造更高质量的产品，给消费者带来更优质的欢愉体验。

4. 活动策略

沉浸式体验、高参与感：此次活动最终以线上直播形式展开。通过一段以第一视角呈现的短小精悍的探访工厂视频，为大家提供沉浸式直播逛厂体验，同时借助线上提问互动、留言等方式打破界限，增强参与感。

项目执行

筹备阶段：2022年1月—2月。随着太仓生产基地的逐步竣工，在进行多轮梳理、沟通后，项目组确认了最终的与会嘉宾名单、活动流程及形式、主题内容等，同时不断完善媒体传播策略，与各方媒体初步沟通并确认了参与意向。

启动阶段：2022年2月—3月。与央视网达成直播合作，并持续对接央视平台直播落地相关事宜；巧妙利用前期央视网在厂区拍摄的实景视频，剪辑出第一视角探厂视频。与此同时，与近40家不同类型媒体持续沟通，确认活动出席；与商业媒体、行业垂直类媒体等沟通，达成采访意向，通过后续书面采访产出深度报道；邀请嘉宾包括食品行业专家、多位联合利华高管等。

实施阶段：2022年3月29日。活动当天，揭幕仪式通过央视网直播顺利举行。此外，揭幕仪式上以视频方式带领大家身临其境地探访"灯塔工厂"，并通过直播间在线留言等方式实现了与观众的趣味互动。

项目评估

1.效果综述

联合利华和路雪太仓生产基地作为"灯塔工厂"，它的揭幕标志着全球领先的冰激凌行业数字化智能制造技术率先在中国落地，实现了产品生产从"制造"到"可持续智造"的突破性跨越。此次活动采取线上模式，注重互动体验，流程清晰顺畅，重点突出，权威性及专业性较强，引发了媒体的广泛关注与参与。参与媒体类别多样，报道产出数量可观，有效巩固并提升了和路雪肩负社会责任、致力科技创新、服务中国市场的优质形象，展示了其对中国市场承诺的坚守以及卓越的创新能力。

2. 受众反应

核心受众积极反馈：受邀嘉宾、出席媒体均对不同主题的活动给予了积极评价和反馈。

灯塔工厂

3.市场反应

借助和路雪的领先举措以及受邀媒体强大且专业的传播能力，活动在行业内引发广泛关注和热议，在公众层面受到广泛欢迎。

4.媒体统计

活动得到了包括食品工业、商业、生活方式、科技在内的近40家不同类型媒体的参与，收获了高度评价，新闻稿转载超600篇，累计曝光次数破亿次。活动获得《中国日报》、界面新闻、每日食品网、FBIF食品饮料创新论坛等媒体的深度采访报道，受众广泛，形成了良好的传播效益，有效提升了品牌形象。

5.项目亮点

（1）抓牢主流核心媒体，推进多类别全面传播。此次活动实现了高频次传播露出，传播效果显著：新闻稿转载超600篇，累计曝光超亿次，主流媒体重要版面和行业媒体进行了深度分析、报道。央视网、《人民日报》、人民政协网等权威媒体发声，进行官方宣传，树立传播基调；食品行业的垂直类媒体参与宣传，专业背书；借助门户类大众类媒体的穿透力和覆盖力广泛触达大众，持续发酵热度；财经类媒体同步发文，跨圈层传播；《中国日报》、界面新闻等媒体深度采访报道，重点信息全面呈现。

（2）打破线上局限，互动体验感十足。团队通过制作以第一视角呈现的探厂视频、依托央视网这一内容和技术支持平台、合理设置环节并把控时间等，巧妙打破了线上活动的局限。

亲历者说 黄欣　伟达公关高级客户主任

整个活动从筹备到落地长达好几个月，最终我们不得不在短时间内将整个揭幕仪式转移到线上进行，对于团队来说这无疑是一种挑战。但从最后的结果来看，整个线上揭幕仪式新颖有趣、简明流畅，媒体的反馈也非常积极，多种类型的媒体都进行了转载报道，实现了出色的传播效果。

本次活动是和路雪在中国市场发展的里程碑。体现了和路雪服务中国、致力于成为行业领导者的决心。

案例点评

点评专家：沈激　日产中国公关传播副总经理

本项目体现了和路雪服务中国、致力于成为行业领导者的决心。项目团队在线上揭幕仪式环节设计上打破局限，增强互动体验；活动不仅有各级领导参与，同时通过一段第一视角的探访工厂视频提供沉浸式直播逛厂体验，触及更多目标群体，通过线上提问互动、留言等方式打破界限、增强参与感。在媒体策略上抓住主流核心媒体，推进多类别全面传播，特别选择与央视网合作，实现内容、传播与活动体验效益的最大化。在内容策略上，实现了冰激凌生产从制造到可持续智造的突破性跨越。

看见·生生不息 —— 一场人、食物和可持续的对话

执行时间：2022年5月9日—7月20日

企业名称：**拜耳**

品牌名称：**拜耳作物科学**

代理公司：爱德曼国际公关（中国）有限公司

获奖类别：2022金旗奖最具公众影响力ESG传播金奖

项目概述

拜耳希望结合在农业ESG上的生态位，主动创造传播契机，强化行业认知，提高企业声誉，让远离土地的消费者"看见"农业可持续发展背后的产业韧性。因此，策划并推出了相关主题活动，并在内容、形式、传播方面力求破解B2B行业在ESG传播上面临的认知与流量成本高、相关性与故事感低等难题。

耘远农场立牌

项目策划

项目组选择拜耳集团在亚太地区的首个耘远农场作为落地载体，变"企业向受众单向传播"为"受众与行业共创"，通过有创意的农场线下活动，促成现场嘉宾（美食家、生活家、资深媒体人、新农人和其他农业从业者等）话题碰撞，让受众看见、探讨和理解活动主题，从而进一步关注和了解农业，认知企业整体良好的品牌形象。

1. 内容创意

"农业的可持续"是一个相对抽象的概念,而拜耳的农业业务大多不为人所知,因此,我们拆解了 3 个层次的信息,并与项目的主要策略进行结合。

"看见"农业:农业值得关注,它不但与每个人的生活质量息息相关,也滋养着生态环境和社会发展。

"看见"耘远农场:它是拜耳、农场和农民的三赢合作,综合展现了拜耳作物科学在育种、病虫害防治、土壤和水源保护、数字农业、农场管理等方面的技术优势。在中国,耘远农场因地制宜地助力食物供应与农业可持续发展。

"看见"拜耳作物科学:作物科学是拜耳集团深耕中国的重要业务领域。"拜耳农情、知味中国",中国农业可持续发展,是拜耳集团的业务关切,也是拜耳中国企业社会责任。

2. 活动策略

在落地上,该项目创造性地将拜耳作物科学代表、农场运营者、生活方式家、媒体等聚在一起,共话农业可持续发展。当天活动共由"参观""体验"和"对话" 3 个部分组成:参观拜耳集团在亚太地区的首家耘远农场;品尝农场当季蔬果,感受户外摄影展展现的农业美学;在农场原生态环境露营,对话探讨生活的韧性和农业可持续发展对生命力的守护。

形式上:沉浸式现场体验,并在此基础上有效互动。产出包含摄影展和早午餐活动、微综艺形式的对话和视频、活动预热和金句海报。

内容上:以品牌的可持续发展理念和耘远农场的可持续实践为指引,构造农业可持续发展与生生不息相关的传播内容。

渠道上:包括大众媒体报道、社交平台视频宣发、KOL 宣传等渠道,全方位扩大与目标受众的接触面。

3. 媒介策略

突破媒体在传播中只是帮助报道的角色,将媒体直接引入现场探讨与创作,让其成为积极的参与者,深度挖掘活动主题的外延和内涵。突破 KOL 只是宣传与分发的定位,应该将他们当成大众情绪的代表,与他们对话。

4. 传播规划

现场受邀媒体融合了多种类型 —— 大众媒体、垂直媒体、生活方式媒体与自媒体,有的放矢地为每一类媒体都安排了角色,并且给予其发表观点的机会,避免了传统单向灌输的传达方式。例如,来自《三联生活周刊》的资深生活方式媒体人以社会观察者的角度,与自媒体人、农场主一起进行了对话探讨。

后续传播中,兼顾传统媒体,拓展了多种新媒体平台。首次通过调性相符的微综艺感视频和自媒体人渠道,拓展了小红书和 B 站等年轻人聚集的社交媒体平台,这是拜耳作物科学在小红书和 B 站的首次尝试。

项目执行

前期：通过收集关键环节素材，调动参与者积极性，包括内外联动策划摄影展、从非专业受众的角度出发设计参观路线、找到不同领域嘉宾的共同对话基础、发布预热海报等。

中期：以"精致露营"为视觉元素，在京郊农场营造出与主题契合且舒适的室外活动对话场地。

后期：面向广泛受众以多种形式持续传播，包括活动照片快闪视频、深度文章、微综艺视频、金句海报、线上摄影展等，引发C端受众和大众媒体对可持续农业的长期关注。

项目评估

1. 效果综述

与单向传播企业信息不同，此次活动中，媒体博主在现场通过社交媒体分享真情实感。现场的活动激发了与会嘉宾媒体的好奇心，其全程主动参与活动，积极提问，现场互动热情高涨。《三联生活周刊》不仅发布了深度稿，也派记者以嘉宾的身份真正参与对话。参与媒体均对拜耳作物科学留下了良好印象，更新了对拜耳传统药企的认知，并且表示参与此次活动的经历有助于他们了解农业发展方向。

2. 媒体统计

活动共产生来自与会嘉宾的24篇稿件（社交媒体平台自发分享），以及一篇来自《三联生活周刊》微信公众号的深度文章《憋了这么久，怎么才算"吃顿好的"》（次条阅读量6万次），社交媒体平台共收获500余点赞。其中，各平台发布的微综艺视频获得21万余次的观看量。在传统媒体端，活动产生了110余篇媒体报道。

3. 受众反应

《中国新闻周刊》记者表示，有两点感受：一是可持续农场的层次非常丰富，至少有3层——产量可持续，土地可持续，经济效益可持续；二是每粒瓜果背后都有我们想象不到的、可能长达几十年的坚持，如高科技研发。整体下来，对可持续农业、现代化农业、新农人都有了耳目一新的认识。

《新周刊》记者表示，拜耳集团的布局令人吃惊，以前只知道拜耳进军了农业，没想到这家老牌药企已经在农业领域如此精耕细作。不论是硬件体系还是最新的数字化系统，有拜耳做技术和管理，对农场来说，品牌声誉在消费者市场有优势，竞争力就有优势。这是多赢的。

4. 项目亮点

在受众上，由业务伙伴拓展到普罗大众，这为可持续农业的长期、有效传播打下了认知基础。在内容上，做到了 B 端内容向 C 端关注点的顺畅过渡。在形式上，通过田间地头的摄影展，结合露营风潮和微综艺视频，为相对专业的业务内容添加了趣味性。在渠道上，实现了多元、立体的破圈传播。整个传播链条引入多方视角和渠道，突破了以往 B2B 企业在垂直类媒体渠道的局限。在互动上，内外结合，以小博大。对内，活动前后均调动了拜耳员工的参与积极性；对外，邀请媒体参与对话、共创内容。

亲历者说 连萌 拜耳公关经理，拜耳作物科学企业传播业务伙伴

尽管面临困难，我们仍然通过详细计划、寻找契机、灵活应变使项目得以最终落地实施，实现了嘉宾参与深度和项目传播广度的最大化。在这个项目上，我们突破了传统农业传播 B 端的局限，为农业吸引关注，与土地连接，为大众创造看见农业的契机，让大众理解并认同农业的深远价值，使农业与可持续发展被更多的大众认知，获得长远的品牌影响力。

案例点评

点评专家：陈永泰 香港中文大学广告系讲师

我喜欢这个案例的思考框架，它设计得非常完善，从多维度切入，一步一步点出主题，不论是内容布局还是发布渠道，均形成了突破，其中的农业摄影展和与多方媒体的深度对话，更将传播形式从 2B 转为 2C，让关注度一下子提高了。

联想集团纪录片《碳路者》

执行时间：2021年11月1日—12月1日

企业名称：联想（北京）有限公司

品牌名称：联想

代理公司：广东博雅公共关系有限公司北京分公司

获奖类别：2022金旗奖最具公众影响力ESG传播金奖

项目概述

中国明确了碳达峰、碳中和"双碳"目标，这既是大国的担当，也是国家经济转型的抓手。中国企业该如何低碳破局？联想推出反映中国企业低碳转型实践的纪录片，率先展示联想带动中国企业开拓碳中和的破局之路，树立联想在企业低碳转型过程中赋能者、实践者和推动者的形象，引起行业共鸣，激发信任感、信念感。

项目策划

1.实施策略

本次项目核心受众为B端行业决策者和政府相关部门。为助力实现"双碳"目标，企业不仅要尽快实现自身碳中和，更要为构建"零碳社会"贡献力量。因此，与碳足迹每一个环节相关的企业，都有改善生产方式的需求。本次营销既对B端受众讲述联想是如何以技术为依托推动企业低碳转型的；又通过碳足迹环节B端受众的证言，进一步扩大行业影响力，为实现"双碳"目标积极发挥作用。

纪录片截图

从联想产品碳足迹的动线入手，原材料和部件如何绿色制造、产品制造环节如何节能增效、回收过程中如何避免二次污染并提高回收利用率，每一步都投射出联想赋能行业低碳发展的努力，联想在碳中和道路上扮演着探路者的角色。围绕"碳路者"的创意主题，展现中国企业探索碳中和破局之道的中国智慧，以及展现联想作为科技企业以技术驱动创新的减碳主力军，积极对外输出产品、服务与解决方案，并成为联结、赋能各个行业的纽带，为构建"零碳社会"贡献技术力量的光辉形象。

2. 内容创意

聚焦以数据中心为依托的服务业、以创新驱动减碳的科技业以及传统排碳大户钢铁行业中的先行企业，由点及线描绘贯穿我国碳中和地图的"中轴线"，推动中国从世界工厂蜕变为引领低碳转型的世界发动机的故事。

以行业焦点话题，带出联想行业大客户（潍坊特钢、北京气象局）的故事；通过探寻联想产品碳足迹，为整个制造业输出技术创新驱动的转型经验；通过联想集团高级副总裁关伟的访谈，展现联想的先行优势和大企业社会担当；以专家观点，讲述中国主动转型对世界的价值以及大国担当。

故事逻辑线围绕三大产业的低碳转型展开：传统制造业作为排碳大户，如何低碳转型；服务性行业以数据中心为依托，是隐藏耗电（排碳）大户，如何低碳转型；科技企业如何通过技术创新推动产业链上下游低碳转型。

3. 媒介策略

联想联合 B 站知名科普 UP 主 —— 所长林超，以探访人视角，带领镜头对准联想上下游的企业，利用联想数字化、智能化等技术方式节能减排，共同推动高质量发展，记录与碳排放息息相关行业的生产过程，展示联想是如何以技术助力企业、以创新驱动减碳的。这带动了更多中国企业、专家学者对低碳转型、技术驱动创新、绿色供应链发展等的思考。

项目执行

携手优酷出品，利用优酷系全矩阵造势，掀起第一波热度，打造系列 IP。核心媒体实力定调，从国家议题的战略高度为纪录片引导正向舆论，垂直媒体深度解读。微博＃中国企业如何低碳破局＃和＃从世界工厂到世界发动机＃双话题打造，强化品牌形象。内容契合时事热点，合理利用行业伙伴减碳实践背书，从不同角度切入垂直行业。与 B 站合作，二次发酵话题，让 UP 主对核心物料进行再解读，抓住热点，持续曝光物料。

项目评估

（1）携手优酷出品，实力打造系列 IP，全网总曝光量破亿次，纪录片相关内容全网总曝光 1.15 亿次，战略高度强势升级。打通优酷系生态，直达目标受众：优酷视频 App 联手

OTT引流，站内播放量超400万次；优酷纪录片频道公众号推文深度报道。

（2）影片全网播放量超400万次，纪录片双话题阅读量超2亿次。微博#中国企业如何低碳破局##从世界工厂到世界发动机#双话题打造系列IP，强化品牌形象；截至2021年11月29日，微博视频播放量超80万次，微博话题 #中国企业如何低碳破局# 阅读量超过970万次，讨论量破万次；系列话题#从世界工厂到世界发动机# 累计阅读量突破1.1亿次，讨论量超过8.7万次。

（3）20余家权威科技媒体、社会头部媒体全方位、多角度触达行业精英：《21世纪经济报道》《经济观察报》《每日经济新闻》等头部经济类媒体，36氪、凤凰科技、爱范儿等头部科技类媒体，《三联生活周刊》、Vista看天下、界面新闻等头部社会类媒体，多角度传播，进一步使影片和话题出圈。

（4）紧跟国家"双碳"目标，核心权威媒体实力定调，直击G端和B端受众。新华网客户端、朝阳发布、人民网强国论坛、龙南发布等推荐分享，肯定联想以科技和人文的力量带动上下游供应商节能减排，赋能大客户，担负起可持续发展的责任，展现中国企业探索碳中和破局之道的中国智慧。

（5）内容契合时事热点，深入垂直行业，获垂直行业媒体对联想以及行业伙伴的减碳实践背书。垂直行业媒体中国能源网、气象网、中华化工网等，引用纪录片内容，对联想以及行业伙伴的减碳实践进行详细报道，科普科技君等科技大V自发参与讨论，进一步破圈。

（6）纪录片出书，延展物料，进一步助力与行业大客户的直接互动，形成长尾效应，纪录片落地页引流超过6000次，助力案例在行业内进一步传播，引导官网留资，助力业务转化。

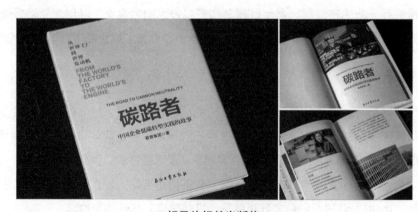

纪录片相关出版物

亲历者说 邹阳　联想集团全球品牌市场部中国负责人

联想积极投身科技赋能城市绿色发展领域，响应"双碳"目标，承担社会重任，助力

"双碳"目标实现。我们希望通过自身的力量，影响更多企业积极承担社会责任、优化公司治理结构，推动绿色创新，共同创造一个更智慧、更包容、更美好的未来。

案例点评

点评专家：张晓艳　中国好丽友公共事务总监

"双碳"目标的提出让全社会高度关注节能环保，《碳路者》引发思考、提供借鉴，充分彰显品牌的实力与温度。本片聚焦以数据为中心的服务业和传统碳排放大户钢铁行业，详细呈现北京气象局、潍坊特钢低碳转型的故事；同时以一个 B 站科普 UP 主的视角，通过对产品碳足迹的探寻，展示科技企业如何以技术创新驱动节能减排，并对外输出产品、服务和解决方案，带动产业链和用户开拓破局之路，很好地树立了联想在企业低碳转型过程中践行者、赋能者和推动者形象。片子的立意、推出时机、媒介选择以及传播节奏等安排可圈可点，既聚焦核心受众，又实现借势破圈。

绿色启程 共创低碳新未来："中信碳账户"上市整合传播项目

执行时间： 2022年1月11日—7月31日
企业名称： 中信银行股份有限公司信用卡中心
品牌名称： 中信银行信用卡
代理公司： 罗德公共关系顾问（北京）有限公司
获奖类别： 2022金旗奖最具公众影响力ESG传播金奖

项目概述

2022年4月，基于中信银行绿色金融体系打造的个人碳普惠平台"中信碳账户"正式上线。该平台的上线面临"产品概念新""行业认知新""目标受众新"三大挑战，形成对"中信碳账户"产品的精准认知、融入集团ESG战略并引导行业正向关注、赋予企业正向社会价值，成为本次活动的核心议题。

活动海报1

项目策划

1.传播概述

2022年4月22日，时值第53个"世界地球日"，基于中信银行绿色金融体系打造的个人碳普惠平台"中信碳账户"正式上线，其围绕城市碳普惠机制建设，以科学计量方法累计个人碳减排量，让绿色消费行为数字化、可视化、可追溯和可计量，为用户量身打造

"绿色生活名片"，引导社会公民绿色消费转型。

基于对国家政策、社会环境的深入洞察，本项目紧扣植树节（3月10日）、国际森林日（3月21日）、世界地球日（4月22日）三大重要绿色环保主题纪念日，分阶段、逐步推进，成功建立了"中信碳账户"在行业端和消费者端的立体认知，实现了品效合一。

2. 传播策略

洞察挖掘：前期深度调研，明确精准传播人群，为行业提供低碳生活受众认知，率先发声，占领行业绿色先机。

乘势而上：借势植树节、国际森林日、世界地球日三大环保节日，共创社会话题热点，逐步引爆行业端关注度、消费端好奇心。

率先内测，站稳行业首发：3月10日植树节前夕，"中信碳账户"内测版上线，《低碳生活绿皮书》亮点内容率先释放，通过"双事件"构建新闻"双视角"，奠定"中信碳账户"在银行业首发的领先优势；多家主流媒体积极报道，实现了前期正向舆论积累，为"中信碳账户"的正式上市构筑了正面、积极的舆论环境。

洞察引领，夯实领先优势：3月21日国际森林日，正式上线完整版《低碳生活绿皮书》，通过翔实而丰富的C端低碳生活洞察结论，持续获得行业关注。在增进行业对消费者绿色低碳生活方式认知的同时，加深行业及大众对"中信碳账户"发布意义的理解，进一步扩大中信银行在引导消费端绿色低碳转型的先行先发优势。

云端发布，大事件引爆：4月22日世界地球日，"中信碳账户"正式上线，以云端发布会形式吸引行业及消费者关注，实现传播声量扩大化，赢得媒体和行业的广泛关注。同时，全程无纸化传播流程，体现了中信银行以身作则、坚持绿色低碳行为的责任担当。

"三位一体"的传播组合拳：渠道上，本次传播协同G端、行业伙伴及媒体伙伴（B端）、C端等多渠道伙伴；形式上，行业报道、媒体专题跟踪、社交平台媒体及KOL全方位调动；内容上，为不同渠道及平台匹配多元化的传播内容。"三位一体"的传播组合拳形成传播影响力矩阵，有利于实现"声量扩增+精准覆盖"的核心传播目标。

3. 传播规划

布局四大传播阶段，步步为营：从前期调研、洞察输出，到产品内测、正式发布，再到产品拓展升级、持续传播，传播涟漪逐步扩散，稳扎稳打，逐步深化"中信碳账户"在行业端、媒体端、大众端的认知。以行之有效、有力的"组合拳"，建立"中信碳账户"在银行业"双碳"新赛道上的话语权。

活动海报2

踏准节日节奏，乘势而上：把握植树节、国际森林日以及世界地球日关键节点，围绕内测招募、正式发布两大环节业务进程，打造《低碳生活绿皮书》发布、云端发布会两大事件，通过新闻媒体、社交媒体开展系列传播，引发行业关注。

项目执行

1. 第一阶段：绿色洞察

洞察蓄势，打造低碳生活研究报告《低碳生活绿皮书》（1—3月初）。调查受众覆盖广泛、调查维度多元深入，聚焦当代消费者绿色低碳生活方式。提炼五大亮点，明确绿色低碳生活方式受众画像及特点，全面赋能传播。

2. 第二阶段：绿色首发

抢先"双首发"，夯实"双碳"赛道领先地位（3月10日—4月中）。"中信碳账户"、绿皮书"双视角"新闻策划，助力中信银行信用卡领跑"双碳"赛道。构建消费者互动场域，全面输出报告洞察：把握节日热点，正式上线完整版《低碳生活绿皮书》，点燃市场关注，唤醒消费者认知。

3. 第三阶段：绿色亮相

造势云端发布会，拉满全域关注度（4月22日—4月24日）。全面引爆：发布会在新浪财经App、动卡空间App、新浪财经微博、官方视频号四大平台同步直播，实现G端、B端、C端全覆盖，以叠加效应实现大声量。获得行业广泛认可：邀请近百家权威媒体见证报道，构筑"中信碳账户""双碳"影响力"护城河"。

4. 第四阶段：绿色影响力可持续

进一步解读"中信碳账户"，实现品牌影响力可持续。高质量积累品牌资产，高效触达消费者：持续拓展"中信碳账户"生态、创新并升级场景，不断获得媒体、行业认可，获评IFF全球绿色金融奖等，持续夯实中信银行在构建个人碳普惠平台方面的行业领跑者地位。央视品牌强国工程，强势背书："中信碳账户"作为中信集团在央视的品牌工程展播项目，首支理念宣传片于9月亮相央视综合频道《焦点访谈》广告时段，以及纪录片《雄安，雄安》广告时段，总曝光量达6710万人次。深度融合行业议题：匹配媒体及行业话题事件，产出系列深度文章，拓展"中信碳账户"的绿色创新实践和责任意义。

项目评估

1. 效果综述

围绕"中信碳账户"搭建多元视角内容体系并通过"三位一体"的传播组合拳实现声量全面扩增。创新打造云端发布会大事件，赢得广泛关注，实现产品认知从"零"到"火爆"的跃升。后期通过持续性的内容输出，夯实"中信碳账户"行业首发形象，实现"中信碳账户"及中信品牌影响力可持续。"中信碳账户"带动了社会各界对于个人碳减排这一新兴领域的广泛关注,使社会各界积极倡导和践行绿色低碳生活。

2.市场反应

从传播层面来看,该项目共获新闻报道2650篇、全网正面舆论7928条,社交媒体原创话题总阅读量突破7106万次(原创话题 #低碳生活你心里有数了吗# 累计阅读量6160.6万次,植树节单日原创话题阅读量超3200万次,社交平台阅读量6901万次;原创话题#绿色启程 低碳新未来# 累计阅读量188.8万次,社交平台阅读量349万次),实现了品牌破圈、产品破圈、认知破圈,新浪财经专题页作为"中信碳账户"成果的展示窗口,持续积累高质量品牌资产。

从转化效果来看,"中信碳账户"上线以来,截至2022年12月,用户注册数已突破60万人,累计减排二氧化碳约500吨,成为消费者低碳生活的"绿色账户"。

亲历者说 李专　中信银行股份有限公司信用卡中心市场部公关负责人

在第53个世界地球日这个重要的环保纪念日发布"中信碳账户",是我们对携手社会各界共建清洁美丽世界做出的绿色承诺。在绿色低碳高质量发展道路上,金融机构可以发挥更多力量,以实际行动支持经济绿色转型,助力推动绿色低碳广泛融入民众生活。

案例点评

点评专家:陈依依　星展银行(中国)有限公司公共事务部负责人

在国家"双碳"政策的大背景下,金融机构需要在探索绿色转型的同时,赋能实体经济、实体企业和个人,让其能够对绿色金融和绿色产品,乃至可持续发展形成正确的认知,并引导行业正向关注,赋予企业和个人正向社会价值。本案例的成功在于能在传播中精准打开产品认知、融入集团的ESG战略。传播过程以消费者洞察驱动,围绕产品搭建多元视角内容体系,并通过系统化的传播组合拳实现大声量,扩大了社会影响力。绿色金融是未来发展的重要主题,该项目精准定位低碳生活客群,为后续产品的构建提出建设性参考意见和基础;也为当前金融业在绿色低碳领域实践层面提供绿色消费者认知和产品未来发展方向趋势。

◾ 腾讯·Light 公益创新挑战赛

执行时间： 2021年12月1日—2022年6月30日
企业名称： 腾讯科技（上海）有限公司
品牌名称： 腾讯·Light 计划
代理公司： 北京顶智传扬公关顾问有限公司
获奖类别： 2022金旗奖最具公众影响力ESG传播金奖

项目概述

为持续提升腾讯AI技术在各行业及社会面的影响力与渗透率，打造"技术+公益"创新项目活动，腾讯优图实验室、腾讯公益、腾讯云、腾讯集团市场与公关部联合发起腾讯·Light 公益创新挑战赛，力求以腾讯技术能力为基础，以赛事为支点，调动多领域感知，形成技术驱动"公益+"模式。

项目策划

1. 项目目标

开放腾讯技术，多领域共探"公益+"科技新模式，让技术深度应用于改善社会问题。

2. 项目洞察

（1）社会需求：社会数字化升级，对于公益领域而言，存在公益数字化支持力不足问题：全国慈善信息公开平台（慈善中国）数据显示，截至发稿前，已有859单慈善信托备案，其中，名称中涉及科学和科技的慈善信托只有10单，占比仅为1.16%。

（2）创新延续：第一届腾讯·Light 公益创新挑战赛，围绕未成年人网络保护、"适老化"无障碍设计、野生动植物保护三大赛题打造公益小程序，用AI打造科技公益新模式，形成了良好影响力，比赛结束后，赛情报送给相关政府部门，中华全国妇女联合会、中国少年儿童基金会、中国残疾人联合会等多家社会团体和公益组织问询，希望与腾讯开展合作，效果证明这一创新路径可延续，仍有广阔需求。

（3）用户需求：公益数字化降低了公益参与门槛，在《中国数字公益参与者行为洞察研究2022年度报告》相关仪式上，浙江工商大学英贤慈善学院院长程刚表示，互联网公益平台不断创新迭代，给年轻用户以及公益行业从业者带来了很多新鲜感，让人们的善念更多转化为善行。

3. 项目策略

除了独立探索公益领域技术解决方案，鼓励跨界、跨行业的技术人积极改变，还向公众呼吁，基于长远发展，应考虑实施不断创新的、可持续的技术公益。

基于第一届大赛的良好效果，在原有三大赛道上持续探索，以更具备可持续性和科技向善视野的安全保护/教育、素养教育、生物多样性保护教育赛题开启第二届腾讯·Light公益创新挑战赛。

4. 传播策略

矩阵联合，由点至面最大化影响力。基于活动立意，腾讯·Light公益创新挑战赛充分调动多圈层资源，精准触达技术、高校、公益等多圈层潜在用户，扩大影响力。

项目执行

2021年12月23日，"创变者"2021年度腾讯Light论坛在厦门举办，论坛正式发布了第二届腾讯·Light公益创新挑战赛三大赛题，启动赛事作品征集。

思否、全国妇联宣传部、中国儿童中心、腾讯优图实验室、腾讯安全管理部、SSV创新办学实验室、腾讯云微搭低代码、腾源会、腾讯集团市场与公关部矩阵传播，征集作品。

2022年6月26日，第二届腾讯·Light公益创新挑战赛圆满落幕，24个团队入围决赛，决出人气之星奖、优胜奖、公益创新大奖三大奖项。

活动海报

项目评估

1.参赛选手翻倍，作品创意广度、深度和完整度较首届挑战赛有明显提升

活动共吸引了1438支队伍报名参赛（参赛队伍数是首届挑战赛的2.2倍），135支队伍进入复赛即作品开发阶段，24支队伍脱颖而出、入围总决赛，涌现出众多佳作。这些队伍有的由赛事相关领域专业人士组成。

部分作品已进入实际应用阶段，如黄疸测试小程序——保健熊，已植入广州市卫健委官方公众号"广州健康通"。

2. 官方机构调度评价

高质量的作品获得了专业评委和官方机构的高度评价。全国妇联宣传部部长刘庆华高度评价挑战赛科技为"媒"、公益为"介"，腾讯真诚共享技术资源、努力推动科技向善。中国儿童中心副主任杨彩霞在颁奖时表示，挑战赛鼓励社会专业力量通过人工智能、数字技术回应社会关切的问题，在全社会营造了可持续发展的公益生态空间。

3.推动云上AI技术价值外溢，携社会力量实现公益创新

活动通过开放平台、开源辅导、放宽创新应用形式限制和设置更具可持续性和科技向善视野赛题，帮助获奖队伍实现技术开源，孵化出更多项目。

以儿童保护赛道的黄疸测试小程序——保健熊为例，其通过使用腾讯云AI图像识别技术使AI筛查黄疸的准确率高达97%，通过使用腾讯云微搭技术将常规的表单页面开发效率提升300%。蒙新河狸科技赋能项目将腾讯云AI图像识别技术等应用到野生动物研究中，使原本人工需要两三个月甚至半年时间的审核工作缩短至2天，并可实现对蒙新河狸的位置定位、数量计数。

4.编制行业内未成年人AI应用标准、促进未成年人参与，影响力持续

项目组基于挑战赛的赛果和公司产品实践，在中国网络社会组织联合会指导下，携手中国标准化研究院、北京大学、快手科技等，编制了《基于人工智能技术的未成年人互联网应用建设指南》，并在由全国人大社会建设委员会、中国宋庆龄基金会、中国关心下一代工作委员会、中央网信办网络综合治理局等指导的2022未成年人网络保护研讨会上发布。网信办"网信中国"、主流媒体光明网等对其进行了传播报道。

为激发未成年人的主体能动性，项目组采用技术公益赛事青少年评委引入制，邀请初中和高中在读学生与选手交流互动，作为评委参与优秀项目的评选工作，回归教育的受众本身，探索真实的用户反馈，持续创新协作模式。

亲历者说 戚蕴　腾讯优图实验室市场总监

腾讯·Light公益创新挑战赛逐步吸引公益机构、技术社群、校园社群、明星公益大使

等社会各界不断加入，在共同的公益追求下，大赛将从 0 到 1 再到 ∞，技术公益将持续书写下去。

案例点评

> **点评专家：沈激　日产中国公关传播副总经理**
>
> 本次活动是一次成功的社会公益活动。基于活动立意，主办方采用矩阵联合方式，由点至面，充分调动多圈层资源，精准触达多圈层潜在用户，扩大活动影响力。社会专业力量在这次大赛中通过人工智能、数字技术等回应了社会关切问题，在全社会构建了可持续发展的公益生态空间。

中国ESG 30人论坛项目

执行时间：2021年2月1日—2022年9月5日

企业名称：联想集团

品牌名称：联想

代理公司：财新传媒有限公司（简称财新传媒）

获奖类别：2022金旗奖最具公众影响力ESG传播金奖

项目概述

中国ESG 30人论坛（简称ESG 30）是由财新智库发起的深具影响力的ESG智库网络和专业交流平台，旨在推动中国ESG发展，助力中国经济高质量发展。联想集团作为ESG 30的创始理事机构，是国内践行ESG理念的先行者和领军者，致力于积极推动企业自身ESG创新实践以及中国ESG生态繁荣发展。

活动海报

项目策划

1. 策略

投入顶级配置，融合国内国际资源，打造极具权威影响力的中国ESG标杆平台。依托ESG生态，扎根上游，始终以领军者形象掌控话语权，释放影响力和凝聚力。

2. 创意

（1）打造中国ESG专属朋友圈、生态圈：持续聚集国内外顶级学者、知名企业和机构等，从学术研究、行业实践、国际交流等方面构建中国ESG生态体系，精准传递ESG国际理念，推动中国ESG快速发展，助力中国经济高质量、可持续增长。

（2）"媒体洞察＋智库研究"推动ESG国际化接轨：兼具媒体洞察和专业智库研究实力，依托独具竞争力的议题设置能力、前瞻性和判断力，不断深化ESG理念内涵，搭建国际化交流平台，推动中国ESG与国际化接轨。

（3）"五位一体"全链条，实现全媒体、立体化传播：项目贯穿策划—内容—制作—传播—效果全链条，打造线上线下媒体传播闭环，通过视频、社交互动、会议、课题报告等多元化方式，广泛覆盖中国极具影响力的高净值用户和各界影响力人士。

3. 传播

联动中外媒体、头部视频平台、合作机构自媒体，实现多渠道覆盖。在服贸会期间举办发布仪式，线上最大化利用整合营销和社交传播方式，实现目标人群广泛覆盖。举办专场报告发布会，邀请专家解读和互动，现场邀请多家主流媒体参会报道，线上同期直播，营造热点舆论场。从行业视角切入企业实践，进行人物访谈并撰写深度文章，糅合"创意营销＋全媒体引流"，进行多角度、多层次传播。

项目执行

1. ESG 2.0 倡议

该倡议认为，将ESG从股东向更加广泛的利益相关方延展，并同企业长期价值的发展相结合，将是对ESG框架体系的深刻变革。

财新智库、ESG 30、世界自然保护联盟物种生存委员会、全球碳中和行动指导委员会、亚洲公司治理协会、深圳市国际交流合作基金会、APEC中国工商理事会等国内外机构联合推动。

2. "双碳"行动＋倡议

呼吁积极行动，尤其是具有领导力、创新力和社会担当的企业和机构，共同推动低碳转型，探索实现"双碳"可持续性创新解决方案，兼顾经济、民生、环境、气候等多重目标，开启中国下一阶段绿色、低碳、共赢、可持续新增长。

3. 会议研讨，碰撞真知灼见

会聚商、学界ESG领域权威意见领袖等，高屋建瓴剖析，把脉大势，打造顶级思想力盛宴。

4. 报告研究，内容专业洞察

组织专家撰写《2021中国ESG发展白皮书》，梳理当年ESG投资、政策、市场方面的发展情况及关键待解决问题，以期带动ESG发展前沿讨论，推动行业建设和ESG实践，在吸收国际经验的基础上，促进ESG在中国的创新发展。不定期开展专项课题研究，并为合作伙伴提供研究数据支持。

5. 企业实践，探索有效方案

项目深度挖掘联想集团可供借鉴的实践经验，展现领军者的视野、格局和洞见，激发技术、商业、资本及社会价值共创，立体展现中国经济高质量、可持续发展中的先锋力量。

项目评估

ESG领域业界领军者，400余位意见领袖参与活动，30多位专家顾问团成员、30多家国内外合作渠道、50多个会员机构与企业合作伙伴参与。举办近15场各类型活动，线下覆盖近2000人，线上触达3000万人次。得到多家机构的深度支持，受政府机构委托，承接研究项目并向上递送。发布80期ESG资讯周报，收获超10000名高质量垂直订户。项目总计曝光量高达6500万次。

亲历者说 丁雯 财新传媒产品策划中心副总经理

"双碳"目标下，ESG成为企业践行可持续发展的核心抓手。由财新智库发起、联想集团作为创始理事机构的ESG 30，集结了各界领军力量，尤其是具有领导力、创新力和社会责任担当的企业与机构。ESG 30已成为解读中国ESG的权威风向标，持续推动着中国ESG发展和生态繁荣，助力中国经济高质量发展。

案例点评

点评专家：张殿元 复旦大学国家文化创新研究中心秘书长、教授

伴随过去数十年全球经济的快速增长，可持续发展理念在全球范围内达成共识。ESG理念得到企业家和品牌管理者的高度重视。本项目打造出权威的中国ESG专业平台和智库网络，实现中国ESG与国际化接轨。从项目执行和成果来看，通过线上搭建中国ESG朋友圈和线下召开大型会议、课题报告等多元方式，该项目已吸纳国内外顶级学者、权威专家、知名企业和机构等各领域的领军力量，形成成熟的ESG知识生产、研究体系、传播交流的生态圈，为中国企业寻求高质量商业投资与创新实践提供理论指导。同时，该项目深入贯彻我国的"双碳"政策，助推中国未来经济走向绿色、低碳、可持续和高质量发展。综合来看，此案例为中国ESG发展提供示范性样本，可以被视为中国ESG传播的标杆。

中国移动2021年创客马拉松大赛①

执行时间：2021年6月1日—12月1日
企业名称：中国移动通信集团有限公司
品牌名称：中国移动创客马拉松大赛
代理公司：北京华瑞成业管理顾问有限公司
获奖类别：2022金旗奖最具公众影响力 ESG 传播金奖

项目概述

为贯彻落实关于大众创业、万众创新的部署，充分激发市场活力和社会创造力，中国移动自2016年起连续举办创客马拉松系列赛事活动，集聚外部中小微创新创业团队，打造品牌赛事，培育创新生态，该活动已成为业界颇具影响力的双创活动。

基于赛事大数据，从宏观、技术应用、资源合作和生态创新等多角度出发，中国移动"双创扩圈""资源联动"成为重点目标课题。发声不足、内外部传播力度较弱，打造"金字塔"式传播，提升中国移动"双创"品牌行业影响力，是项目需要解决的紧要问题。

项目策划

1. 策略

提升感知，面向全社会，内外协同，打造品牌赛事，精准传播，联合孵化。

2. 洞察

整体升级中国移动创客马拉松大赛品牌及赛事活动，破除传播圈层壁垒，扩大辐射人群边界，推动赛事转化升级。

3. 创意

（1）资源联动：邀请来自中国移动及招商启航、南方电网等产业合作伙伴，深圳中时谦益资本等创投机构的多方专家担任决赛现场评委，邀请大赛自主开发团队及其他相关团队加入赛事活动，以"友谊赛"的形式展现，在比赛的同时增加更多资源联动可能性。

（2）环节设置：本次赛事继续围绕"创客币"争夺进行，创客币数量累计达860枚，币值等值换算资源包，增强竞技性、创新性，好评如潮；总决赛加入"先锋踢馆"环节，

---

① 本文中所涉及的视频及照片，北京华瑞成业管理顾问有限公司均已获得被拍摄者的使用许可。

引入更多内外部创新项目，促进融通创新，赋能数智领域破局升级。

（3）形式创新：大赛主体围绕中国古神话代"创世神四象"开展，将所有参赛团队分为4支战队，设置"创客四象基地"，同时将创新国潮与赛博朋克结合，在活动开场视频中应用激光技术，以未来科技感开启赛事，增强氛围感。

（4）现场互动：在互动环节设置抽取主题形象IP的装置，形象设置4个1组，与"创世神四象"元素相结合，现场来宾通过关注公众号获取抽奖资格，活跃现场气氛，增进传播。

4. 媒介策略

（1）全面视频化传播策略：本次活动赛前、赛中、赛后共制作36支视频，包括全新激光秀视频、预热视频、先导片、主题曲/MV、暖场视频、主题短视频、规则视频、开场视频、电梯片、纪录片等，多维度、全方位考虑赛事整体视频需求，满足活动需求。

（2）差异化传播策略：通过不同的渠道覆盖不同人群，精准定位，破除传播圈层壁垒，与央企、大众媒体联合推广，扩大传播层。于国家层面，通过新华社等媒体定位相关部门"双创"人群；于央企层面，通过行业媒体定位中国电信、国家电网等央企人群；于大众层面，广铺大众媒体，覆盖传统媒体、新媒体，定位中小微企业、创新创业团队、高校群体及社会群体。

5. 传播规划

（1）物料传播：传播预热海报、预热视频、倒计时海报、创马主题曲/MV、对内外邀请函等宣传物料。

（2）稿件传播：投放通信行业核心KOL，以及权威媒体、行业重点垂直媒体、科技类媒体等，配合多种传播手段，实现宣传及推广作用。

（3）内部扩散：联合中国移动内部传播渠道，如官网、公众号、微信群、朋友圈、咪咕直播等，多平台同步传播，扩大内部传播效果。

项目执行

赛事整体规划分为准备阶段、赛事执行阶段及后期收尾总结阶段。大赛准备阶段共筛选出28支团队进入复赛，多形式、多渠道进行赛事传播预热，同时为比赛的进行做好前期准备；赛事执行阶段整体以"半决赛+决赛"的形式进行，活动期间，完成会务支撑中住宿、用车及用餐等环节，为参与赛事相关人员提供良好的参赛体验；后期收尾总结阶段抓住赛事热点进行传播，并总结经验及不足。

项目评估

1. 效果综述

延续了以往的"创客币"赛制和"先锋踢馆"环节设计，成功营造了公平、激烈而有趣的赛事环境，不仅激发了每个人的团队责任感与团队荣誉感，更充分展示了各团队项目的创新科技亮点和广阔应用前景。

2. 受众反应

在创客眼中，本次大赛不仅为他们提供了最优选的平台，他们更是借助中国移动实现了自我理想。

在专家评审眼中，本次大赛不仅成了国内创客赛事的标杆，更实际帮助了许多中小企业与众多创客团队。

同时，大赛的成功举办、形式升级与高效的内部传播，也为中国移动内部员工带来了创新激励，不仅激发了全体员工的创新创业热情，还增强了员工的集体荣誉感及自豪感。

活动现场

3. 市场反应

融通创新：引入内外部资源，进一步提升了创马赛事的知名度，合作形式多样化，拔高层次，提升效果。

赛制创新：加入内外部创新团队，丰富创新项目，促进融合与交流。

资源对接及成果输出：搭建创新活力迸发的开放性合作平台，撮合多个项目与外部资本对接，赋能大中小企业融通创新生态。

4. 媒体统计

投放通信行业核心 KOL 2 个——白犀牛通信、运营商那些事；辐射今日头条、搜狐、网易等自媒体平台以及权威媒体、行业重点垂直媒体、科技类媒体等共计 50 家；中移双创视频号、公众号等平台积极宣发，扩大传播声量。

5. 项目亮点

（1）评审邀请：邀请来自中国移动、南方电网等产业合作伙伴及深圳中时谦益资本等创投机构的多方专家现场担任评委。现场会聚了来自五湖四海的创客精英，共襄"双创"盛典，见证终极对决。

（2）赛事环节：在赛事中加入"先锋踢馆"环节，邀请6支内外部创新团队加入赛事，让创新思维交流碰撞，扩展价值边界，促进融通创新，赋能数智领域破局升级。

（3）现场搭建：多次进行场地测量及设计稿件修改、物料设计调整，充分考虑嘉宾体验，把控细节，注重风格统一，在体现活动主旨的前提下让外场更具创新性、展示性及互动性，体验感更强，同时在内场布置中加入场景设计，打造沉浸式体验，效果突出。

活动内场区　　　　　　　　　　　　　　　　　　活动外场区

亲历者说　赵晨　北京华瑞成业管理顾问有限公司客户总监

2021年是我亲历中国移动创客马拉松大赛的第4年，我既荣幸又开心。在国家"双创"政策及行业趋势引领下，中国移动自2016年起大赛面向全社会开放中国移动特色能力平台及创新创业资源，着力打造创新要素集聚、创新活力迸发的开放性合作平台。在不断前行的同时，我们也面临着严峻的挑战。品牌、传播、赛事等一系列痛点接踵而来，突破是必要趋势，很开心，我们做到了。

案例点评

点评专家：岳慧　爱德曼国际公关（中国）有限公司北京办公室总经理

通常情况下，在多年连续运营的项目上做创新并非易事。本次项目面临的就是这样的挑战——急需更上一层楼的创新故事，更需要精准的组合拳去破圈。该案例最亮眼的地方就在于各种创新手段的精妙整合。首先，不仅仅利用自身的资源，而是利用整个生态圈的资源来设计赛事，跟多种受众互动，极大地突破了以往的影响圈层。其次，利用年轻人喜闻乐见的方式，如赛事IP、盲盒、视频传播等，获得了更多年轻群体的关注。最后，通过金字塔式的传播策略，不仅吸引了权威机构、行业内伙伴的关注，也大大拓展了赛事在中小微企业、高校等社会层面的影响力。

GOLDEN
FLAG
AWARD
金 旗 奖

2022
—
金旗奖最具公众影响力
企业公关传播金奖

"724自我保健日" 公关传播①

执行时间：2022年5月24日—7月30日

企业名称：拜耳

品牌名称：拜耳

代理公司：释宣公关

获奖类别：2022金旗奖最具公众影响力企业公关传播金奖

项目概述

作为自我保健的倡导者，拜耳在国际自我保健日联合中国非处方药物协会发起公益科普传播项目。拜耳邀请协会领导、行业专家和学者，一起做客人民日报健康客户端，通过圆桌论坛和媒体采访，共同回顾所取得的成绩，进一步开展健康知识宣传普及，倡导公众做自我健康的第一责任人，展示拜耳在自我保健领域所做的努力和持续助力健康中国行动的决心。

项目宣传海报

项目策划

1.项目目标

拜耳已连续多次在国际自我保健日联合行业协会、专家和媒体发声，为唤醒民众的自我保健意识，开展一系列健康科普，助力提升民众的健康素养水平做出积极贡献。

---

① 本文中所涉及的视频及照片，拜耳均已得到被拍摄者的使用许可。

2022年，拜耳突破过往仅在某个健康领域进行科普内容传播的局限性，从简单的疾病科普提升到对健康行业和自我健康管理的深度思考和探讨。在回顾自我健康管理发展的历程和成就中，展现拜耳践行赋能健康每一天的持续努力，从而提升拜耳作为健康领域领导企业的知名度和美誉度，同时为未来的自我健康管理指明方向。

2.传播策略

联合协会、权威媒体、行业专家和学者，开展圆桌论坛直播，打造话题讨论高地，吸引公众对自我保健的关注；而后围绕论坛嘉宾和内容，进一步分主题、分渠道产出不同形式的深度内容，扩大传播范围和影响力，在提升公众健康认知的同时，为拜耳持续增加品牌专业度和美誉度。

3.媒介策略

活动前期，于人民日报健康客户端、健康时报网、新浪微博、今日头条等多平台发布直播预热海报，为论坛引流。

7月24日国际自我保健日当天，人民日报健康客户端联动腾讯新闻、今日头条、新浪微博等11个主流媒体平台，同时直播"健康十年：我的健康我做主"。基于直播精彩内容剪辑的总结短视频，发布在人民日报健康客户端、新浪微博、腾讯视频等8个平台。

新华网领衔的众多全国重磅主流媒体持续发声，扩大论坛影响力。拜耳通过微信公众号、视频号、微博等多个平台的自媒体账号发布长图文、短视频、科普海报等主题宣传内容，助力微博话题传播。

4.传播规划

圆桌论坛通过主持人与嘉宾互动问答的方式，对自我健康管理现状进行分析和解读，并将未来发展方向准确传递给公众。基于嘉宾们的发言，撰写和制作传播内容，进一步向公众阐述自我保健的重要性。论坛之后安排的媒体专访，在深度解读专家观点、多角度传播健康理念的同时，结合拜耳在华140年赋能健康每一天的企业使命，具体展现拜耳在健康领域所做的贡献和努力，提升拜耳健康消费品的美誉度。除了外部媒体的传播，拜耳的自媒体矩阵也加入传播项目，让整个健康传播与拜耳企业品牌产生强关联。通过内部沟通，将拜耳自身的员工也作为目标人群，唤醒他们的自我健康管理意识，让员工意识到，赋能健康每一天不仅是使命，更是日常，是值得骄傲的事业。

项目执行

在时间紧、任务重的情况下，拜耳企业传播部先拟订了传播活动的大致形式。考虑到媒体本身的专业度和影响力，最终选择了人民日报健康客户端作为论坛的合作媒体。在设计论坛内容和细分话题时，基于拜耳深耕自我健康管理领域多年所积累的资源，初步选定合适的论坛嘉宾，覆盖协会、学者、专家与企业代表，对自我健康管理讨论的广度予以足够拓展，从健康科普的意义到日常营养管理，从企业到民众，力求多角度、全方位阐述自我健康管理。在费用有限的情况下，更多的是通过话题吸引记者参与，从采访、专访中产出深度内容，精挑细选发稿媒体，有效提升传播广度。

项目评估

项目获得了健康消费品业界、专业权威媒体、拜耳管理层和相关业务部门的一致好评，整个传播项目共产生410篇报道，其中原发报道42篇，转载报道368篇，形式包括直播、短视频、图文等，触及500万名消费者。

主题直播整体时长1小时25分钟，在11个主流媒体平台同步直播，观看人数超过138万人次。

精彩短视频在人民日报健康客户端、新浪微博、腾讯视频、百度、今日头条等8个平台发布，人民日报健康客户端首屏重点推荐，播放量超过11万人次。

搜狐健康、澎湃新闻、《中国妇女报》、《南方都市报》通过采访中国非处方药物协会原会长白慧良、上海市健康教育协会会长顾沈兵、北京协和医院临床营养科主任于康，从营养健康、生命早期1000天等多个维度进一步强化提升自我健康管理认知的重要性。值得一提的是，澎湃在其报道中提及多款拜耳健康消费品，且该文全网转载多次。

论坛直播海报

《21世纪经济报道》《经济观察报道》在采访拜耳高管后，通过产品、渠道和服务端3个方面的差异化布局，深度展现拜耳在健康领域所作贡献和努力。《21世纪经济报道》的深度稿转载超过29次，《经济观察报》的深度稿转载超过32次。

新华网发布题为《国际自我保健日：专家倡导"每个人都是健康管理的第一责任人"》的科普文章，文章登上App、网页等传播渠道首页推荐位，阅读量超240万人次，其中移动端浏览量1942160次。

中新社、人民政协网、《科技日报》、《生命时报》、《新民晚报》、《文汇报》、周到上海、《广州日报》、《南方日报》、《新快报》、《南方都市报》、美通社、中国网等全国16家媒体进行场外发稿，其中中新社的报道单篇阅读量超过32万次。

拜耳通过微信公众号、视频号、微博等多个平台的自媒体账号发布长图、短视频、科普海报等主题宣传内容，助力微博话题阅读量超过25万次。

亲历者说 张蕾 拜耳传播副总裁

拜耳不断突破国际自我保健日传播的广度和深度。2022年站在健康十年的维度上，我们有了更多的思考和探索。基于深耕自我保健领域的优势、强大的朋友圈和丰富的媒体资源优势，我们从不同角度为大家讲述自我健康管理，力争向公众说清楚、讲透彻，同时巧妙地将拜耳自己的故事融入其中，把拜耳自己的员工也作为受众，赋能健康每一天是拜耳的使命，更是拜耳的日常，只要做出实际行动，每日健康就触手可及。

案例点评

点评专家：陈永东 上海戏剧学院创意学院教授，上海市虚拟环境下的文艺创作重点实验室副主任，中国文化产业协会文化元宇宙专委会高级专家委员

本案例针对品牌所在的自我保健行业，通过联合协会、权威媒体、行业专家和学者，借助圆桌论坛直播及相关采访，多渠道、多方位吸引公众对自我保健这一核心理念的关注，在提升公众健康认知的同时，增加了品牌专业度和美誉度。在具体传播方案中，其能从不同角度把自我健康管理理念以通俗易懂的方式向公众说清、讲透，并巧妙地将品牌故事融入其中，使品牌传播与话题传播相互助力。值得一提的是，相关权威媒体报道的标题中"每个人都是健康管理的第一责任人"的提法，与品牌理念正好呼应。同时，其能够充分利用微信、视频号、微博等多个平台的自媒体账号以长图、短视频、科普海报等方式对活动进行传播，有利于话题的扩散。另外，将自己的员工作为受众，可以使员工在深刻理解相关理念的基础上更好对外传播相关理念。

■ "全球首发",企业公关传播新号角
——迪卡侬参展第四届进博会

执行时间:2022年11月5日—11月10日

企业名称:迪卡侬(上海)体育用品有限公司

品牌名称:迪卡侬中国

获奖类别:2022金旗奖最具公众影响力企业公关传播金奖

项目概述

受益于中国国际进口博览会(简称进博会)良好的传播效果和溢出效应,2021年,迪卡侬聚合集团全球资源参展。本届进博会,迪卡侬以"让运动触手可及"为主题,联合全球运动研发中心,在全球范围内甄选创新科技新产品,打造全球新品首发系列展,展现企业在产品、服务、全产业链价值等方面的综合实力。迪卡侬公关部门借助进博会"全球首发"平台资源,开辟企业公关传播新战场,吹响传播新号角。

项目策划

1.目标

(1)提升企业内外部影响力:期待通过进博会的高光舞台,加大中国作为迪卡侬全球新品首发地的重要作用,吸引更多具有全球领导力的项目落地中国。

(2)积极推动小众运动大众化发展,激发大众对于新运动的好奇心和探索欲。通过冰雪运动一站式解决方案的生动展示,带动3亿人参与冰雪运动。

(3)发挥企业的行业影响力,开放合作,做产业链上下游的黏合剂,吸引更多体育生态圈合作伙伴。

(4)全员参与,增强企业内部团队自豪感和幸福感。

2.策略及创意

(1)重磅打造全球首发新品展。前两届进博会迪卡侬都推出了全球首发新品,并获得了持续的溢出效应。2021年第四届进博会,迪卡侬发挥运动品类全等优势,重磅打造全球新品首发系列展,每天都有全球新品首发,涵盖体旅融合、体教融合、体医融合等"体育+"领域,呈现户外露营、冰雪运动、跑步运动、室内健身、羽毛球运动、骑行运动等

多元化运动创新。其中，全球首发的快开通用型车顶帐篷、1～4岁婴幼儿通用鞋型自由滑雪板、电子芯片搭载定制教学的羽毛球拍等，成为参展商品中的爆品，展台单日客流量超千人。

（2）以科技美陈和沉浸式体验等方式将运动解决方案的巨大想象空间实现视觉化呈现，并进行首发。本届进博会迪卡侬展台以亲朋结伴家庭式运动度假为主题，还原欧洲勃朗峰运动胜地的景象，在雪山风光之下，大众可以亲身体验在户外大自然露营、滑雪，也可以感受家庭运动健康关护等一系列运动生态元素。迪卡侬在展台设有滑雪场、自驾露营基地、运动训练室、智能羽毛球馆等主题空间，各主题空间既相互关联又相对独立，全部开放运动体验。其中，最大的亮点是迪卡侬以冰雪运动为展台设计主线，引进全套滑雪装备和滑雪机，现场进行单双板滑雪表演，大众还可以零基础上机体验滑雪运动。

（3）携手"体育＋"合作伙伴，联合参展，共创多元化冰雪运动解决方案。在大众运动发展方面，迪卡侬对自己有更深刻的角色定位，不仅要提供全品类运动产品，更要陪伴运动爱好者成长，为其提供满足不同运动需求的解决方案，助其拥有健康快乐的生活。迪卡侬通过进博会平台，走出关键的一步，释放信号：依托在华全产业链布局优势，全面开放高水平合作。

以冰雪运动大众化为例，在本届进博会上，迪卡侬宣布与全球某知名旅游度假连锁集团、某国际知名滑雪教学品牌等开展战略合作，并首次邀请合作方以多种方式联合参展。迪卡侬希望依托进博会平台实现资源的高度整合，从产品、专业教练教学、场地、体验、活动赛事等方面消除冰雪运动普及痛点，解决用什么滑、跟谁滑、去哪儿滑三大问题。

（4）鼓励内部团队深度参与进博会首发活动，重温企业创新基因。本届进博会迪卡侬多项全球首发产品由企业内部海选和投票择出，通过国内外团队的互动以及信息共享，迪卡侬唤醒大家对企业研发方向的探讨、对技术团队的肯定，让员工对企业运动创新能力及普惠运动大众的企业使命充满信心。看着自己熟悉甚至亲手参与设计、生产、运转或销售的产品高光亮相进博会，员工自豪感油然而生。

3.传播规划

（1）以首发撬动热点话题讨论，延续企业参展新闻发酵时间。迪卡侬公关团队首次尝试以首发为传播切入点，撬动进博会周期的热点话题讨论，打造"天天有首发"的宣传战术：通过全球首发，以点带面，打传播组合拳，扩充传播内容。一次首发事件引出一个产品/品牌故事，引发一个热议话题。

以迪卡侬进博会全球首发的快开通用型车顶帐篷，引出产品背后企业关注大众运动消费需求，研判未来趋势并利用集团全产业链优势快速反应，综合运用研发、设计、生产能力进行产品创新的故事，引发媒体关注和报道人民日益增长的美好生活需要这一社会热点话题。

（2）研判传播需求，用好头部资源。第四届进博会有一个显著的传播特点，即融媒体大行其道。相关数据表明，央视直播单场吸引3500万名网友在线观看。迪卡侬传播团队在前期准备工作中发现了这一特点，提前采编适合融媒体渠道传播的高质量内容，得到进博会大量重要媒体的青睐和报道。

项目执行

在企业内部，整合集团资源，自上而下保证项目的高品质和顺利推进、落地。该年度重点公关项目由企业事务部主导并统筹协调内外部资源。协同各相关业务部门，将复杂目标拆分成不同子目标，再根据子目标属性进行任务分配。同时设计项目定期汇报制度、每月固定例会日，节奏由松及紧，保证共创团队前进方向一致、信息一致、资源共享。

项目评估

《第四届中国国际进口博览会传播影响力报告》显示，迪卡侬的传播热度位列所有体育参展商第1名，同时在消费品展区排名第8，整体成绩优于往年。

数据统计显示，本届进博会与迪卡侬参展相关的媒体报道有9922篇，实现了国家级一类媒体及垂直类头部媒体的全覆盖，触达人群破亿，品牌广告价值近6亿元，企业美誉度高达99%，创全年传播高峰值。

进博会溢出效应显著，对企业各业务板块工作推动作用明显。进博会全球首发产品成为销售爆款。例如，快开通用型车顶帐篷在进博会期间表现抢眼，出现"预售即售罄"的情况。超预期的市场消费热情倒逼企业供应链端调整全年生产计划，加大产能，并优先调拨订单供给中国市场。

亲历者说 赵洁　迪卡侬中国公关事务总监

进博会作为世界上唯一以进口为主题的国际性展览盛会，越办越好，其聚合多领域顶级资源，赋能参展企业发现和参与中国市场，展现企业风采。进博会平台已经成为在华外企公关从业者的"必争之地"。如何在这里拔得头筹，借势共享平台资源，实现企业声誉与商业价值双丰收，是进博会老朋友迪卡侬面临的挑战。第四届进博会，我们借势"全球首发"之东风，以点带面，以四两拨千斤的方式集中发力来设计公关事件和传播策略。喜悦的是，连续参展的实践结果验证了这个策略的可行性以及高性价比的传播效果。

案例点评

点评专家：俞竹平　奥美公关中国区总裁，奥美北京集团董事总经理

　　紧扣当地市场大趋势与政策大方向，一向是公关传播的铁律之一，但要在国家级的进博会上产出精彩传播案例，并不是件容易的工作。本案例的亮点，在于利用自身的产品优势，设计出一套专属品牌的传播策略，例如针对小众运动做大众传播、针对长尾运动谈特色创新、用全球首发创市场爆款等，将一个大话题"体育"，拆解成几个有趣又新奇的小故事等。这些努力，帮助品牌在人声鼎沸的国家级大展上，依靠成功的公关传播大放异彩。

2021 舒肤佳"健康传中国"

执行时间：2021年6月—10月15日
企业名称：宝洁（中国）有限公司
品牌名称：舒肤佳（Safeguard）
代理公司：北京福莱希乐国际传播咨询有限公司
获奖类别：2022金旗奖最具公众影响力企业公关传播金奖

项目概述

作为宝洁旗下著名的个人清洁护理品牌之一，舒肤佳自1992年进入中国市场以来不断升级产品配方，为中国家庭提供健康保护，并致力于普及良好的洗手洗澡习惯。

2020年，舒肤佳开启"健康传中国"教育与公益项目，致力于在2025年之前完成向1亿人普及卫生知识与正确洗手习惯的品牌使命。

项目策划

1. 项目目标

科普洗手知识，舒肤佳品牌使命是在2025年前向1亿人普及卫生知识与正确洗手习惯。扩大舒肤佳品牌影响力，传递企业向善向上的力量。强化舒肤佳品牌的专业形象。

2. 项目策略

舒肤佳延续"健康传中国"的目标和使命，通过与中国权威媒体央视网合作，在全国发起"寻找首席健康官"活动，开设洗手健康课。借助小朋友们的力量，宣传健康洗手习惯，普及个人卫生知识。

舒肤佳与权威媒体央视网紧密合作：2021年6月—10月，舒肤佳携手央视网在全国范围内发起"寻找首席健康官"活动，将健康知识带入各个城市，最终首席健康官代表出席全球洗手日盛典。除此之外，国家卫健委等重要嘉宾助阵盛典，为项目助力添彩，帮助品牌扩大活动影响力。

借助名人效应以及各地媒体影响力，将洗手健康教育带入更多城市，同时紧密联合各地商超代表，实现覆盖更多中国消费者的目标，助力更多人养成正确的洗手习惯。

3. 执行内容

权威人士合作：舒肤佳与国家卫健委联合发起倡议：培养消费者正确的洗手习惯和卫生意识。

洗手设施建设：舒肤佳援建偏远山区，为其提供洗手设施，普及洗手知识。

洗手健康教育：借助明星影响力，舒肤佳将洗手健康主题教育活动覆盖至全国各大商超。

全球洗手日盛典活动：联合央视网发起"寻找首席健康官"活动，邀请国家卫健委代表、广东省钟南山医学基金会代表等出席全球洗手日盛典，活动邀请社会各界人士广泛参与，展现了舒肤佳守护中国消费者健康的使命和决心。

项目执行

2021年6月20日，舒肤佳携手央视网启动全网"寻找首席健康官"活动，央视主持人以及舒肤佳品牌明星代言人共同发声，寻找首席健康官，鼓励孩子们坚持正确的洗手习惯并将学到的知识传递给身边的人。

2021年7月—10月，舒肤佳携手多位明星，与多家商超客户合作，走进北京、深圳、福州等城市，向各个城市的消费者传递正确的洗手知识。

2021年10月14日，全球洗手日（10月15日）即将到来之际，央视网携手舒肤佳在北京长城举办全球洗手日长城盛典活动。此次活动特别邀请央视主持人朱广权主持，重要嘉宾、媒体代表、舒肤佳品牌代言人出席参与。在千万名网友和现场嘉宾的注目下，与会嘉宾点亮一道蓝色的健康长城，发起全民健康传中国的倡议。

项目评估

1. 效果综述

2021年6月—7月，线上"小小健康官"报名热情高涨，小朋友们在央视网平台上传精彩视频，挑战30秒教会一个人正确洗手，已有超过90000名用户参与。

2021年6月—10月，活动获得各地媒体支持，媒体报道累计超过900篇。

2021年10月14日，全球洗手日盛典活动累计获得952篇媒体报道，CCTV-6、腾讯网、北京电视台、新浪网、中国日报网、环球网等都有报道产生；活动当天，通过央视网媒体矩阵平台观看直播量超过2000万次。

2. 项目亮点

辐射全国，覆盖多群体；权威专家代表和名人助阵；活动形式丰富多样；在地标建筑长城共襄盛举；媒体传播率高，多次曝光。

亲历者说 林海燕　北京福莱希乐国际传播咨询有限公司客户总监

　　我们与舒肤佳品牌经历了多个全球洗手日，帮助品牌开展洗手教育活动。2020年，舒肤佳品牌将向1亿人普及卫生知识与正确洗手习惯作为使命，正式提出"健康传中国"教育与公益项目。2021年，舒肤佳继续"健康传中国"，以携手央视网"寻找首席健康官"为起点，在全球洗手日前夜与社会各界分享品牌阶段性成果。

　　如今回想起来，除了历时几个月的内容规划和打磨，我印象最深刻的就是2021年全球洗手日前夜，央视名嘴朱广权老师以及品牌明星代言人在舞台上热情地与全国网友代表连线做洗手互动，各界领导、嘉宾对此项目表示肯定的时候，我们所有参与该项目的人员心中十分自豪，我们希望汇聚点滴的力量，让"健康传中国"的口号真正落到实处，走进万千家庭。

案例点评

点评专家：李志军　中央财经大学广告系教授

　　在具体的实施中，项目高举高打，与中国权威媒体——央视网合作，在全国发起"寻找首席健康官"活动以及开展洗手健康课，同时与卫健委联合发起倡议，并借助惠若琪、刘璇、张蓝心等明星影响力，迅速形成了巨大的传播声势，在盛典中将活动推向高潮。而将孩子作为项目推动的抓手更具价值，延伸至针对乡村的学生的公益善举一举两得。把科普活动开进商超一定程度上也有助于品效合一的达成。

DHL 快递第四届进博会传播项目

执行时间：2022年11月1日—11月12日

企业名称：DHL快递中国区

品牌名称：DHL快递

获奖类别：2022金旗奖最具公众影响力企业公关传播金奖

项目概述

2021年11月，DHL快递中国区参展第四届进博会，重点介绍并展示了其在推动绿色物流和可持续发展方面做出的积极举措以及取得的阶段性成果。此外，DHL快递始终积极参与、推动中国国际快递行业发展，过去30多年间，DHL快递累计投资超过百亿元。无论是过去、现在还是将来，中国市场都是DHL快递重要市场之一。通过进博会这一平台，企业进一步传播了DHL快递中国区作为中国改革开放的见证者、参与者和受益者，以及作为物流可持续发展的瞭望者和引领者，持续深耕中国市场、融入"双循环"新发展格局、为中国绿色低碳循环经济不断助力的坚定信心、决心和实力。

DHL快递第四届进博会展台全貌

项目策划

1. 洞察

DHL快递始终把握时代脉搏，与我国发展同频共振；客户群体随我国对外开放的不断深化，从国有企业、外资企业、私营企业到电商及跨境电商客户，DHL快递帮助越来越多的国内中小企业和民族品牌"走出去"。

DHL快递受益于改革开放以来国内营商环境的不断优化，深深扎根于中国市场，持续投资国内基础设施建设，旨在更深入地融入双循环新发展格局。DHL快递在可持续发展方面做出的承诺与行动，与我国"双碳"目标及物流行业的绿色发展趋势高度一致，充分契合服贸展区主题。

因此，针对DHL快递在第四届进博会的传播，项目组明确了以深耕中国市场、推动绿色物流发展为主要切入点，以讲好DHL快递在华发展故事为主要目标，通过与权威媒体等重点沟通推动落稿、带动更为广泛的媒体覆盖和人群辐射的主要传播策略。

2. 传播策略

整体传播以权威媒体为主，贴合主旋律，并以"双碳""双循环"和科技创新为话题点。在渠道和内容方面，通过多个媒体渠道持续对外发声，加强内容差异化传播，针对核心媒体和大众媒体等不同圈层传递不同信息，打造"文字+图片+视频"多元化内容，并加强信息传播的深度和可视化。

将传播内容与国家深化对外开放发展的大环境相结合，以《DHL快递亮相第四届进博会，传递深耕中国市场的信心和决心》为题发布新闻稿，全面展示企业在推动绿色物流发展等方面取得的阶段性成果以及Alice全电动货机和四足机器人等技术创新。

同时，以"DHL快递在华发展35年，是中国不断扩大对外开放的参与者和见证者"为切入角度，从行业和政策角度撰写《"双循环"下共享进博会机遇　DHL快递助推中国绿色物流新时代》深度稿件，进一步将公司在中国市场的发展与"双碳"和"双循环"结合起来，并有针对性地与财经媒体沟通，同时积极对接参会主流媒体，接受采访，落地有深度、高质量的内容。

展会期间，DHL快递凭借多项稳链和主动融入双循环的举措，作为典型被《国际商报》纳入《2021外资企业融入双循环案例实践》，此外，DHL快递主动参与进博会期间的配套活

DHL快递展台Alice全电动货机模型

动外资企业融入双循环主题论坛，进一步通过第三方媒体传播展示 DHL 快递深耕中国市场的发展信心和成果。

国际物流是典型的 B2B 领域，很多消费者对此不甚了解。为此，项目组专门制作了多支不同类型的短视频，在网页、客户端等不同视频媒体平台推出，以更直观、可视化更强的形式，传递公司在科技创新和可持续发展方面取得的成果，拉近与公众之间的距离。

3. 传播规划

在预热阶段，面向客户、员工发布参会和倒计时信息，引起关注；积极接触参会媒体，获取采访机会，并参与进博会配套活动外资企业融入双循环主题论坛。

在进博会期间，一方面，在微信服务号（DHL 快递）、微信订阅号（DHL 快递 Views）、企业微信、内网以及官方微信朋友圈等自有渠道持续发布新闻稿、重要媒体采报报道、展台及展会花絮和集锦等内容，全面触及客户、媒体和员工等受众，并经员工分享进一步铺开传播面，覆盖更多客户。

另一方面，制作有关 DHL 快递展台的 50 秒 AI 短视频，推送至主流视频媒体平台，并制作 2 支时长 1 分钟的抖音短视频，分别展现 DHL 快递的科技创新力和可持续发展成果，由两个财经大 V 推广，进一步扩大声量。

进博会结束后，从行业和政策角度撰写深度文章，介绍 DHL 快递在"双碳"和双循环等方面的举措等，并与财经媒体等定向沟通，争取陆续落稿，延续影响力。

项目执行

11 月 1 日至 4 日，制定传播策略及媒体策略，对接媒体问询和采访沟通，同时完成内容产出、视频制作。

11 月 5 日，进博会开展首日，在内外部社交媒体平台等自有渠道发布新闻稿。

11 月 6 日至 7 日，发布进博会展会 AI 视频，进行抖音合作媒体的筛选与沟通。

11 月 8 日，推送抖音平台 2 支短视频，对入选《2021 外资企业融入双循环案例实践》进行传播。

11 月 9 日至 12 日，发布行业深度文章，并有针对性地与部分选定媒体沟通、推进落稿。

项目评估

此次进博会传播项目取得了非常好的传播热度和效果，从传播声量来看，DHL 快递在进博会期间获得超过 1000 篇媒体报道，新闻触达人群超过 3 亿人，领跑国际快递企业。

主新闻稿共吸引超过 200 家媒体转载，有多个媒体对 DHL 快递深耕中国市场等感兴趣并采访问询。DHL 快递参会这一新闻更是被诸多权威媒体报道，积极传递了公司在推动绿色物流发展、科技创新和扎根于中国市场发展方面的信心与成果，让新闻触达更多受众，并在多个官方平台露出。

活动期间，DHL快递接受近10家主流参会媒体采访，10家以上主流媒体对公司进行了深度报道。报道媒体包括《人民日报》、新华社、*China Daily*、中新社、中央电视台新闻频道、东方卫视、上海广播电视台新闻综合频道、国家邮政局、澎湃新闻、财新网、环球网、界面新闻、《国际商报》、《经济参考报》等。其中，仅新华社客户端对DHL快递参会的单篇报道就获得了超过54万次的阅读量。

在抖音平台，2支内容合作视频共收获超1500万次播放量，近6万个赞，超过2000条评论（几乎全部为正面评论），以及超过2400次分享。视频内容引起了粉丝对DHL快递Alice全电动货机以及可持续发展举措的广泛关注与讨论。

此外，DHL快递参展进博会的AI短视频也被近40个视频网站和客户端推送，包括新浪视频、微博、今日头条、西瓜视频、腾讯新闻、凤凰视频、哔哩哔哩等平台，这为此次传播带来更大曝光度。

亲历者说　兰嘉　DHL快递中国区企业传播总监

不同于大体量、高预算的行业，国际物流是典型的B2B行业，项目传播预算有限。因此，我们的传播更要深耕内容。此次传播用几万元预算，达到了亿级人群触达效果，再次证明了无论时代如何变化、技术如何更迭"内容为王"永不过时的真理。除传统传播手段和渠道，我们也积极尝试新方式，力图实现"1+1>2"的效果，让大行业和大话题成为大家喜闻乐见的新闻。"讲好的故事、用好的方式讲故事"始终是我们工作的核心，我们也将继续守好这份初心和使命。

案例点评

点评专家：吴加录　《成为公关高手：我在奥美、联想、美团的15年公关经验总结》作者，交个朋友公关副总裁

进博会是外资企业向中国受众展示能力的绝佳舞台。通过传播企业在中国的本土化生产、本土研发以及与中国共同发展的坚定决心等，外资企业可以更好抓住发展机遇，更加精准高效地融入中国。DHL作为全球最大的第三方物流公司，充分考虑了"外企+B2B企业"的特殊性，没有花费大预算进行烟花式传播，而是首选权威媒体，进行精准的传播，核心信息的谋划也精准匹配国家议题。另外，视频内容选择在抖音平台进行传播，让物流行业和物流科技也能成为喜闻乐见的新闻，实现了公关传播破圈的溢出效应。

国投瑞银品牌价值理念宣导片
《我们该如何投资未来》[①]

执行时间：2021年11月4日—2022年6月
企业名称：国投瑞银基金管理有限公司（简称国投瑞银基金）
品牌名称：国投瑞银
代理公司：上海炫氪科技有限公司（简称上海炫氪）
获奖类别：2022金旗奖最具公众影响力企业公关传播金奖

项目概述

　　服务国家战略、共同推进资产管理行业发展、更专业地服务投资者，是国投瑞银基金的责任与担当。本项目旨在突破基金行业品牌片的范式，做到艺术和商业的平衡，使国投瑞银这样一个品牌历久弥新，重现并强化国投瑞银用心投资未来的品牌价值主张。

《我们该如何投资未来》截图

项目策划

1.项目目标

作为践行普惠金融的基金公司，发挥投资者引导作用，引导投资者形成理性投资、价

---

① 本文中所涉及的视频及照片，国投瑞银基金管理有限公司均已得到被拍摄者的使用许可。

值投资、长期投资的正确投资理念。跳出固有业内品牌片理念，以古今中外伟人为线索，寻觅不谋而合的价值理念，借由他们的故事，在博古通今的舞台剧式演绎中找寻我们该如何投资未来的答案。

品牌价值理念宣导片的核心立意是表达国投瑞银基金秉持敏于趋势洞察、践行长期价值、恪守专业主义、融汇全球睿智、致力责任投资的价值理念，以无限用心投资未来，对国家、对客户、伙伴、公众做出的承诺。

2. 传播策略

本片以公司官方平台作为主要传播渠道，希望用最为基础的传播方式在自然流量下发挥影响力。

3. 传播受众

国投瑞银基金相关方（员工、客户、合作伙伴）及潜在受众。

4. 创意解读

（1）创意动机：符合当下时代语境、突破陈旧的行业范式。以一种更贴合当下受众观感的方式，站在更大的格局上，做出一条既能够跳出陈旧范式又能准确传达理念的品牌片。

（2）创意层次：着眼于更高维和更广阔的人类文明，在时空上贯穿古今中外。基于国投瑞银投资理念本身的宏大视野和长远目光，最终站在整个人类文明的历史长河面前，试图从中寻找和国投瑞银理念契合的伟人，来证言投资理念。

（3）创意的特殊价值：用伟人证言和舞台剧的形式制作广告片。

五位历史伟人组合画面

借用了孔明、梵高、爱因斯坦、张骞和孟子的故事，他们分别代表着国投瑞银品牌理念的不同侧面。

孔明——敏于趋势洞察：投资未来，须洞悉当下。借用孔明借东风的故事，表达国投瑞银在宏观趋势把控、市场机遇洞悉等"风向"上的敏锐度。

梵高 —— 践行长期投资：投资未来，不是看现在拥有什么，而是看未来留下什么。

爱因斯坦 —— 恪守专业主义：投资未来，是透过表象。

张骞 —— 融汇全球睿智：投资未来，是用新的事业开拓新的财富通路。

孟子 —— 致力责任投资：投资未来，是有所为有所不为。

宣导片孟子篇章截图

项目执行

本项目历时几个月，项目流程包括初期创意设定、创意细化、创意定稿、导演选择、导演脚本初稿提交及定稿、演员选择、视频制作项目方案确定、现场拍摄以及后期剪辑和调色等。

项目评估

1. 整体效果

国投瑞银品牌价值理念宣导片于2022年6月21日夏至当日官方发布。宣导片发布后在基金行业以及财经类媒体中引起广泛关注，主流媒体如《证券时报》以及《中国基金报》皆主动在各自的媒体App平台显著栏目转发。本宣导片之所以能获得行业主流媒体的关注和青睐，是因为对于中国公募基金行业的发展作出了科学判断，且其致力于引导投资者形成正确的投资理念的品牌价值主张，被广大受众所认同。

媒体统计方面，并未做大规模媒体广告采购及分发。发布在"国投瑞银基金全景"官方公众号的推文以及短视频数据皆为该公众号的历史新高。

2. 项目亮点

（1）全新的艺术形式 —— 舞台剧风格的引入。主创有着丰富的剧场经验，在创意实现的方式选择上，经过多轮讨论，最终决定采用舞台剧的呈现方式，与此同时，在导演的选择上，也优先考察其是否具备剧场经验以及对舞台剧剧场是否有深刻理解。选择舞台剧作为呈现方式的主要原因如下。

第一，舞台剧剧场特质更适合本次博古通今的创意。创意本身是博古通今的，意象十分广阔、丰富，如果按照传统广告片现实主义的做法，很难完整表达出创意本身的意蕴。剧场一直拥有小空间大叙事的特点，利用其假定性，可以用更为简洁的意象创造出更具有想象力的内容。

第二，舞台剧剧场特质使其可以容纳更先锋的视觉元素。舞台剧剧场的假定性也使得视觉表现方式可以更先锋。基于国投瑞银的行业属性，项目组最终在先锋和稳重之间取得了一个平衡，在高级的艺术感和准确的商业性之间找到一个很好的平衡。

（2）隐藏叙事线，表达更广阔的哲思意义。本片还有一条隐藏线索值得分享。"我们如何投资未来"，不仅是当代人或金融资管行业关注的话题，也是跨越时空、横贯学科的思考，这是对"我们是谁？我们要到哪里去"的具体发问，短片中伟人对于这个问题的智慧解答，化作闪耀星光，洒落银河、代代传承。

亲历者说 吴轶　国投瑞银基金市场服务部总经理

作为国投瑞银品牌、市场营销及公共关系负责人，我负责了此次项目的整体创意、策划、执行及宣发工作。

在本项目的设定以及执行过程中，我们的确面临了一些挑战。此项目别具一格的创意，在一个品牌形象偏传统的金融行业是否能够获得认同，甚至是公司同人的认可？在项目初期我们其实是承担了一定的压力的，但思考后我们仍决意为之，这是因为本片受众是广大投资者，他们的接纳度在日新月异的新媒体时代不断提高，通过这样一种创新形式去讲述一个金融投资领域的传统抽象概念，他们应该是可以接受的。执行方面面临的挑战这里不再赘述。最终项目结果超出预期，所有付出均得到精彩回报。

案例点评

点评专家：张晓艳　中国好丽友公共事务总监

品牌价值理念较为抽象，视觉表达更加困难，国投瑞银却匠心独运，通过一支极具创意的宣导片将用心投资未来的品牌价值主张诠释得淋漓尽致，引发员工及投资者共鸣。案例突破金融行业品牌宣传片范式，借由孔明、梵高、爱因斯坦、张骞和孟子古今中外五位伟人的智慧和人生经历，以更贴合当下受众观感的舞台剧方式，演绎出企业品牌秉持敏于趋势洞察、践行长期价值、恪守专业主义、融汇全球睿智、致力责任投资的价值理念。优质的内容往往自带传播属性。深刻的立意和巧思，别具一格的表现形式，引人入胜的内容，极具冲击力的视觉效果为宣传片带来大量自发传播。

◖ 灵北中国 2022 5·25 心理健康日系列活动

执行时间：2022年5月15日—6月15日
企业名称：灵北（北京）医药信息咨询有限公司
品牌名称：灵北中国
获奖类别：2022金旗奖最具公众影响力企业公关传播金奖

项目概述

应社会呼吁、时代所需，灵北中国携手好心情心理医疗和心理健康数字服务平台于2022年5月25日打造5·25心理健康日传播活动，希望通过公益视频、专家访谈、抖音挑战赛等系列活动，呼吁全社会用实际行动倡导全民提高心理健康认识，关注心理健康问题。2022年6月，人民日报社健康客户端联合好心情、灵北中国等共同发布蓝皮书，旨在让公众对抑郁症有更加科学的认识。

此外，一系列与合作方联合举办的公益科普活动，提升了公众对于灵北中国的认知度，展现了灵北中国的企业担当。

活动KV

项目策划

1. 传播策略

本次传播结合传统媒体和新媒体优势，与好心情、权威媒体《人民日报》合作，有效保障了信息的权威性。同时，将抖音、视频号作为短视频社交媒体阵地，触达更广泛、更年轻的受众群体，唤起公众对抑郁情绪和抑郁症的科学认知。

2. 传播规划

（1）公众对心理健康关注大调查：为了解公众对于心理健康的认知程度，系列公益活动之一"街头访问"开启，通过真实的采访，展现不同年龄、性别、职业、社会阶层大众对心理健康的个人理解。

此次采访针对不同人群进行随机采访，受访者针对工作和生活压力进行倾诉，并就如何缓解抑郁情绪各抒己见。真实、生动的采访引起网友广泛关注，并产生强烈共鸣。在采访中，受访者对于"您觉得心理健康重要吗"这样的问题无不给出肯定回答，显示出目前公众对于心理健康的重要性有较高的认知度。

（2）社交媒体挑战赛——"测测你的好心情"：为了帮助大家释放精神压力，让大家共同关注心理健康，2022年5月25日—6月3日抖音挑战赛正式上线，挑战赛邀请公众通过参与"测测你的好心情"活动一起动起来，同时向身边的人传递正能量，号召公众关注心理健康。

（3）特邀专家解读——好心情，先要不累：为了更好地帮助公众正确认识、科学治疗心理疾病，在此次系列活动中企业特邀首都医科大学附属北京天坛医院睡眠医学中心主任王春雪教授做客好心情学院《名咖访谈》特别节目，针对"好心情，先要不累"这一主题展开讨论。此次访谈着重解读了有关抑郁症的医学科学知识。

（4）蓝皮书发布：为使更多人了解抑郁症，人民日报社健康客户端联合好心情、灵北中国等，于2022年6月发布了《2022国民抑郁症蓝皮书》。此次发布的蓝皮书对国民抑郁现状、特定人群抑郁现状、患者的就医情况等进行了多维度的分析、介绍。

2022国民抑郁症蓝皮书

项目执行

活动于2022年5月25日正式开启，短视频社交媒体平台抖音陆续上线用户街头采访短视频，并发起抖音挑战赛。同时，邀请专家做客好心情学院《名咖访谈》，制作特别节目。

2022年6月，灵北中国联合人民日报社健康客户端、好心情等发布《2022国民抑郁症蓝皮书》，为推进我国精神健康发展添砖加瓦。

项目评估

1. 效果综述

共收获超过770家媒体报道，其中包括《人民日报》、新浪网、腾讯视频等，报道总浏览量达到670万次。活动期间，在抖音平台共产生1.1万多条公益短视频，总浏览量达到1.5亿次，总参与量达到79万次。活动在抖音平台发起的前3天点击量即突破12万次，在同期发起的活动中位居第一。

2. 项目亮点

本次活动通过社交媒体增强年轻群体对灵北中国的品牌认知。除此之外，本次活动中发布的《2022国民抑郁症蓝皮书》，通过用户调研、文献研究、专家评定分析等方法汇聚了大量数据，聚焦国民抑郁症现状、抑郁症患者现状、患者就医现状、患者用药现状、预防与干预5大方面，呼吁国民重视心理健康，探讨新兴诊疗模式。

亲历者说 张丽娜（Lina Zhang）　灵北中国企业传播、IT及行政部副总监

我们携手各合作方打造了系列传播活动，通过抖音这个年轻化的社交媒体平台，鼓励更多年轻人关注自己和身边人的心理健康，及时通过各种方式、专业的渠道疏解负面情绪，为推动我国精神卫生事业发展宏伟目标的实现贡献了积极力量。

本活动引发了年轻群体的广泛参与，推动了公众对于心理健康的关注，是一次卓有成效的探索。

案例点评

点评专家：张洁　金科华东大区品牌总经理

灵北中国长期持续推动公众对于心理健康及抑郁症人群的关注，从各方面体现了强烈的企业社会责任意识。公益的推广不仅限于做个活动，应有更广泛的传播和影响力。本次活动用心理健康调查进行导入，引发公众进行关注和思考，并层层递进借公益科普、游戏互动、专家访谈栏目引导公众正确面对问题，最后用发布蓝皮书进行收尾。线上线下结合，形式多样，互动丰富。更值得借鉴的是此案例结合多种创新传播渠道，形成传播矩阵，其中多个社交媒体平台直击年轻受众群体，引发情感共鸣。这是一个有温度的品牌传播活动。

麦当劳5·20全国招聘周 [①]

执行时间：2022年2月—5月24日
企业名称：金拱门（中国）有限公司
品牌名称：麦当劳
获奖类别：2022金旗奖最具公众影响力企业公关传播金奖

项目概述

麦当劳5·20全国招聘周是面向年轻人群开展的餐厅岗位招聘项目。已开展多年，在对外招聘的同时，也展现了麦当劳品牌、员工形象和良好的企业文化。

2022年，麦当劳5·20全国招聘周突出麦当劳团结、友爱、欢乐的工作氛围，提振年轻人对麦当劳餐厅岗位的关注度与兴趣度，为餐厅岗位招聘助力的同时，让餐厅在职员工走到聚光灯下，被大家所认可。

项目策划

1. 项目洞察

年轻群体看重麦当劳工作的强社交属性和欢乐友爱的工作氛围 —— 年轻员工认为在麦当劳餐厅工作能有机会认识很多同龄人，他们喜欢这里的工作氛围以及灵活的工作模式。

2. 策略

邀请麦当劳一线员工向新人讲述自己在麦当劳工作中真实、有趣的故事，分享"过来人"的宝贵经验。

主题：来吧，新番茄！

"新番茄"是麦当劳内部对公司新人的亲切昵称，源自麦当劳全球一句经典的描述"每个麦当劳人身体里流淌的是番茄酱"。项目组设计了一个青涩可爱、充满活力的番茄头形象，用其代指所有刚加入麦当劳的员工。

3. 核心传播创意

面向全国餐厅员工征集"给新番茄的入职建议"，在收到的几千条建议中，最终甄选出来自全国的 100 位麦当劳员工的 100 条宝贵入职建议，并将这些建议整理、汇总、印刷出来，

[①] 本文中所涉及的视频及照片，金拱门（中国）有限公司均已得到被拍摄者的使用许可。

打造成凝聚着"老番茄"心血的《来吧，新番茄！》。每一条建议都拥有一个开页，右侧为获选的宝贵建议、获选员工的个人信息，左侧为根据这个宝贵建议特别设计的插画，100个故事对应100张画。

4. 其他传播素材

《来吧，新番茄！》视频。从100个故事中选择6个最具代表性和表现力的宝贵建议，将之拍摄成故事，所有参演人员都是来自一线的餐厅员工。

线下招聘系列海报，以可爱、具有活力的番茄头为核心概念，邀请一线员工一同参与，拍摄线下招聘海报以及不同职位的单人海报。

《来吧，新番茄！》

活动海报

贴纸、KT板和卡片等延展创意素材，供线下餐厅招聘时使用。

5. 传播规划

主要依靠麦当劳自有传播渠道矩阵和媒体资源传播，不安排额外的付费投放。

自渠道、媒体渠道：以小红书和微博为核心平台，搭配微信、B站、视频号、抖音平台。

KOL&KOC媒体渠道：通过寄送书本给KOL和KOC，在小红书和微博平台引发二次讨论。

项目执行

项目在2月明确创意主题后正式启动，3月通过对内渠道进行内容征集，4月进行海报设计、视频拍摄，以及书本的打样、印刷。项目核心传播期为5月17日至5月24日。

预热阶段，以"麦当劳要出书了"为话题，并搭配为书本拍摄的封面照，在小红书和微博平台引发讨论，扩大影响。

上线阶段，通过自有渠道全矩阵进行内外部的整合传播，小红书平台主要强化这次书本的设计和细节巧思，强化麦当劳企业文化。微博配图有员工宝贵建议的社交媒体海报，和用户有趣互动，引发讨论，增加曝光。

通过KOL和KOC的免费资源在小红书和微博以"麦当劳出了一本有趣的员工手册"为话题，二次发酵话题。

项目评估

1. 项目传播结果

上线1周，在没有付费媒体资源支持的情况下，麦当劳小红书官方发布的内容累计产生阅读量80万次，互动量超过3200次，2篇笔记收获的点赞量破千次。利用免费媒体资源，实现了传播效果的最大化，KOL单条小红书帖子点赞量突破9000次，由一般用户自主发布的小红书帖子累计点赞量超过2500次。麦当劳微博阅读累计曝光量达243.5万次，转评互动超6000次。#来吧，新番茄#微博话题仅上线1周就创造了580万次的阅读量和3340次的讨论量。麦当劳微信公众号阅读量达11万次，项目视频全渠道播放量达15万次。

2. 项目业务结果

2022年麦当劳5·20全国招聘周较2021同期收到的简历总数增长1倍，收到来自粉丝的正面反馈，同时，项目在企业雇主品牌、广告文案以及平面设计圈子中引发不同程度的正向讨论。

亲历者说 Eason Li（李欷） 麦当劳中国公关专家

从数千条内部员工的投稿中甄选出100条宝贵建议，这是一个既令人纠结又令人感动的过程。餐厅员工们充满才华的文字和对日常工作智慧的精准提炼，让这个创意得到更加鲜活和丰满的展示。很多文案我们一个字都没有改过，我们希望将这份真情实感分享给每一位外部读者，使其从不同的视角感受到不一样的麦当劳。我们也希望通过本项目让麦当劳的一线员工拥有更强的自豪感与归属感。

案例点评

点评专家：郭为文　周末酒店合伙人、首席营销官

这个案例的不普通之处，不是在策略、洞察、主题、核心创意上，而是在执行上。执行阶段的"麦当劳要出书了"的传播话题，比策划阶段的主题、创意更有传播力，背后的原因，是执行方深刻理解新媒体时代KOL、KOC的传播规则，也充分利用了麦当劳品牌与传播者的互动关系。把书籍作为传播道具，正满足了KOL、KOC们拍照、分享的需求，这是数字化传播中的变化玩法，有创新意义。

◼ 水井坊品质营销一号菌群项目①

执行时间：2021年7月1日—2022年8月10日
企业名称：四川水井坊股份有限公司
品牌名称：水井坊
代理公司：北京环智文化传媒集团有限公司
获奖类别：2022金旗奖最具公众影响力企业公关传播金奖

项目概述

2021年是水井坊品质营销元年。在水井坊"成为浓香头部品牌之一"的愿景之下，为进一步落实高端化策略布局，项目组聚焦于水井坊品质核心资产——一号菌群，打造品牌品质层面的行业级事件，强化大众对水井坊高品质价值的认知。

水井坊非遗班组

项目策划

1. 项目调研

近年来，各头部白酒品牌纷纷构筑自己的品质表达体系，重塑高品质认知，竞争越发激烈；水井坊需要继续保持高端化认知优势。在高端品质认知塑造上，水井坊必须跟上，构建独特性品质表达体系，水井坊不仅要拿到高品质入场券，更要构建自己的品质护城河。

2. 目标

强化品牌高品质认知，并通过品质表达体系的构建为企业长期高品质发展助力。

---

① 本文中所涉及的视频及照片，北京环智文化传媒集团有限公司均已得到被拍摄者的使用许可。

3.实施策略

以独占性、实用性、成长性为核心价值起点，发掘水井坊独特的品质表达，稳固差异化认知，并通过与权威科研机构合作，释放核心资产效能，助力水井坊高品质长期发展。

独占性，就是要做到人无我有、人有我优。独占性是构筑品质护城河的基础。没有独占，就形不成差异化的高端品质支撑。

实用性，也就是要有一个实际存在的、能为品质助力的点，而不是一个空泛的概念或者噱头，白酒行业的虚无概念，在品质差异化表达上起不了太大作用。

成长性，也就是不仅要能解决当下问题，还需要有足够的成长韧性，为企业战略层的长期发展服务。

在寻找水井坊品质差异化的核心资产方面，项目团队和客户做了深度交流、探讨，对气候、水源、工艺特点、原料、窖池窖泥、年份等进行了细致梳理。水井坊特有的一号菌群，与独占性、实用性、成长性高度吻合，完全有可能成为水井坊高品质的主要壁垒。水井坊一号菌群，发现自水井街酒坊考古遗址的古窖池中，不仅是水井坊酒独特香味与口感的关键因素，也奠定了水井坊高端地位。

启动仪式

4. 内容创新

水井坊携手中国科学院微生物研究所，启动项目研究，通过科研手段为企业高品质发展赋能。

浓香型白酒采用泥窖固态发酵方式，窖泥是浓香型白酒生香微生物的主要来源之一，而窖泥中复杂的菌群结构，对中国浓香型白酒的风味和品质具有极其重要的作用。

一号菌群是白酒行业繁衍时间悠久的微生物群落之一，其赋予水井坊浓香窖池独特属性。换言之，一号菌群蕴藏着水井坊酒体生香几百年的品质密码，形成了水井坊品质独特性的底层逻辑。

中国科学院微生物研究所真菌学国家重点实验室白逢彦研究组所领衔的一号菌群科学

研究，第一阶段成果已经发布。一号菌群作为目前白酒行业繁衍时间悠久的微生物群落之一，围绕它产生的科学研究成果，是整个白酒行业探索白酒酿造奥秘的一大进步。

在研究过程中，科研团队与水井坊技术团队深入探讨，将微生物研究科学方法与水井坊酿造实践互相印证，得出以下几点结论：

"一号菌群"是一座有益于酿酒的微生物宝库，菌种丰富，数量多，活性强。

"一号菌群"中的微生物配比接近"黄金比例"，较为理想。

除了发现独有菌群外，此次水井坊与中国科学院微生物研究所合作研究还发现了新窖池和老窖池窖泥在微生物群落组成上的明显不同，以现代科研结论解释了为什么"老窖出好酒"。

5.媒介策略

行业媒体、一线新闻类媒体、财经媒体等全域覆盖，通过全方位的媒体综合矩阵，针对第一阶段科研成果、专家证言等维度进行高密度传播。

6.传播规划

以缔造仪式感、树立权威感、稀释隔阂感为核心传播思路，在推动水井坊与中国科学院白逢彦团队展开研究合作的时间内，分阶段释放信息，引发行业与消费者持续关注。

合作启动：打造研究启动仪式，吸引关注。

阶段成果释放：结合核心单品，夯实品质根基。

科研成果正式发布：策划行业级关注事件，面向消费者双轨解读研究成果。

项目执行

2021年9月17日，举行"探传承奥秘，话时间之美"水井坊一号菌群项目研究启动仪式。在30余家全国新闻、财经及行业媒体的见证下，白逢彦教授与水井坊酒传统酿造技艺第八代传承人林东就一号菌群研究签约。

2022年4月11日，在水井坊井台全新升级发布会现场，白逢彦教授发布一号菌群研究阶段性成果，作为新井台"一独双香三加"工艺密码中的"一独"，佐证水井坊代表作——井台全新进化的品质保障。

2022年7月，白逢彦团队正式发布一号菌群研究成果，新华网、中新社、澎湃新闻、云酒网、微酒等权威媒体、新闻媒体、行业媒体集中报道，并与《中国国家地理》旗下"国酒地理"及云酒传媒的"好酒地理局"深度合作，就一号菌群研究报告进行传播，面向行业、消费者端双轨解读研究成果。

项目评估

1.效果综述

从科研启动、阶段性成果公布、新井台上市夯实高品质认知，到依托一号菌群品质优势进行更广义上的白酒文化传播，一号菌群作为品质核心，牢牢捆绑更多品牌资产，实现长期价值赋能。

项目传播中，通过权威、新闻、财经及行业媒体的综合传播，实现了业内及消费者端的广泛认知。

2.专家反馈

马勇（中国食品工业协会副会长）：发掘特殊的生产要素优势，打造核心竞争力，创造核心价值，这是水井坊坚守品质、追求极致的工匠精神的体现。这次研究是水井坊构建自身核心资产微生态、实现品质极致化的起点，是白酒行业深挖品质资产、用科学的精神指导品质提升的样板。

王新国（中国酒类流通协会会长）：一号菌群研究，以及生产工艺的配套升级，对饮酒健康的探索具有借鉴意义。

胡永松（著名白酒专家）：水井坊抓住了一号菌群这个基础，有了一个良好的开端，希望在这次成果研究基础上，水井坊加大对富含一号菌群窖泥的培养力度，用已经知道的菌种等做实验，更好地为水井坊产品升级服务。

秦书尧（中国酒类流通协会秘书长）：我想若干年后这可能会是一个被行业、被历史所记录的重大科学事件。科学将使得中国白酒绵延不息。

钟杰（著名白酒专家）：如何将中国白酒的科学研究成果呈现给消费者，让消费者建立品酒的能力，是行业应该共同思考的事情。而水井坊展开的研究，做的正是这样的事情。

3.媒体统计

项目传播期间，全网解读报道超过千余篇，权威媒体、行业媒体、财经媒体等多渠道传播，获得超过7500万的传播声量，极大地提升了全网对水井坊一号菌群价值优势的认知。

4.项目亮点

一是项目启动之初，基于企业长期发展战略进行策略指导；二是独占性品质支撑点的挖掘；三是科研机构的研究成果的助力及背书。

亲历者说 孙贺标　北京环智文化传媒集团有限公司公关总监

一号菌群是水井坊品质与风味的核心密码之一，是水井坊高端定位的根基。对一号菌群的研究，不仅对水井坊落实高端化战略、充实品质表达内容具有积极意义，更为行业发展提供了科学范本。在工程研究期间，我们的团队与水井坊技术团队，以及中国科学院微生物研究所白逢彦团队，进行了深入的沟通与交流，在白酒传统酿造基础上为建立科技表达体系而多方努力，实在是一件幸事。

案例点评

点评专家：刘焱　智者品牌创始人、总裁

项目在对水井坊品牌历史资产深度挖掘的基础上，将考古发现与科研成果巧妙结合在一起，形成强有力的品质背书，更将中国文化自信与文化创新的叙事有机融合进品牌故事，升维了水井坊酒文化的品牌内涵，立意高远；传播上，项目围绕权威媒体和行业意见领袖主阵地，多维度、多层次、多矩阵扩散，实现了高效高质触达。

vivo 企业公关传播

执行时间：2022 年 1 月 1 日—5 月 31 日
企业名称：维沃移动通信有限公司
品牌名称：vivo
代理公司：北京颂维商务咨询有限公司（胜加公关）
获奖类别：2022 金旗奖最具公众影响力企业公关传播金奖

项目概述

作为中国科技品牌代表，vivo 需要在更广阔的平台传递中国声音，打造高端品牌力，实现在手机市场的突围。借助博鳌亚洲论坛举办良机，vivo 以年会战略合作伙伴的身份参与盛会，就官方议题参与探讨，展现前沿领导力，辐射高端商务人群，传递产品科技力。

项目策划

该项目的策划基于对整体手机市场环境的推导以及对传播环境的敏感洞察。在手机市场红海中，品牌要想突围，关键点就在于与市场区隔，因此，针对产品高端属性，面对目标人群，决定牢牢绑固 vivo 科技创新领导者的印象，提升大众对于产品的差异化认知，将产品在核心技术领域的投入、决心与成果进行可感呈现。

具体落地中，首先，拉通内外资源，借力博鳌亚洲论坛合作伙伴身份，打造品牌科技创新战略力。其次，请行业权威媒体、学者为品牌背书发声，提升品牌自身产业竞争力。最后，聚焦民生议题，寻找交汇点，增强企业民生凝聚力。

企业公关传播不是孤立的，在企业内外部它都是统筹全局的，因此，此次传播由以下 3 个部分组成。

在产品发布会上，体现 vivo 的思想力。作为坚定的长期主义者，vivo 不但本分，而且有耐心，聚合了行业优秀人才与合作伙伴，通过打造优质的产品和服务，让消费者真实感知价值。vivo 把设计驱动写进价值观，坚定科技创新，坚持用简单、完美、优雅的方式，为用户带来更多有意义的改变。vivo 挖掘增量市场，坚定引领发展、绝不跟随的理念：坚持做正确的事情，把事情做正确。

在博鳌亚洲论坛上，体现 vivo 的竞争力。vivo 高瞻远瞩，坚持科技创新，重人才；vivo

洞察趋势，直面数字行业的机遇和挑战，重视数据安全与隐私。

在作为标杆事件的博鳌亚洲论坛活动中，体现vivo的领导力。在权威平台展现中国品牌风采，在国内外市场持续成就出众销量表现，在社会层面倾注人文关怀，激发更多善举。

分步骤、有节奏地做好传播规划，实现信息传递目的。在官宣当日，选择权威媒体释放博鳌亚洲论坛信息，冲击高端商务人群感知。在产品发布会传播周期，新闻稿、短视频等物料多重铺发，突出科技创新信息，在行业与目标用户心中打造品牌与产品的双重竞争力。在博鳌亚洲论坛关键传播期，进一步强调品牌的官方战略合作伙伴身份，体现品牌的高端影响力。

具体来说，做"战略输出＋技术解读"，从品牌和产品两个方面，讲述高端人士关注的vivo科技创新故事。分人群，配场景，搭配渠道讲故事：对参会领导，侧重领导力—— 引领产业发展，夯实中国企业的领导力；对专家学者，侧重竞争力—— 科技创新是企业竞争力提升的根本路径；对主流媒体，侧重创新力—— 折叠屏科技创新将带动高端市场突围。

在博鳌亚洲论坛的官宣阶段，企业被官宣为战略合作伙伴，这绑定了vivo与博鳌亚洲论坛的关系，彰显了vivo高端身份，同时为后续产品发布做好预热。在博鳌亚洲论坛的年会现场，通过线下物料展示、展台设计，吸引现场高端人群到访。在世界级对话平台展示品牌和产品，凸显vivo科技创新力。在博鳌亚洲论坛年会上，联合新华网思客会，协助企业高层强势发声。与学界权威专家探讨科技创新议题，输出企业战略性观点，构建高层在科技创新领域的思想领导力。在最后的媒体沟通闭门会上，与主流核心媒体沟通，以最新产品作为例证，深入解读企业科技创新战略，深化vivo在媒体圈层创新者与实干家的形象。

项目执行

本次项目执行周期短，时间变化和项目调整较多，需要对多方信息及时进行消化理解。项目组成员联合多方权威媒体，在时间如此紧迫的情况下，依然保证了项目的顺利进行和圆满完成。

项目评估

本次传播取得了亮眼的成绩，传递了企业较强的科技创新力及高端产品力，借博鳌亚洲论坛输出vivo企业和产品高端、高科技的形象。

3月30日—4月26日，vivo传播总声量为21345，总互动量为2264373次。vivo高层与国家商、学界大咖对话，表达vivo企业的科技创新理念与产研实力。与多家媒体记者就vivo市场布局、企业科技创新成果等进行了深入的沟通与交流，媒体产出深度报道内容。整体传播正面报道率100%，传播数据显示，用户在博鳌亚洲论坛期间关注度激增。

在会场内广泛覆盖高端人群，呼应权威人士的高端领导力。vivo亮相博鳌亚洲论坛开幕式主会场，线下品牌和产品充分露出。开幕式结束后，博鳌亚洲论坛秘书长李保东与vivo执行副总裁亲切会谈。

在新华网思客会，与专家学者进行高端对话。以"加强科技创新为全球经济复苏注入新动力"为主题，聚焦科技创新，就打造数字产业新生态、提升中国科技企业竞争力等问题，与中国（海南）改革发展研究院院长迟福林、中国财政科学研究院院长刘尚希、北京大学国家发展研究院副院长黄益平展开探讨。

在媒体技术沟通会上，积极讲解vivo的科技创新力。"市场是被创造出来的，科技创新是逆境压舱石""用户换机周期延长2倍，行业需要产品创新""技术革命将成为启动下一轮经济繁荣的金钥匙"等观点、金句被媒体热门报道。

来自新华社的媒体表示，以vivo为代表的中国高科技企业保持乐观、大胆创新、精进笃行。

在各传播阶段，项目组灵活选用传播形式，联合主流媒体，形成话语矩阵，形成颇具亮点的传播闭环，获得受众好评。

亲历者说 龚姝丽　胜加公关副总经理

很高兴能够和优秀的合作伙伴vivo一起把中国企业的创新精神用更有力量的方式讲给世界。在本项目中，我们要展现的不仅是vivo在产品或技术上的突破，更是中国企业对创新精神的信仰。因此，在2022年博鳌亚洲论坛上，我们不仅用vivo产品展示创新体验，更通过主流媒体场景化演绎、短视频形式深度阐述科技创新的长期主义精神，展现企业在长久坚持中所做出的努力和取得的成就。

案例点评

点评专家：董斌　科大讯飞股份有限公司品牌市场中心副总经理

手机这个对于当代人来说最重要的个人电子终端，其科技属性日益凸显。而vivo等中国品牌的科技创新力不断增强，推动着品牌不断向上突破，博鳌论坛这种国际舞台也成了vivo的绝佳主场。讲述科技创新故事，vivo做到了分人群、配场景、搭渠道，精细运作。对专家学者，其以高端论坛传播企业竞争力；对主流媒体，其以沟通会传播技术创新力。有科技长期主义的助力，相信vivo还会惊艳不止。

益达口腔健康计划^①

执行时间： 2001年－2022年9月5日

企业名称： 玛氏箭牌糖果（中国）有限公司（简称玛氏中国）

品牌名称： 玛氏箭牌中国

代理公司： 爱德曼国际公关（中国）有限公司

获奖类别： 2022金旗奖最具公众影响力企业公关传播金奖

项目概述

年青一代的口腔问题日益受到重视。让人们采用更科学、便捷的方法保护口腔健康，是玛氏始终努力的方向。玛氏积极在社区、学校开展口腔健康教育，形成了一套寓教于乐的口腔教育创新模式；另外，玛氏推出一系列创意科普互动活动，致力于帮助新一代提升口腔健康素养，养成四个爱牙好习惯。玛氏的这些行动，都纳入益达口腔健康计划。玛氏联合中华口腔医学会等权威机构，持续助力中国口腔健康教育发展，致力于让年轻人绽放健康、自信的笑容。

益达口腔健康计划帮助养成四个爱牙好习惯

项目策划

益达口腔健康计划聚焦核心群体，携手口腔权威机构和专家，在社交媒体上推出创意

---

① 本文中所涉及的视频及照片，玛氏箭牌糖果（中国）有限公司均已得到被拍摄者的使用许可。

内容，唤起不同圈层对口腔健康的关注，帮助 Z 世代年轻人、α 世代儿童和家长以及其他公众了解更多口腔知识。

1.目标

秉持未来始于当下的理念，益达口腔健康计划不断探索口腔教育的创新模式，以趣味科普的形式和创新的传播载体，向公众普及科学口腔健康知识。

2.受众

Z 世代年轻人、α 世代儿童和家长、其他公众。

3.整体策略

玛氏中国与中华口腔医学会、中国牙病防治基金会等权威学术机构合作，与多位专家 KOL 等合力提高项目可信度。基于过往在口腔教育模式上的积累，益达口腔健康计划与中华口腔医学会联合启动了"口腔健康教育创新·闪耀计划"，为学龄儿童打造集教授、实验、互动、视听、体验于一体的多元创新课堂。

在消费者传播领域，益达口腔健康计划聚焦不同群体，在社交媒体上推出创意内容，唤起不同圈层对口腔健康的关注。针对 Z 世代年轻人和 α 世代儿童，益达口腔健康计划采用不同的科普形式和趣味载体，帮助年青一代了解更多口腔知识。

4.内容创意

（1）全新的社交语言：以年轻态的内容构建新的话语体系，用趣味化的表达方式与年轻消费者沟通。益达口腔健康计划联合果壳发起"职新进击，嚼出我的范"活动，把职场"萌新"们的情绪以有趣的植物呈现，让大家能够轻松地认识初入职场的焦虑。

（2）全新的传播载体：为了让口腔健康教育更富趣味性，益达口腔健康计划以图鉴和文创产品为载体，进行"沉浸式"科普，从《爱牙总动员》画册、《健康口腔从保护牙齿开始》折页到趣爱牙饭盒和《齿间观潮记》科考本，让晦涩难懂的知识变得生动易懂，潜移默化地提升了孩子们的口腔保健意识。

（3）全新的互动形式：益达通过线上、线下的不同尝试，将"有范"全方位地呈现给年轻人。在线上，益达联合微博、抖音、B站等平台，打造全新营销模式，诠释"嚼出我的范"主张；在线下，益达与饿了么巧妙地打造了"送饭更送范"的创意，联动全家便利店推出"有范套餐"，多元化互动模式符合了年轻人的价值理念，更与他们建立起深层次的情感连接。

5.媒介策略

（1）矩阵传播，激活流量池：以微博、微信、B站、抖音等年轻人喜爱的社交平台为媒介，通过多样互动提高活动声量，与目标受众建立全方位的联系。

（2）借助权威背书，提高美誉度：积极与中华口腔医学会等机构合作，与口腔蓝V和诊所、网红牙医号以及趣味科普号联手，将权威建立在专业性上。

6.传播规划

（1）益达口腔健康计划以公益节日为切入点，通过主题式宣传唤醒公众的口腔健康意识，如在3·20世界口腔健康日发起"口腔健康，嚼出自信范"活动，在5·25大学生心理健康日以创意科普助力年轻人重塑职场状态，在9·20全国爱牙日以"闪耀吧，爱牙创想家"活动响应主题。公益日作为关键的传播节点，有利于扩大声量，吸引受众关注，从而更好地推广口腔健康知识。

（2）公益活动的主要受众是 α 世代儿童和 Z 世代年轻人。在传播过程中，受众占据着中心地位，必须用他们习惯的语言风格与其进行沟通，利用传播平台的特点，让传播效果最大化。益达在年轻人聚集、以 UGC 见长的 B 站对口腔健康科普进行了一次全新探索。活动充分调动了年轻人的共创热情，掀起了公益热潮，一个月内收到5000多份科普作品投稿，涉及生活区、动画区、舞蹈区等多个领域。益达将这些创意作品整合成公益创新爱牙课，推广到全国的小学课堂中，实现了内容传播与人群覆盖的双赢。

项目执行

益达口腔健康计划自启动以来，一直探索如何以趣味、创新的形式与大众沟通，践行向大众推广口腔健康知识的使命。

益达口腔健康计划联合中华口腔医学会在B站发起"闪耀吧，爱牙创想家"公益创作行动

（1）在2022世界口腔健康日当天，益达与中华口腔医学会联合发起线上科普活动，通过海报接力、直播科普、线上问诊等一系列互动，号召大家行动起来，养成口腔护理好习惯。

（2）为响应我国第34个全国爱牙日，益达联合中华口腔医学会，在B站发起"闪耀吧，爱牙创想家"公益创作行动，支持"10后"小学生高能创想，同时邀请年轻人加入科普创作投稿队伍。各领域UP主积极参与趣味创作，形成了B站跨区公益行动的新范本。

（3）2022年，玛氏中国与中华口腔医学会共计举办3000多场讲座，触达人群超50万人，口腔健康教育得到进一步发展。

项目评估

1.效果综述

益达连续多年深入课堂和社区，向全国100余万名小学生开展口腔教育，为偏远地区儿童送去口腔健康知识课。为吸引新一代年轻人，益达利用微博、抖音、B站等平台，借助公益节日主题，将健康理念传递给更多消费者。

2.受众反应

在B站的爱牙日公益视频中，"10后"孩子们提出了一个个妙趣横生的爱牙创想。如今孩子们的自我意识更强，益达口腔健康计划从他们渴望表达自我的个性出发，创造出兼具趣味性和传播性的内容，让世界听见他们的声音。

3.市场反应

自2001年进入中国以来，益达在社区、学校持续开展口腔健康教育，累计向5210多万名学生传递了口腔健康知识。此外，益达借助年轻人喜爱的社交平台进行精准传播，践行更有效的口腔健康教育，收获大众、媒体乃至官方的认可。

4.媒体统计

2021年，"爱牙有范，笑容很赞"活动在微信、微博、知乎、B站共获得3.94亿次曝光和342万次互动，其中，公益视频观看量达到13400000次。

2022年世界口腔健康日，口腔健康科普节目《嚼嚼者脱口秀》上线，播放量达28500000次，话题浏览量达19000000次。

益达口腔健康计划助力"健康口腔助成长"示范课落地西藏

亲历者说 叶文君　玛氏中国企业传播负责人

秉持着未来始于当下的企业愿景，玛氏中国一直积极与口腔专业机构、教育机构等合作，助力保护大众口腔健康。我们希望通过向更多人普及口腔健康知识，帮助他们养成良好的爱牙习惯，尽己所能守护更多人的健康口腔和自信笑容。

案例点评

点评专家：吴志远　华中师范大学自媒体研究中心主任，湖北省自媒体协会会长

作为一项持续多年的公关活动，益达口腔健康计划走在一条正确的路上。就该项长期公关活动的内涵而言，其选择的是大众都关心的口腔健康问题，这与益达的产品理念高度相关。品牌以说服策略中的喜好模型为桥梁，实现了将公益感转移到品牌上的效果。而益达长期、持续的公益营销，更是强化了这一效果。奉行长期主义的品牌，往往也是极具生命力的品牌。

伊利冬奥火炬手传播

执行时间：2021年12月3日—2022年2月25日
企业名称：内蒙古伊利实业集团股份有限公司
品牌名称：伊利
代理公司：北京浙文天杰营销科技有限公司
获奖类别：2022金旗奖最具公众影响力企业公关传播金奖

项目概述

2022年北京冬奥会，是双奥中国的高光时刻，也是双奥伊利的高光时刻，更是全体伊利人的高光时刻！火炬传递之际，打造伊利火炬天团概念，借助公关事件营销手法，深挖每个火炬手背后的品质故事，鲜活地展现他们在平凡岗位的不平凡坚守，以典型人物讲好品牌故事，展现伊利品质。

目标：讲透讲实伊利好品质，进一步强化伊利与奥运的联系，塑造伊利有情怀、有担当、值得信赖的企业形象。

项目策划

1. 实施策略

借助权威媒体传播高度，深度挖掘人物故事，树立典型人物，塑造企业品牌奥运情怀及品质坚守形象，以《人民日报》为核心阵地，推出系列专题，深度讲解品牌故事，大量官方媒体外围配合，实现传播效应再扩散。

借助时尚媒体，视觉化呈现伊利火炬手群像，进一步强化新闻类内容的新颖性，以差异化手法"杀"出火炬营销重围。

2. 核心创意

用一个闪亮的方式表达企业10余年的默默耕耘与奥运积淀，打造以伊利人为核心的伊利火炬天团。

3. 传播主题

（1）奥运火炬之光·奥运品质之光：与光同行，光是奥运火炬之光，也是伊利人心中的信仰，表现伊利对卓越品质的追求。

（2）"你"是奥运，也是万千消费者：坚守为你，是为万千消费者坚守，也是为每次奥运盛会的坚守。

4. 内容规划

内容要有深度，情怀切入：品质为根，以10余年携手奥运的荣耀之路进行情怀切入，紧扣奥运品质，产出深度内容夯实心智建设。

资源要权威，守正出新，做出差异，以权威媒体为核心内容主阵地，借助时尚媒体制造话题，形成具有破圈影响力的事件。

一个传播主题，全域发力：与光同行 坚守为你。

项目执行

三大核心动作打造火炬传递最强音。打造一个核心阵地：以《人民日报》为核心阵地，推出系列专题策划内容，讲透10余年奥运品质坚守，大量官方媒体外围配合，实现传播效应再扩散。打造一个创新内容：跨界联合时尚杂志，视觉化呈现伊利火炬手群像，进一步增强新闻类内容的新颖性。打造系列即时营销：跟随火炬传递进程，实时产出纪实类短视频，让全员第一时间感受火炬传递风采。

项目评估

在冬奥及春节关键节点，引发全民关注讨论，项目整体曝光量超4亿次、互动总量超3000万次。GQ实验室头条、GQ报道头条阅读量超十万次；激发大量优质评论及UGC。

亲历者说 徐晨曦　本项目文案副总监

本项目从筹备到执行，我们与伊利品牌部相关团队及时沟通想法、遇到困难合力克服，全力打磨方案并高效执行。从方案初始阶段的各环节创意，到执行阶段大量采访并输出稿件等，本人有幸全程参与其中。特别是对伊利火炬手（21人次）的采访，他们关于品质与责任的生动故事让我多有感触。最终我们将这些故事通过权威媒体展现出来，传递出伊利的奥运品质，夯实了企业的品牌形象，打造了可流传的奥运公关资产。

案例点评

点评专家：胡远珍　湖北大学新闻传播学院教授

伊利作为中国乳业的龙头企业，从成立到现在，品牌已具有国际影响力。其品

牌战略有一条清晰的轨迹，善于抓住重大事件，借势开展整合营销传播。本次传播可谓主题立意高、价值挖掘深、关注面广、影响力大。"与光同行，坚守为你"的主题口号，字字珠玑、内涵丰富；隽永深刻、时代感强，巧妙诠释了企业发展、品牌价值，融于强国健民的时代潮流中的理念，且一语双关。以事件传播策略，充分利用具有全球关注度、国际影响力的冬奥会火炬传播重要时机，借势发力。十余位伊利火炬手的现场传播、《人民日报》的权威报道、GQ实验室的分层传播、时尚人物海报设计等，形成了事件叠加、多方联动、高端大气、影响深远的整合营销传播效应。

当一个企业和品牌在声誉、价值、形象等方面，已经具有影响力，在战略传播上，如何把握时代跳动脉搏、勇立时代发展潮头，与国家发展和人民健康需求合拍，不断创新传播理念和传播方式？无疑，伊利给了我们很好的启示，本次传播是一次堪称完美的示范。

GOLDEN
FLAG
AWARD
金 旗 奖

2022
—
金旗奖最具公众影响力
市场公关传播金奖

◣ "向阳的力量"脊髓性肌萎缩症（SMA）患者获益传播①

执行时间：2021年8月1日—2022年8月15日

企业名称：渤健生物科技（上海）有限公司

品牌名称：渤健中国

代理公司：释宣公关

获奖类别：2022金旗奖最具公众影响力市场公关传播金奖

项目概述

SMA是一种可导致患者严重肌无力、肌萎缩的罕见病。本项目紧扣2021—2022年SMA疾病领域的相关政策和新闻热点，同时，与美儿SMA关爱中心合作，项目贯穿SMA患者"筛、诊、治、保"诸多环节，不仅关注疾病诊疗与保障，更将落点触及SMA群体的长期发展与回归社会议题，在真正意义上实现了"连接患者、服务患者、赋能患者"的路径设计。

"向阳的力量"向日葵主题形象标识

项目策划

1. 目标

（1）疾病层面：全面提升公众对SMA疾病的认知，在大众层面展现SMA患者群体积极

---

① 本文中所涉及的视频及照片，渤健生物科技（上海）有限公司均已得到被拍摄者的使用许可。

向上的整体画像。

（2）产品层面：迅速传播并有效推动药物可及性的提升，利好更多患者。

（3）患者层面：联动多方社会力量，从"筛、诊、治、保"到成长教育等，全方位辅助与指导SMA患者，帮助其提升健康水平、步入社会，实现人生价值。

2. 整体策略

（1）凸显中国SMA及罕见病治疗领域的飞速发展。

（2）切实以患者为中心，以"服务患者、连接患者、赋能患者"为路径设计，串联起SMA患者群体"筛、诊、治、保"等环节，实现闭环。不仅关注前期治疗与保障，更是将目光触及SMA患者的长期发展与回归社会议题。

（3）收集患者获益的真实案例与数据，邀请国内SMA领域的权威专家参与，通过视频、图文、深度报道等方式，联动主流媒体，在微信、抖音、微博等新媒体和短视频平台进行传播，扩大影响力。

3. 受众

SMA患者及家庭、SMA领域专业人士、其他公众等。

4. 内容创意

（1）项目顶层设计围绕"以患者为中心"，通过患者组织了解群体洞察。在项目设计阶段，首先与患者组织共同开发、设计了"向阳的力量"向日葵主题IP，突出"向阳的力量"对SMA患者群体的重要性。该标识得到患者组织和患者群体的广泛认同，运用在各项主题活动及物料中，向日葵亦成为SMA患者的群体画像。与患者组织深入探讨，策划推出体现患者运动里程碑和人生首次经历的"人生第一次"患者影像故事系列。关注SMA患者在实际生活中面临的痛点，邀请国内神经领域的专家进行多样科普，以帮助患者树立早诊早治的正确观念。

《SMA学龄患者入学指南》发布会海报

（2）关注患者长期发展，发布《SMA学龄患者入学指南》。在诊疗的基础上，关注SMA患者未来的长期发展。《SMA学龄患者入学指南》是一个积极且富有成效的探索，实际帮助解决SMA学龄患者所遇到的入学问题，兼具理论和实践指导价值，也是跨领域、多学科的合作成果。从"病人"的视角中跳脱出来，关注患者社会角色与社会功能的塑造，帮助SMA患者更好地享受教育权利，促进其向"社会人"转变，实现了疾病领域关注点的向前延伸与升级。

《SMA学龄患者入学指南》的编撰与发布，不仅帮助SMA患者群体解决了现实难题，让他们树立人生信心，同时也是中国罕见病领域关注到患者入学问题的指南，对于整个中国罕见病领域，有着积极的借鉴与参考意义。

项目执行

项目前期基础调研与评估（2021年8月—10月）：联合患者组织在患者群体中展开调研，了解相关疾病治疗负担，探讨SMA等罕见病的治疗药物纳入医保的可能性。

项目发起（2021年11月—12月）：与主流媒体、患者组织等多方沟通，共同策划并发起项目。

患者获益体现&专家疾病科普（2022年5月—7月）：联合国内顶尖神经内科教授，通过视频、图文等方式积极为SMA的纳保、治疗及疾病科普发声，并通过主流及社交媒体向大众进行疾病科普，提升SMA患者对诊疗路径和治疗获益的认知。

赋能患者长期发展（2022年7月—8月）：结合国际SMA关爱日，支持患者组织美儿SMA关爱中心发布中国罕见病领域关注患者教育与长期发展的指导手册——《SMA学龄患者入学指南》，帮助SMA学龄患者及家长解决实际入学问题，亲身参与并体验社会化过程，从而实现人生目标和自我价值。

项目评估

项目真正实现了医患群体、企业等多方共赢的目标，印证了对"健康中国，一个都不能少"的坚定承诺，让SMA从"罕见"走向"大众"，以富有深度、温度和人文洞察的多角度内容和全方位的媒体传播矩阵，吸引知名神经领域专家、主流媒体、患者组织和患者群体广泛关注、认可和深度参与，在行业中成为标杆。

近30位国内各地顶尖的神经内科教授以视频、图文等方式为SMA的纳保、治疗及疾病科普积极发声，这对提升中国SMA临床治疗水平尤其是基层或偏远地区医患认知有着积极意义。

据专家分析，2022年1月—9月，诺西纳生钠新增患者人数超过前一年同期的10倍。[1]

---

[1] 数据来源：《黄华波：持续完善医保药品目录准入，破解罕见病用药"价格贵"问题》，https://mp.weixin.qq.com/s/TxlcvTvdGKowkGt5uKP55A。

该公关传播项目共计产生原发报道5000余篇，相关微博话题阅读量超过5000万人次，科普视频播放量近40万人次，患者故事深度报道观看量达250万人次，项目传播总触达2亿人次以上。

央视新闻、新华社、中新社、《人民日报》、《光明日报》、《中国日报》、学习强国等权威媒体，澎湃新闻、《南方周末》、《中国新闻周刊》、《新京报》等主流大众媒体，第一财经、界面新闻、《21世纪经济报道》等财经媒体以及全国各地市主流媒体，纷纷广泛发布报道。

亲历者说 **邢焕萍　美儿SMA关爱中心执行主任**

在过去的几年，SMA从曾经的无药可用到有药可医、有医可保，这一切变化都令人欣喜和振奋。美儿SMA关爱中心是密切联系患者、服务患者的组织，我们很荣幸能和医疗机构及企业等一起，参与并见证这个历程。我们相信，患者在药物可及性不断提高并获得更好身体机能的同时，也能不断走向社会，实现人生价值。我们期待未来这个"小群体"能真正融入我们的"大社会"，让无力者越发有力，让罕见病不再罕见。

案例点评

点评专家：张宁　中国新闻史学会公共关系分会副会长，中国高等教育学会公共关系教育专业委员会副理事长，中山大学传播与设计学院教授、博导，中山大学公共传播研究所所长

医药企业的营销传播往往会被要求较高的公共性和公益性，无法在商业逻辑上过多渲染，这是此类传播的难点。本案例以具体病例为切入点，找到消费者和市场的痛点，设计了层层递进、信息密集、结合热点、传新闻讲故事的传播策略和逻辑清晰的传播过程，让整体传播有药企的品牌亮点，也是一次不折不扣的健康科普社会宣传，体现了较好的公共性，无论是在公众的信息认知层面还是媒体的公共传播层面，都收到了很好的效果。

● 2021柏瑞美PRAMY品牌力提升项目

执行时间： 2021年5月1日—9月19日
企业名称： 上海礴原电子商务有限公司
品牌名称： 柏瑞美PRAMY
代理公司： 上海原数民数字科技有限公司
获奖类别： 2022金旗奖最具公众影响力市场公关传播金奖

项目概述

柏瑞美PRAMY自2014年起深耕专业级彩妆领域，将彩妆工艺与科技融合，持续打造多款口碑爆款。2020年起，定妆领域成为美妆界新的必争之地，柏瑞美PRAMY为了使品牌能够长期持续发展，进行品牌建设，这是柏瑞美PRAMY提升品牌力的必经之路。2021年5月至2021年9月，柏瑞美PRAMY塑造了专业定妆领域领导品牌形象，并通过不同的内容输出和传播组合打法提升综合品牌力。

项目策划

1.传播策略

通过一系列媒体组合（"美妆行业垂直媒体＋新消费观察媒体＋时尚／女性／生活类媒体＋楼宇媒体"）和内容组合（"核心内容信息输出＋品牌宣传片＋品牌大使传播＋新品立体书"），传达柏瑞美PRAMY品牌本身对于"专注、探索、动能"的至臻追求。

（1）多种形式，深化内容吸引能力：2021第二十六届中国美容博览会（简称美博会）上，柏瑞美PRAMY通过现场邀请媒体接受采访等将信息第一时间传递给品牌合作方、美妆同行及核心媒体；与不同类型的核心媒体合作深度专访稿件，传递品牌不同方向信息传递诉求；签约第一位定妆家族品牌大使，拍摄并制作宣传片；制作立体书礼盒，寄送不同领域达人，形成关注。

（2）多元阵地，放大内容穿透效果：除了媒体报道传播外，微信、微博、抖音、视频号等宣传同步进行，照片直播平台更是实时更新内容；柏瑞美定妆家族品牌大使官宣信息在五大社交平台微信、微博、抖音、小红书、快手同时发布，不同版本宣传片覆盖北京、上海、杭州、深圳、苏州五大城市核心写字楼，进行分众传播，触达目标消费人群、美妆从业人士、头部MCN机构等；2021年7月—8月，立体书礼盒项目聚焦微博和小红书平台，为品牌影响力提升、新品上市造势。

（3）多轮扩散，强势"攻"占受众心智：2021年7月—9月，正是夏日炎炎定妆产品高频使用的时间段，品牌宣传片进行了3轮定向传播投放，将传播阵线拉长，加强受众记忆度。

2. 内容创意

（1）第一位品牌大使：2021年6月，柏瑞美PRAMY签约世界台球冠军潘晓婷为柏瑞美定妆家族品牌大使，强强联合开始了一场冠军VS冠军的合作。

潘晓婷在台球事业上不断挑战自己，做到极致，这与柏瑞美PRAMY在定妆领域"专注、探索、动能"的品牌理念十分匹配。

身为世界冠军，潘晓婷的"专业性"毋庸置疑，这与柏瑞美PRAMY强调的"专业定妆领域领导品牌"形成强势捆绑。签约之时，正值东京奥运会开幕前期，"运动员""冠军"等标签正是热点，潘晓婷自带的热点属性为品牌传播形成极大助力。

（2）第一支品牌宣传片：柏瑞美PRAMY第一次尝试使用品牌宣传片，宣传片主要展示了定妆家族新的品牌大使潘晓婷以及柏瑞美新品。

（3）第一份新品立体书礼盒：围绕柏瑞美新品——多维修护定妆喷雾上市，匠心设计了立体书礼盒，进行产品亮点展示和研发故事生动讲述。立体书礼盒外表精致美观，并且以互动式立体书的方式呈现核心修护因子，讲述产品故事。

3. 媒介策略

（1）深度专访，不同角度深挖：在柏瑞美PRAMY核心媒体品牌专访中，我们选择了3家不同侧重的专业头部自媒体（聚美丽、浪潮新消费、品观），以达到提升柏瑞美PRAMY在美妆垂直领域提升品牌力的目的。

（2）大使官宣，全平台联动：2021年7月11日，在柏瑞美PRAMY官方微博平台发布定妆家族品牌大使悬念海报，7月12日起，同步在微博、微信、抖音、小红书、快手平台官宣，并按照不同平台属性，发布官宣海报、不同时长版本的品牌TVC，同步联动潘晓婷官方账号。

项目执行

（1）美博会，品牌形象全面升级后的行业首次亮相。

2021年5月美博会，是柏瑞美PRAMY品牌形象全面升级后的行业内首次亮相，其间同步进行线上照片直播，接受多家专业媒体现场采访，发布多篇活动报道。

（2）深度专访，不同角度提升品牌力。

2021年6月底至7月初，柏瑞美PRAMY选择聚美丽、浪潮新消费、品观3家不同侧重角度的专业、头部自媒体合作，接受深度专访，有效提升柏瑞美PRAMY在美妆垂直领域的品牌力。

（3）品牌大使官宣，联动全平台传播。

2021年7月11日—12日，微信、微博、抖音、小红书、快手五大社交平台官宣柏瑞美定妆家族品牌大使，联动潘晓婷社交账号。

2021年7月28日，柏瑞美PRAMY两款明星爆款产品进入潘晓婷淘宝直播间并获得推荐。

2021年7月至9月，通过分众多媒体屏幕，传播覆盖北京、上海、杭州、深圳、苏州五大城市核心写字楼，对高端人群、专业美妆时尚从业人士、头部MCN机构进行传播覆盖以及精准投放。

（4）礼盒送达，达人推荐，为新品造势，提升影响力。

2021年7月至8月，立体书礼盒项目核心聚焦微博和小红书平台，旨在为品牌影响力提升、新品上市造势。

项目评估

（1）美博会至臻首发，专业媒体报道蓄力品牌热度提升：2021年5月12日至14日美博会期间，柏瑞美PRAMY"时光空间站"概念设计惊艳亮相展台，展会现场接待多家专业媒体采访，累计54家媒体进行了活动报道，涵盖美妆垂直类、时尚女性类、综合门户类等多个领域。同时，活动期间同步进行线上照片直播，观看人数超3000人，并制作了3个现场快剪视频，通过社交媒体发布，进一步扩大了传播效果。

（2）品牌大使官宣，全新TVC上线实现传播效果最大化：2021年7月11日，围绕柏瑞美PRAMY定妆家族品牌大使潘晓婷官宣计划，针对不同平台属性规划多样物料（预热海报、TVC、平面大片），以话题#挑战不设限#展开线上宣传推广动作，发布平台包括微博、微信、抖音、快手、淘宝直播等，并联动潘晓婷官方账号，截至2021年8月31日，传播总互动量近240万次。

其中，品牌TVC以微博为主要传播渠道，曝光量超126万次。同时，线下迅速跟进，采用分众广告投放传播形式，充分利用电梯场景进行传播，精准覆盖人群6300万以上。

随着热度的持续发酵，潘晓婷携柏瑞美PRAMY两款明星产品发起专场直播，同时邀请刘维等人气嘉宾助阵，截至2021年8月17日，直播观看量超70万人次，点赞量达15.4万次，进一步提高了品牌声量。

（3）深度稿件传播，头部媒体专访提升品牌行业影响：2021年7月13日至7月14日，结合柏瑞美PRAMY新品上市事件进行品牌深度稿件传播，涵盖时尚、美妆、女性向、品牌向、综合门户、生活方式类等共计56家媒体。

与此同时，为精准辐射受众群体，提升柏瑞美 PRAMY 在美妆垂直领域的品牌力，联动美妆、新消费类行业头部自媒体——聚美丽、浪潮新消费、品观，从不同角度对柏瑞美 PRAMY 进行专访，深度解读品牌理念及明星产品细节，共发布4篇专访稿件，总阅读量超2万人次。

（4）新品礼盒内容种草，成功撬动品牌声量爆发：柏瑞美 PRAMY 始终秉承专注、探索、动能的至臻追求，精选了与品牌基因相契合，遍布美妆、演艺、运动、设计等专业领域的60余位 KOL 合作。柏瑞美新品多维修护定妆喷雾立体书礼盒，最终实现了40余次优质内容露出，覆盖六大社交媒体平台，总曝光量破1200万次，互动量破4万次，并收获诸多好评反馈。

亲历者说 黄松　上海原数民数字科技有限公司创意总监

打造柏瑞美 PRAMY 第一支品牌 TVC，我们面临的挑战不仅是要为品牌打下视觉风格基础，还要体现出尽可能多的信息，包含品牌历史、经典系列、新品上市、代言人背书等。在前期创意构思中，我们从品牌的 Logo 和核心的产品技术出发，结合潘晓婷的职业身份，联想到球形的视觉元素。无论是美术置景创意还是 CG 画面从台球转化到分子再转化为品牌 Logo，整个过程都十分顺畅地将人、产品、品牌有机联系在了一起。

案例点评

点评专家：马源源　UPM 特种纸纸业亚太区利益相关方总监

在品牌层出不穷、快速迭代的大环境下，如何使自身品牌脱颖而出并长期立足？产品本身过硬是前提。品牌主打的定妆喷雾优势突出，如何通过精准定位受众及有效方式传递品牌卖点是关键，要根植于消费者且带动重复购买。多种形式、多元阵地、多轮扩散是本案的成功要素，受众后续辐射效应更加稳固了品牌影响力，大量自媒体的真实测评更易产生共鸣，极具潜在消费影响力。

爱尔康轻澈日抛上市公关传播[①]

执行时间： 2022年3月—8月31日

企业名称： 爱尔康（中国）眼科产品有限公司（简称爱尔康）

品牌名称： 轻澈日抛隐形眼镜

代理公司： 北京明思力公关顾问有限公司上海分公司

获奖类别： 2022金旗奖最具公众影响力市场公关传播金奖

项目概述

爱尔康是全球领先的眼科医疗企业，其旗下轻澈日抛隐形眼镜率先在海外推出，获得消费者广泛好评。项目目标是扩大爱尔康轻澈日抛上市媒体传播声量，确保产品关键信息准确触达消费端。而主要挑战在于媒体对品牌相对陌生，竞品拥有更高的市场占有率和知名度。

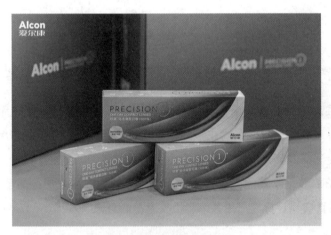

爱尔康轻澈日抛隐形眼镜

项目策划

1.内容创意

（1）核心创意：尽情玩，尽兴看。快节奏的都市生活中，年轻人的生活场景不停切换：

---

① 本文中所涉及的视频及照片，北京明思力公关顾问有限公司上海分公司均已得到被拍摄者的使用许可。

健身狂、铲屎官、机车党、咖啡大师等。用眼的时间越来越长，一款舒适且能持久舒适的日抛隐形眼镜，成为急需产品。爱尔康轻澈日抛，长效水润，助力"看"得尽兴，玩得尽情！

爱尔康轻澈日抛上市快闪店

（2）核心事件：上市快闪店（2022年7月29日至7月31日）。地点：广州天河区YCC天宜商场。

第一天：产品上市仪式、媒体发布会、乐队驻唱表演、手绘飞盘。第二天、第三天：全天开放试戴旗舰店、手工体验手工坊。

2. 公关传播策略

（1）种草期：埋下消费种子，垂直类媒体科普种草文进行消费者教育，引发好奇和关注。利用医学科普类KOL在微博扩圈，将眼球拟人化，从眼球视角出发，控诉三大场景下的"不适经历"；引出隐形眼镜选配核心要义；结合产品卖点，揭幕爱尔康新品。

（2）上市期：全面开花造势上市，整合传播渠道打通线上线下，占领消费者心智。

传播渠道：广州一线媒体、省市级电视台、生活方式媒体、微博KOL等。

传播规划：引流快闪活动——针对本地潜在消费群体，通过本地头部生活号"周末打卡地""潮流新品展"等产生活动吸引力，引流线下快闪店；发布日传播——22家媒体到场参加发布会，会后报道产品上市，场外媒体同步发布新闻通稿，提高核心信息全网声量；电视台黄金时段播出品牌负责人采访片段，辐射大湾区人群；微博时尚达人、美妆达人打卡快闪店，产出试戴尝鲜内容。

（3）延续期：深度种草文，助力天猫大牌日，打造产品感性价值共鸣。核心信息：爱尔康是年轻化的品牌，懂得并乐于和年轻消费者沟通。传播渠道：一条公众号。植入产品卖点，发布天猫旗舰店促销预告。

3. 媒介策略

渠道组合：微信70%，微博30%。

投放形式：软文及线下打卡85%，转载15%。

目标受众触媒习惯：下午至晚间休息时间浏览微信长篇幅内容，零散时间浏览微博。

账号筛选策略：账号数据、目标受众重合度、平台标签。

微信："健康科普＋生活方式"账号，调性诙谐生动，200万～600万粉丝量，助力传播。

微博：以时尚、美妆、生活类拥有50万粉丝左右的账号为主，覆盖广州本地人群。

项目执行

（1）筹备期：2022年3月—6月沟通方案，分配预算，协调媒体、第三方资源。

（2）上市期：7月执行阶段，上市活动媒体、KOL邀请，媒体合作资源档期确认，上市活动整体执行。

（3）延续期：8月收尾阶段，配合天猫大牌日，合作媒体完成深度软文。

项目评估

1. 整体效果

项目以清晰的传播主线、扎实的执行达到上市活动理想传播声量效果。21家一线媒体和电视新闻的报道覆盖超过1000万人。和一条公众号合作的爆款软文，在C端扩大品牌声量，场景化叙事，生动讲述产品三大核心卖点，实现竞品区隔，形成专业领航的品牌认知，最终赢得C端、媒体、品牌三方认可。针对C端推出的深度种草软文，分别以产品核心卖点和核心人群与使用场景为切入点，锚定25—29岁一、二线城市白领女性消费者痛点，获得超10万次阅读和目标受众的积极反馈。上市后单月销售额超出预期220%。

2. 媒体统计

上市会参与媒体22家（人民网、中新社、《广州日报》、《21世纪经济报道》、《城市画报》、广东广播电视台、广州电视台等一线权威媒体参与）。原发报道23篇，场外发稿70篇。活动打卡KOL 5人，媒体合作软文4篇。总触达量：63590000人次。

亲历者说 **王思炜　明思力中国高级总监**

透明隐形眼镜在中国市场的渗透率逐年提升，消费心智提升的同时，品牌营销进入去中心化和场景化新阶段，一个爆品的传播效能可以带动品牌整体塑造。爱尔康是全球领先的眼科医疗企业，拥有尖端的生产研发技术，需要在市场中培养与其实力相匹配的知名度和清晰的品牌感知。此次重磅新品上市传播战役，我们紧扣"一个中心，三大特性"的思路，以明确的场景化叙事手法，突出产品三大卖点，先造势产品，并以此为突破口带动爱尔康企业品牌认知提升。

案例点评

点评专家：孟茹　浙大城市学院品牌与会展传播研究所所长

随着目标受众消费理念的转变与消费能力的提升，日抛型隐形眼镜产品具有较大的市场空间与发展潜力。本项目在充分市场研究的基础上，明确了产品的核心卖点与竞争优势，紧紧围绕利益点策划与消费者沟通的方式，分别从功能展示、价值认知与情感体验几个方面来塑造品牌形象。该品牌以整合营销传播的视角来策划公关活动，通过线上与线下渠道互动、传统媒体与新媒体相互配合、以消费者为中心设计传播与体验营销内容，赢得目标受众的理解与认同，取得了理想的传播效果。

■ 汉斯状®上市传播项目

执行时间：2022年3月1日—7月31日
企业名称：上海复宏汉霖生物技术股份有限公司（简称复宏汉霖）
品牌名称：汉斯状®
获奖类别：2022金旗奖最具公众影响力市场公关传播金奖

项目概述

2022年，复宏汉霖旗下汉斯状®（通用名：斯鲁利单抗注射液）获国家药品监督管理局批准。公司策划并开展了多元化的产品上市传播活动，多渠道、广维度传递产品核心信息，扩大声量，提升产品知名度，赋能品牌。

项目策划

1. 项目目标

打响产品上市首发营销，强化概念和差异化布局，助力其在同质化竞争中突出重围。同时，赋能公司品牌，进一步提升公司在业界和大众端的知名度、美誉度。

2. 目标受众

内科/外科医生、患者和患者家属、其他普通大众、投资机构、生物医药行业业内人士等。

3. 传播策略

此次传播采取"高举高打"的核心策略，结合不同受众属性和关注点，在传播内容和渠道方面做了规划和区隔，进行密集传播。通过公司传播平台（公众号、官网、公司内网等）及外部渠道，强势输出产品差异化优势，塑造品牌良好形象，提高产品影响力。

项目执行

（1）预热：内部传播——策划内部访谈，以人物为中心，挖掘汉斯状®从研发到商业化背后的故事，提高公司内部对汉斯状®的认知和关注度。外部传播——策划医学媒体专家访谈，报道多场专家咨询会，从临床的角度为产品的高品质背书。

（2）获批：汉斯状®获批期间，以产品核心信息为主要抓手，以新闻稿、深度稿、长图文和视频等为载体，在公司传播平台及外部渠道宣传，最大化产品和公司的影响力。

（3）首批发货＆首处方：汉斯状®获批后一周内即完成首批发货和全国首处方落地。以视频和文稿记录的情况，凸显复宏汉霖保障患者用药的决心和令人赞叹的"汉霖速度"，提升产品和公司的美誉度。

（4）持续宣导：获批后迎来汉斯状®上市会等里程碑，以这些重大事件为传播重点，持续输出汉斯状®核心信息和优势，以主动传播、专家访谈等手段，进一步提高产品在业内的知名度和信任度。

项目评估

1.效果综述

围绕汉斯状®获批上市，广渠道、多形式传播，产品和公司在医患和大众、资本市场等目标群体中获得了较高的关注和良好的口碑。

2.传播亮点

汉斯状®上市传播项目可以用节奏性强和多元化来形容，从预热、获批、首批发货、首处方落地再到持续宣导，市场热度和声量不减。除了传播渠道多样，项目组针对不同受众属性，从民生、医学、行业等角度对项目进行了全面宣传和解读，推动项目传播效果最大化。值得一提的是，项目组联合奇点网、混知、视知等专业科普平台，共同策划推出了丰富、生动的内容，向公众普及医学新概念，引发广泛关注和传播。

部分报道媒体

3. 媒体统计

从传播的角度助力产品迅速打开市场，持续打造复宏汉霖国际化创新制药企业形象，提升公司品牌影响力。从整体的传播数据来看，传播期间全网舆情报道13569条，可统计曝光量达10161683次，广泛覆盖大众媒体、行业垂直媒体、医学媒体、财经媒体等。

4. 市场反应

外界普遍看好汉斯状®的获批上市，认为其差异化优势进一步填补了未被满足的临床需求，也为当下中国创新药突围提供了启发。

亲历者说 王燕 复宏汉霖董事会秘书&公众传播执行总监

此次传播项目打响了产品的上市首发传播，塑造了复宏汉霖独有的品牌，更进一步提升了公司在业界和大众端的知名度和美誉度，为公司传播树立了新标杆。

项目团队通过周密规划，紧密协同市场部、销售部等团队，从传播的角度为品牌赋能。我们希望产品未来之路越走越宽，为更多患者带去生存希望。

案例点评

点评专家：徐俊 资深企业传播专家，伟达公关中国区原首席执行官

从医疗健康专业传播的角度看，本项目是个教科书级的成功项目，目标清晰、受众识别全面、产品定位信息精准涵盖企业自身与不同利益相关方的诉求，并由此围绕节点，运用有效的媒体关系、内容和渠道传播策略，展开各有侧重、科学严谨的传播举措。该项目实施严谨、执行精良，成功体现了产品优势，树立了良好的企业品牌和产品品牌形象。

华熙生物合成生物科学馆

执行时间：2022年4月10日—9月20日

企业名称：华熙生物科技股份有限公司

品牌名称：华熙生物

代理公司：北京非彼群策品牌管理有限公司（简称非彼）

获奖类别：2022金旗奖最具公众影响力市场公关传播金奖

项目概述

华熙生物合成生物科学馆坐落于华熙生物合成生物技术国际创新产业基地（北京大兴），建筑面积近1000平方米。该科学馆由华熙生物主导建成，旨在帮助公众提升对生命科学前沿技术的认知，进行全民科学素质教育，搭建合成生物产业上下游合作伙伴沟通与连接窗口，成为国内生物科技新地标。

华熙生物合成生物科学馆1

项目策划

1. 项目背景

（1）合成生物市场前景良好：我国《"十四五"生物经济发展规划》多次提及"合成

生物学"。合成生物学有望解决气候变化、能源安全、粮食安全等重大问题。

（2）华熙生物战略布局合成生物：华熙生物2021年成立了山东省生物活性物合成生物学重点实验室，并于2022年在北京建成了合成生物技术国际创新产业基地，承担多个国家重点项目，成为合成生物领域当之无愧的领军企业。

2. 项目目标

（1）全民科学教育，提升公众对合成生物的科学认知。

（2）强化华熙生物科技力形象，增强企业影响力。

3. 项目策略

以华熙生物合成生物科学馆为承载，明确华熙生物在合成生物学领域的站位，同时依托微博等社会化媒体平台，紧跟热点，借高考志愿填报热议话题切入，为全民深度科普合成生物技术发展和未来前景，强势绑定华熙生物与合成生物前沿技术，强化华熙生物科技企业形象。

华熙生物合成生物科学馆2

4. 内容创意

以"地球"作为展馆视觉核心，利用科普视频、文献史料、仿真模拟、沉浸空间等多种形式，通过追溯-地球的碳息、黎明-认知生命、新生-合成生物学、重塑-地球资源、未来可期-未来已来5个展览单元，全景化展示合成生物学的相关知识及对未来美好的想象，展馆内容关联衣食住行医用等方面，让大家在生活中处处感知合成生物的存在，帮助公众快速了解相关专业内容。

5. 媒介策略

以微博平台为主阵地，头条新闻、新浪教育等微博官微矩阵引导公众认知，中国新闻周刊、每日经济新闻等媒体账号进行专业报道和站台背书，呼吁企业蓝 V 等关注并参与合成生物相关话题，同时校园官微矩阵和各个领域达人、专家各抒己见，憧憬合成生物的未来。

6. 传播规划

（1）第一阶段：借势高考，引导认知。6 月 20 日，华熙生物联动微博多个垂直类账号发起主话题＃合成生物有多神奇＃、校园和教育类话题＃用一句话推荐你的专业＃＃报考合成生物的 N 种可能＃＃报考合成生物拿捏三高＃。6 月 27 日，微博官方媒体发布《热浪来了》街头采访大学生视频，带动科技认知。同时，微博直播间与华熙生物高层及生物科技领军人物连麦直播，开启星选任务活动，激励普通用户参与讨论。6 月 20 日－7 月 3 日，联动各大高校，分享择校求职干货。新浪新闻聚焦高考志愿热点，生物科学志愿前景引发社会关注，品牌顺势进入大众视野。新浪教育联动领域内具有影响力的博主，分析生物科学专业前景。

（2）第二阶段：展馆落成，探馆引爆。8 月 30 日，科学馆落成，KOL 发布探馆 vlog，微博构建线上科普云展馆，通过星选任务活动激励用户参与合成生物趣味答题，带动用户走进合成生物科技世界。9 月 7 日，光明网发布科学馆报道，以新闻与产业双视角深化用户认知。同时，官方账号第一时间梳理科学馆干货，带动合成生物科普。9 月 8 日－9 月 18 日，泛知识类大号联合发布科学馆图文亮点，科普大 V 解读合成生物相关内容，各层级参与者构建科普矩阵，共同扩大合成生物影响半径。

项目执行

项目于 4 月初开始策划执行，特别邀请新加坡建筑师进行空间建筑设计，中国科学院教授担任合成生物学顾问指导，保证科学馆内墙体文字及科普视频等内容专业、严谨。

作为一座展示前沿科技的科学馆，华熙生物合成生物科学馆采用墙体打印文字、投影、CAVE 空间、霍尔沃兹互动板块、生态置景、摆放道具、科普视频等多种表现形式，所展示的内容也更加科学、严谨。项目组通过与各施工方紧密配合、积极沟通，最终于 8 月 30 日令科学馆正式开馆。开馆前（6 月 20 日－7 月 19 日），在微博平台进行推广传播；正式开馆后（8 月 31 日－9 月 18 日），进行合成生物第二阶段微博传播。

项目评估

1. 效果综述

华熙生物合成生物科学馆建成后获得各方关注，数十家媒体纷纷报道，在生物科学领域获得业内人士的一致好评。

2. 传播效果

在微博平台，借助高考热点，实现全民科普和科研先驱的同频共振，从选择志愿到建成科学馆，助力华熙生物引爆合成生物学全民认知。微博平台五大话题总阅读量突破8.38亿次，总讨论量突破12.8万次。#合成生物有多神奇# #报考合成生物的N种可能# #如何填报一个有潜力的志愿#三大话题荣登微博热搜榜单第3名、视频热榜第1位、要闻榜最高第4位。在华熙生物高层连麦生物科技专家的直播中，超过500万名网友涌入直播间，掀起云端互动热潮，广大网友种草合成生物学、点赞华熙生物。

3.媒体反应

获得微博官微矩阵、媒体账号矩阵报道，吸引10余家企业关注，400多个校园官微和达人发表观点，参与合成生物学相关话题讨论，同时，聚集20多位知识类博主，科普合成生物学行业价值，传播圈层覆盖医疗、公益、科技、企业高管、时尚、生活、教育、财经等领域。

亲历者说 付丽婷　非彼策划

作为本项目的策划，我非常荣幸能够从头到尾参与此次活动。感谢各位合成生物学专家教授的指导，我看到了他们对于科学的认真、执着和热爱，他们既专业又负责，对馆内的每一个文字、每一个小的瓶瓶罐罐（道具）等都进行了严谨的筛选、修改、校对、确认。我在这个项目中受益匪浅。这个项目让大家都能更加了解合成生物的专业性内容，这是非常有意义的事情！

案例点评

点评专家：顾杨丽　浙大城市学院新闻与传播学院副院长

该案例很好地呈现了一次O2O的公关传播，从以微博作为线上引流入口，到采用直播连线等方式带动关注度和话题度，构建传播矩阵，以校园学生为目标人群，并实现有效触达，将生物科技这样的小众话题引导到了大众传播视野，并最终落到线下，打造了一场有科普价值的社会责任行动，并通过展馆的陈列和互动设计，让公众获得通俗易懂的生物科技知识，打开了更多青少年、大学生关注生物科技的大门。

霍尼韦尔2021中国航展市场公关传播

执行时间：2021年8月1日—9月30日
企业名称：霍尼韦尔航空航天集团
品牌名称：霍尼韦尔
获奖类别：2022金旗奖最具公众影响力市场公关传播金奖

项目概述

中国航展全称中国国际航空航天博览会，是国际性专业航空航天展览会，其集贸易性、专业性、观赏性于一体，是航空业的盛会。在第13届中国航展上，霍尼韦尔以"执着源于热爱·PASSION FOR FLIGHT"为主题，重点介绍了一系列创新技术。

项目组在传统展会的基础上结合数字化渠道，充分利用能够调动的所有资源，以较低的成本"玩"出新花样，最终赢得了较高的媒体声量和良好的市场传播结果。

霍尼韦尔展台主题

项目策划

1.目标

依托传统大型行业展会，借助数字化渠道，提升品牌影响力和传播声量，同时，提高社交媒体"粉丝"黏度与活跃度。

2.传播策略

本届航展，除了利用传统媒体渠道和展会资源，项目组打造了线上观展平台，利用社交媒体和官网，进一步提升传播效果。

3.数字化及媒介策略

落地页：基于霍尼韦尔在本次航展上搭建的展台，建立了一个线上观展平台，自适应于网页端和移动端，包含霍尼韦尔展台信息、创新技术、现场图片直播、大咖直播、产品手册下载及填表，便于销售、客户、公众等不同群体获取霍尼韦尔与航展相关的各项信息。受众也可以通过填表提交希望了解的产品、技术等信息，市场部人员和销售积极跟进。

预热：航展开始前5天，由微信推送预热，以图文再加视频的方式介绍霍尼韦尔展台，制作定制海报，供同事及行业伙伴分享。预热的微信推送提供线上活动所有相关信息，并设置有线上观展平台入口。同时，在微信朋友圈投放广告，主要针对航展期间到珠海的差旅人群，目标是吸引更多的航展观众到访霍尼韦尔展台。

航展微信海报

直播活动：航展期间，在展台安排了4场现场直播活动，主题分别为浅谈航空制造业"新常态"、霍家港珠海航展营业收获、霍尼韦尔航空创新技术、线上宠粉专场。为便于线上观展粉丝参与直播，以微信模板消息向报名的粉丝推送直播提醒。

领英平台：进行领英广告投放，主要针对全国航空行业中高层人员，目标是邀请客户到访霍尼韦尔展台，以及为无法到航展现场的客户提供线上观展平台。

多媒体内容创意：通过不同媒体渠道发布签约新闻稿，并配合制作相应的15秒短视频，便于销售和客户分享。展会结束后，发布总结视频，为本届航展参展画上圆满句号。

项目执行

项目初期，拟订了详尽的项目计划，确定关键时间节点。由于公司总部在美国、主要的设计及创意团队在欧洲，团队在整体项目执行过程中克服了如时差、文化差异、语言障碍等诸多困难，最终确保展会前期既定任务高质量完成。

展会上，签约活动、现场直播、客户会议、媒体采访均提前安排，规划了详细的时间表，展台现场所有活动均有序完成。同时，与主流媒体及主要行业媒体积极互动，支持多个企业领导访谈，现场直播收效良好。

专业展商日最后一天，完成所有既定活动后，及时完成微信平台推送，以视频的形式向来到展会现场以及更多没有来到现场的客户、粉丝展现霍尼韦尔在本次航展的高光时刻，进一步提升品牌影响力。同时，给内部员工提供宣传素材，借助优质的视频内容，达到"霍家港人"朋友圈刷屏的私域传播效果。

项目评估

总体而言，活动达到了既定目标，从不同层面，交出了令人满意的答卷。

商务方面，总计完成5场重要签约、支持了20多场客户会议，为业务发展带来巨大的商务价值。

媒体传播方面，进行了13场高层访谈（含1场电视直播），11篇主流媒体专访报道，发布了4篇新闻稿，产生了700余篇简报，总计阅读量80万次以上。借线上互动及优质内容进一步扩大影响力。在微信、领英、微博平台推送丰富内容，传播声量总计超26万，微信平台新增粉丝数超1000人。

亲历者说 杨迟奘　霍尼韦尔航空航天集团亚太区高级客户市场专员

我从项目初期的整体预算申请、展台位置及面积确定、展台设计、线上预热到航展期间的活动安排、直播主持、活动视频制作，都有所参与。

我们团队是一个小而精的团队，我的一位同事负责活动及商务，我则主要负责数字化营销、社交媒体传播及内容生产，再加上一位主要负责公关和媒体关系的同事，我们形成了一个稳定而高效的三人小分队。我们在完成自己工作的同时保持一定的灵活性，最终成功地在这场行业盛会上实现了商务、媒体及线上传播的三赢。

案例点评

点评专家：来向武　西北大学新闻传播学院副院长

围绕一场盛大的活动，如何通过富有创意而精细的策划，依靠精干的三人小团队，实现商业收益、品牌传播和受众交流三位一体的高质量效果，本案例做了一次很好的展示。这个案例成功的关键，是三方面功能的一体化实现。头绪多、功能繁，如何在设计环节互相促进、紧密衔接？人员少、任务杂，如何在执行时有条不紊、有序推进？不仅整个策划设计一盘棋有大局，执行团队也相当给力。这再次说明，创意策划和执行团队的匹配契合，是产生经典案例的关键影响因素。

OPPO 五四品牌传播

执行时间：2022年5月4日—5月19日

企业名称：OPPO广东移动通信有限公司

品牌名称：OPPO

代理公司：北京君信传奇公关咨询有限公司（简称君信传奇）

获奖类别：2022金旗奖最具公众影响力市场公关传播金奖

项目概述

2021年年底，OPPO升级了全新的品牌主张——微笑前行。2022年，OPPO的品牌传播项目围绕微笑前行展开，OPPO面向社会科技工作者提出"新时代板凳精神"，展示了OPPO坚持长期主义做科研与"板凳青年"在攻克技术难关道路上微笑同行的决心。

此外，通过OPPO招聘青年研发人员这一企业动作，以及一系列OPPO研究院中的非虚构故事，展现OPPO良好的科研氛围和对人才的尊重，号召更多"板凳青年"加入OPPO，走进科技无人区，大家一起微笑前行。

《板凳》官方宣传片

项目策划

1. 项目背景

近年来，OPPO转型为生态型科技公司，品牌也面临着从手机品牌到科技品牌、从中高端品牌向高端品牌、从商业品牌到公共品牌的跨越。因此，OPPO升级全新品牌主张微笑前行，强调与身处逆境仍坚持理想、奋发向上的时代爬坡者一起前行。

OPPO的年轻科技工作者正是时代下的新青年代表。在5月，借势五四青年节，项目组向目标人群——年轻人（高校毕业生等典型"爬坡者"）完整讲述OPPO坚持长期主义做科研的故事，提升OPPO品牌的科技感知力。

2. 核心目标

打造精品内容，向全社会明确OPPO"新时代板凳精神"。让受众知晓、认同OPPO是一家科技公司，让年轻人感受到立体、多元、真实的OPPO科技公司形象，提升OPPO品牌的科技感知力。

3. 传播策略

点线成面，以长期主义科技观和"新时代板凳精神"为核心，讲述OPPO科技观；深度链接权威媒体，建立高层影响力；展现OPPO真实面孔，去除营销感，提高信任度。

4.传播媒介

在传播渠道上，以人民网、新华网等权威媒体作为发声突破口，再联动澎湃新闻、钛媒体等财经、科技领域的头部媒体，传递OPPO坚持长期主义做研发的"新时代板凳精神"，号召更多的新时代科研青年加入，心向未来，微笑前行。

项目执行

（1）爆发期——五四期间：OPPO官方账号推送《板凳》品牌宣传片和OPPO研究院院长刘畅的一封信《坐板凳的人，心是最热的》。联动官方权威媒体和科技/财经等领域头部媒体，基于OPPO官方物料，提炼并传递"新时代板凳精神""向全社会招聘2000名科研人才"两大新闻点。

人民网定调"新时代板凳精神"，同时，新华网展现产学研中的科研青年面孔，丰富"新时代板凳精神"的内涵。

澎湃新闻、钛媒体、新浪科技、《华尔街日报》4家科技/财经头部媒体深度解读OPPO招聘研发人员的社会责任感和科技长期主义的品牌精神，号召更多渴望坐上科研"板凳"的青年加入OPPO。

（2）长尾期：释放科技、品牌咨询、生活方式类精品内容，广泛触达目标人群。

刘润、《新周刊》、界面新闻、虎嗅网等媒体深度采访10位OPPO科研人员，横跨闪充、芯片、折叠屏、数据等多个科研领域，深挖他们的研究，全面展现OPPO科研人员长期做科研的精神。

B站UP主我是郭杰瑞探访OPPO美研所（OPPO研究院下设部门），通过实拍美研所科研环境、采访美研所科研人员，展示其良好的科研氛围。

项目评估

1. 项目效果

（1）高举高打，确立OPPO"新时代板凳精神"。人民网头部媒体高举高打，加上科技类头部媒体深度解读，确立OPPO"新时代板凳精神"并赋予其全新的定义：坐在热爱的科技板凳上，坚持以长期主义攻克科研难关。因为热爱，才能向更远的未来微笑前行。

（2）登上多平台自然热搜榜单，吸引更多年轻人。我是郭杰瑞探访OPPO美研所视频，微博收获热搜46位，知乎斩获热榜23位，B站登上热门视频榜单。除了传递OPPO坚持长期主义做科研之外，更重要的是为OPPO未来科技之路招揽更多优秀的科技青年。

（3）爆点撬动，破圈社会大众。创作精品内容10篇，其中，我是郭杰瑞相关内容阅读量超240万次、《新周刊》内容阅读量超70万次，钛媒体内容阅读量超50万次，人民网、楠爷等内容阅读量超20万次，新华网、虎嗅网、刘润等内容阅读量超10万次。

2. 项目亮点

"时代热点＋品牌号召力"，打造OPPO具有里程碑意义的品牌事件：人民网公众号文章《把"板凳"坐热的那个人，会是你吗？》引用、描述OPPO相关内容的篇幅占比达70%，实现了和高层用户的自信沟通。"新时代板凳精神"的提出，既是一次品牌转型宣言，也是社会企业对于国家战略的有力呼应。

自然吸引更多年轻人，破圈社会大众：我是郭杰瑞探秘硅谷中国公司话题，抓住了中国科技公司在美国硅谷的话题热点，自带讨论度；视频通过郭杰瑞在OPPO美研所的一日体验展现了一个科研机构良好的学术氛围，让网友对闷头做研发的科研人员和科技企业有了不一样的认知；真实、自然的研究所工作与休闲日常，拉近了网友与研究院科研人员的距离。此次传播登上微博、知乎、B站热门，吸引更多年轻人，传播效果显著。

案例点评

点评专家：彭焕萍　河北大学新闻传播学院副院长、教授、博士生导师

本案例有两个方面让人印象深刻。一是主动担当，高屋建瓴。本案的精彩之处在于精准识别和解读客户品牌升级的需求，抓住科技强国这一话题，突出对科研的重视和对人才的尊重。品牌通过强化科研力量，主动担当重任，也通过招聘科研人员和科技产品链接社会大众。二是见证真实的力量，深入人心。公共关系的生命力在于推动真实事件让公众知晓和参与。本案例的沟通方式和内容不落俗套。期待品牌继续深化科研立品牌、科技强中国、成就青年人的价值主张，相信定会取得更大的成就。

提升带状疱疹疾病认知及预防行动传播

执行时间：2022年2月7日—8月15日

企业名称：葛兰素史克（中国）投资有限公司

品牌名称：SHINGRIX（欣安立适）

代理公司：释宣公关

获奖类别：2022金旗奖最具公众影响力市场公关传播金奖

项目概述

《"健康中国2030"规划纲要》提到促进健康老龄化，强化老年人健康管理。在国内，中老年人对带状疱疹疾病的认知仍有待提升。项目组希望联合多方力量，借势节点，创造新闻和开放性话题，提升公众对带状疱疹疾病的认知，促使中老年人积极主动接种疫苗，拥有高质量生活。

项目策划

1. 传播策略

强调中老年人主动健康以及接种疫苗预防疾病的重要性。高举高打，全国权威媒体定风向，多类型媒体、多省市媒体创话题、跟热度，形成从中央到地方的全媒体传播矩阵，形成多层次报道。利用节点，为媒体传播注入"硬核"内容，聚焦中老年群体，为疾病预防和疫苗接种打造多维度、开放性空间。全国发布和下沉地方相互配合，全面覆盖，多点开花。同时，集中发力，以点带面，引发关注。

2. 传播创意

内容上，聚焦中老年健康。在健康老龄化倡导下，从带状疱疹疾病预防、带状疱疹真实案例，到中老年常见感染性疾病，再到中老年常见皮肤病，以及老年人主动健康管理，从小到大、从单一到多维层层扩展。

形式上，视频、数据、手册、论坛多维展现。视频用真实的临床案例和专家评价展现带状疱疹对患者身体、心理和生活造成的影响，并强调预防的重要性。用数据说话，以《中国中老年常见感染性疾病预防行动倡议暨认知调研结果》展现中老年疾病认知和预防行动现状。公布科普工具，将《中老年常见皮肤病预防科普手册》下发至社区卫生服务中心，用实际行动守护中老年人群皮肤健康。多方专家、学者、嘉宾参与"促进老年健康，从疾病预防开始"媒体沟通会，为老年人如何主动健康管理、安度"银龄"生活提供实用指导。

嘉宾方面，多方学者、专家、媒体人、企业代表参与，提供权威背书。不同领域学者、地方疾病预防控制中心专家、公共卫生专家、学会/协会代表、企业高层等嘉宾参与，为内容提供权威背书。

模式上，从全国发布会到地方社区卫生服务中心媒体采访沙龙，引爆话题。

3. 媒介策略

权威媒体共创：联合《健康报》《南方周末》《中国社区医师》等权威媒体，共策共创媒体沟通会主要内容。中央电视台、央视新闻微博等领衔报道，新华网、《健康报》等广泛报道。财经、行业类媒体深度报道：《21世纪经济报道》、界面新闻等从中老年人疫苗市场布局、中老年人疫苗接种认知数据分析、不同疫苗技术路线等角度进行深度报道。社交媒体跟进：微博、抖音、快手、小红书、哔哩哔哩等多平台社交媒体，从不同话题、不同形式方面跟进转发或发布原创报道。医疗机构类媒体跟进：多地医院或社区卫生服务中心账号，转发或原创相关内容报道。

4. 传播规划

（1）2月28日—3月6日，全球首个带状疱疹关注周。预热——真实案例故事征集；全国发布——真实案例视频与深度故事、首个带状疱疹关注周媒体沟通会；持续传播——两会期间政协委员深度采访与报道；下沉地方——10城社区卫生服务中心科普活动和媒体采访。

（2）4月24日—4月30日，世界免疫周，发布《中国中老年常见感染性疾病预防行动倡议暨认知调研结果》。预热——发起认知调研；发布——全国媒体发布会、深度报道、九宫格海报；下沉地方——14城医院、社区卫生服务中心媒体采访与报道。

（3）5月25日，国际爱肤日，发布《中老年常见皮肤病预防科普手册》。预热——联合权威媒体与专家撰写手册；发布——媒体发布会、深度报道、九宫格海报；下沉地方——34城医院、社区卫生服务中心媒体采访与报道。

（4）7月25日—7月31日，全国老年健康宣传周，召开"促进老年健康，从疾病预防开始"媒体沟通会。预热——《21世纪经济报道》深度文章全平台报道；发布——媒体沟通会、嘉宾金句海报；下沉地方——4城媒体沙龙。

项目执行

（1）第一阶段：正式启动，认知唤醒。联合《健康报》《南方周末》等权威媒体，引入全球首个带状疱疹关注周，配合深度故事视频和文章、"两会"直播采访以及下沉地方媒体采访。

（2）第二阶段：借势激活，倡议先行。在中国老年保健协会指导下，《南方周末》和企业联合发起并公布《中国中老年常见感染性疾病预防行动倡议暨认知调研结果》，配合地方媒体采访。

（3）第三阶段：贯彻行动，科普指引。在中国老年保健协会指导下，《中国新闻周刊》《中国社区医师》杂志和企业联合发起并公布《中老年常见皮肤病预防科普手册》，特邀北京大学人民医院皮肤科主任、中华医学会皮肤性病学分会主任委员张建中教授审核，并将手册纸质版本下发到北京、上海、广州等地部分社区卫生服务中心，配合地方媒体采访。

（4）第四阶段：行动深入，媒体赋能。健康报社主办"促进老年健康，从疾病预防开始"媒体沟通会，邀请多领域学者和专家共话促进老年健康、预防先行、主动健康管理等。配合财经类媒体深度文章传播，以及地方媒体沙龙。

项目评估

1. 效果综述

传播效果上，10次CCTV报道、6次微博热搜、2次抖音热搜、29个微博话题、300多个医疗机构类官方账号转发、1199篇原发报道、95500篇转发报道、预估39亿覆盖人次，使得带状疱疹疾病认知和预防成为热门话题。

2. 受众反应

中日友好医院疼痛科主任樊碧发教授表示：来我这里看病的患者都已经被疾病折磨了太久，有时候感觉爱莫能助，我非常支持以真实记录的方式提升公众认知。

北京市卫健委健康科普专家、北京市朝阳区疾病预防控制中心主任医师白云骅表示：作为一名健康科普人，我非常支持举办老年健康类科普活动，希望借此共同提升老年人对慢性病、感染性疾病等的整体认知能力，以及提高老年人对疾病预防的行动力。

基层社区卫生服务中心反馈：国家倡导健康老龄化，这样的科普活动很好，利用媒体力量宣传，让更多老年人接种疫苗预防疾病，给未来健康管理"投资、减负"，是十分有意义的。

3. 市场反应

（1）销量方面，相比传播前，带状疱疹疫苗接种率显著上升。

（2）铺货方面，带状疱疹疫苗覆盖区域拓展至全国265个城市、6300多个接种点，进一步提升了带状疱疹疫苗的可及性。

亲历者说 董燕　葛兰素史克（中国）投资有限公司企业传播与政府事务副总监

很荣幸负责本项目，这也是本人首次负责疫苗及疾病预防大众传播活动。在过程中我一直与市场部、医学部以及公关公司通力协作，摸索出了更符合疫苗属性的传播方式以及媒体话题，聚焦"公益""中老年健康""疾病预防"等核心关键词，顺应《"健康中国"2030规划纲要》，结合当下热点话题制造出一波波传播话题，保持一月一个大话题策划以及各地科普采访，最终实现破圈效应，引发全国媒体热议及转发。

案例点评

点评专家：顾杨丽　浙大城市学院新闻与传播学院副院长

该项目积极响应重大决策，关注银龄人群的大健康科普，是一项极具社会意义的公关活动，运用了"1+N"模式，充分调动了多类媒体开展立体式的传播矩阵，"全国主流媒体发布+健康媒体专业呈现+下沉地方媒体以及社交媒体平台跟进"，提升了民众对带状疱疹疾病和预防的认知。借势节日节点，持续传播、唤醒认知、激发行动，凸显了企业的社会责任，提高了民众的健康素养。

GOLDEN
FLAG
AWARD
金 旗 奖

2022
—
金旗奖最具公众影响力
市场公关活动金奖

◢■ "生于冰雪　放胆放心"

——沃尔沃新款S60全国媒体冰雪试驾会

执行时间：2021年12月17日—12月24日

企业名称：沃尔沃汽车销售（上海）有限公司

品牌名称：沃尔沃

代理公司：北京浙文天杰营销科技有限公司

获奖类别：2022金旗奖最具公众影响力市场公关活动金奖

项目概述

　　安全一直是沃尔沃为人所知的优势和标签，但作为来自北欧冰雪世界的豪华品牌，沃尔沃也具有强大的运动DNA和操控性能，此次活动旨在展现品牌除安全以外的优势。

　　此次传播延续S60的传播主题"没有过不去的弯"，持续扩散并深化新款S60在消费者心中的认知度，打造并传递S60性能与操控标签，强化S60全路况操控能力，提升S60美誉度。

活动海报

项目策划

1.传播目标

直击全网受众，维持高曝光度，提升自然关注度；以更具影响力的内容提升关注度；

以优质的专业内容提升大众兴趣，助力销售转化。

2.消费者洞察

人群画像——年轻，社交属性明显，信赖专业媒体；触媒习惯——视频类＆音乐类/微信＆微博/专业网站。

3.创意

媒体、达人助推抖音全民话题热度；以冰雪大片创意视频吸睛破圈，带动产品关注度进阶；预拍摄TVC、无人机视频、美图等，方便媒体使用，以丰富的素材提升传播的广度、深度；核心流量媒体、达人亲证操控实力，力求声量最大化、内容多样化、触达破圈层。

4.策略

优质内容——优质内容带动全民关注；全网受众——直击全网受众，维持高曝光度，提升自然关注度；全民关注——以优质的专业内容提升大众兴趣，助力销售转化；极具影响——以更具影响力的内容提升关注度。

项目执行

（1）话题引爆："权威KOL背书＋高层运用"，冰雪大片创意视频发布，以剧情化的高层互动吸引大众关注，抖音发布话题＃放胆放心＃，流量媒体参与互动，助力话题传播最大化。

沃尔沃S60

（2）优质内容沉淀：83家核心流量垂直媒体参与冰雪赛道试驾体验，产出优质稿件，以图文、视频传达S60硬核产品力，提升市场认知度，并配合推送。

（3）深度解读：数十个高流量抖音达人及垂直媒体解读S60极致操控性能，配合抖音热推，以更具影响力的内容提升关注度。

（4）内容扩散：相关内容外围扩散（导购类/对比类/评测类/用车类账号），以深度图文等引导用户持续关注，提升产品势能，提升市场认知度并促进终端销售转化。

项目评估

截至2022年1月24日，整体见刊2623篇报道，总阅读量超1.34亿次，抖音话题播放量达1.7亿次。媒体类型方面，网络媒体内容1530篇，微信公众号内容92篇，新闻App内容977篇，论坛媒体内容13篇。微博媒体内容11篇。广告价值96819190元。PC端报道1543篇，移动端报道1080篇。文章首页位置211个，重点平台内容1717篇，爆款文章127篇。传播声量创历史新高；卖点有效触达；抖音与垂直媒体助推，增加话题曝光量，促使讨论扩大化。

亲历者说 张友鹏　北京浙文天杰营销科技有限公司副总裁、项目负责人

本次活动结合全平台可视化内容矩阵和To C投放方式，以剧情化内容吸睛，场景化体验破圈输出产品卖点，媒体性能操控提及率大幅提升，总曝光量创品牌历史新高。

案例点评

点评专家：陈永泰　香港中文大学广告系讲师

在冰天雪地开车，安全必然是首选。本案例的创意点就是让大众感受到在严峻的环境下，品牌的安全性和产品的操控性。加上配合多媒体布局，让媒体达人真实验证，种种方式创造出更大声势，大大加强市场对S60的关注度。

● Shack Summer 2022

执行时间：2022年6月1日—7月25日
企业名称：昔客堡（上海）餐饮服务有限公司
品牌名称：Shake Shack
代理公司：万博宣伟
获奖类别：2022金旗奖最具公众影响力市场公关活动金奖

项目概述

2021年品牌的夏日主题高街艺术装置，引发线下打卡热潮，同时引爆线上社交平台话题讨论。品牌于2022年7月打造了一个全新的夏日主题活动，联合唱吧推出限定款小巨蛋麦克风并举行全国性线上 *Shake Shack Your Body* 主题曲挑战赛活动，同时在广州、深圳两地于两个周末举办线下活动。借由活动展现更多玩法与可能性，深度传达"阳光、快乐、正能量"的生活方式，运用活动流量增加新品曝光度，将产品打入消费者心中，与年轻消费者产生更深层次的共鸣，提高品牌美誉度、传播力及影响力。

项目策划

1. 策略

基于对年轻社群的行为分析，品牌了解到年轻社群玩乐及释放压力需求日益增加，针对这一洞察，品牌创新性地将美食与音乐相结合，打造了一个可释放压力、挥洒激情的玩乐胜地，通过唱吧线上线下挑战赛、美食搭配及海滩场景装置吸引消费者，使其置身于一个可提供功能价值与情绪价值的多元空间，体验沉浸式互动，利用场地空间给消费者传递美好生活感受。

2. 创意

本次活动品牌携手唱吧推出主题曲及限定款小巨蛋麦克风，线上挑战赛全国进行，线下则主要以广州、深圳两地为活动城市，掀起夏季娱乐浪潮。广州与深圳作为活力之城，与品牌调性十分契合。活动中不仅有音乐搭配盛夏，还有品牌的夏日产品。两地3家门店均采取了沉浸式体验模式，营造海边氛围，用椰子树陈列装置，带来与众不同的门店设计。

3. 媒介策略

从年轻社群使用的社交平台来看，小红书受众多年轻人青睐，此平台能够打造一个清晰的消费决策场景，创造出一种积极的"种草机制"，内容渠道丰富，具有维持品牌长期生命力的能力。因此，选择小红书作为主要的媒介渠道，能吸引更多的年轻社群。在KOL的选择上，集中选择食品与饮品类、时尚类和生活方式类。相关KOL被分成两个梯度，第一梯度主要为小红书红人，粉丝数为2万~5万，第二梯度为小红书达人，粉丝数为5000~10000人。不同类别且不同梯度的KOL可以为品牌带来销售转换，同时能够带动消费者二次创作，维持品牌流量。另外，品牌与唱吧深度合作，选择了来自广州及深圳热爱Shake Shack文化的2位唱吧达人进行歌曲录制。

4. 传播规划

一方面，本次活动邀请了20位小红书KOL，其通过活动体验描述和食物品尝真实感受，配合话题#SHACKSUMMER2022#进行传播；另一方面，通过唱吧邀请的2位达人，分别在广州天环店与深圳万象天地店进行主题曲录制，从线上引流到线下活动，让更多消费者参与活动。

项目执行

（1）7月1日，唱吧关注频道信息流广告预热。

（2）7月2日，唱吧发布挑战赛上线信息，正式上线 *Shake Shack Your Body* 主题曲，覆盖全国范围。唱吧官方微博、微信公众号发布挑战赛上线信息，为线下活动造势预热，增加话题热度及曝光量。

（3）7月6日，邀请1位深圳本地唱吧KOL前往深圳万象天地店打卡演唱并录制 *Shake Shack Your Body* 主题曲，鼓励更多人参与线上主题曲挑战赛，并为线下活动预热。

（4）7月11日，邀请1位广州本地唱吧KOL前往广州天环店打卡演唱并录制 *Shake Shack Your Body* 主题曲，鼓励更多人参与线上主题曲挑战赛，并为线下活动预热。

（5）7月16日—7月17日，广州天环店举行为期两天的活动。7月16日，邀请10位KOL探店打卡，内容聚焦品牌新产品及限定款小巨蛋麦克风，配合话题进行传播。

（6）7月23日—7月24日，深圳万象天地店及壹方城店举行为期两天的活动。7月23日，深圳万象天地店及壹方城店各邀请了5位KOL探店打卡，内容聚焦品牌新产品及限定款小巨蛋麦克风，配合话题进行传播。

项目评估

1. 媒体统计

（1）唱吧关注频道信息流广告的阅读量超98万次。*Shake Shack Your Body* 主题曲挑战赛在唱吧活动期间连续位居热门活动榜单第1名；挑战赛受到高度关注，拥有超过2.7万名参赛者，活动分享至参赛者个人平台超过1.1万次，鲜花数量作为唱吧互动量的参数之一，数量超21万。2位唱吧达人演唱并录制 *Shake Shack Your Body* 主题曲，并对话题进行传播，收听量超过1.5万次，互动量超过4000次。

（2）20位小红书KOL发布20篇笔记，配合话题进行传播，整体阅读量超8.5万次，互动量超5000次。

（3）微博话题#SHACKSUMMER2022#、#SHACKSUMMER2022开心就唱吧#，截至7月26日阅读量超14万次。唱吧微信公众号发布以《Shake Shack的活力夏日，开心就唱吧！》为题的文章，阅读量超1.7万次。

2. 项目亮点

跨界合作：与唱吧合作，推出品牌主题曲及限定款小巨蛋麦克风，引领年轻时尚潮流，满足年轻社群需求，使品牌更好地与年轻社群融合。

内容话题深度捆绑，深化品牌内核：以#SHACKSUMMER2022#话题为引，推出品牌新品，传递品牌正能量形象，丰富品牌活力调性，提高品牌知名度。

重点投放区域KOL：提高区域受众积极性，吸引更多年轻人参与活动，增强传播效果。

亲历者说 Rocky Wang（汪骏） **万博宣伟中国南区总经理**

产生品牌与唱吧联动的想法，也是基于我们对双方目标消费者的洞察，他们都拥有活力、喜欢不断创新。同时，我们的整体策略，从线上演唱活动延展至唱吧火爆的限定款小巨蛋麦克风实物定制，再到线下歌唱活动，很好地为Shake Shack创造了更多门店引流消费的机会。品牌大胆与时兴的音乐内容社群平台——唱吧合作，丰富了品牌露出内容：普通话版及粤语版主题曲和MV等。品牌希望Shake Summer概念在未来更具想象力，更能黏合一代又一代的年轻客群。

案例点评

点评专家：胡远珍　湖北大学新闻传播学院教授

营销界有一种说法：得年轻者赢天下。道理谁都明白，难在如何俘获年轻群体。品牌深谙此道，在年轻社群崇尚的生活方式方面做好传播，"美食+音乐"的创意传播策略，无疑抓住了年轻人的内心。品牌通过打造夏日主题活动，激发年轻人享受美食和体验浪漫的欲望；以主题曲挑战赛活动及MV发布、小红书人气达人引流等，打造引领年轻社群"美食+音乐"生活方式的标签，在年轻社群心智中建立了品牌联想。项目印证了定位理论大师特劳特所言，成功的品牌定位就是在消费者心里创造一个独特的位置。这形成了售卖的不是产品而是一种生活方式的品牌情感价值认同，能够助力其长久发展。

百联股份迎新花样拜年活动公关传播

执行时间：2021年12月20日—2022年2月5日

企业名称：上海百联集团股份有限公司

品牌名称：百联股份

代理公司：上海鹤天文化传播有限公司

获奖类别：2022金旗奖最具公众影响力市场公关活动金奖

项目概述

百联股份结合时尚潮流，以别具年味的上海剪纸为设计元素，以花样拜年为营销主题，开展整体营销活动，旨在为沪上消费者献上一席贺岁盛宴，为行业新年营销提供创新范式。本次活动以百联股份各事业部及门店开门红促销活动为核心，以线上线下融合活动为辅助，以冬奥会等社会热点为抓手，目标是扩大百联股份的社会影响力，进一步刺激新年消费增长，助力上海建设国际消费中心城市。

活动KV

项目策划

1.目标

（1）刺激消费增长：通过线上线下营销活动，为门店引流，引发新年消费热潮。

（2）提升品牌影响力：通过创新营销焕新百联股份品牌形象，传递品牌理念，深化品牌价值。

（3）履行企业社会责任：通过公益活动传递企业爱心，通过系列营销"唤醒"年味，营造沪上新年氛围。

2.实施策略

线上，通过花样拜年H5会员抽奖小游戏，以及微信红包定制封面限量派发，开展趣味互动。微博建立话题，引导大众竞相参与话题讨论，依托微博大Ｖ强大的号召力，在年关将至的节点，激发大众对各个地方不同拜年方式的热烈讨论，唤起大家对童年的怀念以及对家乡的热爱，同时植入百联股份花式多样的拜年活动，最后以权威媒体报道收尾，链接"B端+C端"，形成闭环传播。

线下，打造剪纸光影互动装置和艺术家花样拜年装置，并开设新春探索三大系列课程，营造玩法多多、年味浓浓的花样拜年氛围，让消费者感受到百联股份所搭建的"情暖桥梁"，凸显百联股份的影响力与行业地位，在赋能门店活动参与度的同时增加企业品牌影响力。

剪纸光影互动装置　　　　　　　　　　　　艺术家花样拜年装置

3.内容创意

本次活动百联股份携手众多品牌商家、公益组织等，以别具年味的海派非遗剪纸艺术为灵感，为大家带来了红包、好味、冬奥、艺术、社群、科普、公益、数字八大主题花样拜年新姿势。项目涵盖了迎新购物、特色年夜饭、非遗剪纸艺术、冬奥主题互动、公益展览、科普知识课堂、虚拟偶像拜年等20多个新颖活动，为大家呈献一个祥和、健康、动感、暖心、悦目、美好的中国年。

4.媒介策略

自媒体平台话题传播，叠加权威媒体传播背书，从传播广度和深度两个方面引爆新年营销。

自媒体：思想聚焦、饭圈安利鹅、吃瓜姐妹社等微博大Ｖ；新闻晨报微信公众号、官方微博，021视频微博，今日头条晨报市场观察，百联股份官方微信公众号。

权威媒体：学习强国、人民网、新华社、光明网、央广网、《中国日报》、中证网、中国网、《劳动报》、国际在线、腾讯、凤凰网、网易、新浪、《新民晚报》、《文汇报》、东方网、SMG（上海文化广播影视集团有限公司）、《新闻晨报》等。

5.传播规划

本次传播分为预热期和爆发期2个传播阶段，通过微博话题传播和媒体权威报道，打响百联股份花样拜年品牌营销战。第一阶段，邀请100组家庭来南京路百年老店王开照相馆拍摄全家福，打造"南京路和你一起迎新年"活动，提前为新年预热。第二阶段，打造微博专属花样拜年话题，联动微博大V发声，权威媒体持续报道，扩大活动全网声量。同时，与《新闻晨报》打造声音邮局公益活动，与上海联劝公益基金会（简称联劝公益）打造宝藏小屋公益活动，体现百联股份社会责任感。此外，打造虚拟偶像"美好生活体验官"GINA，以GINA拜年视频数字迎新年。

项目执行

（1）预热期：2021年12月20日至2022年1月5日，上线"南京路和你一起迎新年"活动，以"全家福"为预热宣传点，邀请100组家庭来南京路百年老店王开照相馆拍摄全家福，提升商圈人文情怀，向大众传递"创造你身边的美好生活"的理念。

（2）爆发期：2022年1月18日至2月5日，微博话题传播#花样拜年新姿势#，百联股份官微、微博大V、上海本地媒体账号参与话题讨论，带动大众讨论各地过年的花样方式，提高百联股份活动的整体曝光度。

2022年1月25日：《新闻晨报》官方矩阵报道声音邮局活动，面向游客和在沪过年群体，通过录音明信片形式，将过年的祝福邮寄给远方亲友。

上海电视台在2022年1月28日和2月3日分别对第一百货和青浦奥莱项目活动期间的消费情况进行了深度报道。

2022年2月1日：联劝公益官方矩阵报道宝藏小屋活动，针对上海流动儿童群体，百联股份携手联劝公益启动"送孩子一个福气年"春节公益活动。动员核心商圈门店，建设关爱专属空间——宝藏小屋。

2022年2月5日：百联股份官方微信公众号进行元宇宙虚拟偶像GINA拜年视频传播，"美好生活体验官"GINA与大家一起数字迎新年。

项目评估

1.效果综述

（1）多渠道传播，强势出圈：本次活动在微博、微信、新闻媒体等线上线下平台累计曝光5.02亿人次，总转赞评超3万次，引爆话题，占据行业高点。

（2）全民参与热情高涨，引爆全网声量：线上累计超2.5万人参与微博话题互动，超万人参与线下体验，形成自发传播。

（3）线下商场强势联动：沪上超30家百联股份旗下商场强势联动，打造八大主题拜年贺岁盛宴，共同营造沪上浓郁新年味，带动新年消费。

2.受众反应

项目通过八大主题、20多档趣味活动，深度链接消费者，通过对消费者新年需求的深层次洞察，引发用户自发传播，消费者高度参与并认可，全网讨论量超2.5万次。

3.市场反应

线上线下联动营销，在传播层面，全网发声，形成破圈之势，在消费赋能层面，为线下门店引流，有效促进沪上新年消费增长。同时，活动在零售行业内掀起讨论热潮，为行业新年营销主题、活动等提供了参考。

4.媒体统计

活动被吃瓜姐妹社、思想聚焦、饭圈安利鹅、新闻晨报自媒体矩阵、联劝公益自媒体矩阵、百联股份官方微博公众号等16家自媒体报道，被学习强国、人民网、新华社、《文汇报》、SMG等26家权威媒体报道，"原创＋转载"报道达千余篇。

亲历者说 杨泉龄　上海鹤天文化传播有限公司项目总监

非常荣幸能够与百联股份一起打造本次活动。春节是中国最重要的传统节日，它代表着除旧迎新，意味着亲朋团聚，更寄托了中国人对新的一年的美好期盼。为留沪过年的人们打造一个既温暖又别具特色的春节，是项目的初衷。

本次活动中，我们聚焦不同维度，拓展多种玩法，联动艺术文化与数字潮流，通过红包、好味、冬奥、艺术、社群、科普、公益、数字八大主题花式拜年新姿势献礼虎年春节，最大限度缓解游子的思乡之情，为本地人民创造春节过年新方式，同时传递百联股份对消费者新年的美好祝愿和诚挚期许。

案例点评

点评专家：邵松岩　北京阶承传播顾问有限公司总经理

这是一个百科全书式的营销案例，充分展示了节庆营销的"十八般武艺"。案例以春节为发力起点，充分发掘中国年赋予中国人的历史感和时代感，同时呼应上海本地的区域文化特点，展现中国现代商业机构的视野和格局。无论是线上多媒体的熟练应用，传统媒体的集中曝光，还是线下活动，都紧扣主题，环环相扣；兼顾到家庭、亲情、孩子、本地居民、外地游客、商业宣传、公益回报社会。作为一家上市公司，一个有情怀的商业机构，企业为公众和客户提供了丰富的"新春盛宴"，年味十足，又不落俗套，难能可贵。

佳沛奇异果2022开季，唤活健康身心

执行时间：2022年4月12日—7月31日

企业名称：佳沛泽普水果（上海）有限公司

品牌名称：Zespri（佳沛）

代理公司：伟达（中国）公共关系顾问有限公司上海分公司

获奖类别：2022金旗奖最具公众影响力市场公关活动金奖

项目概述

佳沛一直都非常重视全民健康教育，借助品牌开季这一时间节点，通过公关策划，佳沛希望能够助力消费者关注身体健康、心态健康，并鼓励消费者积极迎接生活中的更多挑战，加深佳沛品牌已有的健康印象，提升佳沛品牌的活力印象。

项目策划

1.策略

有效传播并建立品牌认知，支撑品牌的活力内核，加深消费者对品牌的健康印象。通过跨界合作，进一步将品牌与具体的、充满活力的典型元素联系起来，佳沛选择运动品牌lululemon（露露乐蒙）作为合作伙伴，焕新品牌活力印象。

2.创意

（1）品牌主张：鼓励消费者以健康身心迎接生活中的更多挑战。即使生活中有许多压力，也要打破固有的观念认知，主动去探索生活的更多可能性。好心态会带动人积极主动地改变生活，有了好心情，整个人的活力就会被带动起来，佳沛就是健康身心的开启者。

（2）联手专业营养师，通过线上发布会活力开季，传递品牌核心信息。利用线上会议平台举办线上媒体发布会，邀请来自财经、商业、健康、食品等领域，北上广深各地的媒体线上参与。发布会当天邀请营养师顾中一作为客座嘉宾，分享奇异果的营养价值，打响传播活动第一炮。

（3）与lululemon三城线下社群跨界合作，焕新品牌活力印象。知名运动品牌lululemon一直致力于组建自有的运动社群，为进一步焕新佳沛品牌活力印象，与lululemon一、二线

城市线下社群合作举办活动，将品牌与具体的活力形象联系起来。邀请专业营养师在活动现场分享奇异果相关知识，进一步加深消费者对品牌健康的印象。

3. 媒介策略

以财经、商业、健康、食品等领域以及北上广深各地的主流媒体，以及专业营养师关注的权威平台（中国好营养等）深度内容为基础，传递核心信息；以小红书、微博、抖音、微信等平台生活类、母婴类、运动类 KOL 以及上海、苏州、深圳三城的城市号矩阵，进行不同角度的传播，多维度、多平台触及消费者。

项目执行

（1）前期计划：清晰梳理出传播链路，准确找到适合的合作伙伴。根据佳沛重点市场所在区域，选择位于华东、华南的一、二线城市举办线下活动，渗透市场，直面消费者。

（2）活动筹备：线上发布会 —— 设计营养师知识科普环节等，增加线上发布会的互动性和趣味性，优化整体参与体验。lululemon 线下活动 —— 与全国超过 10 个省市 40 家以上的 lululemon 门店社群洽谈合作。

（3）活动执行：线上发布会 —— 由于线上形式不受地域距离限制，因此邀请佳沛全国重点市场的媒体参与线上活动。新闻稿结合佳沛开季以及代言人官宣等信息，触及财经、商业、健康、食品等领域以及北上广深多地媒体。lululemon 线下活动 —— 在华南、华东一、二线重点城市与 lululemon 社群合作举办训练活动。邀请专业营养师到场科普奇异果营养价值；通过奇异果与瑜伽运动的结合，传递佳沛品牌鼓励消费者关注身心健康的信息，唤活消费者对于品牌活力的印象。

（4）活动传播：线上发布会 —— 佳沛开季、奇异果营养价值、佳沛体系品质管理以及代言人官宣等核心信息，通过主流媒体新闻稿传播。同时，以营养师及营养科普账号在社交平台奠定传播基础。lululemon 线下活动 —— 邀请活动城市媒体以及微信、小红书、微博等平台活跃城市号，生活方式、营养健康、运动、母婴类型 KOL 现场参与品牌活动，体验品牌精神，并从多个角度结合佳沛健康与活力的品牌印象共创内容。同时，在活动中拍摄的视频，二次剪辑后发布在佳沛自有社交平台，进一步传播活动与品牌信息。

项目评估

1. 效果综述

项目最终获得超 600 篇媒体报道及 KOL 内容，媒体广告价值超 1600 万元。社交媒体平台（微信、微博、抖音、小红书）总粉丝触达超 300 万人。社交平台内容总浏览量超 250 万次。

2.受众反应

活动收获了媒体、KOL 以及参与者的关注，将佳沛奇异果健康、活力的信息准确传达给目标受众。

媒体反馈：佳沛一直致力于全民健康教育，这次支持 lululemon 的社区活动，能够让人们关注有利身心健康的生活方式。

lululemon社群会员反馈：佳沛奇异果酸甜饱满，是运动之后的好选择。

3.项目亮点

传播链路清晰：内容深入浅出、层层递进。

跨界活动合作：与 lululemon 合作，加深品牌活力印象。

科普方式新颖：有别于传统教科书式科普，项目选择了与网感强、自带KOL身份的营养专家合作，将健康科普内容通俗化。

触达媒体多元：触及多领域、多地区媒体、KOL，扩大传播范围。

传播率高：超600篇媒体报道，媒体广告价值超1600万元。

亲历者说 Annie Chien（简安妮） 伟达（中国）公关关系顾问有限公司上海分公司公关顾问

面对线下活动的各种不确定因素，客户和团队都以十足的干劲积极应变。我们几乎与全国的 lululemon 门店都沟通过，也几乎测试过所有的线上会议平台。在方案制订、推翻、再制订中，我们最终完美促成了此次活动。希望这份健康与活力可以焕活身心，也唤起大家挑战生活中更多可能的信心。

案例点评

点评专家：彭焕萍　河北大学新闻传播学院副院长、教授、博士生导师

品牌借助关键时间节点，通过主流媒体、社交媒体平台KOL和营养专家构建线上传播矩阵，达成品牌印象构建。品牌与 lululemon 联手开展的跨界营销活动，精准选取部分一、二线城市为线下活动地点，采用营养师现场科普、奇异果与瑜伽运动相结合的方式，完成了品牌与具象的活力形象连接，也做到了健康科普内容的通俗化。该案例亮点突出，活动开展触达多元媒体，传播率较高。其跨界营销方式有力地传递了品牌主张，品牌内涵得到进一步丰富。

捷途汽车品牌标志大师联合共创

执行时间： 2021年9月19日—2022年7月26日
企业名称： 奇瑞汽车股份有限公司
品牌名称： 捷途汽车
代理公司： 上海雷艺后道广告传播有限公司（nihaooo你好品牌咨询）
获奖类别： 2022金旗奖最具公众影响力市场公关活动金奖

项目概述

中国新锐SUV（运动型多用途汽车）增速缔造者捷途汽车，迎来了品牌独立的里程碑时刻——开启品牌新形象、用户新认知、价值新高度建设，品牌标志共创计划启动。基于此，项目组通过整合线上线下资源，助力中国新锐汽车品牌发展。

项目策划

核心解决方案： 采用"顶尖设计大师+社交媒体KOL+用户粉丝"联合共创模式。

邀请多位顶级设计大师PK的同时，启发灵感，以大师的个人影响力与专业度刺激更多的KOL和用户粉丝同步参与。在此过程中，实现了品牌Logo的联合共创，让品牌理念深入人心。2021年9月，特邀7位顶级艺术设计大师组建中国平面设计行业"梦之队"，由其进行标志创作。

其中有广州美术学院视觉艺术设计学院原院长、北京冬奥会吉祥物设计团队负责人曹雪老师，清华大学美术学院视觉传达设计系主任、国家形象视觉设计研究所所长陈磊老师，中央美术学院奥运艺术研究中心副主任王子源老师，中国美术学院设计艺术学院院长、国际平面设计联盟（AGI）会员毕学锋老师，以及同为AGI会员、来自中央美术学院设计学院的何君老师和刘治治老师。这些设计界大师聚在一起，同台竞技，各显神通，才有了大师共创名场面，产生近30件极为专业的设计作品。

项目执行

2021年9月，捷途汽车品牌官方平台发布征集信息，助力内容进一步扩散。在创新模式的加持下，设计大师为这场征集活动带来了强大的个人品牌效应，让活动在设计圈广为人知。

2021年10月，随着专业初稿的出炉，项目组在上海松江广富林邀请大师与媒体共同举办鉴赏沙龙。设计大咖们分别展示了自己的作品，分享了作品构思，以艺术设计的视角对捷途汽车品牌理念进行解读。

2022年1月，内部确认最终定稿Logo，进入工商注册审批流程并公示。

2022年7月，在北京艾恩艺术中心举办品牌标志焕新品鉴会，全新Logo正式发布。

项目评估

最终收到68位专业设计KOL100余件精彩的设计作品。1580位品牌用户和普通消费者积极参与Logo设计，主动提交2000余件设计作品。

正是因为有了这些事件形成的传播效应，项目获得超过150次媒体主动报道，在抖音、微博等社交媒体曝光近千万次、获得超50万次点赞和超10万条评论，覆盖人群2280万人以上，真正实现了深度、宽度、热度的扩大，全维度以"标"搏"众"，让标志创作升华为品牌大事件。

品牌标志焕新品鉴会引发行业内外广泛关注。除了到场的130家媒体报道以外，全网报道和转载累计近600万次，抖音相关话题视频播放量单日突破6.8万次，上热搜榜。

亲历者说 储门　nihaooo你好品牌咨询创始人兼首席策略官

中国正迎来自主品牌升级的大洪流，中国品牌不断成长、不断突破，通过一次次的蜕变、升级，变得越来越"高大上"，这是国之幸也。捷途汽车正是这当中的新锐代表，它虽然是一个年轻品牌，却创造了5年销售64万台的好成绩，成为中国自主汽车品牌成长极快的品牌之一。我们有幸参与捷途汽车品牌的向上之路，更有幸通过邀请中国顶级的设计力量和广大用户共同参与品牌标志共创，做到了用中国力量顶起中国品牌，最终取得非常出色的成果，赢得来自行业、公众领域的广泛赞誉。同时，我们希望看到更多的自主品牌不断向上。

案例点评

点评专家：钟育赣　广东外语外贸大学教授，中国高等院校市场学研究会顾问

本项目的成功，创意既是基础也是亮点。品牌标志是品牌的重要组成部分，作用在于增强品牌的辨识性，降低消费者、公众的认知成本和企业的营销成本。因此

推出新的品牌标志，首先就要考虑更高的可传播性，如何为社会、公众广为知晓和认可。过去举办此类活动，品牌方与目标受众容易"脱节"——品牌设计归设计，传播归传播；专家的归专家，公众的归公众。"顶尖设计大师＋社交媒体KOL＋用户粉丝"模式，较好地黏合了其间关系。通过设计大师相互PK、启发灵感，活动成为引人注目的事件；又刺激了诸多KOL，并带动更多用户粉丝积极参与，具有更广泛的公共性。由此实现联合共创，包括品牌设计及传播的同步，专家、KOL和用户粉丝之间的互动，也使品牌理念深入人心。在互联网时代进行营销传播、开展公关活动，更要注重社交媒体KOL等角色可以发挥的相关作用。

腾讯视频VIP「视·听·伴　无界」沉浸式视听功能艺术展

执行时间：2021年1月19日—1月27日
企业名称：腾讯科技（北京）有限公司
品牌名称：腾讯视频
代理公司：北京天悦嘉视文化传媒有限公司
获奖类别：2022金旗奖最具公众影响力市场公关活动金奖

项目概述

在春节节点，腾讯视频VIP全力宣传推广平台的"内容＋功能"，结合"臻彩视听""杜比音效"及"一起看"三大产品功能给用户的体验要点，在人流量、知名度、吸睛力俱优的上海外滩和北京西单地铁通道，打造具有超级视听体验的沉浸式艺术展。以产品结合平台IP内容，集中展示高品质视听功能，拉动内容观看率，提升用户产品体验认知，打造品牌影响力。

项目策划

在热播剧核心场景融入产品功能，使用艺术化、视觉化的呈现方式营造使用氛围，在与用户互动过程中触及会员产品功能点。

1. 内容创意

"光影沉浸式艺术＋VIP产品功能组合＋VIP大热剧集"，基于优质剧集核心场景，用艺术化、视觉化的方式强调产品功能。

内容场景：基于平台热播内容核心场景，融入本次重点推荐的产品功能组合。

创意呈现：创新呈现形式，输出功能内容，用艺术化、视觉化的方式营造氛围感，增强记忆点。

用户互动——以强用户互动模式强调产品功能会员印记，产品功能点广泛触及用户。

2. 媒介策略

（1）市场侧，以官方媒体账号为主，联动外围账号，扩大活动影响力。邀请科技类、时尚类等腾讯视频百大创作者，深度体验产品功能及线下沉浸式艺术装置，拍摄短视频并发布，强势种草，深化用户对产品功能组合的认知，打通由体验至生活的整体链条。输出艺术展亮点内容，在微博端打造热门话题，吸引泛娱乐人群关注。同步当地社区、微信大号，上线同城活动，号召核心受众前往观展。

（2）公关侧，发力媒体，口碑护航。邀约地方媒体在开展当天报道活动盛况；优化腾讯视频会员服务，整合"内容＋产品"多重砝码，强化会员高品质、高价值的整体体验印象。

3. 传播规划

（1）预热期：1月19日，腾讯视频、腾讯视频VIP官博发布主视觉海报和活动信息长图，官宣活动开启。1月20日，开展倒计时1天活动，发布场景，搭建混剪视频，邀请用户前往观展。

（2）展出期间：1月21日，正式开展，官宣展览活动正式开启，邀请粉丝前往打卡；1月21日—1月27日，配合官方传播节奏，联动外围账号，助力传播热度。微博外围联动娱乐类、段子手、地域类KOL，发酵＃被斗罗大陆艺术展现场震感到了＃＃雪中悍刀行后劲好大＃＃沉浸式追剧是种什么体验＃等多个热门话题。信息同步投放50个上海本地社群、同城微信大号上海本地宝。邀请23位小红书博主发布深度内容，从不同视角挖掘活动亮点。科技时尚类百大博主在微博、小红书、视频号等平台发布现场打卡视频。邀约30家地方媒体发布报道，中国青年网、人民网等20家权威门户网站发声。

项目执行

腾讯视频VIP「视·听·伴 无界」沉浸式视听功能艺术展在上海外滩中央广场举行，通过"视听＋互动"的沉浸式艺术体验，腾讯视频以5个展区的视听体验，展示平台基于科技功能的服务能力，用线下沉浸式体验为观众打破传统的追剧模式。

展览共包括3个IP体验区，分别结合《斗罗大陆》《雪中悍刀行》和《故宫里的大怪兽》，通过三大产品功能打造科技感十足的视听体验。深度提取IP精华元素，让参观者看到平台强大的内容储备。

此外，腾讯视频VIP在北京西单地铁站搭建小型沉浸式艺术互动通道，通过地铁站交互新玩法，强调"臻彩视听""杜比音效"和"一起看"三大功能组合，打破固有界限，凸显VIP产品亮点，最大限度增强体验。

北京西单地铁站小型沉浸式艺术互动通道

项目评估

1.极致体验直击优质核心用户

（1）沉浸式氛围感主视觉释放，主话题#极致追 聚无界##腾讯视频VIP沉浸式视听功能艺术展#等阅读量超1.7亿次。

（2）#被斗罗大陆艺术展现场震感到了#登上微博热搜TOP 33，#雪中悍刀行后劲好大#登上微博热搜TOP14，#沉浸式追剧是种什么体验#成为微博热议话题。

（3）艺术展上线头部票务平台大麦、猫眼、豆瓣同城，热度位列猫眼同期上海同类活动第2名。

2.区域推广占据线下流量高地

（1）艺术展空降当地热门商圈，近2000名观众前往观展。

（2）100余位时尚科技领域博主打卡，总粉丝量超800万人，点赞量超10万次，总播放量超4000万次。

（3）20多位不同领域的小红书达人深度逛展，覆盖粉丝量超260万人，播放量超170万次，总浏览量超1750万次。

3.媒体深度报道输出正向口碑

（1）《人民日报》《文汇报》等30家平面/网络媒体前往艺术展，进行深度采访报道，从IP精华提取、科技创新等角度点赞活动，输出报道覆盖超2600万名本地用户。

（2）上海电视台《东方大搜索》《印象东方》两大栏目派人前往采访，报道现场盛况，以生动的报道内容对上海用户实现跨屏触达，提升活动传播影响力。

（3）中国青年网、人民网等20家门户网站打造线上矩阵，实现超千万次曝光，持续输出本次视听产品功能推广活动重点。

4.场景覆盖高流量人群，广而告之

北京西单地铁站小型沉浸式艺术互动通道，3组空间功能信息全方位强势输出，每日覆盖人流超70万人次。

案例点评

点评专家：朱瞻宇　励尚公关中国区总经理、亚太区合伙人

本次传播充分利用线上、线下两个渠道，结合公关传播、大V合作、社交平台、户外媒体等多种手法，展示重磅IP，营造出极大的声势，突出产品亮点。新技术应用是这场营销活动突出的看点，也突出了行业对产品的认可，以及消费者所能得到的影音体验。

中国网事 · 感动2021年度网络人物颁奖典礼

执行时间：2021年3月—12月31日

企业名称：新华网股份有限公司

品牌名称：中国网事

代理公司：北京华瑞成业管理顾问有限公司

获奖类别：2022金旗奖最具公众影响力市场公关活动金奖

项目概述

中国网事·网络感动人物评选活动是由新华社发起的，国内首个以基层普通老百姓为报道对象和评选对象并举行年度颁奖典礼的公益品牌活动，迄今已成功举办十余届。此次活动颁奖典礼为线上直播形式。

项目策划

1. 受众分析

活动具有"起源于网，放大于网，互动于网，影响于网"的特点，目标受众更加互联网化。他们具有以下特点：关注丰富多彩的综艺节目，喜欢二次元文化；更关注自己感兴趣的领域，根据兴趣形成自己的社交圈子并主动分享内容；年龄更小，喜欢时尚潮流的东西；更喜好偏故事性的内容；网感十足，了解网络热议话题；更注重参与感，喜欢有层次的场景体验。

2. 活动策略

引入新技术，依托先进的直播技术及舞台呈现技术，利用技术手段还原感动人物故事，营造沉浸式舞台场景，将典礼主题"光"贯穿其中。以虚拟偶像作为直播预热主持人，与观众互动，为虚拟偶像设计动作及配音，使其更加逼真、拟人化，虚拟偶像担任主持人可以吸引观众对典礼的关注。以裸眼3D及动画合成技术搭建虚拟氛围感场景，主持人在其中进行故事讲述；舞台设计上利用全息纱幕投影技术，配合实景道具，使画面更加丰富、立体，充满层次感；为了更生动地呈现感动人物故事，通过绿幕拍摄后期虚拟现实技术还原故事发生场景，让观众更有代入感，让感动人物故事深入人心。轻量赛博朋克与霓虹科技的设计风格，更互联网化、更符合年轻人审美。

3. 传播策略

（1）全面的内容策划：围绕活动周期，产出大批量传播内容，对感动人物的相关事迹进行深度解读，立足人物事迹闪光点，提炼情感话题，全盘策划对外传播内容。

（2）广泛的渠道运用：基于新华社、新华网自有媒体矩阵，依靠自身媒体优势，组建更符合当下受众触媒习惯的传播矩阵，在抖音、快手、爱奇艺等平台全面传播，更广泛地覆盖受众信息入口，持续、深度传递活动各项信息，引发全民关注与讨论。

（3）感性深度的写作手法：基于活动本身的特性，挖掘与受众之间的情感连接点，让人物事迹更加感人，让人物形象更加具体，让受众通过一个个鲜明的人物感受活动举办的意义。

4. 传播规划

3月—12月，评选启动期：以新华社、新华网官网、双微平台为矩阵，开展4轮全网投票评选活动；多媒体扩散式报道人物事迹；征集活动主题曲；上线《一只水壶》预热宣传片。

12月24日，颁奖典礼：十余家视频平台同步直播，上百家媒体广泛报道。

12月24日以后，活动延续期：系列传播获奖人物事迹。

项目执行

（1）策划阶段包含活动核心主题策划、活动具体环节设置、情景剧创意节目剧本策划、与主题相匹配的视觉设计、选择支持绿幕拍摄的场地、主持人串词及颁奖词撰写、主持人及专业演员选择、情景剧所需美术置景方案策划等内容。

（2）活动执行阶段：场地及设备搭建——灯光、音响、大屏、绿幕搭建、纱幕搭建、道具置景；现场彩排——网络测试、设备测试、主持人及演员全流程彩排；直播——联合虚拟偶像典礼直播预热、通过3个篇章引出感动人物故事、线上连线颁奖以及为《我们是第一书记》电影宣传造势。

（3）活动传播阶段：传播范围覆盖新华网自有媒体矩阵。传统媒体以及新媒体包含新闻门户网站、视频网站，不断宣传活动内容。

项目评估

1. 项目亮点

使用虚拟偶像，咪咕虚拟偶像麟犀与主持人共同主持，在预热环节与观众互动。

"裸眼3D+动画合成技术"应用于主持人开场及串场环节，打造极具氛围感场景，主持人置其中进行感动人物故事的叙述。

使用全息纱幕投影技术，在情景剧表演环节，配合故事内容，在纱幕中展示烟雾、火焰等，使舞台更有层次感。

虚拟现实融合技术，利用绿幕合成虚拟场景，与现场布景相互补充，形成虚拟现实融合的画面，让观众耳目一新。

"线下录制+线上直播"，线下录制，线上直播颁奖典礼。

舞台场景方面，本次活动不仅运用了LED三面大屏幕，更搭建了实景，让演员在实景中演出，整个场景更加立体、丰富。

2. 媒体统计

100余家主流媒体主动报道活动相关内容，围绕活动本身及相关人物事迹展开报道；12家平台同步线上直播，累计观看量超1500万次；活动举办期间百度指数达到最高峰80；各类媒体平台主动转载报道758篇，覆盖全媒体平台，全方位触达受众。

亲历者说 朱琳琳　北京华瑞成业管理顾问有限公司客户经理

该典礼由线下举办调整为线下录制、线上直播。如何通过线上的方式为观众呈现更好的视觉效果、互动效果，是我们主要解决的问题。我们利用技术创新，采用了裸眼3D技术、全息纱幕投影技术、虚拟现实技术，并通过虚拟偶像担任主持人的方式进行直播间预热等，为观众呈现一场视觉盛宴。身临其境般的体验，也获得了各方的一致好评，12家平台线上同步直播，累计观看量超1500万次，100余家主流媒体进行了相关报道。

案例点评

点评专家：樊传果　江苏师范大学文化创意产业研究院院长、广告研究所所长、传媒与影视学院教授

颁奖典礼举办得是否成功，关键在于典礼举办的效果及媒体报道产生的影响力如何。本项目采用"线下绿幕录制+线上直播"的形式呈现典礼，无疑是正确的选择。

该典礼的亮点之一是舞台场景搭建与现场主持方面，充分运用高科技，使典礼现场极具场景化与故事性。该典礼的亮点之二是内容创作方面，深度挖掘、解读让人物形象更加生动，让大众受到深刻的价值观教育。该典礼的亮点之三是媒体运用方面，充分运用自有媒体矩阵，同时联合其他平台，广泛覆盖受众，形成持续的影响力。

GOLDEN
FLAG
AWARD
金 旗 奖

2022
—
金旗奖最具公众影响力
数字营销活动金奖

ASML 2021品牌整合传播项目

执行时间： 2021年5月28日—10月31日
企业名称： 阿斯麦（上海）光刻设备科技有限公司
品牌名称： ASML
代理公司： 霍夫曼公关顾问（北京）有限公司
获奖类别： 2022金旗奖最具公众影响力数字营销活动金奖

项目概述

中国正大力建设数字强国和网络强国，芯片行业迎来新的发展机遇。ASML持续聚焦行业年轻血液，希望给行业人才提供前进的信心和出色的职业平台，倡导Z世代突破束缚，勇敢地追求理想与未来。项目整体目标：提升ASML在中国市场目标受众中的品牌知名度；全方位展现ASML独特的企业文化和价值理念，提升品牌好感度；借助品牌形象塑造，激发目标受众向ASML投递简历。

项目策划

1. 策略与创意

延续2020年项目对"人"本身的关注，聚焦工程师群体及相关专业学生群体职业成长，在此基础上打造身临其境的互动体验，引导正向能量。通过搭建"追光实验室"，开展"线上＋线下"限时互动体验活动，综合运用AR、3D、H5等多种技术手段，展现ASML领先的行业形象和对员工的人文关怀。

项目传播方面，通过整合传统媒体、社交媒体等传播渠道，创造视频、直播等多样化内容，将"追光实验室"活动影响力最大化，表达企业"不设限，敢追光"的态度和主张，鼓励目标人群追寻自己的梦想之光，向行业释放正向能量，提升ASML雇主品牌和形象。

2. 媒介策略

运用PESO模型，多渠道整合发力：ASML自有社交媒体矩阵（包括B站、微信、抖音、头条），为项目预热及发布官方内容，延续品牌主张；线上展开品牌互动，借助多渠道定向广告投放，实现曝光量最大化和精准触达，为品牌活动提供流量支持；与行业权威媒体合作，利用第三方视角为项目引流，提升目标受众对品牌的认知度和品牌行业影响力；通过各个环节的趣味互动和故事分享,刺激用户主动将活动体验分享至朋友圈,使活动获得更多曝光率。

3. 传播规划

7月末引爆期:在上海搭建沉浸式光刻技术体验馆"追光实验室",同时邀请媒体和KOL进入ASML办公室参观、与高层互动,抢先体验"追光实验室"。

8—9月线上互动期:发布线上版本"追光实验室",借助社交媒体官宣、广告等方式提升曝光量,让目标受众感受ASML技术和企业文化。

9—10月深入校园转化期:秋招期间,在开启校园宣讲会的同时打造线下体验活动,以此提升学生群体对ASML品牌和企业文化的认知。在"程序员节"当天开启特别直播活动,提升目标受众对品牌的认知度和好感度。

项目执行

(1)线下引爆:限时体验店"追光实验室"。2021年7月末,ASML在上海搭建沉浸式光刻技术体验馆"追光实验室"。整个线下体验活动以光刻机为核心概念,结合了AR、现场互动、展板和照片墙,全面展示了ASML光刻机的领先技术。同时,邀请媒体和KOL进入ASML办公室参观、与高层互动,抢先体验"追光实验室",引爆口碑和话题,为后续活动预热。

"追光实验室"现场及AR体验

(2)线上互动:"追光实验室"覆盖更多人群。在线下体验店成功破圈、引爆话题后,及时发布线上版本"追光实验室",通过3D等技术还原线下体验。通过社交媒体官宣、广告推广、KOL引流等方式,让更大范围的受众能随时随地感受ASML光刻系统的黑科技和公司的企业文化。

"追光实验室"线上版

（3）深入校园转化："追光实验室"进校园+1024"未来青年说"特别直播。ASML在秋招季将"追光实验室"带到华中科技大学，并在10月22日邀请对半导体行业感兴趣的大学生参与其中，感受光刻系统的魅力和ASML的企业文化。在10月24日"程序员节"当天，联合行业媒体与非网举办针对软件人才的特别直播——"未来青年说"，该直播邀请了媒体人、学术嘉宾、ASML工程师、ASML HR、学生等，围绕ASML光刻技术和行业人才等话题输出多元观点，以此提升目标受众对ASML的品牌认知度和好感度。

项目评估

1. 效果综述

ASML 2021品牌整合传播项目获得极大反响，截至10月31日，项目传播覆盖超4900万人次，累计超195万人次参与互动，成功触达约18.6万名目标受众。其中，线下"追光实验室"快闪活动约2900名游客参观，868人参与互动；线上H5"追光实验室"的互动量超139万次，成功触达约10.9万名目标受众；特别直播互动量超百万次，成功触达9.6万名目标受众。

活动期间，ASML微信公众号粉丝数成功突破4.7万人，相比营销活动前增长了约117%。

2. 受众反应

借助这次品牌整合营销项目，ASML是半导体行业技术领先者这一认知得到了加强。在社交媒体上，具有不同学科背景的人表达了对ASML尖端科技的认可，并表示希望进入ASML工作。

ASML的"3C"文化也深深印入受众心中，在有关ASML雇主品牌形象的一系列调查中，受众对ASML支持员工个人发展、为员工提供具有创造性的工作环境以及尊重员工的雇主品牌形象的认可度均提升了30%，参加ASML招聘会的意愿相比活动前显著提升。

亲历者说 陶礼斯　霍夫曼公关顾问（北京）有限公司客户副总监

ASML想要创造更大的品牌影响力，必须出圈传播。公关团队大胆创新，结合AR技术与线下快闪店的体验，深入浅出地将前沿技术带到普通人群面前，打造了一个整合线上线下多个场景的项目，串联起全链条用户体验，引起广泛影响。在线下快闪店期间，我们吸引了客户、友商、大众等各类人群特地前来参观，形成了从品牌到互动再到转化的营销闭环。这对于传统的B2B企业而言，是一次大胆且创新的尝试和突破。

案例点评

点评专家：王洪波　中国对外文化集团有限公司新闻总监

真正好的传播其实都是好的翻译，把自己懂而别人不懂的话语翻译给更多的人听，让更多的人懂。本项目正是这样做的。B2B企业的一个传播瓶颈是懂的人少，对于拥有新兴技术的B2B企业而言，这个问题更为突出。因此，利用公共传播建立强大的企业和产品品牌影响力，是拥有新兴技术的B2B企业的生命线。

◖ 安慕希CNY①虎年非遗蓝印麻将周边传播

执行时间： 2022年1月8日—1月31日
企业名称： 内蒙古伊利实业集团股份有限公司
品牌名称： 安慕希
代理公司： 内蒙古众拓营销管理有限公司
获奖类别： 2022金旗奖最具公众影响力数字营销活动金奖

项目概述

安慕希品牌凭借自身产品和渠道，快速占领互联网传播阵地，已经形成核心的"味觉资产"且被目标受众所认知。本次营销借势虎年春节节点，安慕希希望在众多品牌中出圈，抓住春节节点的消费者，并扩大品牌声量，制造品牌味觉资产外的认知资产。

项目策划

1. 洞察

为进一步扩大品牌传播声量，需要制造味觉资产之外的认知资产，洞察到"00后"年轻人对"国潮"的热爱，要尽可能扩大传播声量，就要用年轻人喜欢的内容形式卖给他们具有国潮范的周边。因此，传播呈现出"麻将受众年轻化"及"年轻人的爱好国潮化"的显著特点。

2. 创意推导

麻将，是中国的国粹，其集益智性、趣味性、博弈性于一体。蓝印花布是中国传统工艺印染品，最初以蓝草为染料印染而成，距今已有1300多年历史。

安慕希联合首批国家级非物质文化遗产代表性传承人——吴元新老师。他印染的蓝印花布作品造型优美，线条流畅，形象生动，多次在文艺作品比赛中荣获金奖。多年来，吴元新在民间文化遗产的抢救保护中做出了特殊贡献，保护了一大批濒临消失的古旧蓝印花布作品，并创建了第一个蓝印花布博物馆。

3. 传播主题

"虎"起中国范，一起安慕希（"虎"起国粹文化的美学范；"虎"起非遗文化的匠心

---

① CNY为中国新年。

范;"虎"起现代国人的生活范)。

4. 策略

借助虎年春节节点及场景,结合非遗传承人,打造安慕希虎年麻将。产品端:"产品精细化打磨＋非遗文化背书"将中国传统文化与时尚相融合。传播端:公域种草平台前置种草及引导UGC,通过微信生态精细化运营盘活私域会员资源,助推产品传播。销售端:"私域平台精细化运营＋公域平台矩阵式传播"。

项目执行

推出蓝印麻将趣味场景平面大片及视频:为推广传统文化定调,为深刻的设计内涵做文化输出;营造新年期间麻将团聚文化氛围,从使用场景出发深度种草;官方打造麻将场景视频,为周边种草。

小红书借势流量话题种草,打造爆款,种草平台话题裂变,吸引大量自来水种草。

安慕希通过洞察"00后"对国潮风的热爱,借势打造属于品牌的认知资产;选取麻将这一国粹,与契合安慕希品牌色的蓝印花布结合,联合首批国家级非物质文化遗产代表性传承人吴元新老师打造虎年专属的安慕希麻将,产出"1+1>2"的效果。

中国工艺美术学会发布推文;KA商超发文助力推广;行业账号收录相关内容。

项目评估

安慕希虎年麻将礼盒成春节爆款产品,抖音、小红书用户自发种草传播,最终全网曝光超550万次、销售额突破18万元,创历史新高:小红书超350篇用户种草文章,相关话题浏览量超77万次,超2021年全年周边话题总浏览量。官方学会、行业媒体等推文发布,获20万次阅读量;0成本,抖音自媒体平台超百条自来水种草,转、评、赞总量超15万次。

传播KPI全部达成,产品双平台售罄,销量为历史新高。

ROI=[150万(550万元曝光价值换算)+18万]/100万 × 100%=168%。

官方前期在闲鱼平台发布售卖麻将的帖子,引发用户加入购买阵列,进一步助力安慕希麻将产品溢价。

亲历者说 王雅洁　内蒙古众拓营销管理有限公司客户主任

借2022虎年新年节点,安慕希将国粹麻将与蓝印花布融合,在创新中不忘传承,让传统文化以新的形式更好地向外输出,展现传统文化新活力。

案例点评

点评专家：张洁　金科华东大区品牌总经理

　　这是非常棒的一次创新，是一次跨界文创周边的尝试。其将传统文化元素和现代潮流审美相融合，在特殊的时间节点引发关注。产品设计方面，契合中国新年这一时间点，与蓝印花布相结合，相得益彰。这样的产品设计创新令人印象深刻。传播方面，从过年访亲会友打麻将来增进感情这一传统的、接地气的中国生活场景出发，进行演绎、延展。同时，借助多形式、多矩阵平台的种草，引发话题热潮。除了将蓝印花布元素融于麻将，安慕希还特别推出了其他限定周边礼品，别出心裁，寓意十足，让传统文化在不断发展的新时代中得到了新诠释。

　　这个案例，让我充分感受到安慕希的品牌用心，其始终坚持以消费者为中心，以不断突破、不断创新的方式弘扬中国传统文化，塑造品牌价值，占领用户心智。

麦当劳麦麦咔滋脆鸡腿堡新品上市

执行时间：2022年7月13日—8月9日
企业名称：金拱门（中国）有限公司
品牌名称：麦当劳
代理公司：上海奕远公共关系顾问有限公司
获奖类别：2022金旗奖最具公众影响力数字营销活动金奖

项目概述

在推出麦辣鸡腿堡、板烧鸡腿堡等多个经典鸡肉产品后，基于消费者对"脆"需求的洞察，7月麦当劳重磅推出全新鸡肉汉堡产品——麦麦咔滋脆鸡腿堡，其金黄酥脆、香而不辣，能为消费者带来超乎想象的"咔滋脆"体验。

针对当前不同消费人群，通过全新的营销组合拳，包括邀请粉丝共创"咔滋文学"、召开"咔滋文学"朗诵大会等，助力新品传播破圈，引起更多讨论及关注，开辟和年轻消费者对话的新路径。

项目策划

脆堡上市后，获得各界广泛关注，口碑一路高涨。为表达对产品的喜爱，粉丝创作的"咔滋文学"应运而生。麦当劳敏锐捕捉粉丝动向，紧跟粉丝自发的"咔滋文学"风潮，顺势发起"咔滋文学"UGC活动。

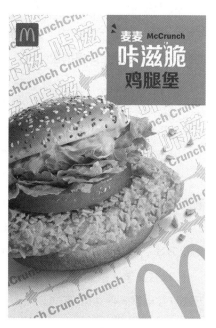

产品

携手腾讯会议，举办网络研讨会直播"咔滋文学"朗诵大会。

"咔滋文学"朗诵大会是麦当劳首次跨界尝试网络研讨会直播。此次携手腾讯会议发起线上直播，优选众网友"咔滋文学"作品，邀请知名声优胥渡吧小蝶以戏剧化角色倾情演绎，同时向观众发起"咔滋文学"在线创作邀约，优秀作品作者实时开麦朗诵，形成真实且高质量的互动。

此外，会上发布了互联网黑话上市战报，庆祝新品上市大捷，并邀请粉丝参与听脆识堡、趣味问答等活动，品牌与年轻圈层高度互动。

活动海报

项目执行

官宣新品当周同步宣传产品亮点，从食材、口味等角度刺激粉丝购买尝试，引发粉丝追捧。

洞察到因网友对产品喜爱而生的"咔滋文学"。为使新品更快更广传播，官方在延续期中发起脆堡辣堡PK及"咔滋文学"原创作品活动，"咔滋文学"进一步传播，使更多人了解新品、爱上新品。

借"咔滋文学"热潮，联合腾讯会议举办"咔滋文学"朗诵大会，与粉丝一起庆祝产品上新，创新形式的直播再次助推新品在社交平台火爆销售。

项目评估

一系列创意营销活动为产品上市打造热度，新鲜玩法引发全网关注。

上市当日麦麦咔滋脆鸡腿堡一跃成为麦当劳汉堡单品销量TOP1。

"咔滋文学"热潮席卷微博，#麦麦咔滋脆鸡腿堡#话题总曝光量达7.57亿次，总讨论量达45.8万次。微信相关文章总阅读量达368万次，总互动量超6万次。

"听说麦麦咔滋脆鸡腿堡……谁请我吃？"句式强势刷屏。活动开启10天内，阅读量超1500万次，粉丝原创"咔滋文学"作品超2000个。

"咔滋文学"朗诵大会直播引爆传统会议平台，仅半小时的直播会议，累计观看量超1万次，互动聊天数达22万次，点赞数过5万次。

亲历者说 邵颖颖　上海奕远公共关系顾问有限公司资深总监

麦当劳粉丝是一个既可爱又有创造力的群体，新品上市后，他们围绕新品玩梗、造梗，由此，我们共创的"咔滋文学"便应运而生。我们用"咔滋文学"朗诵大会的方式，赋予文字以声音，并让麦当劳成为第一个在腾讯会议网络研讨会上举办直播的品牌。

案例点评

点评专家：李玲　安踏集团副总裁

品牌数字营销最难克服的点是"如何在大浪淘沙的社媒时代通过有效传播让消费者在享受趣味的同时牢记品牌需要传递的信息"。麦当劳的这个案例很鲜明地体现了参与性、趣味性和记忆点。以"脆"和由此延展出来的品牌感知，让消费者在参与"咔滋文学"活动时对产品的脆产生深刻印象。我认为，做营销传播，最成功的是形成"没说出来却被记住了"的用户认知。把营销做成文化传播，是当下营销满天的时代值得推广的策略与手段。

人保温暖相随，守护美好生活
——中国人保数字营销项目

执行时间：2022年5月9日—6月10日
企业名称：人保信息科技有限公司
品牌名称：中国人保
代理公司：北京联办一航文化传媒有限公司
获奖类别：2022金旗奖最具公众影响力数字营销活动金奖

项目概述

中国人保积极拓展线上营销手段，以中国人保App为主阵地，举办首届中国人保云上"美好生活节"，以全新的模式、全新的设计、全新的感受，与万千用户一起"云端"过年。

以"美好生活节"为引导，传递中国人保温度，彰显品牌行业标杆地位。同时，以金融央企身份，在拥抱数字时代、践行数字金融、拓宽线上营销的行动中做出表率。

项目策划

1. 目标

品牌方面：传递中国人保品牌温度，提升品牌势能。

传播方面：扩大活动曝光范围，精准辐射目标群体。

用户方面：深化用户感知，完成同用户的深度绑定。

2. 整体策略

将传统客户节活动移至线上进行，扩大辐射人群基数。

基于活动主题，为不同圈层用户设计不同互动玩法，加深用户情感。

结合用户特点，传递温暖与关怀服务理念，收获年轻用户信赖。

整合线上渠道，多方联动，全渠道渗透，精准辐射目标人群。

3. 受众

中国人保已有用户群体，其他"80后""90后"潜在保险用户。

4. 内容创意

（1）创意概念：落实"做有温度的人民保险"战略，打造集智慧、科技与欢乐于一体的"人保未来城"——这里的人们秉承追求卓越的精神，为用户提供便捷服务，举办各种精彩活动，用户在这里可以玩游戏、聊故事、享服务、购保障，美好生活再升级。

（2）创意设计：主视觉采用"2.5D设计＋未来科技风"，结合用户使用习惯，整体使用长图式设计来展现全部活动内容，营造沉浸式用户体验和互动氛围。

（3）创意玩法："人保未来城"由3个主互动板块和5个子活动板块构成。通过人保集结口令、人保保单等主要品牌元素，打造简约互动玩法，真实模拟"产品＋服务体验"。利用权益驱动，引导用户积极参与，与品牌共情。

其中，"温暖518欢乐集结"活动，借助当下潮流的直播玩法，通过口令兑奖形式，实现公域流量和私域流量之间的互通互助，带动直播间及中国人保App流量双增长。

5. 媒介策略

整合线上渠道，多领域、全方位覆盖：集团多账号矩阵助力，全渠道传播。

新媒体联动：除传统媒体外，利用直播等进行互动助力。

线下物料覆盖：整合全国108个营业厅，1063位经理人助力扩散传播。

6. 传播规划

线上全渠道依托活动内容有节奏发声：App站内焦点图、弹窗、开屏、探"保"未来城H5、App头条；抖音主题直播嗨爆直播间，引流效果显著；设置百度搜索热门词条，深入挖掘潜在用户，强势曝光；朋友圈宣传。

精准内容渗透：根据用户圈层打造符合不同平台要求的主题内容，诠释活动概念、参与方式及趣味内容，选定百家号、头条号、微信公众号等渠道进行活动预热、传播，从用户兴趣和权益两方面吸引用户参与活动。

项目执行

第一阶段：项目整体思路确认、创意活动准备及技术可行性确认。

第二阶段：主视觉设计，活动文案确认及物料准备、奖品准备等。

第三阶段：按规划上线活动，并对可能出现的问题进行排查。

第四阶段：输出项目总结报告。

客户组、策划组、运营组、设计组、技术组紧密配合，组内分工落实到人，根据每一个执行环节设计严谨的项目推进时间表，建立与品牌方每日沟通反馈机制，主动发现问题并迅速提出解决方案，做到项目全方位跟踪把控。

项目评估

1. 效果综述

活动数据：5月9日—6月10日，超200万人参与本次活动。

品牌能量传递：以创意活动加深情感羁绊，增强用户对于品牌的信任度和忠诚度。赢得用户高度信赖，引发用户自主裂变，形成"以老带新"，分享次数超10万次。

品牌形象建设：精准辐射不同圈层，传递中国人保有温度的人民保险品牌价值，获得行业内外一致赞誉，得到了同行、媒体、消费者的广泛认可，网易、搜狐、财经等多家权威媒体纷纷报道。

活动整体曝光量超1000万次，App站内浏览量超300万次，月活跃度提升30%。App拉新同比增长5%，平台活跃度提升15%，保费收入同比增长7%。

2. 媒体统计

整个活动期间共计发布软文13篇、短视频6条，覆盖8个主流线上平台。

宣传效果显著提升，媒体矩阵阅读量及曝光量大幅增加，较上年同期活动曝光量提高了10倍以上。

3. 项目亮点

协同营销，建立一体化营销推广矩阵，打造全新云端客户节。"1+2+4+N"集团一体化线上客户节宣传矩阵；N个自媒体宣传触面联合宣传，形成客户节声量；1个主平台覆盖4个主业服务场景。

亲历者说　张月　人保信息科技有限公司主管

随着国民对于金融保障服务需求的变化以及对于未来美好生活期待值的持续提高，保险已不是特定人群的专属需求，不同圈层用户都越来越重视自身生活及发展保障。中国人保始终做有温度的人民保险，温暖、守护人民，不同于以往节点性活动，这一次我们针对所有圈层用户打造了多种趣味玩法，全面提供暖心服务、福利，进行了一场全民对话。市场和用户给予我们的反馈，以及活动带来的影响力，都超出了我们的预期。

案例点评

点评专家：张再洲　北京华瑞成业管理顾问有限公司总经理

随着我国国民对于金融保险业务的不断深入了解，我国保险业已开始向高质量转型发展，作为我国金融行业的代表性企业，中国人保多年坚持将"美好生活节"作为与用户沟通的桥梁，持续不断将品牌理念、品牌价值传递给社会公众。针对不同圈层的目标用户群体，其采取多形式互动、多触点出击的办法，深挖目标客群利益诉求，通过价值沟通实现品牌认同，同时实现私域流量的精准投放、广域流量的高度覆盖，提升了受众对中国人保的品牌信任度和忠诚度。

翼支付2022年嗨5生活节电商营销案例 "翼起寻找家乡代言人" 线上互动营销

执行时间：2022年5月—6月

企业名称：天翼电子商务有限公司

品牌名称：翼支付

代理公司：网娱互动科技（北京）股份有限公司

获奖类别：2022金旗奖最具公众影响力数字营销活动金奖

项目概述

翼支付2022年嗨5生活节，延续了一直以来的优惠福利赠送，但更针对时代发展，将"助力数字经济 赋能美好生活"作为口号，通过"助力美好乡村""助力消费升级""助力商户经营"三大板块福利输送，让更多受众获利。

在项目传播上，以放大活动利益点为主，吸引用户参与，并针对"助力美好乡村"板块前期策划"翼起寻找家乡代言人"线上互动营销活动，为整个活动做足前期预热。

宣传海报1

项目策划

1. 整体策略

（1）"翼起寻找家乡代言人"将每一位用户与自己的家乡情感关联起来，并以PK赛的

宣传海报2

模式激发用户参与度，提升用户对家乡的自豪感和宣传热情。

（2）线上自媒体渠道联动：结合受众特点，更多着力于线上；结合用户喜闻乐见的PK方式，推广家乡特产及风景文化等。

（3）促进寻味家乡农产品消费：线上引流到翼支付，吸引用户购买家乡特产，为营销活动助力。

2. 受众

翼支付原有自媒体粉丝及用户群、家乡特色产品商户及利益相关方、一般公众。

3. 传播内容

（1）发布情感沟通视频，面向大众做好关于家乡记忆和情感的沟通，唤醒大众对于家乡的思念之情。

（2）发布创意比拼H5，号召用户自行以视频、海报、文章等形式来为自己的家乡代言。

（3）对征集、精选出的用户优质故事进行二次传播。

（4）传播活动成果，升华活动意义，为此次活动定调。

4. 媒介策略

（1）多领域、全方位覆盖：线上参与H5覆盖多个社交领域渠道，激发用户参与热情。

（2）新媒体联动，扩大传播声量：除官方微博、微信、抖音外，利用直播、微信视频号、抖音红人大号等进行创新传播，大范围吸引粉丝互动。

宣传海报3

项目执行

（1）5月初，官方自媒体渠道发布情感沟通视频，号召公众参与即将到来的特别策划活动。

（2）上线"翼起寻找家乡代言人"H5，用户可上传为家乡代言的照片，并选择自己的代言宣言，生成专属海报。

（3）抖音红人大号参与活动，从生活情感和美食体验等不同角度晒出自己的代言故事和宣言，吸引社交平台用户参与互动。

项目评估

1. 整体效果

（1）通过多领域、多样化的媒体平台，在把控传播节奏的同时创造持续且强劲的传播声量，整体项目曝光量在5000万次以上。

（2）全面联动翼支付内部自有媒体渠道和平台，全方位对活动进行预热和报道，收获相关方内部好评。翼支付自媒体涨粉1.5万人以上。

2. 项目亮点

（1）全渠道同步联动，为家乡农产品销售助力。翼支付新媒体全渠道以不同形式发起互动，形式多样，主题一致，共同为营销活动引流。

（2）借势为家乡代言，号召全民关注乡村建设，赋能数字乡村建设。翼支付坚持为平台型企业搭建起数字营销产业链，将田间地头的新鲜农产品与各家各户的厨房餐桌连接在一起，为乡村振兴开辟出一条独具特色的快车道，持续为数字乡村建设赋能。

案例点评

点评专家：储门　　nihaooo你好品牌咨询创始人

信息粉尘化时代，数字营销其实是面临巨大挑战的，所幸在本项目中我看到了策划者对消费者的深刻洞察，对传播方式的系统规划。过去几十年，中国有几亿人口从农村迁徙到城市，远离自己的家乡，所以他们更容易被触动，从而参与到为家乡代言的行动中来，消费者获得共鸣并愿意主动参与和分享，是这个传播方案成功的最核心因素。此外，在整个传播中，策划者很好地调度和整合了传播形式和载体，视频、海报、H5等不同的传播形式，微博、微信、抖音、视频号等丰富立体的传播载体，充分利用，同时创造了优质的UGC和PGC，最终获得出色的用户参与和互动效果。

中信银行2022开门红"全民年终奖"整合营销活动

执行时间：2021年10月1日—2022年2月28日

企业名称：中信银行

品牌名称：中信银行

代理公司：北京新禧品牌管理有限公司

获奖类别：2022金旗奖最具公众影响力数字营销活动金奖

项目概述

岁末年初，是银行最重要的开门红营销节点。为推动开门红销售业绩爆发式增长，启动了中信银行2022开门红"全民年终奖"整合营销活动。以中信银行App为主阵地，整合各业务线、协同集团多个板块、联合全国分行网点，共同做好客户触达与销售转化。

项目策划

1. 项目策略

在开门红期间，打造营销场、协同场、品牌场3大场域，真正做大开门红价值。

（1）营销场：打造一套高于产品、高于业务的开门红营销主线玩法，全面整合各个零售业务板块，贯穿总、分、支行，形成真正的营销闭环和大的营销场域。

（2）协同场：协同中信集团大金融、大消费板块，同时联合外部基金公司、权益伙伴等，资源聚势，协同打造开门红分会场。

（3）品牌场：联合头部财经媒体，打造开门红专项合作，升级传播内容，沉淀品牌资产，同时为营销活动引流，实现品效合一。

2. 核心创意

（1）一张"年终奖机会卡"捋顺了多业务板块统一营销的逻辑。在中信银行App打造"全民年终奖"活动主会场，并创造了一个超级营销工具——"年终奖机会卡"。每张机会卡对应一个权益，共有8张"年终奖机会卡"。客户进入会场，完成卡片上的任务，激活对应权益。客户在激活机会卡的时候，有了权益的获得感，这极大地激发了客户做任务的动力。8张"年终奖机会卡"的利益点和对应的业务深度捆绑，整个业务板块实现了联动，对客营销逻辑也更简单、高效。

玩法穿透线下，来网点也可以抽取"年终奖机会卡"实体卡。线下超1000家网点在开门红期间自定义打造了"年终奖盲盒"，实现了总、分、支行协同做大开门红销售的效果。

（2）一个超级直播，制造了开门红现象级话题。为推动"全民年终奖"主会场流量爆发，联合头部财经媒体21CN、知名脱口秀演员张踩铃，打造了以2022共富大会为主题的超级直播，邀客户听脱口秀、买爆款、拿福利。银行圈首个财富脱口秀，张踩铃带大家"爆笑+暴富"。直播中张踩铃和中信银行理财经理、投资代表充分互动，爆梗不断，针对年终奖话题进行花式讨论，并持续植入爆款产品，引导销售，实现了话题和销售双赢。

联合单立人编剧团队，为中信银行财富顾问、理财经理、理财达人量身定制脱口秀内容，3大脱口秀节目轮番上阵，趣味讲述来中信银行理财、打理年终奖的快乐。

不止于直播，线下超1000家网点同步举办脱口秀主题沙龙，为开门红带货。线上直播的同时，线下网点举办脱口秀沙龙，邀请客户来网点通过大屏看脱口秀，同时配合分行开门红福利讲解，做大销售。

（3）一整套开门红传播工具，高频触达一线。围绕"全民年终奖"主题，打造一系列富有创意和话题的营销物料，高频触达网点，支持开门红销售。

打造"钟先生发年终奖了"复古主题视频，通过钟先生和理财经理的趣味互动，引导客户来中信银行"全民年终奖"活动配置年终奖，拿年终奖好礼。

打造每天奖一奖系列海报，趣味话题卷入客户参与。将全民年终奖的利益点包装为"如何1分钟带走最高66元新年奖励金""新朋友如何实现拿奖大满贯"等话题，保姆式教学沟通"年终奖机会卡"内容及对应任务攻略。

创新微信图文内容，创新客户沟通模式，为主会场引流。打造《全民年终奖｜8屏福利！把年终奖氛围拉满！》等微信互动图文内容，引导客户"揭秘自己的年终奖"。

（4）多个协同分会场，实现"金融+非金融"场景融合。联合兄弟公司，打造精彩分会场，为客户提供更多非金融开门红权益体验，做大开门红场域。

项目执行

12月3日："全民年终奖"主会场上线中信银行App。

12月3日—12月底：丰富的营销物料穿透线上媒体矩阵。

12月15日—翌年1月底：线下"全民年终奖"活动在超1000家网点展开。

1月6日—1月10日：发布复古风视频及话题，掀起多轮话题。

1月12日："2022共富大会超级直播+线下网点统一主题沙龙"，销售引流。

1月13日—1月底：花式财富主题脱口秀CUT持续传播。

2月1日—2月底："全民年终奖"沙龙持续开展。

项目评估

1. 效果综述

（1）主会场营销数据：开门红期间，中信银行App"全民年终奖"主会场上线73天，PV（页面浏览量）累计410万次，UV（独立访客数）146万人，"年终奖机会卡"累计激活近30万张，新年奖励金任务人数超过14万人，基金／理财产品累计销售额7.4亿元。

"全民年终奖"页面

（2）2022共富大会超级直播数据："中信银行App+21财经App"联播，超357万人次观看，其中中信银行App 39.8万次、21财经App 317.3万次，互动留言1.3万条。在中信银行App直播观看平台，2.2万人停留5分钟以上，超过3万人次进入活动，助推理财产品同时段销量与预约量超8600万元。

2. 项目亮点

（1）8张"年终奖机会卡"强化了客户获得感。8张"年终奖机会卡"，累计价值2022元的年终奖权益包，在客户进入开门红活动专区第一时间"自动激活"，权益的前置获得感，是整个项目取得优秀数据成果的关键。

（2）线上线下打通，形成数字化营销闭环。"年终奖机会卡"具有很好的延展性，线下各个分行结合属地优势，叠加丰富多彩的实体"年终奖机会卡"，吸引客户到网点互动，同时为线上活动引流，打造了线上线下统一、整合的营销场。

（3）财富脱口秀打破沟通壁垒，全民一起欢乐互动。金融营销、传播一直具有较高的传播壁垒，传播降维、吸引更多用户，是营销破圈的关键，本次营销把"打理年终奖"变成了多个趣味的脱口秀话题，创造了全民可参与、全民可互动的理财活动。

（4）联合21CN打造财富主题脱口秀直播，超357万人次观看，引爆线上流量。同时，利用银行自身渠道优势，举办线下脱口秀沙龙，超1000家网点邀请客户看直播、抢红包，和线上协同打造销售场。

（5）一次"集团＋三方机构"协同的开门红。本次活动实现了企业和自身集团的协同，通过分会场模式，延伸了开门红场域，实现了开门红营销破圈和销量的爆发式增长。

亲历者说 崔樱觉　北京新禧品牌管理有限公司客户经理

项目核心挑战在于打造像"双11"一样被受众喜爱的营销活动。

"年终奖机会卡"作为牵引整合营销的关键，经历了为期1个月的设计。我们协同多板块业务条线，反复推敲玩法，优化交互体验，构建营销闭环，最终取得了优秀的数据成果，真正帮助中信银行实现了开门红。

金融机构的营销更需要匠心，客户喜欢、经营高效是每一场整合营销活动的理想目标，也是我们作为营销人的行业追求与价值目标。

案例点评

点评专家：郭为文　周末酒店合伙人、首席营销官

本活动打破了金融机构一贯严肃有余、活泼不足的营销氛围，用充满游戏感的活动设计、与娱乐脱口秀演员合作、参与者社交裂变等方式来传播，实现了金融产品整合营销的新突破。同时，本案例在手机App上的表现，反映了营销执行上的成功：首先，活动概念主题突出，围绕一张"年终奖机会卡"展开所有活动，不仅整合了多业务板块，更让活动易记忆、易传播；其次，充分利用银行的线下渠道优势，网点的"年终奖机会卡"抽奖活动，为线上活动补充流量；最后，采用直播、短视频等形式充分传播，一次活动、多点开花，整合得非常到位。

GOLDEN
FLAG
AWARD
金 旗 奖

2022
—
金旗奖最具公众影响力
内容营销金奖

"新国潮·敢越级"东软医疗NeuMR Rena 盛名磁共振品牌传播项目

执行时间：2022年6月1日—7月31日
企业名称：东软医疗系统股份有限公司（简称东软医疗）
品牌名称：东软医疗
获奖类别：2022金旗奖最具公众影响力内容营销金奖

项目概述

围绕东软医疗全链条自主创新磁共振产品NeuMR Rena，锚定国产磁共振全链条自主可控品牌宣传策略，打造东软医疗品牌自主创新核心影响力。以"线上媒体矩阵+线下媒体巡展"等形式，从垂直行业媒体拓展到大众媒体，从渠道市场拓展到大众感知，制定4个阶段的传播策略，创造舆论场、强势回应/预热、线上发布期、宣传长尾期有节奏、有重点、有目标地建设并提升品牌知名度，有意识地引导话题、扩大声量，塑造"中国大型高端医疗设备领军企业"的市场定位，掌控传播节奏，营造东软医疗良好的公众舆论环境，凸显品牌价值，超预期完成传播目标，让品牌价值与市场需求形成共振，进而高效传达价值创造这一品牌宗旨。

项目策划

在行业新品不断更迭的大环境下，思考以不同的形式、话题引导让行业群体更关注东软医疗新品，并从策略上与竞品形成差异。

1.传播主题

以"新国潮·敢越级"为主题，既区别于以往的主题设置，又与年度主题"智慧影像·中国创"形成呼应。

2.传播内容

重点突出NeuMR Rena"全自研、全光纤、全数字、全新平台"的特点，突出其全链条自主可控的优点，与国家对于高端医疗器械突破"卡脖子"问题、实现自主创新的要求高度一致。

3.传播渠道

在策划"新国潮·敢越级"线上磁共振新品发布阶段，考虑N级传播理论，传播链越长往往意味着传播效果越佳，同时不同的媒介信息构成更易触达用户。

4. 传播节奏

为让行业及大众更有产品感知，在内容传播上做了规划，传播节奏也根据侧重点不同分为4个阶段：创造舆论场、强势回应/预热、线上发布期、宣传长尾期。

5. 内容创意

第一，"新国潮·敢越级"品牌调性与年度宣传口径既高度统一又有所区别。

将近年来具有中国特色的潮流风格引入医疗器械领域，是新颖又通俗易懂的尝试。其中既有对流量的思考，又有对于国产品牌超越国外品牌的期许，展现了品牌主动升级、敢于越级的高站位与高格局，在与国外品牌角逐的过程中展示国产品牌的坚持与创新，也为品牌未来持续发展打下基础。

第二，东软医疗 NeuMR Rena 磁共振产品所有核心部件均自主研发设计完成，实现了全链条自主可控。

传播内容在最初设计时综合考虑了话题"价值属性+行业属性"。

具备行业属性：由于医疗器械行业非常垂直，这个行业人群关注信息的渠道及关注信息的方式有别于其他行业。所以，通过行业资深自媒体创造舆论场、强势回应、预热宣传，把全行业目光引入磁共振领域，形成全行业都在谈论东软医疗磁共振新品的良好局面。

第三，线上发布期，东软医疗微信公众号以"短视频+长图海报倒计时"方式开启宣传，吸引流量，线上直播期垂直自媒体与品牌官方号宣传引导，虚拟现实与交互技术满足了远程观看的需求，再邀请专业行业媒体线下巡展问答，加强互动。以多变思维拓展品牌传播边界，"短视频+长图文海报+线上直播+线下巡展问答"既让B端客户深入了解新品，又与客户形成联系，有效推动品牌市场销售转化。

第四，掌握不同传播节奏，根据侧重点不同将传播分为4个阶段：创造舆论场、强势回应/预热、线上发布期、宣传长尾期。

不同于以往传播节奏，这次在传播前期加入了舆论引导这一关键步骤，由于话题设计巧妙，从6月6日开始每日传播一个磁共振话题，自然流畅地引发了行业好奇与关注。在东软医疗 NeuMR Rena 磁共振官方自媒体还没有预热时，传播活动已经引发了几轮关注，流量自然导入官方自媒体。由于前期策划精准且完成度高，线下巡展媒体对新品的感知度进一步加深，后期宣传效果非常好，除合作方5家自媒体外，多达104家自媒体发文介绍新品，其中不乏财经、证券类媒体。这从根本上证明本次传播不仅在行业垂直领域引起广泛关注，更是破圈被更多行业及大众所熟知，是一次高效且直接提升品牌影响力的营销活动。

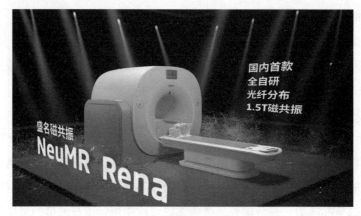

产品

项目执行

前期筹备：根据公司整体项目要求制订品牌传播计划，传播主题在符合年度主题的基础上更加凸显产品特点，准确把握传播节奏并利用好私域流量，个人及群体都充分参与，管理品牌活动整体进度与方向，并根据宣传情况随时调整内容、节奏、传播途径，使核心需求观点内容更好被传达。

媒体方面：新华社、中新社、《健康报》、辽宁广播电视台、《沈阳日报》、沈阳广播电视台、东北新闻网、北国网、《辽宁日报》参与了线下巡展，器械之家、医学影像服务中心、器械汇、赛柏蓝、医工研习社等自媒体参与了本次线上传播，由于本次传播效果破壁，垂直行业、财经证券等多领域的104家公众号也进行了相关报道，新华社单篇稿件阅读量超70万人次，此外，基于线下巡展与《半月谈》杂志合作完成深度专稿。

项目评估

通过本次对 NeuMR Rena 新品新媒体矩阵式的传播，实现了品牌内部及外部传播渠道的全网整合，有效建立了品牌营销转化业务模式，以品牌营销支撑为主，促进市场占比提升。

从舆论引导之初就有来自行业内外的同人对此表示高度关注，104家自媒体逐步加入传播矩阵，其中不乏财经类、证券类媒体。作为国内较早开展磁共振自主研发的民族品牌，东软医疗全链条自主可控的实现，极大程度上激发了员工的荣誉感，故本次传播在个人私域流量方面也收获颇丰，不仅内部员工，外部跨行业领域人员也多有转发。

1. 媒体统计

本次传播全网实际传播量达1374篇次，其中在网站发布871篇，在App发布260篇，在微信公众号发布157篇，在论坛发布41篇，在报纸发布20篇，在微博发布15篇，在视频端发布10个。

从传播媒体平台分布情况来看，网站、App、微信为主要的传播媒体，网站传播占63.4%，主要是在门户类、新闻类网站传播，更侧重门户类网站；App传播占比18.9%，主要为门户类、主流资讯类App；微信传播占比11.4%，由东软医疗、器械之家等东软官方公众号、医药或医疗器械类等发布，拉高影响力。

2. 项目亮点

作为新品推广中非常具有优势且聚焦的B端企业品牌传播活动，此次活动形成了系统化方法，每次只需要更新微小细节即可大量推广，具有可复制性，把握关键节点即可在一定程度上取得良好的品牌传播效果。由于有力引导整体舆论话题、精准把握传播节奏，本次超预期达成了传播目标。

具体来说，本次项目具有以下几个亮点。

（1）结合当前公司业务需求制定品牌传播策略，以差异化内容有目的地在不同渠道传播，结合各媒体差异化定位，实现差异化受众都能精准触达不同侧重的内容，最大化传播效果。

（2）全业务链条联动：以品牌管理为枢纽，整合全品牌业务逻辑，保持内容差异性的同时注重品牌调性统一，赋予媒体和员工更大的主动性，向上反馈有良好的机制，向下输出有自主的新思路与新建议，对外的品牌管理与对内的品牌建设形成既有所区别又相对统一的品牌调性。

（3）闭合品牌营销，转化路径：前期在做舆论引导时将流量引至自有渠道，通过线上有效触达客户，通过完善闭合路径，有效实现品牌营销转化。

（4）破壁创新，打造自有玩法：明确定位才能精准触达，贯彻差异化传播策略，不断利用互联网新渠道打造自有玩法，最终实现品牌营销支撑，为更多企业新产品、行业新系统提供借鉴及参考信息。

亲历者说 **佟锐** **东软医疗品牌部部长**

项目准备了A、B两个版本，既考虑了线上开启新品发布会的可能又考虑到更好地让大众感知到新品。从成本预算、效果传播、人员配合、流程梳理等多维度进行综合评估，项目达成超出预期的传播目标。复盘思考时，项目组认为此次优势在于契合了国家高端医疗器械全链条自主可控的要求，流程条理清晰、紧急预案完备、呈现形式新颖，首次使用虚拟现实和互动技术。团队高度配合，协作完成项目人员沟通是必不可少的，正是我们配合默契，最终才呈现了满分效果。

案例点评

点评专家：黄玲忆　朋百沟通国际有限公司创办人

本次传播虽然主要是从B端行业专业人士的沟通出发，但事实上，它比当初设定的目标走得更远，已经到达国际级营销格局，东软医疗恐怕自己都没想到。

东软医疗清楚地以B端客群主要媒体为核心，扎实、有层次地展开媒体传播，同时"新国潮·敢越级"主题，既接地气又符合产品特色，而非艰涩难懂的专业名词，让受众轻松认知品牌精神。不只专业的B端人士了解了东软医疗新品，使用者对品牌的信任度也得到提升，这间接接近医患关系，为品牌走更长远的路打下坚实基础。

贝壳2022新春季整合营销传播

执行时间：2021年12月1日—2022年1月27日
企业名称：北京链家置地房地产经纪有限公司
品牌名称：贝壳找房
代理公司：北京行行行广告有限公司
获奖类别：2022金旗奖最具公众影响力内容营销金奖

项目概述

作为贝壳经纪人增长中心的新春开年大项目，本项目的核心目标定为：提升经纪人职业信心和价值归属感，并在过年回家期间自发引荐亲朋好友入职。

面临的挑战来自3个方面：一是市场经济低迷，经纪人自信心不强；二是对市场行情及职业规划不确定，人们面对职业选择时变得更迷茫；三是外界对经纪人职业仍持有刻板印象，加入信心不强。

项目策划

1.策略

围绕春节节点，以"2022年在一起"为主题、以"夸夸"为传播抓手与沟通语言、以歌曲为核心形式使用内容组合营销打法，撬动房产经纪人自主传播。

2.洞察

该项目需从社会、人性和经纪人群体、时节等方面洞察，可以发现。

（1）部分人不知道自己的价值。

（2）有些人士气低迷，对未来充满焦虑。

（3）不少人容易自我否定，但其实在别人眼中，经纪人这份工作真的很不错。

（4）人们喜欢被鼓舞、被肯定，结合新春时节，活动要有年味。

3.创意

（1）活动IP："年在一起"成为固定的春节经纪人活动，形成品牌、业务、用户三方可感知的品牌资产。

（2）核心创意：你是真不错。

（3）创意阐述：对辛苦奋斗了一年的自己说声"你是真不错"，是对过去的安慰；在新一年的开始说声"你是真不错"，是对未来的鼓励。借"你是真不错"的"夸夸"基调，客观又不失温度地传递对经纪人身份、成绩及付出的认可，让每个经纪人都能够感同身受。

项目执行

1.预热期

站内上线运营活动，预热年味儿。

贝壳App站内发布KV，预告春节活动，吸引经纪人关注。

2. 引爆期

利用内容营销，形成经纪人自传播、自扩散效应。

《你是真不错》"夸夸"神曲视频分批亮相官方视频号，引发全国经纪人的高度共鸣，并促使其互动。

3. 收尾期

CEO带头拜年，为全国经纪人献上祝福，引发"夸夸"神曲二次传唱。

贝壳CEO主动参与项目并配合内部宣传。同时，"夸夸"神曲也成为可复制的模板，由经纪人内部复制传唱。

项目评估

作为以内部沟通为主要目标的传播项目——本项目达成了内部经纪人主动传播和转发的目标，成为贝壳历年来内部沟通项目的标杆。

"夸夸"神曲传唱度高、歌词精准共情，在没有媒介投放的前提下，完全进行自主大范围传播扩散。

意外之喜在于，内部传播项目也为外部经纪人招募提供了自传播基础和话题，以人带人的方式，为业务提供了更多助力。

传播总曝光量超134.8万人次，总互动量超20.2万人次，0媒介预算，覆盖经纪人超20万人。

亲历者说 **武颖祺** **项目策划负责人**

接到项目需求是在年底，在辞旧迎新之际，对于本次春节营销我们应当制定怎样的传播基调？

我们认为，说教或温情都会显得稀松平常，用有趣的方式讲述经纪人自己的故事，让房产经纪人的"职业认同感"在这一节点被放大，才能够真正打动每个人。

"你是真不错"引发了经纪人的共鸣与互勉，也传递了品牌对经纪人价值的理解与尊重。

希望大家看了视频也能由衷地对自己说一句：你是真不错！

案例点评

点评专家：何春晖　浙江大学经济与文化研究中心执行主任，浙江大学公共外交与战略传播研究中心副主任，中国公关学会副会长

职业认同感意味着员工能够从心底认同企业、支持企业，员工永远处在企业公关的最前哨，是企业最大的传播力。贝壳年在一起新春季整合营销传播正是从房产经纪人出发，注重员工感受，对员工予以充分的肯定。从实际效果来看，经纪人能够对内容产生高度共鸣并自觉转发，说明本次营销传播的触点十分精准，起到了"一石二鸟"的传播效果。本次活动策划，既提升了员工的凝聚力，唤醒了员工对企业的使命感，又有效地传播了企业的价值文化，展示了企业的人文关怀。贝壳用一次低成本的营销活动高效完成了内部公关和外部公关的连接，有效拓展了企业业务，提升了企业的品牌价值。

长安汽车UNI一日店长

执行时间：2021年8月25日—12月21日
企业名称：重庆长安汽车股份有限公司（简称长安汽车）
品牌名称：长安汽车新款UNI-T
代理公司：成都西岭公共关系顾问有限公司
获奖类别：2022金旗奖最具公众影响力内容营销金奖

项目概述

新车上市，如何快速提升车型知晓度？长安汽车以用户为核心打造粉丝特权，利用明星效应，从线上到线下开展一系列营销推广活动，与核心用户一起围绕主题互动，形成裂变效应，将UNI一日店长和新款UNI-T上市打造成了汽车圈营销大事件。项目包含明星当店长、用户互动、新款UNI-T上市等环节，利用微综艺、明星店长人设、第一视角等，进行策划。本项目形式创新，

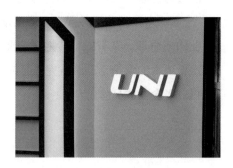

UNI Logo

公域反哺私域，引导流量，有丰富的活动形式和内容产出，并形成工作手册，指导区域活动。

项目策划

（1）明星以店长身份参与活动，以创新形式带来令人耳目一新的明星全程参与感。

（2）创意主线以未来科幻解密剧本为主，明星店长与到场用户开展解密类互动，剧本应包含产品信息、车型上市信息。

（3）环节中展示新款UNI-T，并官宣上市。

（4）后期综艺化包装剪辑，通过事件策划，以独特、专属的形式，强化UNI专属的一日店长IP，利用明星效应、粉丝福利特权等噱头，撬动用户参与，为用户打造专属体验感，联动引力App，辐射全国，形成行业内借势明星营销的标杆事件。

项目执行

创新营销模式，明星效应拉动用户新体验，实现"让用户触动用户"的营销目标。"未来时空 UNI 店长"抵达 UNI 星球的地球空间站（4S 店），探寻 UNI 内核力量，带来未来车型新款 UNI-T，与"U 星人"共同解密四大引力因子，助力未来。四大维度多元发力，成功收获营销红利（重磅明星助力；卫视级跨屏输出；密室逃脱创新模式；活用品牌活动资产）。

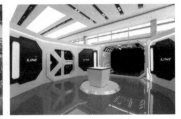

产品及活动场地

项目评估

这是一次形式创新！

巧妙地将密室逃脱真人秀与新车亮相、价格发布结合在一起，在业内尚属首次。同时，利用明星真人秀热点，借势明星知名度与曝光量，在全网平台有效聚合明星粉丝、车主、潜在的目标消费人群，引起广泛关注。

这是一次双赢合作！

本次活动得到地区和终端 4S 店的大力配合，多方协作确保了拍摄的顺利进行。同时，店头在视频中露出，拍摄物料留在店内重复利用，起到了良好的推广作用。

这是一次内容的多样性输出！

通过一次穿越剧情的演绎，将车型的卖点、价格等全面呈现给大家。从路跑到闯关，将新车动力、外观、科技、配置等全方位展现出来。真人秀更是符合当下年轻人的兴趣，与潜在客户产生强烈共鸣。

本次项目传播量达 3500 万次，官方 App 下载量为 52181 次。

亲历者说 **钟林松** **项目负责人**

挑战一切不可能！

相信自己，相信团队，这个项目从前期调研到执行到提交成品，每一个环节都凝聚着每一位参与同事的付出和努力。我们一次次绞尽脑汁进行方案讨论，无数次修改，只为了追求最极致的出品效果。3500 万、52181 不仅是一串数字，更代表了我们对行业、对品牌、对工作的极致热爱与追求。

案例点评

点评专家：王春雨　北京锐易纵横文化传播有限公司总经理

　　这个项目实现了汽车营销和新车官宣营销长久以来的一个小突破：让明星担任店长可以充分发挥明星效应，同时让用户参与深度互动，并与新款UNI-T上市成功结合。这次活动以未来科幻解密剧本为主线，让明星店长与用户开展解密类的互动，剧本包含产品信息、上市信息，在传播形式上是一个很大的突破。

　　从活动的最终数据来看，全平台传播量达3500万次，官方App下载量达52181次，这是一次成功的传播。

广汽丰田·赛那·守护你所守护系列微纪录片

执行时间：2022年6月13日—7月4日
企业名称：广汽丰田汽车有限公司
品牌名称：广汽丰田·赛那
代理公司：财新传媒有限公司
获奖类别：2022金旗奖最具公众影响力内容营销金奖

项目概述

随着中国市场消费的升级以及二孩、三孩家庭数量的增长，国内MPV（多用途汽车）市场逐渐形成。赛那作为TNGA（丰田新全球架构）方案下的拳头MPV产品，早已享誉全球。虽然其在国内上市不到一年，但凭借强大的产品力得到了市场正向反馈。在此基础上，广汽丰田·赛那希望通过日常生活场景的主题传播，结合当下热点，从内容情节上引发大众共鸣，强化大众对赛那产品调性的认知，凸显产品格调，进一步拔高品牌形象。

广汽丰田·赛那提出"大家之道"战略，从商旅消费转型至为家庭受众服务，以此赋能更大范围的消费群体。

如何让核心消费群体更好认识并接受"大家之道"的核心价值并愿意深入了解品牌，是本次传播面临的一大挑战。

项目策划

1.主题阐述

以"守护"之名，守护城市的每一个角落，守护一街一巷、守护一家一户。

在"你"为了每个家庭、每个城市守护付出的背后，还有广汽丰田·赛那。

广汽丰田·赛那，守护你所守护。

2.核心策略

（1）需求明确。

从用户导向思维出发，提供与受众密切相关、令用户有启发和收获的内容。兼顾两个维度导向，一是输出品牌价值，二是产出符合时代价值观的内容。

（2）创意关键词。

守护。用守护连接大时代的时代背景与小人物的生活万象，逐层递进，依次守护家庭的温暖，生活的日常以及城市、社会、时代的美好。

（3）创作策略。

大时代，小温情。延续近些年主题作品创作，展现"小切口反映大主题、小人物折射大时代、小故事讲述大道理"的重要理念，将来自不同城市的生活小温情，汇聚成能够代表时代气质的陪伴主题，展示真正的"大家之道"。

3. 创意阐述

从朴实共情的平常里，看见小而伟大的温情。

本次广汽丰田·赛那系列影片，以真实的人物故事原型为切入点，聚焦人物背后故事，以纪录片视角，探究人物动机和事件背后的守护故事。

聚焦当下生活，讲述真实人物故事，关照家国情怀，定位广汽丰田·赛那的守护者角色。

广汽丰田·赛那·守护你所守护系列微纪录片片头

4. 项目结构

（1）递进式。

通过3个人物故事，从小家故事、社区故事再到城市故事，以小见大，形成系列，持续升温。

从各自的温情细节切入，带出主角及其身边人的故事，辐射人物群体背后的同一个时代背景。层层递进，用温情的细节唤起观众共鸣，也在故事的讲述过程中传达每一个守护者的守护态度与观点，以正能量视角展望家庭、城市及国家的未来。

（2）娓娓道来品牌形象。

在影片结尾，广汽丰田·赛那品牌作为故事的见证者正式露出，以守护之名，建立起与普罗大众的情感连接。最后露出slogan：广汽丰田·赛那·守护你所守护。

5. 影片信息概述

（1）数量：3支短视频。

（2）时长：4～5分钟。

（3）定性：基于真实人物故事创作。

（4）调性："真实题材＋人文关怀＋品牌价值导向"。

（5）风格：在新闻事件基础上进行故事性改编，片尾以漫画形式呈现故事原型。

项目执行

项目负责人总体把控统筹执行情况，同时执行团队设置制片组、策划组、商务组以及宣发组。制片组包括监制、导演、制片、编剧、现场摄制团队等；策划组涵盖创意文案、视觉设计等；商务组负责项目对接、节奏把控；宣发组对接稿件及视频投放。

在2022年4月15日接到项目需求后，项目组迅速启动内容策划活动，包括人物原型沟通、脚本定稿以及分镜脚本的敲定。同步策划项目平面设计理念，延展制作相关宣传物料。2022年6月13日首发上线，传播周期持续至同年7月4日。

项目评估

广汽丰田·赛那携手财新传媒有限公司，共同打造微纪录片，代理公司负责项目策划、拍摄及传播，以及项目关联稿件的撰写与发布。传播平台包括财新网PC端、财新App、财新网"双微"、财新视听"双微"、外部资讯平台、主流视频分发平台等。

项目视频总播放量达7796394次，其中，财新网作为广汽丰田·赛那·守护你所守护系列影片的原创平台，总播放量达1505104次，外部平台总播放量达6291290次。本次项目产出的3篇稿件，除了在财新网微信公众号发布之外，覆盖《中国企业报道》、中国日报网、《财经界》、凤凰网科技、中国经济新闻网等优质媒体，且多次被百度收录或被投放于优质点位，外部阅读总量达135500次。

本次项目聚焦偏感性的信息，针对情绪的转折、情感的升华能提前做好递进关系的规划及铺垫，有明确的情感指引，能够直观传递想要传递的品牌精神，使观众从情感价值上找到共鸣。

亲历者说 **邱涛** **纪录片执行制片人**

项目执行过程中发生了很多意外情况，整个项目在我们不断解决脚本与现场问题的情况下有条不紊地推进。摄制组里的每个小伙伴，尤其是导演与摄影，在项目执行中给予我很多现场支持，这才使得项目如期完满完成。

案例点评

点评专家：张宁　中国新闻史学会公共关系分会副会长，中国高等教育学会公共关系教育专业委员会副理事长，中山大学传播与设计学院教授、博导，中山大学公共传播研究所所长

在汽车品牌营销传播中，"安全性"一直是一个重要且无法回避的关注点及传播点，如何讲好这个被不断重复的"安全"故事是汽车品牌营销传播的重中之重。本案例找到了一个合适的切入点，即站在驾驶者、使用者的角度把"安全性"诠释为"守护"，守护的是"你想守护的人"，即家人、孩子、朋友等。这个切入角度精准定位于普通驾驶者的核心诉求和日常最基本的功能使用需求。同时，项目通过3个十分生动的小故事，以短视频多角度诠释"守护"的意义，故事创意都来自现实中的新闻，有趣、感人且突出了本次传播的主题。

■ 会抖包袱的 App

执行时间：2021年11月1日—2022年1月6日
企业名称：工银瑞信基金管理有限公司
品牌名称：工银瑞信
代理公司：上海卡睿微文化传播有限公司
获奖类别：2022金旗奖最具公众影响力内容营销金奖

项目概述

此项目是工银瑞信基金App第一次正式对公众进行的品效合一传播，目标是要解决客户在手机端购买基金的三大痛点：一是许多App没有提供完整的投资知识，只一味售卖；二是基金买卖容易操作不当，何时购买、何时赎回、何时加仓都没有专业的操作指导；三是手续费居高不下。项目针对以上三大市场痛点进行创意包装，干脆利落地传播了工银瑞信基金App的三大卖点。

项目策划

1. 创意策略

卖点输出型广告在广告市场上形式繁多，本项目运用创意手法，拍出了TVC的质感，一方面强化输出应对客户痛点的卖点，另一方面树立了品牌形象。用3支TVC实现品效合一的最终传播目标，帮助品牌实现了产品卖点输出和用户好感建设。

2. 洞察及创意

（1）《相声篇》。市场上主打折扣的广告大多以省钱的兴奋和不会省钱的烦恼为创意内容，更多以真实的消费场景为广告表现主体，这样的广告重复度高，容易让用户在前3秒就产生排斥感，从而放弃完播。《相声篇》用相声场景作为创意主体，通过专业相声演员在极短的时间里抖包袱带偏观众逻辑的方式，一气呵成地完成从扇子折到产品折的输出，让观众在一个包袱里吸收卖点，并且形成品牌记忆。

（2）《买衣服篇》。情侣逛街的痛点是男生心不在焉，对女生的选择要么没有回应，要么就是给出奇奇怪怪的回应。所以本TVC创意从逛街的痛点出发，运用了鸡同鸭讲的创意和剪辑手法，先让女生得到男友体贴的回应，再打破这种体贴，一来一回中讲出产品卖点——无须操心，全程陪伴。看过之后，触及观众被陪伴和被照顾的共情点，打动了观众。

（3）《太极篇》。胡同里的大爷是广告里常见的角色，这样的角色时而深沉时而可爱，再加上大妈的助力和合理的剧情设定，往往都会取得好的广告效果。《太极篇》正是洞察到了大爷大妈可爱的认知方式和相处方式，以"太"字和"大"字的一点之差作为创意，对不专业的高仿之痛进行极致的夸张处理，专业的是太极拳，不专业的就是毫无价值的"大极拳"。大爷大妈自然真实的表演，最终呈现出亲切近人的创意效果。

3. 媒介策略

以工行庞大的自媒体矩阵为主要投放渠道，再辅以工行全国数万个线下营业网点的宣传投放。

项目执行

项目创意设计历时2个月，拍摄准备期为1个月，脚本磨了40稿，项目组对每一句台词都进行了精雕细琢。拍摄耗时两天，分别在大杂院、摄影棚和相声剧场取景。制作团队请来了毕业于清华大学的著名相声演员李寅飞主演《相声篇》，这种专业精神十分契合品牌价值和形象。

项目评估

1. 效果综述

在对外传播上，借力工行庞大的自媒体矩阵，对3支广告进行了全方位、多样化的投放和传播，在把握良好传播节奏的同时，获得比较高的用户点击率和转发量，收获了业界、用户和客户相关多方的好评。

2. 受众反应

此次活动不同于以往传统的宣传形式，更直观且在观看后更容易形成记忆点。

3. 市场反应

会抖包袱的App借助工行系品牌的影响力，覆盖了全网客户，并收获了市场的积极反馈，同时，在业界带起一波视频宣传的热潮，达到了很好的引流效果。

4. 媒体统计

工行矩阵多渠道传播，线上线下互动量均破8000万次。

亲历者说 **李晟　上海卡睿微文化传播有限公司总经理**

这3支视频是团队精心策划的成果。每个创意都经过数十次打磨，每个桥段都经过精心设计，力求自然、流畅、寓深刻之意于日常生活。每个画面都经过精心取景，演员表演专业而亲切，节奏流畅和谐。本案例中的TVC既达到了良好的宣传效果，又达成了自然的审美效果。

案例点评

点评专家：董斌　科大讯飞股份有限公司品牌市场中心副总经理

3支短小精悍的视频，场景都非常接地气。用北京四合院的大爷和大妈、时尚都市的潮男潮女和大家都爱看的相声段子等，把基金理财这件事讲得通俗易懂，用户看完视频就能理解品牌利益点。这是创意传播常常运用的手法，这次的视频脚本和台词打磨了很多遍，内蕴匠心，无论是老爷子学太极看的山寨秘籍还是陪老婆逛街心不在焉的丈夫，充满了对生活细节的洞察，最后回马枪式的喜感，让这个系列完美俘获了用户的心。

◼ 金典周边年度整合营销

执行时间：2021年9月1日—2022年6月30日
企业名称：内蒙古伊利实业集团股份有限公司
品牌名称：伊利金典
代理公司：飞扬博远（北京）公关顾问有限公司
获奖类别：2022金旗奖最具公众影响力内容营销金奖

项目概述

伊利金典以"有机生活"为品牌理念，是高端牛奶的引领品牌。2021—2022年，金典深耕品牌文化，以周边运营为全新赛道，为消费者提供更多价值，并输出企业责任感，助力企业全面价值领先。围绕金典品牌及各时间节点，以金典有机生活为指导，进行SATINE LIFE（金典生活）周边品牌运营，打造爆款周边，为金典品牌加持。借势集团丰富的线上资源及强大的线下渠道能力，推动周边线上曝光、线下露出、渠媒融合、多频率亮点呈现，提升关注度并提高企业盈利水平。

项目策划

1. 项目洞察

项目组发现SATINE LIFE 于品牌而言是使命，是有机生活理念的延伸，即带领消费者感受有机的美好。于消费者而言，是对品质、精致、自由生活的向往。SATINE LIFE 的应用场景广泛，包含生活相关的各方面。

2. 营销策略

多维度深化"与生活共生"的理念。

● 文化融合场景，将金典品牌文化与周边融合。
● 圈层融入内容，让用户说话，联动消费者共创。
● 数字赋能智慧，用算法洞察需求，精准推送。

3. 核心动作

以"内容+场景"的营销模式，不断积累金典周边品牌资产，将品牌理念"有机生活"实体化，精准洞察消费者需求，做好传播。

4. 核心创意

2021—2022年，金典进一步梳理周边营销阵地，以"有机生活"为支点，通过不同主题展开周边规划，与消费者保持沟通，在传递品牌文化的同时为品牌形成更丰富化的积累。

（1）回归自然（公益向），用公益环保方式表达，回归自然尊重生命。

五四青年节推出人间T恤低碳系列周边，以回收材质制作，并结合《人间》歌词，进行艺术化处理。迎合国家趋势，助推双碳经济，体现有机生活理念。鼓励青年积极面对生活，开启低碳有机生活，提升品牌美誉度。

"达0杯"延续环保概念，传递品牌关爱自然的态度。引爆话题，整合产品露出，带动终端销量。

（2）身心自由（艺术向），用治愈平和的方式营造无压的仪式感。

助推新品，针对金典超高端产品超滤牛奶，打造爆款奶桶包，关联产品立体结构主义艺术风格，提高客单价，有效赋能品牌。

（3）精致向往（文化向），通过原生非物质文化的美，感知精神世界文化修养。

以金典虎年梦幻礼盒助力虎年营销，对中国文化进行全新、时尚演绎，打造中国年爆品，为消费者带来更多仪式感，在激励人心的同时提升品牌美誉度。

借势三星堆IP资源，推出三星堆周边，引爆话题，强势曝光。

雨水节气推出"雨水"系列周边，引发关注。

（4）关爱家人（关爱向），通过周边规划，达成品牌温度的延伸。

在圣诞节点推出金典暖冬系列毛线杯，用温暖的周边传递关爱，阐释绿色暖冬。

父亲节，规划金典父亲节系列周边，与生活关联，诉说对家人的关心，传递家庭关爱。通过小红书、微博、服务号推送、互动，提升品牌曝光率及消费者参与率。

5. 媒介策略

借势品牌自有资源和售卖渠道，强曝光、广覆盖、高互动，促销量。利用社媒营销，积极推广传播。通过限时限量、饥饿营销等手段，"抢占"消费者心智。

周边售卖基地：小程序、直播账号、线下体验店等。

周边种草基地：小红书、"双微"、视频号、抖音。

项目执行

金典周边年度整合营销是一个长线运营项目，其围绕金典品牌及各时间节点，以金典有机生活为指导，进行SATINE LIFE周边品牌规划和运营。

2021年9月，推出金典小绿杯，诠释有机生活；借势三星堆IP推出艺术周边。

2021年12月，圣诞节点推出毛线杯，阐释绿色暖冬。

2022年1月，打造中国年爆品——金典虎年梦幻礼盒，为消费者带来更多仪式感。

2022年2月，推出"雨水"系列周边。

2022年3月，配合新品推广，推出奶桶包。

2022年5月，助推双碳经济，推出环保T恤和"达0杯"。

2022年6月，推出父亲节周边。

加上前期筹备，项目历时近1年，其间不断洞察消费场景，推出爆款周边，与消费者持续沟通，借势丰富的线上及线下资源强势曝光，在让消费者感到物超所值的同时不断提升品牌美誉度，让品牌实现可持续增长。

项目评估

1. 效果综述

项目整体效果超出预期，周边传播共覆盖1亿人次，整体互动量达千万级，线下预估带动产品销售额3000万元，线上客单价提升30%。通过线上互动及消费者评论观察，消费者呈正向评论和认可趋势，品牌美誉度和好感度有所提升。

2. 项目亮点

一是借势伊利自有资源，小投入，大产出，强化曝光，吸引目标受众，提升品牌美誉度。

通过品牌自身代言人（李宇春、王菲）、线上栏目（《乘风破浪的姐姐》等）及新媒体种草视频，"产品+周边"同步露出，达到了高回报的传播效果，提升了消费者认知，加强了引流互动。

二是周边和产品相互依存，通过打造、经营周边爆款，以饥饿营销等手段引发抢购，实现社交平台裂变式传播，真正做到了由周边带动产品营利。

三是彰显大企业社会价值感及社会责任感，为消费者及社会提供更多价值。

本次项目具有利他导向，通过应用环保新型材质，坚持科技向善的理念，推出可持续的周边商品，如与设计师联名的无油墨产品，联合中华环境保护基金会，不断践行有机环保理念，不断积累品牌资产，为品牌及企业价值赋能。

亲历者说 Emily　北京红色观点广告有限公司高级客群总监

接客户需求，本次营销需以周边为差异化赛道，通过强化曝光、强互动诠释金典"有机生活方式"，提升品牌美誉度，实现品效合一。公司团队以品牌理念为支点，分析热点趋势，洞察消费者场景和心理诉求，结合不同营销节点，融入"自然环保""艺术文化""家人关爱"等内容，展开周边规划和思考。不断头脑风暴，反复打磨，快速执行每一个创意环节等，是每一次"品牌周边"规划背后的必经过程。品牌周边在传递品牌文化的同时，可以为品牌形成更丰富的积累。我们希望每一个周边都能够精准触达消费者内心需求，与消费者有效互动，不断激发消费者关注，与消费者建立亲密联系。提升品牌美誉度及品牌价值感知，助力产品售卖，实现品效合一。

案例点评

点评专家：汪珺　GE航空航天大中华区传播总监

伊利金典围绕"有机生活"这一品牌理念，借助圣诞节、春节、父亲节等大众情感互动强烈的时间节点，推出一系列周边产品，将品牌理念实体化，进行大范围传播。

此外，其周边产品的设计运用了不少环保理念，侧面映射了"有机"二字，彰显出大企业的社会责任感。周边产品的爆款如毛线杯、奶桶包，可以在活动结束后持续使用，深入大众生活，延续品牌影响力。

盼盼"厚"椰乳，真的好喝"厚"

执行时间： 2021年8月1日—10月1日

企业名称： 福建盼盼饮料有限公司

品牌名称： 盼盼

代理公司： 行吟信息科技（上海）有限公司（小红书）

获奖类别： 2022金旗奖最具公众影响力内容营销金奖

项目概述

1. 背景

生椰拿铁成为全网爆款，其原料之一厚椰乳也成为人气饮品，销量大幅增长。不过，在盼盼饮料进入厚椰乳赛道前，"菲诺""可可满分""越王头"3个品牌几乎占据了七成的市场，深耕饮料行业的盼盼如何才能打好"差异化"这张牌，从赛道中突围？在新消费品牌层出不穷的今天，作为传统民族品牌，盼盼以新品类厚椰乳切入，通过小红书触达年轻消费群体，利用种草内容与用户互动"出圈"，这是盼盼品牌新消费时代的一次重要尝试，也是品牌在年轻化路上迈出的重要一步。

2. 目标

（1）打造爆品：把盼盼厚椰乳打造成为夏日爆品。

（2）超越竞品：以核心竞品为超越目标。

（3）打响渠道：借C端口碑提升B端渠道影响力。

项目策划

1. KOC口风试探

第一批种子用户，反哺后续内容策略。

2. KOL真实测评

"花式喝法"契合小红书美食DIY基因。

3. SEM（搜索引擎营销）抢赛道流量

信息流扩大曝光，SEM精准拦截。

4. UGC创意征集

奖品激励，引导UGC发布。

项目执行

塑造"盼盼'厚'耶乳，真的好喝'厚'"的品牌标语，并将其体现在产品包装上，形成品牌记忆点。寻找隐藏特调大师，通过第一批种子用户塑造口碑，反哺后续内容传播。由 KOL 示范"花式喝法"，真实测评产品。设置有奖话题，激发海量 UGC 笔记发布，"信息流＋搜索"双管齐下，扩大声量，抢占赛道。

项目评估

盼盼成为厚椰乳品类 SOV（声音份额）第一，搜索量是核心竞品的 2.6 倍以上，相关内容笔记发布超过 2 万篇，为 KPI 的 20 倍；盼盼厚椰乳全渠道销售额一个月突破 500 万元。

案例点评

点评专家：孟茹　浙大城市学院品牌与会展传播研究所所长

这是品牌延伸的一个成功案例。盼盼在竞争激烈的厚椰乳市场借助小红书平台与用户进行互动，通过差异化的营销传播策略，充分发挥 KOL 的产品使用示范效应，带动用户参与兴趣，不但实现了在新品类市场的突围，而且塑造了年轻化的品牌形象。

GOLDEN
FLAG
AWARD
金 旗 奖

2022
—
金旗奖最具公众影响力
整合营销战役金奖

◗ 2022年北京冬奥会整合营销传播

执行时间： 2022年2月2日—2月22日
企业名称： 腾讯科技（北京）有限公司
品牌名称： 腾讯体育
代理公司： 北京华声信诺文化传媒有限公司
获奖类别： 2022金旗奖最具公众影响力整合营销战役金奖

项目概述

2022年北京冬奥会是北京第二次举办的大型奥林匹克盛会，这使北京成为全球首个"双奥之城"。本项目旨在在2022年北京冬奥会中帮助腾讯体育建立与用户的深度情感连接，提升人们对腾讯体育行业领军者的认知度和好感度。项目充分借助冬奥大事件的特殊环境，打造爆款内容，以"中央厨房"内容策略，以"雪舞心聚向未来"为主题输出创意内容，联动腾讯自有社交平台和应用阵地，在2022年北京冬奥会期间放大品牌声量，助力腾讯体育在冬奥实时营销战役中领跑。

项目策划

1. 项目背景

作为国际体育界的一大综合盛事，北京2022冬奥会的到来，让冰雪运动的种子得以在中国各地播撒，让普通大众深刻了解冬奥运动的魅力，带动3亿人参与冰雪运动，为国际奥林匹克运动作贡献。

腾讯体育拥有丰富的赛事转播经验，作为2022年北京冬奥会官方转播商，其转播过2006年德国世界杯、2008年北京奥运会、2010年南非世界杯、2012年伦敦奥运会、2014年巴西世界杯、2016年里约奥运会、2018年俄罗斯世界杯、2021年东京奥运会等。2022年北京冬奥会，腾讯体育通过赛事转播、官网运营、资讯报道等方式参与其中，带动3亿人参与冰雪运动，体现自身的专业性及内容权威性。

2. 时间机遇

2022年北京冬奥会国民和社会情绪高涨。

（1）2021东京奥运会刚刚结束，中国军团取得夏季奥运会历史最好成绩，奥运赛事社会热度在线。

（2）冬奥会开幕时值2022年农历春节，社会大众处于假期，有充分的时间关注冬奥赛事。

（3）再度举办奥运会，使北京成为"双奥之城"，归化运动员、"00后"小将，以及主场优势，本届奥运会有望成为中国历史上成绩最好的一届冬奥会，这极大地增加了大众对冰雪运动的关注度。

3.竞争环境

央视依靠版权优势，联合新华社、《人民日报》组成权威媒体社交矩阵，通过版权内容优势抢占微博热门话题资源。无论是赛事版权内容还是顶流运动队伍、运动员等一手权益资源，与竞品平台相比，腾讯体育都不具备核心竞争力，因此，腾讯体育必须挖掘自身差异化价值和优势，吸引用户上腾讯看冬奥会。

4.人群分析

（1）大众用户（体育"吃瓜群众"）。

只在奥运、世界杯等上升为国家事件时才会关注体育。对体育相关的明星、社会事件感兴趣。

重点：满足从众需要，提供可供全民参与讨论的热点事件。

（2）泛体育用户（体育热点族）。

每年至少看3次以上体育直播或每月会观看1次体育点播，会被好的体育故事打动，也会关注比赛周边娱乐元素。

重点：满足好奇需要，报道高光明星背后故事。

（3）垂直体育用户（体育追星派）。

每月至少看一次体育直播或每周至少看一次体育点播，有着较深的体育情怀，对体育有强需求，热衷于观看赛事。

关注体育明星，熟知与体育内容相关的社交段子和热梗。

重点：满足兴趣需要，传递最及时、准确、专业的资讯。

5.核心slogan：雪舞心聚向未来

（1）"雪舞"。优雅地展现了北京冬奥会的运动理念，同时契合腾讯体育"舞"得专业、"舞"得趣味的平台属性。

（2）"心聚"。此次冬奥会不仅对于中国人而言是重要的赛事盛会，还是世界级的体育盛会。"心聚"更是一种力量，腾讯的自制节目展现了冬奥健儿们场内场外的真情实感，观众能够感受到春节期间的团聚氛围以及同胞在大事件中的心心相聚。

（3）"向未来"。包含了年轻的用户定义和美好期许，同时体现了腾讯体育紧跟时代步伐，对推动3亿人参与冰雪运动号召的积极响应。

6. 核心策略：将腾讯体育作为腾讯冬奥项目的"中央厨房"，聚合八端打团战

在社交侧强化腾讯体育"中央厨房"属性，强化用户对腾讯冬奥报道的感知，强化内容满足，通过自有产品及外部传播，全方位满足用户的奥运需求，激发用户的关注度，集合多场景产品，发起冬奥整合团战，激活腾讯冬奥竞争优势，打造差异化内容。

通过腾讯网、腾讯体育、腾讯新闻、腾讯看点、QQ浏览器等平台，满足用户对于专业新闻内容的需求；通过微信、QQ平台，满足用户的社交互动需求；通过腾讯视频、腾讯微视，满足长、短视频用户的娱乐需求。

项目执行

其间贯彻中央厨房CHEF法则。

1. Central（中台分发）

根据内外部平台属性，对实时物料制定分发策略，搭建腾讯奥运报道实时热点营销中台，将前方实时赛果、报道团队的独家资讯、后方的原创自制节目和各端业务的亮点内容串联打通，一次生产联动八端，实现优质内容的全面贯通，通过内部渠道和外部平台持续分发。

2. Hotspot（热点驱动）

根据赛事结果预判与监测，在热点发生第一时间，在端内饱和输出实时资讯，同时在社交端制造外围话题的第二落点，配合自制原创节目的优质内容，迎合热点持续发酵，趁热打铁，激励用户关注腾讯奥运报道，通过话题加热手段实现流量的全面提升。

3. Emotion（用户情绪）

在赛事热点发生之后，在端内和端外洞察用户的情绪变化，在不同的时间线上以用户情绪为锚点，匹配和推送不同的内容，进而覆盖更广泛的受众。

4. Focus（流量聚焦）

在端内外物料持续分发的过程中，锁定重点内容，在话题热度持续升温的过程中进行流量回收，聚焦重点运动员的内容报道和明星加持的话题，引导用户到腾讯端内消费更多周边内容，强调"腾讯制造"，实现端内活跃度的二次增长。

项目评估

（1）成为互联网冬奥信息获取第一平台、内容营销第一平台，互联网冬奥节目观看率高居榜首。

（2）奥运报道全网声量排名第1，全网报道量排名第1。

（3）全网热搜总数692个，项目总曝光338.1亿次，总互动数3517.6万次。

（4）用户覆盖量超9亿人、冬奥内容累计播放量超370亿次、日均UV同比东京奥运会增长20%。

亲历者说 龚炼　北京华声信诺文化传媒有限公司高级客户总监

从拿下这个项目的那一刻开始，我们就知道，今年这个年"不好过"了。大年初二，项目全体成员就入住了距离海淀腾讯北京总部大楼最近的酒店。冬奥项目没有夏奥的大众认知度，我们从头学起，在做了大量的学习和梳理工作（整理夺金点、选手故事，提前撰写夺牌、憾负、创造纪录等各类文案）后，产出了细致到天的行事历。

2008 年，我守在电视机前看开幕式，2022 年的正月，我很荣幸能和团队一起，在北京和腾讯体育的客户一起，亲眼见证 2022 年北京冬奥会。

案例点评

点评专家：汪珺　GE 航空航天大中华区传播总监

体育赛事整合营销传播已成为各大平台每年的"必争之地"。为打好这场硬仗，腾讯体育营销团队做了大量细致的前期策划准备工作，包括梳理、学习冬奥赛事知识点，深度挖掘受众群体的情感和认知需求，精心设计和运动员、嘉宾的对话内容，整合八大端口进行冬奥信息"轰炸"。做营销有时是一场苦役，需要用力，更需要用心。而腾讯体育的"尽心尽力"最终转化成了用户对平台的"倾心贴心"。

2022新康泰克康泰克先生IP整合营销项目

执行时间：2022年全年
企业名称：中美天津史克制药有限公司
品牌名称：新康泰克
代理公司：北京行行行广告有限公司
获奖类别：2022金旗奖最具公众影响力整合营销战役金奖

项目概述

康泰克是有着悠久历史的知名感冒药品牌，于2011年正式更名为新康泰克。新康泰克感冒药焕新上市之机，品牌希望借助康泰克先生这个品牌IP，重塑年轻消费者感知。此次传播目标是活用康泰克先生IP，让品牌年轻化，成为年轻人首选感冒药品牌；此外，传递品牌精神，当前年轻用户越来越关注自身的需求与渴望，新康泰克让他们不被感冒打扰，与热爱共呼吸。

项目策划

1. 核心策略

（1）年轻人营销法则。内容共创：打通年轻人感兴趣的圈层，玩梗、造梗，以兴趣渗透年轻用户。

圈层营销：年轻人爱好多元，小众即大众，只有锁定垂直圈层进行沟通，才能贴合其意。

品牌个性化：借助IP浪潮，实现品牌与消费者的共情。

（2）IP重塑。康泰克先生必须融入消费文化，坚持以"感冒治愈系"为核心IP策略，把康泰克先生塑造成"言行合一"的感冒关怀者，以行动来支持用户坚持个人兴趣。

2. 传播策略

以文化理解的视角与消费者沟通，全面渗透不同圈层，提升大众对康泰克先生IP和新康泰克品牌的记忆度。

IP沟通遵循两大打法。

（1）Contac Studio^①做日常：跟随内容营销趋势，康泰克品牌与广告公司共同组建内容工作室工作模式，为康泰克先生IP设计定制营销内容。依托"感冒＋圈层文化"公式，进行资产化的内容沟通。

（2）品牌战役渗透兴趣圈层：兼顾垂直破圈和大众出圈两个抓手，依托奥运、漫展等节点，对B站二次元人群和泛大众人群进行重点沟通。

3.传播规划

康泰克先生IP从出道开始，一直坚持渗透各个圈层，不断推动内容传播。

项目执行

本项目于2022年1月启动，围绕康泰克先生IP不断定制营销内容。

项目评估

新康泰克品牌IP的年轻化组合营销，为品牌带来了超出预期的声量。品牌在全社交平台总共收获了128亿余次的曝光，总互动数达到前所未有的116万余次，刷新品牌话题新高。

新康泰克品牌IP营销，很完美地诠释了对年轻人的理解，为IP营销提供了可复制的参考经验。

1.IP体系化

品牌以IP行业的思考模式而非广告行业的思考模式，重塑了IP价值体系，让IP避免成为吉祥物，生动鲜活起来。

2.合作模式Studio（工作室）化

创造了全新的内容营销生产模式，把"内容营销"4个字以模式而非形式落地到了品牌实践。

3.文化感破圈

"感冒＋圈层文化"，以对人的理解来形成人的感知，减少单向自嗨，多关注用户视角及其感兴趣的内容，进行品牌传播，沉淀沟通的资产每年坚持复用。

以上三点都是康泰克先生IP在整体营销实践中为行业带来的创新点，其为IP推广带来了借鉴意义。

---

① 是新康泰克与广告公司一同创造的药品行业难得一见的协作模式。

亲历者说 武颖祺 项目负责人

药品对年轻人来说并不是生活必需品，我们想将康泰克先生渗透到年轻人圈层，提升品牌年轻度。所以如何将药品和年轻人结合在一起，便成为这次整合营销的重头戏。我们围绕"冬奥热点文化""二次元文化""星座文化"等，对"感冒文化＋圈层文化"进行了公式组合。既在节点营销时加深大众对新康泰克的记忆，又对不同年轻圈层文化进行渗透，整体提升IP辨识度，与同类品牌形成差异化竞争。

案例点评

> **点评专家：殷俊 教授、重庆工商大学文学与新闻学院院长**
>
> 康泰克本是家喻户晓的感冒药品牌，本项目通过重塑产品IP，优化沟通渠道，充分实现了品牌的年轻化，再次激发了大众对康泰克先生IP和新康泰克品牌的记忆度和亲和度，取得了以新内容、新形象和新路径实现品牌优质营销的再创新，市场可期，值得嘉许。

奥利奥与春天，共创春日限定营销

执行时间：2022年3月10日—5月10日

企业名称：亿滋食品企业管理（上海）有限公司

品牌名称：奥利奥

代理公司：小红书

获奖类别：2022金旗奖最具公众影响力整合营销战役金奖

项目概述

大数据洞察发现，零食除了作为"第四餐"外，在小红书衍生出更多变化，如零食花束、野餐零食、追剧零食等。一直号召"玩在一起"的奥利奥，结合季节变化，向内挖掘产品卖点与特色。在春天，奥利奥全新春日花果系列限定上市，限时上新樱花柚子味与玫瑰葡萄味。每年开春3月到4月，许多年轻用户会在小红书搜索春日、樱花等相关内容，想要过有仪式感的春天。于是品牌借势小红书春日营销IP，全面提升奥利奥春季限定品牌声量。本次营销具有以下3个目标。一是提升品牌曝光度，借奥利奥春日限定品牌曝光度、话题度，提升品牌好感度；二是社交媒体联动，创意营销串联线上与线下，种草场景氛围，借势小红书站内春日高热场景内容，融合品牌产品，打造线上线下创意营销活动，拓展品牌更多兴趣人群，加大产品氛围种草；三是刺激产品销量，打造春日最强氛围单品，强势获取全渠道流量，刺激奥利奥春日限定产品销量提升。

项目策划

1. 小红书携手奥利奥深度共创，以春日情诗开启站内外春日浪漫预热

以"测测你的春日情诗"为灵感邀约，围绕春天相关内容开启趣味提问，给不同用户匹配个性化春日情诗。

2. 关于春天你会想到什么？定制春日情绪大片，奥利奥场景深融合

以春日樱花关联的情绪场景展开，将奥利奥融合在春日情绪先导片与春日情绪正式大片当中，实现情绪场景与产品的深联结。

3. 小红书优质创作者花样氛围种草，品牌新品持续深入用户心智

美食、生活、时尚类创作者花样种草奥利奥限定款，奥利奥春日限定款"攻占"用户心智。

4. 关于春日场景持续扩散，绑定更多春日兴趣场景，俘获品牌兴趣人群

打造"春日樱花露营+奥利奥"春日场景，拓展品牌关于春天更新鲜的生活场景，以此俘获更多品牌兴趣人群。

项目执行

1."春日樱花主题便利店+奥利奥"，线上线下实现消费闭环

联动全国2000余家全家定制春日樱花主题便利店，利用平台活动、内容设计、氛围定制实现奥利奥新品终端高销量目标。

2. 春日樱花漫游浪漫氛围种草，品牌借势平台活动打造强曝光

搭建春日樱花漫游IP主题活动页，以平台流量加大IP活动声量，奥利奥新品借势强曝光，定制春日限定板块，强推奥利奥新品，美食、生活、时尚类创作者花样种草奥利奥新品。

项目评估

品牌总曝光达4.6亿次，奥利奥最高搜索增长超100%，奥利奥樱花搜索增长607%，奥利奥笔记发布增长534%，话题互动人数超过15万人次，奥利奥限定款线下销量同比增长36%，奥利奥限定款线上销量同比增长51%。

案例点评

点评专家：殷俊　教授、重庆工商大学文学与新闻学院院长

该项目以大数据的精准洞察和零食行业发展的新动向为基础，借助广受欢迎的生活方式平台小红书，展开奥利奥营销深度共创，实现线上、线下消费闭环，收获超高品牌曝光值和搜索增长值等，最终斩获可观销量，打造了零食行业营销的新现象。

◼ 全唐配置整合营销

执行时间：2021年8月16日—2022年9月6日
企业名称：大唐财富投资管理有限公司（简称大唐财富）
品牌名称：全唐配置
获奖类别：2022金旗奖最具公众影响力整合营销战役金奖

项目概述

全唐配置是大唐财富全新推出的专业服务品牌。近年来，金融业愈加重视资产配置，无论是银行、理财公司还是资管公司，都在为客户进行资产配置，财富管理行业更是将资产配置视为重点，谁能为客户做更好的配置，谁就会在财富管理行业的发展中占据领先地位。2021年，大唐财富顺应市场变化，立足客户需求，推出了专业服务品牌——全唐配置。其通过向客户提供债权类、股权类、证券类、保障类、离岸类五大类资产配置服务，对客户资产、负债等进行综合管理，满足客户不同阶段的资产配置需求，帮助客户解决财富管理、税务筹划、家族传承、风险规避等一系列问题。

项目策划

1. 项目洞察

在"稳字当头、稳中求进"的经济环境以及愈发复杂且充满不确定性的投资环境下，大唐财富基于客户家庭的全面风险管理，提出满足收益需求的全唐配置解决方案，真正满足客户财富保值、增值、传承需求。

2. 项目策略

大唐财富以全唐配置为核心，推出围绕全唐配置专业品牌IP的整合营销活动。大唐财富特别进行了全唐配置整合营销"策略屋"顶层设计，明确关键任务，制定内外推动策略。

（1）对内：秉承三大联动策略，即板块联动、总分联动、双线联动。板块联动指公司品牌、产品、服务、营销、人力、科技、投研、合规及风控八大板块充分联动，整合资源，协同增效。总分联动指在大唐财富集团化架构下，推动集团总部与旗下分公司、各地区经营单位充分联动，确保全国步调统一。双线联动指线上、线下全面联动，搭建多元化营销场景。

（2）对外：宣传策略方面，以"全唐配置，成就您的财富梦想"作为品牌主张，持续宣传推广。推出全唐配置全新IP，涵盖债权类、股权类、证券类、保障类、离岸类五大类资产配置服务，同时蕴含健康、文化、出行、时尚等增值服务，大唐财富以全唐配置为核心，为高净值客户提供专业服务和增值服务，在守护客户财富的同时，让其拥有更多美好生活感受。

3. 传播规划

全唐配置的客户画像为高净值人群，他们对财富的保值增值和传承有着强烈而持续的关注，与此同时，他们对于美好生活如健康养生等也有较强的需求。由此，大唐财富以"全唐配置，成就您的财富梦想"为传播核心，以线上与线下相结合的方式，搭建传播漏斗，一步步吸引用户。

线上部分由线上直播、广告传播和经典案例传播三部分构成。

（1）线上直播。

大咖领衔、专家齐聚，从宏观、专业角度凸显全唐配置的专业性，让用户意识到全唐配置的必要性。

以"大唐直播间"为阵地，从2021年三季度的"全唐配置云理财"开始，陆续在2022年一季度推出"开年有礼云理财"、二季度推出"品牌绽放季"、三季度推出"遇见中秋"等云理财IP直播栏目，先后邀请知名经济学家，如中国国际经济交流中心总经济师陈文玲和大唐财富首席经济学家钟伟，从分析宏观大势角度出发，提出在不确定的市场环境下合理配置资产的重要性与必要性。与此同时，邀请多位资产配置专家做客"大唐直播间"，分别从债权类、股权类、证券类、保障类、离岸类五大类资产配置方面为客户朋友进行详细而独到的专业解读，帮助客户把握未来。

（2）广告传播。

抢占2022年春节这一大热流量窗口，在微信朋友圈、机场通道、城市地标等进行"海陆空"立体式广告投放，一炮打响全唐配置，助力品牌和业绩双双实现"开门红"：大唐财富以"全唐配置，成就您的财富梦想"为主题，结合春节红和国潮古风，设计了一套风格既统一又各有特点的广告，进行"海陆空"立体式广告投放，强势曝光全唐配置品牌。"海"即广阔的网络端——微信朋友圈；"陆"即10个核心城市的核心地标户外大屏，"空"即在六大重点城市春节机场吞吐量高峰时期投放机场通道广告。

（3）经典案例传播。

与此同时，推出"全唐配置之星"系列专栏，以大唐财富众多优秀资产规划师的资产配置实际案例说明全唐配置为客户财富保值、增值和传承带来的切实帮助，让更多客户朋友对全唐配置有更直观的认识。

线下部分，大唐财富在守护客户财富的同时，以"拾级而上，守护财富，畅享美好生活"为理念，推出了"品牌盛典巡回论坛""遇见"等系列活动，为高净值人群提供特别美好的生活体验。

"品牌盛典巡回论坛"以全唐配置品牌在内的大唐财富六大服务品牌线下发布为核心，为用户面对面解读全唐配置品牌，零距离触达现场客户心智。活动先后在北京、杭州、南京、济南、西安、佛山、呼和浩特等重点城市展开，每场论坛均邀请多位资产配置专家组成全唐配置专家团，从宏观大势分析到微观资产配置，进行详细的干货分享，针对每场活动300余位嘉宾的财富痛点进行现场剖析，对其财富难题给出直接、迅速且专业、全面的回应，满足高净值人群核心需求。

"遇见"系列活动，以文化为纽带，大唐财富以自身强大的品牌和专业实力，联动国内多个顶尖且独具特色的文化类资源、IP和机构，带给高净值客户独家、定制、尊享的美好生活体验。"遇见"系列活动带领高净值客户先后走进国内头部酒企洋河股份、大唐贡茶院，以及前往中国国家博物馆、三星堆博物馆等知名博物馆，与高净值客户共同品味酒文化、茶文化，感受历史的纵深与温度。在开展各类文化主题"遇见"活动的同时，对全唐配置进行主题路演，多角度、多层次触达高净值客户，使其对全唐配置理念及服务形成深刻印象。

所有的线上线下活动，均以全唐配置为内核，以"全唐配置论坛"、专家讲座等形式面对面地为客户朋友解读投资方向，答疑配置难题，为其带来全方位的财富与生活优质体验。

项目执行

2021年8月，借势东京奥运会，借资产配置"五环"全唐配置理念的提出，大唐财富总分联动、线上线下联动，共同推动全唐配置理念落地与执行，研究院、产品投研、投后服务等多方合力，大唐财富于2022年正式推出专业服务品牌全唐配置，作为公司服务子品牌，联合公司健康管理子品牌、增值服务子品牌等，共同为客户提供更优质的服务。

项目评估

全唐配置专业服务品牌，以客户为中心，找准高净值人群的痛点，其丰富的专业内涵结合科学的传播策略，使大唐财富内部各板块充分联动，打造强大品牌声量，促进品牌增信，带动指标增长，最终达成显著效果。

专业理论模型方面，推出1本专业手册。大唐财富专业研究团队历时数月，推出专业手册《全唐配置》，通过对客户需求进行专业洞察与分析，一一详解全唐配置的诞生背景、配置流程、配置原则、配置注意事项及大唐财富在此过程中能够提供的帮助，以专业翔实的内容全面梳理全唐配置。

传播效果方面：全唐配置相关线上直播，共播出50余期，全网总计观看量超3000万人次，线下活动共举办30余场，参与人数超过3000人。全唐配置"海陆空"立体式广告投放整体曝光量突破1.2亿次，触达人群超3000万人，百度指数突破17000。

业绩推动方面：全唐配置整合营销系列活动助力大唐财富业绩较2021年同期提升18%。

媒体关注方面：截至2022年8月，媒体报道800余篇。国内一类新闻网站，以及中金在线、金融界、新浪、中国证券网等主流门户、财经类网站，均对大唐财富全唐配置品牌关注报道。

重磅荣誉方面：截至2022年8月，大唐财富获得各类奖项23项（上年同期17项）。大唐财富及全唐配置品牌获得权威媒体认可。值得一提的是，8月18日，由中国商报社、中国商界杂志社、《品牌人物》栏目组、首都经济贸易大学中国品牌研究中心主办的"2022（第6届）中国品牌发展高峰论坛暨中国品牌人物峰会"，在杭州举办。大唐财富专业服务品牌全唐配置凭借优秀的服务理念及内涵，获评"2022品牌强国典型案例"奖。

亲历者说 **王龙飞　大唐财富执行总裁**

大唐财富以客户为中心，提出了全唐配置理念，为投资者提供了一整套专业财富配置方案，满足客户财富保值、增值、传承需求，实现全面的家庭风险管理。项目提出后，公司多个部门形成合力，通过科学合理的营销规划，一步步将全唐配置品牌推出、发酵、打响，并使其在高净值客户群体中持续产生影响。在这场营销战役中，公司内部合作有序，外部推动有节奏、有亮点，经过一系列线上线下整合营销动作，成功推出全唐配置品牌，全唐配置品牌已在客户、行业及整个市场形成专业度及美誉度。

案例点评

点评专家：黄玲忆　朋百沟通国际有限公司创办人

整个案例充分理解高端客层的理财痛点，巧妙地运用这个族群对美好生活方式向往的甜蜜点，双向包围目标客群，成功出击。

线上、线下的营销场景都紧扣"全唐配置，成就您的财富梦想"品牌主张。无论是外部邀请的大咖专家还是公司内部的理财规划案例分享，都充分展现了每项产品的魅力。不同季度的媒体规划充分掌握节日氛围沟通方法，执行非常完整。整体而言，策略清晰，执行节奏和力度都非常出彩。

周黑鸭小龙虾虾球营销

执行时间：2022年4月—8月

企业名称：湖北世纪愿景商贸有限公司

品牌名称：周黑鸭

代理公司：阶梯国际广告（北京）有限公司

获奖类别：2022金旗奖最具公众影响力整合营销战役金奖

项目概述

周黑鸭与阶梯国际广告（北京）有限公司展开合作，致力于破除传统卤味市场困局，推动周黑鸭品牌年轻化。双方在合作过程中协定了"产品大于品牌，以产品带品牌"的市场策略，敲定2022年的年度主推产品，以一点撬动全局，带动了周黑鸭的品牌更新，实现了销售额爆发式增长。

企业发展受制于市场环境。现今的卤味市场，存在着产品同质化严重、品牌老化等一系列问题。为帮助周黑鸭突破市场困境、实现产品推新与品牌年轻化的目标，项目组对项目产品特点与目标消费群体进行了全面而详细的调研，并在细致的梳理过程中洞察到了重点信息。

1. 产品洞察

本次项目的主推产品为小龙虾虾球，不便于与日常生活娱乐场景相结合。通过前期调查发现，此类产品的消费者大多认为该产品食用过程极为麻烦，这成为阻碍消费者购买该产品的主要因素，因此，解决相关问题便是厂商在市场竞争中掌握优势的关键点。周黑鸭的虾球产品具有方便易食的属性，在此类产品市场中拥有有效竞争点，有助于其在市场竞争中建立优势。

2. 消费者需求

基于产品品类与品牌年轻化的需求，项目组对目标人群进行了细分，年轻的"吃货"群体是本项目最主要的受众目标。调研结果显示，目标消费人群呈现出相当明显的"懒"的心理特点，这样的心理特点表现在日常生活中，便是他们有着自己的追求，喜欢那些低成本的快乐，渴望以低投入取得高回报，认定吃得开心是头等大事。这塑造了懒人经济，而周黑鸭的虾球产品食用方便，便于携带，顺应了此种消费趋势。

项目策划

1. 目标

（1）推动品牌传播，实现品牌个性的塑造。

（2）解决消费痛点，直击用户爽点。

（3）快速传递产品信息，实现流量爆发式增长。

（4）引领吃虾新潮流，实现销售额爆发式增长。

2. 整体策略

（1）提出"单手吃虾，一嗦就脱壳"的标语，于传播方面对这一概念信息进行主次分级，将"单手吃虾"作为核心信息推出，将"一嗦就脱壳"作为辅助信息推出，使传播信息更加具体、完整。

（2）将目标消费群体确定为"单手青年"，通过简单轻松的交流互动，实现产品推广与品牌个性塑造的目的。

（3）创意核心概念：摸不着头脑的快乐。

（4）核心沟通概念：开始吧，一起单手吃虾。

（5）选择杨超越作为明星代言人，强化产品特点，全面释出代言人价值。

（6）锁定高频场景，以"聚焦"策略决定场景选择，突出"单手吃虾"的价值。

3. 受众

零食爱好者、爱吃人士。

4. 传播内容

（1）官宣明星代言人，线上积极互动。

（2）发布明星TVC，线上线下多维投放。

（3）三波微博话题全面配合活动，实现传播增效。

（4）推出杨超越联名款虾球零食礼盒，配合打折促销，激发购买欲望，收割线上流量。

（5）投放3D裸眼大屏广告，配合现场人员实现沉浸式互动。

（6）杨超越现身周黑鸭直播间，引起重磅热度并借助直播物料的二次传播延长直播生命周期。

5. 媒介策略

（1）精准投放：基于消费群体的触媒习惯，在微博、抖音、小红书等多平台积极投放，快速定位目标人群，迅速引爆话题热度。

（2）多维联动：合理运用多平台、多媒介，实现线上线下的相互配合，构筑丰富而完善的投放网络，形成传播矩阵。

项目执行

4月1日，周黑鸭官方微博宣布杨超越为代言人。当天，周黑鸭董事长与杨超越在微博进行互动，并直接送上了100盒虾球；微博话题#杨超越单手吃虾超越杨超越#发布，在各圈层KOL的参与下话题迅速推广，粉丝大量跟进。

次日，杨超越同款虾球零食礼盒上架，在打折、满减等促销手段的配合下礼盒被一扫而空，实现了官宣即售空的营销效果；3D裸眼大屏广告投放后，现场的工作人员真实派送，现场互动；微博话题#捉1个活的杨超越#发布，配合线下事件营销，引发讨论，扩大了活动传播的影响力。

在随后的直播活动中，杨超越来到周黑鸭直播间，凭借先前的预告与直播间抽奖互动，气氛与热度达到高潮，实现了热度与销售额的双双攀升，并在直播结束后借助直播物料的二次传播延长此次直播活动的生命周期。

项目评估

1. 效果综述

通过对市场的犀利洞察、"单手吃虾"主题创意的提出与代言人价值的全面释放，本项目在执行落地后取得了优异成绩。通过本次合作，周黑鸭的虾球产品实现了销售额与销售占比的双双跨越式升级，取得了销售额爆发式增长的成绩，这让周黑鸭成功开辟了休闲卤味新赛道，缔造了属于周黑鸭的快消卤虾球时代。

2. 市场反应

（1）周黑鸭2022年小龙虾虾球销售占比提升到12%，每月销售额均比上年同期增长3倍，7月销售额更是取得历史性突破，单月销售额达3250万元，环比增长32%。

（2）虾球单日销售额连续12天超百万元，7月外卖渠道虾球月度销额首超1000万元，环比增长43%。

3. 媒体统计

（1）抖音#单手吃虾#话题阅读量超1.5亿次，兴趣人群超过5311万人，环比增长540%。

（2）A3潜客人群超过3568万人，环比增长5226%。

（3）微博平台上相关话题的总曝光量超5亿余次，讨论量也超50万余次。

4. 项目亮点

在对本次项目的回顾复盘之中，犀利的市场洞察、"单手吃虾"创意的提出与代言人价值的全面释出是极为突出的3个亮点。依托细致的市场调查，前期精准地发现了消费痛点，为制定良好的营销策略提供了方向指引，并进一步创意性地提出了"单手吃虾"，通过情感共鸣将产品、品牌与消费者紧密地联系在了一起，再结合媒介上的精准投放与多维联动，最大化释出代言人价值，三者互相配合，层层推进，实现了项目方案的完美落地和项目目标的高效达成。

案例点评

　　点评专家：刘畅　克诺尔中国区副总裁，中国欧盟商会政府事务论坛主席

　　这个案例是一个很有创意和传播力的营销案例。单手吃虾能够吸引大批喜爱小龙虾的食客，趣味的卤味调性则勾起了消费者的好奇心理，杨超越的名人效应又为产品的曝光度和品质口碑做了背书，有效提高了粉丝转化率。

　　在传播上，通过捆绑杨超越与多维覆盖的传播规划，将单手吃虾的概念进一步符号化，与周黑鸭在该产品分类上做了强绑定，从而实现了高频高效传播。

GOLDEN
FLAG
AWARD
金旗奖

2022

金旗奖最具公众影响力

社交媒体运营金奖

● 安踏青年：安踏集团抖音自主IP打造

执行时间：2021年1月1日—2022年9月1日

企业名称：安踏体育用品集团有限公司

品牌名称：安踏集团

获奖类别：2022金旗奖最具公众影响力社交媒体运营金奖

项目概述

在社交媒体平台通过打造企业品牌自有IP——安踏青年，聚焦主话题"原来你是这样的安踏"讲述企业故事，提升公众对安踏集团的感知度和美誉度，借力社交媒体平台更广泛触达受众，加大安踏集团企业品牌形象在公众特别是年轻群体中的传播力度，强化安踏集团的"创新感"和"责任感"，与集团旗下各品牌官方账号联动，各自聚焦并形成合力，通过多维度内容组合，内外部联动，尝试"破圈"，实现多轮扩散传播。

安踏青年抖音账号

项目策划

1.项目洞察

安踏集团全年营收连续多年位列中国体育用品企业首位，拥有较高知名度，但在年轻群体中的辨识度和认同感仍需进一步提升。以Z世代为代表的年轻群体，展现出显著的兴趣消费特点，他们更愿意为能与自己产生价值共鸣的产品和品牌买单。因此，安踏集团需要在社交媒体平台通过年轻群体兴趣标签更加精准地进行圈层传播，讲述公司故事，从而打开年轻群体市场，树立更加鲜明的企业形象。

抖音平台已成长为DAU（日活跃用户数量）超7亿人的现象级短视频平台，用户使用App时长超30分钟的占比仍提高至35%。对于企业来说，这一平台是在社交媒体特别是短视频领域"破圈"的重要渠道。

为什么要在抖音平台打造自己的IP，做自己的KOL？这是因为项目组发现这样做有助于树立更加鲜明、清晰的企业形象，能够更直接地触达消费者，并通过企业的内容优势服务消费者。

2.运营策略

（1）目标：打造安踏集团企业品牌IP——安踏青年，聚焦主话题"原来你是这样的安踏"，多维度内容组合，内外部联动，形成内容闭环，实现多轮扩散、传播。

（2）整体策略：服务屏幕前的目标受众。项目组在每一期内容发布前都会问自己："有没有让看到内容的用户获得什么？"为此，项目组总结了一个打造企业品牌IP的公式：

$$\frac{（价值+IP）}{（时长+"恰饭"）} \times 流量运营 = 爆款指数$$

在这个公式里，视频传递的价值和账号的IP感是要被无限放大的，而视频时长和商业信息属性"恰饭"是要被无限缩小的，即短视频不是短的视频，而是在最短时间内为消费者传递价值的视频。然后通过流量运营不断强化账号的行业标签，快速传播。

账号IP可以让人们快速理解账号所要传递的内容，同时形成内容获取的一致性。例如，账号要是口播就一直口播，要是讲故事就一直讲故事，同时，账号要尽可能人格化。

视频价值基本分为3类：情感价值；知识价值；标签价值。

情感价值：挖掘远在山村的安踏志愿者以及坐镇营运中心的业务团队身上关于梦想、关于担当的令人感动的故事。主要题材为ESG项目。

知识价值：让人们通过安踏青年获得关于运动、关于成长的启迪知识，分享安踏30周年发展历程中的成长故事，同时介绍奥运比赛服背后的产品知识故事。

标签价值：通过安踏青年身上的标签与受众产生共鸣，借助安踏30周年、奥运、公益等项目塑造安踏内部一个个鲜明的安踏青年形象。

流量运营：短视频是抖音平台最有趣的一部分，正确的流量运营，可以大大增强视频效果。流量运营就是要使视频标签、账号标签、粉丝标签、观众标签尽可能一致。在这个过程中，要精准定位账号，持续不断输出符合定位的垂直内容，通过内容精准吸引粉丝，通过流量工具对特定人群进行精准投放。持续半年，这个号就会形成精准的生态体系，后续就可以不断地挖掘内容选题了。

项目执行

1.推出并打造固定栏目

如《超A科研所》《奥运装备揭秘》《冬奥冷知识》等专题栏目。

2.快速反应和动态管理

快速反应即对重大消息要做到随时发布。安踏集团坚持参与公益事业，多次登上热搜，被许多媒体、普通用户转载，彰显了企业的社会担当。在自有短视频阵地上快速反应，实现了千万级播放量的传播效果。

3.定期按需回顾盘点

定期对项目执行情况进行回顾、盘点。

4.未来方向

（1）代入感：需要进一步强化与受众的互动，增强代入感。例如，发起鞋底吸能极限挑战等。

（2）增强价值属性：需要分享更多有价值、有意思的体育故事与知识，增强粉丝关注账号的动力。

（3）增强故事感染力：以更加真实的人物为主角，以写实的拍摄手法呈现最动人的安踏故事。

项目评估

1.运营现状

（1）打造受人尊敬的企业形象：通过抖音突出展现安踏集团的企业社会担当，提升集团整体口碑。

（2）直面消费者：与消费者直接沟通集团的新产品、新技术及其背后的故事，效果显著。

（3）IP建设初见成效：安踏青年的IP形象深入人心，每周都会有大量粉丝在抖音上@安踏青年这一账号分享自己的安踏故事。

2.项目亮点

通过持续不断更新、创作，安踏青年抖音号截至发稿前已有粉丝20.3万人，获赞403.8万个，且创下了安踏青年开号以来的九大里程碑事件：

（1）"原来你是这样的安踏"自主运营话题累计播放量破亿次。

（2）"安踏青年IP"作为案例被《国际公关》杂志收录。

（3）项目期内总播放量超1亿次（10483.4万次）。

（4）单条最高播放量836.5万次。

（5）2022年北京冬奥会期间登上抖音热榜超10次。

（6）100万次播放视频超70条。

（7）账号总获赞373.3万次。

（8）单条最高赞30万次。

（9）打造地标"982创动空间"，入围娱乐场所人气榜前十名。

#原来你是这样的安踏
1.5亿次播放

☆ 收藏

安踏体育用品有限公司（港交所：2020），简称安踏体育、安踏，是中国领先的体育用品企业，主要从事设计、开发、制造和行销安踏品牌的体育用品，包括…… **查看详情**

原来你是这样的安踏

亲历者说 姚鹏　安踏集团传播高级总监

企业的抖音账号运营，首先考验的就是账号定位，如果不能够输出价值，单纯地将其作为企业品牌公关宣传阵地，那么用户就会像20年前看到电视广告就换台一样，刷到企业账号立马滑走。所以，对于这个账号的定位，我们一开始就是强调它的第三方IP属性：非广告和企业文化向，选择和公众利益、兴趣强关联的话题，输出知识或情绪价值，有温度，有态度。我们通过一个个兼具真实感、正能量和神转折的故事，推广体育精神和运动文化，让#原来你是这样的安踏#成了一个独具风格的企业运营话题。

案例点评

点评专家：孟茹　浙大城市学院品牌与会展传播研究所所长

在社交媒体时代，安踏集团为了塑造年轻化的品牌形象，在抖音平台打造出品牌自有IP安踏青年，充分体现了以消费者为中心的思考方式。企业站在信息接收者的角度要考虑传播有情感价值、知识价值或者标签价值的内容，搭建及时沟通的平台，通过发起与品牌有关的热度话题，引发目标受众互动。这样的运营方式，有效地传达出品牌的理念、文化、价值与积极承担的社会责任，同时有利于培养账号粉丝对品牌的偏好与忠诚度。

哈弗SUV社交媒体运营

执行时间： 2022年4月6日—9月6日
企业名称： 长城汽车股份有限公司
品牌名称： 哈弗SUV
代理公司： 上海精音公共关系有限公司
获奖类别： 2022金旗奖最具公众影响力社交媒体运营金奖

项目概述

哈弗SUV一直致力于打造优质、精致、专业的产品阵容，已经连续多年蝉联中国SUV市场销量冠军，并在2018年Brand Finance（品牌金融）评选的全球最具价值汽车品牌百强榜中位列中国品牌第一名。哈弗SUV宣告向新能源赛道全面转型并正式发布了新能源战略，以"新能源SUV专家"的全新姿态，为用户开启全新的体验。哈弗SUV社交媒体运营旨在针对抖音、快手、B站、微信、微博、小红书、视频号、今日头条等新媒体平台打造矩阵式媒体，以用户为中心，针对各车型不同特点，结合品牌调性及触媒习惯，建立全套有创新、有亮点、有重点的精细化运营策略，做到分平台系列化、栏目化、风格化、互动化，持续稳定地输出高品质内容，以新媒体玩法为抓手解锁营销新姿势，深耕品牌价值渗透，实现品牌与用户深度握手。

项目策划

1.传播策略

（1）营造用户溢价感，布局全媒体运营，从平台思维转换为用户思维。

（2）直播赛道风起云涌，布局"抖音＋快手"阵地，抢占直播流量，打响直播营销战役。

（3）深耕KOC达人孵化，培养品牌专属私域领地，为品牌传播赋能。

2.策略洞察

（1）情绪溢价：日常营销满足社会情绪——社会情绪是品牌社会化营销的基础，落实到营销手段中，即营销内容应处处与社会情绪挂钩。

（2）需求溢价：打造重点事件迎合用户需求——在打造重点事件时，要挖掘用户真正需求，有需求就有流量。

（3）认知溢价：用户声音反哺品牌传播 —— 充分运用私域流量是品牌开启成功大门的钥匙，KOC的力量渗透性更强，打造围绕哈弗SUV的私域流量池。

3.创意营销

（1）打造厂家直播IP：培育自播能力，打造直播天团，惊艳出道，结合热点、流行梗等，在场景、道具、服装及舞蹈才艺等方面创意布局，固定直播频次，进行常态化直播，养成用户的观看习惯，持续"吸粉"与种草，引导用户做出留资、试驾动作，形成"线上种草+线下体验"闭环，完成效果转化。

（2）重点节日营销：结合"618"打造"百城千店云团购，5亿红包宠粉节"活动，并在直播中加入送福利、魔术师表演等特色环节。

"百城千店云团购，5亿红包宠粉节"活动海报

（3）哈弗SUV中国行：邀请本地车主与主播带用户中国游云旅行，展现哈弗车型卖点，提升品牌调性，促进品牌活动传播。结合试驾活动、上市、B级和C级车展，游览全国，领略祖国壮丽山河与风俗文化，在促进品牌活动传播的同时给用户带来不一样的观感体验。

（4）哈弗喊你来代言：结合热点营销节日，打造招募活动，例如，父亲节"你有多久没有对爸爸说我爱你"、毕业季"比了个耶，毕了个业"、七夕节"背靠哈弗拥抱爱"，以积分奖励的方式吸引用户报名，同时挖掘人才，培养专属KOC。

4.传播规划

（1）抖音：特色剧场、热门话题等结合阐述性的产品卖点，直击消费者心灵。

打造栏目化内容，如#哈弗小姐姐的日常、#哈弗老斯基、#哈弗梦工厂等，为用户带来有价值的内容且输出品牌调性。

（2）快手：草根文化起家的快手，以"老铁"情感为依托，用户具有较强的黏性。

哈弗SUV品牌侧重传播品牌口碑，以国民自主品牌定位及高接受度的售价来增强用户认同感。发布产品相关视频，提升用户对国产品牌的认可度，引起用户之间的口碑爆发式传播。

（3）B站：通过创意内容锁定年轻消费者，进行圈层DNA触动种草。

B站以中长视频为主，承载更大信息量，依靠对Z世代年轻人的精准定位，实现内容领域的"破圈"传播。以"鬼畜"视频形式为硬核内容包装上有趣的外壳，使品牌和用户拉近距离。借助B站用户的聚集性特质，催生用户创作能力，打造哈弗SUV品牌年轻化的新舞台。

（4）微信：信息资讯全面，内容深度解析，形成了消费者之间的强关系联结，建立官方私域管理规划，设置弗晓栏目，输出干货内容、用车知识等，聚焦相关领域知识，做相对中立的传播。标签化内容分类沉淀，并固定栏目内容，包括文风、VI、结构等要素，形成内容规范、统一体系。

（5）微博：通过明星、话题、活动等进行日常规范化创新运营，分类沉淀IP标签化内容，让粉丝养成阅读习惯。栏目内容、风格、物料形式相对固定，既规范又保持了品牌一贯的调性。

（6）小红书：通过展示精致生活方式提升消费者的品质认同感。规划哈弗SUV品牌的种草方式，做到消费引导，彰显品牌背后所代表的生活方式。规划＃弗利来袭、＃干货盘点、＃在路上等栏目，从美图、用车知识、福利抽奖等层面吸引用户种草，实现"吸粉＋宠粉"目标。

（7）视频号：通过强大的社交属性及算法，无差别渗透传播车型视频，打造朋友圈中的优质口碑，让视频号的推广形成裂变之势。

（8）今日头条：在这一内容消费与内容生产兼具的优质平台上，哈弗SUV通过深度评测和专家科普的形式进行种草，用翔实的数据和充分的论证吸引专业人群，提高受众的精准性，激发用户自发进行有意义的互动。

项目执行

1.平台栏目策划

对主流社交媒体用户进行分析，设计适合对应平台的相关栏目，打造有哈弗SUV品牌特点的专属栏目，涵盖品牌形象、产品特点、用户互动等多类型栏目，多角度塑造品牌立体形象。

2.传播内容规划

根据车型特点、平台属性、时事热点、重点节日等进行创意规划，包含文案撰写、风格设计、交互形式、话题互动等内容制作，利用动态效果、SVG交互形式、热点话题、社交文案增加内容创意亮点，持续提升哈弗SUV官方账号关注度，实现以用户为中心的自媒体传播体系构建。

3. 用户沟通运维

设计留言回复、信息收集、问题反馈、处理结果跟踪等用户沟通及运维机制，向广大用户传递哈弗SUV专业、高效的品牌价值理念。

4. 月度总结复盘

月末进行内容及数据整理，从传播声量、内容制作、用户声音3个维度总结、复盘自身传播情况，并对其他车企官方账号发布的爆点内容进行分析，通过横向对比及纵向对比提出改进措施，不断调整传播方向，优化执行细节。

项目评估

1. 效果综述

对主流社交媒体官方账号的传播及运营，实现了从公域到私域的流量转化。对外提升品牌影响力，提振信心；对内深化企业文化与员工对哈弗SUV的品牌自信。

2. 受众反应

通过社交媒体运营，哈弗SUV各平台官方账号收获了一批忠实粉丝，赢得了网友及用户的高度肯定，并与用户建立了长效沟通渠道，消除了用户与品牌间的隔阂，用户对哈弗SUV品牌的关注度持续攀升。

3. 市场反应

哈弗SUV借助新媒体手段进行传播，传播影响力明显提升，受众年龄段范围扩大，有年轻化趋势，为传统车企转型提供了可借鉴的新营销案例。

4. 媒体统计

5个月内，运营微信、微博、抖音、快手、视频号、B站、小红书、今日头条共计8个社交媒体账号，发布内容1816篇，阅读量达388819299次，互动量达4638049次，粉丝增长554118人；同时在快手、抖音直播133场，直播观看人数达10347145人。

5. 项目亮点

线上线下联动，加速营销数字化转型：打破线上线下传播壁垒，整合各地资源，拉近品牌与经销商之间的距离，有效地促进了品牌与销售环节的连接，提高了用户对品牌的认可度，提升了市场占有率。

内容形式丰富，塑造了立体化的品牌形象：深耕B端内容运营，通过To C传播反哺B端品牌影响力，打通传播路径，树立品牌形象。利用长图、海报、短视频等内容形式，结合社交热点，制作内容，打造流量入口。

发挥平台优势，实现差异化内容运营：根据自媒体平台属性及品牌自身特点，打造定制化内容，实现圈层人群精准传播，与不同类型的用户实现价值共鸣。

亲历者说 左慧子　上海精音公共关系有限公司客户群总监

哈弗SUV作为中国自主品牌的代表，一直坚持以用户为中心，积极在众多跨界领域与年青一代同频共振，致力于开创创新感十足的品牌体验形式，不断拓展"朋友圈"，成为与年轻人紧紧关联的品牌。在新媒体领域，积极布局各平台账号，根据平台属性打造日常栏目，形成传播IP。通过半年的运营，全网曝光量超3.8亿余次。对传播素材进行视觉优化以提升品牌调性，实现品牌向上。创新项目上开辟直播新赛道，运营期间直播总观看量超过1500万次。

案例点评

点评专家：韩红星　华南理工大学新闻与传播学院教授、博士生导师

哈弗SUV在中国自主车企品牌中一直有不俗的表现，这和其品牌形象塑造、品牌调性定位、品牌场景使用等传播运营息息相关。从社交媒体营销策划案来看，其构建社交媒体传播矩阵，实现抖音、快手、B站、微信、微博、小红书、视频号、今日头条等全媒体平台的内容覆盖，大数据精准匹配品牌目标用户群体，适时构建内容联动品牌信息，以用户思维表达用户需求，实现强输出、高互动、跨联结、多节点的传播价值，积累了忠诚用户与潜在用户的关注度，从而推高了品牌情绪溢价、口碑溢价，保持了品牌的长期热度，促进了平台流量向品牌流量的转化。

虎牙直播非凡之夜

执行时间：2021年12月8日—2022年1月18日
企业名称：广州虎牙信息科技有限公司
品牌名称：虎牙直播
代理公司：聚光时代（北京）文化传媒有限公司
获奖类别：2022金旗奖最具公众影响力社交媒体运营金奖

项目概述

虎牙直播星盛典是虎牙平台一年一度的IP盛事，也是为平台头部主播颁奖的年度盛典。2021年虎牙直播星盛典品牌全面升级为虎牙直播非凡之夜。面向C端受众，融合直播互动、电竞、音乐、正能量等元素，明星、主播与直播技术相结合，向受众传递虎牙直播"生来非凡、超越非凡、拥抱非凡"的价值取向。本次活动充分发挥直播平台优势，成功打造了关注度高、互动感强、内容出圈、别具一格的年度盛事。

项目面临的挑战如下：

（1）跨年晚会抱团上线，面对其他晚会冲击，如何破圈打响虎牙直播非凡之夜升级第一战？

（2）明星主播效应如何挖掘与组合，才能最大化传播效果？

（3）哪些创新直播技术以及别出心裁的亮点环节能为晚会破圈提供助力？

项目策划

1."史上最'直'"的晚会阵容，打造爆款明星热搜

官宣黑豹乐队、面孔乐队、汪峰、汪苏泷等加盟，挖掘每个明星不同人设特点，与晚会内容进行创意融合，打造有趣破圈的明星热搜。例如，＃汪苏泷全球首唱无关＃＃李玉刚终极boss身份瞒不住了＃＃希林娜依高现场live实力太强了＃等。

2."史上最燃"的预热模式，用电竞赛事霸气预热非凡之夜

与以往创意物料等预热形式不同，此次针对虎牙直播电竞属性，打造"非凡之战"电竞赛事，邀请明星与电竞圈顶流组团开战，助推非凡之战以及非凡之夜大范围曝光。

3. "最脑洞"的主播破圈，独家定制主播人设，助其破圈曝光

基于晚会重点之一即为虎牙主播颁奖，通过娱乐营销战略模式为虎牙直播重点主播进行人设营造，如不求人红毯送狗粮、鲨鱼抖包袱走红毯、Miss穿婚纱走花路……助推重点主播突围电竞圈，获得大量曝光。

4. "最豪横"的连环热搜，晚会全天启动多平台、连环热搜霸榜

晚会当天从红毯到晚会现场，配合相关娱乐经纪公司在微博、抖音、B站平台打造#吴宣仪造型##硬糖少女303小老虎pose走红毯##非凡之夜节目单官宣##硬糖少女非凡之夜燃炸开场#等连环热搜霸榜。

项目执行

1. "极致技术创新"，燃炸的裸眼3D元宇宙舞台

作为一场年终盛典，除了有极致的嘉宾、涵盖各年龄段的多元音乐，虎牙直播非凡之夜还大胆突破技术壁垒，大量使用裸眼3D技术，打造超魔幻的元宇宙舞台。如面孔乐队《幻觉》、李玉刚×MiniG迷你机乐队《东方不败》等表演打破舞台物理边界，为观众呈现更具沉浸感的舞台享受。

2. "极致互动创新"，首创AI音乐互动小游戏

在汪苏泷演唱环节首创AI音乐互动小游戏《非凡音游》，线上观众可根据音乐、按照节奏点击手机屏幕上出现的按钮，实现线上观众与现场表演的同频互动，开启线上、线下虚实结合的直播间互动体验。

考虑到屏幕外观众的参与感，除了常见的弹幕、口令抽奖等互动外，虎牙直播还设置了创意AB游戏环节，线上网友可投票决定现场嘉宾的互动内容，"还原"主播和观众在直播间的互动。

3. "极致营销创新"，解读流量密码，实现跨平台热搜

把造梗和生动性玩到极致，通过明星以及主播人设的挖掘和创意配合，在微博、抖音、B站等多平台，阶段性释放非凡之夜内容，不间断曝光。此外，深度"押宝待爆的明星创意热搜"，其中#希林娜依·高三唱LOL主题曲#出圈后，配合经纪公司及艺人继续打造热搜，非凡之夜后3天连续贡献多条热搜。

公益营销加强企业责任感传递。晚会当天，虎牙直播官宣联动TRAFFIC（国际野生物贸易研究组织）、IFAW（国际爱护动物基金会）和中国野生动物保护协会启动"虎卫家园"公益计划，还联动"陕西户县布艺老虎"推出非遗周边礼盒，以公益营销助力非凡之夜IP及虎牙直播行业占位。

项目评估

1. 实现强占位

成功打响虎牙直播非凡之夜"第一枪",成为历届虎牙直播盛典规模之最以及影响力之最,同时因为前期创意方案等内容、资源,赢得九紫游戏等品牌全程赞助。

2. 实现强声量

传播声量堪比头部大型晚会。据不完全统计,微博、抖音、B站三端话题传播总曝光量近16亿次,其中,微博热搜榜上榜29次,抖音热搜榜上榜3次,B站爆款视频出圈1次。

亲历者说 谢嘉玮 聚光时代(北京)文化传媒有限公司项目经理

虎牙直播星盛典是虎牙平台一年一度的IP盛事,也是头部主播的颁奖盛典,此次全新的盛典升级挑战,加上其他晚会的多重夹击,无论是从晚会阵容还是晚会专业性上来说,对我们而言都是一种挑战。面对此压力,团队经过多次头脑风暴,决定以创意制胜,通过玩儿梗来破圈。官宣阶段通过强化直播时的弹幕属性,以及搭配各大头部主播微博玩儿梗、明星谐音梗视频等玩法宣发,以活动红毯阶段花式走红毯、创意AB游戏环节等增强趣味性,最终获得了非常不错的声量与曝光度。

案例点评

点评专家:郭为文 周末酒店合伙人、首席营销官

虽然没有亲身参与这场活动,但从项目案例介绍来看,可以用一个词来评价:极致。一场晚会就是一次娱乐内容体验,如果不能让观众产生极致的感受,就无法让观众获得完美的体验,也就无法在其他各类"娱乐盛典"比较中脱颖而出,获得观众认同。项目团队把活动策划定为"最直的阵容""最燃的预热""最脑洞的主播"等,体现了追求极致效果的企图;执行过程中,用裸眼3D、AI音乐互动游戏等形式,增强观众的参与感。

■ 英飞凌科技2022微信智慧营销项目

执行时间：2020年8月—2022年9月1日
企业名称：英飞凌科技（中国）有限公司
品牌名称：英飞凌
代理公司：霍夫曼公关顾问（北京）有限公司
获奖类别：2022金旗奖最具公众影响力社交媒体运营金奖

项目概述

2020年4月英飞凌宣布完成对赛普拉斯的收购，英飞凌开始向新的层面发展，而沟通（传播）是英飞凌完成收购的关键因素之一。英飞凌希望通过数字化手段实现提高用户体验、增强客户黏度、赋能销售的传播目标，同时强化英飞凌的传播体系。

项目规划期遇到两大核心挑战：一是英飞凌在完成收购后需要整合现有社交媒体账号，在账号合并过程中可能出现大量现有粉丝取关问题；二是在导入有关数字化营销的新思路和新方法时，让沟通策略既被用户接受又能达到良好的营销效果。

项目策划

1. 核心洞察

微信已经成为B2B行业品牌传播的重要阵地，目前主流的营销方式是围绕微信推文的内容营销。除了内容营销，整合式社交媒体营销还存在怎样的可能性？如何更有效了解用户画像，支持更高效、更精准的沟通？英飞凌将官微接入数字化工具平台，以数据驱动更精准的沟通。

2. 项目目标

英飞凌希望将其微信账号发展成一个数据驱动的社交型客户关系管理平台，通过提高客户参与度来巩固"一个英飞凌"的品牌形象，以及更高效、深入支持企业业务。在收购赛普拉斯并整合社交媒体后，英飞凌希望借助SCRM（社会化客户关系管理）工具提升官方微信用户的体验，基于数据分析进行定向沟通以及其他营销自动化支持。

3. 项目策略

重新制定微信平台策略，通过优化微信账号矩阵和引入SCRM工具，持续优化用户体验，以实现更精准的用户沟通，从而实现"一个英飞凌"的传播目标。

4. 项目规划

（1）以微信为社交媒体矩阵核心，构建英飞凌用户数据中心。

步骤一：整合账号并引入SCRM工具，全新的英飞凌官微正式上线。

微信账号整合和粉丝数据迁移是项目启动的关键一步。在完成全新菜单栏的搭建、内容运营机制的更新后，原赛普拉斯服务号、英飞凌中国订阅号、英飞凌电源与传感服务号正式合并为全新的英飞凌官微。

步骤二：搭建英飞凌用户标签库，为个性化沟通做好准备。

了解用户是精准沟通的基石。英飞凌的SCRM标签库涵盖了用户兴趣和行为两大类，并针对业务相关标签进行了细化处理（如不同产品线和应用领域）。基于此，系统根据用户在微信账号中的日常行为进行自动化打标，帮助英飞凌识别出优质用户，为后续精准沟通做好铺垫。

（2）日常高频互动和多个试点项目并行，触发粉丝交互，收集更多数据。

在日常内容运营之外，英飞凌借助SCRM多种功能，支持了各事业部20余场不同类型的活动，包含展会、客户工作坊、在线研讨会、大型线上论坛等。此外，SCRM配合推动各个线上互动项目，积极探索更多使用场景并提供相应的智能服务。

以2021年IPAC英飞凌工业功率应用技术大会为例，这是英飞凌首次使用SCRM支持超过1000人的大型活动，从活动报名注册、活动通知到文件下载等，参与大会的用户可以在英飞凌官微中实现一站式体验，让各类原本需要通过线下完成的动作都集合于微信端，极大地提升了用户体验。同时，活动组织方通过后台的数据平台，可以随时了解参会人数和活动进程，评估不同渠道的引流能力并及时调整，实现传播效果最大化。

IPAC英飞凌工业功率应用技术大会的智能化服务（微信端用户体验）

（3）基于数据分析不断优化用户体验，更好地支持业务发展。

随着用户行为数据的不断积累，英飞凌官微在上线SCRM半年后开始主动出击，根据活动需求筛选可能感兴趣的用户并进行活动定邀，提升活动转化率。与此同时，为了激活老粉并更好了解粉丝群体的内容偏好，英飞凌官微发起粉丝问卷调研，收集了近1000份反馈。

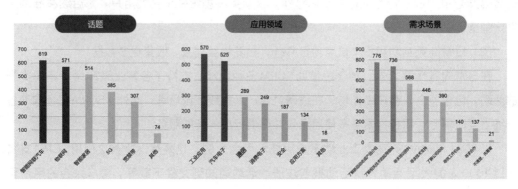

用户调研结果分析

项目执行

2020年8—12月：项目启动，英飞凌内部动员及计划推广；英飞凌微信上线全新定位及策略。

2021年1月底：英飞凌微信全新菜单栏搭建；SCRM系统技术对接、设计及测试；内容生产及运营机制设立。

2021年2月：英飞凌微信合并两个账号的粉丝（"赛普拉斯半导体"服务号与"英飞凌中国"订阅号）。

2021年2月：全新"英飞凌官微"微信公众号正式上线，并在春节期间推出对联互动活动。

2021年4月—6月：对内推出"社交达人"活动，鼓励员工作为形象大使帮助公司推广微信号。

2021年2月—6月：支持英飞凌各类展会、论坛、媒体活动、客户活动等共计15场。

2021年6月：对英飞凌官微粉丝进行问卷调研，以更好了解微信内容的匹配程度。

项目评估

本项目作为英飞凌在大中华区数字化传播的先锋项目，借助 SCRM 工具内容的深度分析，以数据驱动更精准沟通。项目上线以来，标签率达 98%，粉丝月活率高达 17%，新粉留存率也超过 90%，远高于 B2B 行业的平均水平。

在 SCRM 工具多种功能的支持下，英飞凌官微支持了公司各事业部 20 多场活动，包含展会、客户工作坊、在线研讨会、大型线上论坛等。活动报名注册、通知提醒、文件下载等功能的搭载，让参与各类活动的用户可以在英飞凌官微一站式体验，让各类原本需要通过线下完成的动作都集合于手机微信端。项目的成功执行，证明了 B2B 行业同样可以跳脱纯粹的内容营销，数字化工具的助力让原本很难量化的沟通行为变得更加可视。

亲历者说 潘安怡　霍夫曼公关顾问（北京）有限公司高级客户经理

微信公众号已经成为品牌传播的主要阵地，在衡量成效的时候，除了"传统"的阅读量、粉丝量，越来越多的 B2B 公司看重官微对业务发展的助力。同时，企业运用数字化营销手段，可以达到市场拓展、销售线索培育等的目的。通过本项目，我们不仅全方位地提升了微信端用户的体验，更通过不断积累用户数据，有效提升了沟通和营销效率，探索了官微智能营销的可能性。

案例点评

点评专家：来向武　西北大学新闻传播学院副院长

本项目的成功，在微观和宏观层面均具有示范意义。从微观层面来说，本次项目全面提升了微信端的用户体验，充分提升了用户的沟通效率，营销效率将随着数据积累不断提升。从宏观层面来说，本次项目为越来越多的资本、产品、品牌的重组整合提供了范例，为社交媒体应用的全面升级树立了典范，对 B2B 公司的数据驱动应用产生了引领作用。

GOLDEN
FLAG
AWARD
金 旗 奖

2022
—
金旗奖最具公众影响力
社交媒体战役营销金奖

联想"国漫崛起"整合营销战役

执行时间： 2021年8月5日—11月17日
企业名称： 联想（北京）有限公司
品牌名称： 联想
代理公司： 广东博雅公共关系有限公司北京分公司
获奖类别： 2022金旗奖最具公众影响力社交媒体战役营销金奖

项目概述

作为全球领先的科技品牌，联想一直致力于向公众传达创新技术的影响力。联想与腾讯动漫原创科幻动画《吞噬星空》达成技术合作，以顶尖算力支持动画技术升级。联想希望借此机会树立品牌"以技术推动文娱行业数字化转型"的赋能者形象，还希望将品牌的技术实力与社会责任感传递至大众圈层。

联想 x《吞噬星空》番外篇：未至之境

项目策划

1. 内容创意

中国在20世纪40年代时就开始制作长篇动画，并在20世纪60年代初凭借《大闹天宫》获得很好的国际声誉。近年来，中国原创动画引发了大众对动画整体制作水平、行业数字化整体转型、作品是否体现"文化自信"等一系列相关话题的关注。

国产科幻动画《吞噬星空》是近年来推出的优秀国创作品之一，动画以新奇的世界观和精彩打斗场景吸引了大批忠实粉丝。在其第二季推出之际，制作方及粉丝都期待看到高性能技术助力下更精妙也更有"自信力"的动画作品。

此次项目以《吞噬星空》为切入点，围绕科技助力"国漫崛起"主题，在社交媒体发起一场与动画相关的公众讨论，希望给予爱好者、从业者及社会公众等所有切实关心中国动漫事业的群体鼓励与信心，展望创新技术助力的国漫新时代。

2. 实施策略

调查数据显示，约45%的粉丝为自己喜欢的作品进行过二次消费与创作。作为由小说改编的动画作品，《吞噬星空》在多个社交平台拥有庞大的粉丝群体（约1500万人），他们的热情与创意，是激活作品热度的极强助力。

除了展现年轻群体的创意外，动画作为一种文化作品，还是国家文化影响力输出的重要窗口。基于对核心粉丝痛点与社会情绪风向的见解，核心策略如下。

（1）以粉丝为中心：以多平台的粉丝社群为基点，激发粉丝力量，利用他们的创造力创作优秀作品。

（2）引入时代议题：撬动顶级媒体，找准大众社交媒体上契合时代情绪与大众热情的角度，以"文化软实力"这一更大的公共议题引发更大规模的讨论，触达广泛受众群体。

3. 传播规划

（1）以粉丝热情为基点：作为以赛博朋克感的未来地球为设定基础的科幻动画，《吞噬星空》的故事可视化高度依赖高性能计算等先进技术。联想与腾讯视频合作，邀请粉丝为动画番外篇创作主题画作，并利用联想高水平的视觉处理技术对粉丝创作的场景予以完善并制作，以此为基点吸引青年群体的关注与热情。

（2）多元物料层层扩散：围绕联想支持番外制作的技术力，打造《国漫崛起》主题纪录片，多角度深入讲述联想技术对动画建模、渲染等提供助力的幕后故事。推出H5等多元物料，邀请受众在宇宙英雄之旅的体验中加强对联想技术实力的认知。

（3）紧扣时代大议题，破圈公众：借势番外及纪录片引发的讨论，在微博发起国漫崛起相关话题。打造由多位专家背书的专题视频，从动画历史、大师作品、技术成就、未来趋势等不同角度探讨"国漫崛起"对中国文化软实力发展的助力，激发群众情感共鸣，跨圈层打入更广泛的群体，展现联想科技对文化行业的助力、为"软实力"赋能的民族情怀与企业担当。

项目执行

1. 找准Z世代聚集地，与粉丝共创"定制"故事

以QQ、百度贴吧、微博等核心粉丝及Z世代ACG（动画、漫画、游戏的总称）爱好者聚集的社交媒体为据点，深入粉丝社群，发布"征集令"，邀请粉丝共创番外篇。

2. 制作多元社媒物料，创新式展示联想技术力

在微博、QQ、贴吧、微信等平台发布番外、纪录片、H5吸引年轻人关注，多位头部科幻、二次元KOL及动画"大粉"带头分享，进一步传达联想对国漫的助力。

3. 瞄准时代议题，形成破圈传播

随着番外、纪录片、H5等物料引发的讨论，发起#国漫请向世界展现我们的实力#话题，引发广泛热议。

@Vista看天下、@三联生活周刊、@36氪等大众媒体微博、微信端参与讨论，扩大影响力，深度解析联想等科技企业对文化产业、文化软实力的助力。

项目评估

社交媒体总曝光量超4.3亿次，#国漫请向世界展现我们的实力#依靠自然流量登上微博热搜榜，位列要闻榜第5名，实时上升榜在线12小时，总话题曝光超1.3亿次。

40余家官方媒体微博扩散，并引发70余家主流媒体自主报道，被20余位文娱行业大咖私域分享，微信累计输出3篇10万余次阅读量的爆款推文。

直接触达3000余万Z世代核心受众，超过150万名垂直动漫粉丝直接参与讨论，在QQ、贴吧等Z世代平台的好评度超90%。

亲历者说 邹阳　联想集团全球品牌市场部中国负责人

说起数字化技术，我们想到的往往是科技行业，但文化行业也需要技术的助力。文化作品是数字化转型浪潮下中国故事重要的执笔者，推动中国故事走向世界，是我们共同的心愿。联想此次与《吞噬星空》技术合作，正是希望用算力赋能优秀的国产动画作品，向世界展现中国动画的实力。

案例点评

点评专家：龚妍奇　劲霸男装董事、品牌副总裁

一个有历史的、公众传统认知的老科技品牌以国漫为载体，实实在在和Z世代的年轻人建立联结并开心愉快地"玩"儿了一把，其带来的战略价值有以下几方面：吸引年轻人、为品牌注入活力、进一步占据年轻客群心智。

腾讯音乐娱乐集团官方微信运营

执行时间：2021年10月1日—2022年7月31日

企业名称：腾讯音乐娱乐（深圳）有限公司

品牌名称：腾讯音乐娱乐集团（TME）

代理公司：M+传播

获奖类别：2022金旗奖最具公众影响力社交媒体战役营销金奖

项目概述

1. 背景

结合集团全年业务方向、集团品牌曝光情况、社会热点、营销热点事件等，设计官微平台宣发节奏，打造全年传播内容核心信息，持续增加集团在用户群体中的曝光率。

2. 目标及要解决的问题

从热点事件、创意内容话题、活动营销、集团品牌4个角度，多维度向外界传播集团概念，深化品牌概念，持续优化品牌私域平台，强化用户对TME的品牌感知。

项目策划

1. 洞察

根据客户需求以及调研观察，对TME战略进行总结分析，核心要点之一便是传播"创造音乐无限可能"理念。对于C端用户，突出音乐体验的无限可能；对B端用户，助推其达成音乐人的无限可能；对B端行业人员，营造音乐生态的无限可能；对I端，探索音乐产业发展的无限可能；对G端，致力于打造中国音乐的无限可能。通过对不同用户属性进行定位，制定具有针对性的宣传推广方式。通过对整体价值观的包装，和集团"一体两翼"发展战略的分析，以优势作为传播支撑点，进行运营，共建音乐社区大家庭，多维度深化品牌认知，持续优化品牌私域平台表现力。

2. 媒介策略

（1）优化私域平台表现力。

紧扣品牌战略定位，构建起以微信为核心，涵盖公众号、视频号等的平台矩阵，并进行精细化运营，多中心、多维度、多触点协同传播。除充分发挥腾讯音乐娱乐集团官方微信公众号矩阵预热作用外，运营期间实时进行社群维护，根据主推内容，积累艺人官方粉丝社群150余个，生活、媒体、大学生、白领等社群150余个，娱乐类KOL 150余位，多次帮助朋友圈扩散推文，优化集团公众号私域流量表现力。

（2）热点话题公域平台高度集中引流。

以热点话题、明星活动为原动力，以新角度、新内容、新活动为引擎，将热点内容扩散至微博话题、小红书、豆瓣社区等，增加公域平台曝光量，引导更多用户参与活动，提高推文阅读量。相关推文受明星粉丝群体影响，大量粉丝在留言区留言，实现了官方账号用户的持续增长，用户黏性增强，取消关注人数相应减少，互动量明显增加。

项目执行

（1）信息规划：以月为单位，产出6～15篇原创公众号推文。提前准备下一月的推文策划方向，追踪并响应每月热点事件。及时响应集团品牌产品的宣发需求，针对业务需求创作和排版发布原创内容。

（2）信息推送时间：根据推文内容属性，匹配不同的客户画像，在合适的时间段发布推文。

（3）持续运维：推文内容发布后，根据内容性质在各个类型社群分享，互动的同时引起潜在用户裂变，拓展目标客群；邀请专业人士在朋友圈推广传播，树立行业权威形象，打造专业声量。除微信平台外，将内容持续扩散至微博、小红书等平台，持续曝光并引流至微信平台。

项目评估

2021年以来，通过内容不断创新，TME的声量已扩展至各个圈层，TME与受众的距离大大拉近，粉丝关注度提升，互动平均值同比增长突破400%。

1. 部分传播亮点

（1）多形式。

私域传播（社群）：通过满足目标人群的自然互动需求，进一步建立、维护和拓展多维传播链条。通过创意内容，如H5、SVG等形式的互动，将传播信息利用社群推广至深度用户并逐渐覆盖更广阔的用户人群。

（2）多媒体，多渠道。

五四青年节特别企划《明日来信》，获共青团中央报道；中央电视总台推出《奋斗的青春——2022年五四青年节特别节目》，基于腾讯音乐虚拟社交平台TMELAND打造"数实融合虚拟音乐世界"。

邀约新音乐产业观察、音乐财经等媒体发布相关文章，精准触及受众，传递集团业务优势信息。多渠道、多媒体发布通稿，选取科技媒体、财经媒体作为次要传播阵地，发布集团财报等相关通稿，同时注重海外传播，获取海量关注。

（3）互动高。

基于贴近真实生活的平台调性和定位，打造受众关注度高的明星爆款内容，加强用户互动，跨平台引导受众互动。

2. 内容亮点

（1）事件角度："TechME技术周"[①]深度采访、五四青年节元宇宙节目回顾等，引导更多行业受众关注事件内容，持续提高品牌行业影响力。

（2）TME live（TME旗下现场演出品牌）周杰伦线上演唱会重映造势、世界海洋日线上直播音乐会预热、不打烊音乐会预热等，原创推文阅读量过万，整体提高了推文互动量。

TME live周杰伦演唱会线上重映引发关注，推文、视频号及旗下音乐子品牌相关联，大量粉丝在留言区留言并在朋友圈及其他社群转发，整体推文热度数据较其他推文明显提高，传播效果较好。推文形式新颖，采用极简的"选择题"形式，选项与业务相关联。此次策划获得了较高的关注度和理想的传播效果。

不打烊音乐会唱给每个努力的"你和我"。不打烊音乐会推文总计获得1.2万次的阅读量，收获178个赞和115个在看。公众关注度较高，整体数据超过其他大部分推文。

（3）发布集团财报、TMEA（腾讯音乐娱乐盛典）、音乐典藏时刻等内容，以精准数据、有趣内容为品牌增加专业性、品质化感知。第三届TMEA活动官宣推文总计获得1.6万次的阅读量、187个赞和140个在看。大量粉丝留言，整体推文热度数据较其他推文明显提高，传播效果较好。

亲历者说 梅均　M+传播项目经理

项目运营涉及对音乐娱乐行业的多维度专业解读，以及要将这些内容深度分析、转化为受众语言，这要求项目组更深入了解品牌、业务逻辑，更关注转化率、策略效果，营销思维活跃。经过一段时间的努力，项目组成功构建了对于音乐娱乐行业的完整认知，持续优化品牌私域平台，强化用户对TME品牌感知，深化"创造音乐无限可能"的理念。

---

① 由TME举办的技术盛会。

案例点评

点评专家：**马志强　浙江传媒学院教授，温州商学院特聘教授**

腾讯音乐娱乐集团官方微信运营是一个品牌打造的成功案例。该案例以热点话题、明星活动为原力，以新角度、新内容、新活动为引擎，增加公域平台曝光量，引导更多用户参与活动。相关推文引发大量粉丝留言，实现了官方账号用户的持续增长，产生品牌效应。同时，在执行中大胆创新，采取多形式、多媒体、多渠道、多维度、高互动的手法，获取了海量关注，大大拉近了TME与受众的距离，互动平均值同比增长突破400%，效果非常明显。

沃尔沃 XC40 纯电版 "冰封挑战"

执行时间：2022年1月26日—2月14日

企业名称：沃尔沃汽车销售（上海）有限公司

品牌名称：沃尔沃

代理公司：北京朗知网络传媒科技股份有限公司（简称朗知传媒）

获奖类别：2022金旗奖最具公众影响力社交媒体战役营销金奖

项目概述

近些年，新能源汽车技术日臻成熟，市场占比逐渐提升。但是外界对新能源汽车仍存在质疑。在幅员辽阔、环境复杂的中国境内，纯电车在不同地区表现差异较大。尤其是在北方，冬季寒冷的环境下，新能源汽车可能存在"续航缩水"等问题，导致消费者对新能源汽车信任度不够高，这是新能源汽车行业共同面临的难题。

沃尔沃XC40纯电版"冰封挑战"海报

项目策划

1. 目标

塑造品牌调性：延续一如既往的画风，将"技术品牌化"。

激发大众共鸣：直击冬季用车痛点，提升品牌好感度。

强化真实体验：为消费者呈现真实的实验场景，打消其冬季用车顾虑。

2. 策略与洞察

适逢2022年北京冬奥会，冰雪运动逐渐走向大众舞台。对于新能源汽车行业来说，我国西北和东北区域在环境影响下产品搜索关注度仍然较低，因为常规电动汽车在极寒温度下续航里程和驱动系统都会受到一定影响。面对纯电车低温痛点，沃尔沃来到-30℃的海拉尔，打造了一次纯电车的"冰封挑战"。这次挑战刷新了消费者对沃尔沃新能源车的认知，揭秘了沃尔沃的"电动底牌"。

3. 创意诠释

沃尔沃以一场前所未有的"冰封挑战"突破了纯电汽车"天花板"。借势情人节，打造"纯电CP"，迅速吸引年轻群体，引爆全网。与全民冬奥相呼应的冰雪氛围，迎合了热点，在不断强化视觉冲击、加深消费者印象的同时，成功打造了沃尔沃品牌高安全性口碑。

项目执行

聚焦高流量传播阵地，打造全域话题传播效应。以"冰封挑战"主视频为核心传播物料，在抖音、微博、视频号全面传播：在抖音平台积极推流；在微博平台打造沃尔沃"纯电CP"话题。

传播启动阶段：官方平台发布"冰封挑战"视频。

引爆期：打造沃尔沃"纯电CP"话题，在微博、抖音、小红书等主流大流量平台进行传播造势。

长尾期：联合知乎拆车实验室，专业解读沃尔沃的BMS（电池管理系统）技术，强化沃尔沃XC40纯电版安全标签，打破电池安全焦虑；围绕热词"CP"，对主视频进行二次剪辑，打造更具抖音感的吸睛内容，并于情人节当天发布于抖音平台，拉近与消费者的距离，推动外围扩散。

项目评估

1. 效果

沃尔沃XC40纯电版"冰封挑战"，视频总播放量达3496.3万次，总互动量达52.9万次，表现突出。

自有媒体部分：微信视频号互动率高达7.15%。抖音发布4条视频，视频总播放量达2399.9万次，互动量累计达19.5万次。

付费媒体部分：知乎平台发布文章1篇；话题页面总阅读量达38万次；KOL发布视频3个，视频播放量累计达1096.4万次，互动量达33.4万次。

线下打卡及沉浸式体验也带来了更多的流量。

2.亮点

沃尔沃紧跟时事热点（冰雪运动）以及用户痛点（冬季用车痛点），营造极端环境，以最直观的形式与内容，吸引消费者关注，在实际执行中，通过车辆的正常运转、启动、顺利驶出，阶段性地刷新消费者对纯电车的认知。

亲历者说 李杨　朗知传媒创意总监助理

适逢2022年北京冬奥会，冰雪运动逐渐走向大众舞台。广袤的中国大地，为人们带来了得天独厚的冰雪"赛场"。面对纯电车低温痛点，沃尔沃来到海拉尔打造了一次冰封挑战。"纯电CP"破冰相见，只为共赴一场"冰雪之约"。

案例点评

点评专家：刘晓程　兰州大学新闻与传播学院教授、副院长、博士生导师，兰州大学公共关系与战略传播研究中心执行主任

本项目抓住纯电车低温下存在电池隐患的痛点，选取 –30℃的极寒环境对电车进行48小时冰封、自行破冰启动的创意实验，在强大的视觉冲击中突出沃尔沃XC40纯电版的安全性能，延续了沃尔沃用实验证明过硬技术的传统。项目以知乎、微博、抖音等社交媒体为主要传播渠道，用不同的内容适配不同的平台调性。视频一方面依托全民冬奥的氛围，以冰雪实验解决冬季纯电车用车难题；另一方面在情人节当天推出"纯电CP"，符合年轻受众取向，产生很好的共情传播效果。

◢ 中国移动政企电信日传播

执行时间：2022年4月25日—5月17日

企业名称：中国移动通信有限公司

品牌名称：中国移动

代理公司：北京华瑞成业管理顾问有限公司

获奖类别：2022金旗奖最具公众影响力社交媒体战役营销金奖

项目概述

在电子信息技术蓬勃发展的今天，部分老年群体似乎与这个时代有着巨大的"数字鸿沟"。帮助老年群体适应智能时代，让科技适老，刻不容缓。中国移动计划在5·17世界电信日聚焦这一群体，打造情感联结，在展现科技助力健康养老的同时让更多的人、企业关注老年群体、关怀老年健康，传递科技温暖。

项目策划

提出了"高、深、广、温"传播策略。

高端媒体：安排权威媒体发声背书，占领舆论高地，塑造专业形象，扩大品牌影响力。

在深度上：基于老年群体健康养老、科技发展如何适老等角度产出深度内容。

在广度上：针对不同层级受众组建多元化媒体矩阵，产生更大传播声量，覆盖更多人群。

在温度上：平衡B2B传播内容的专业性与通俗性，有助于更广泛帮助B端受众快速建立感性认知。

创意：以独居老人为切入口，打破大众的固有认知，展现一位潮流老年人丰富多彩的独居生活，同时埋下情感线，传达不管科技如何发达都不如子女陪伴的主旨。整个创意围绕移动科技助力展开，生动地演绎科技为老年人、年轻人带来的便利。

项目执行

拍摄端：在4月末快速推进脚本、演员、场地、道具等相关事宜，签署相应协议；5月5日正式建组开拍，在3天时间内完成拍摄，随后立即进行后期剪辑，于5月16日中午定版，5

月17日正式上线。

视频端：在5月初与客户多次沟通，最终敲定传播话题，快速联络KOL，根据其过往风格产出相应文案；5月17日上线，冲击热搜并实时监督舆论情况。

公关软文端：5月初为客户提供2篇软文初稿，修改后于5月10日定稿，最终在5月17日投放。

项目评估

本次传播累计曝光量为1.01亿次，其中#原来老年人可以这么潮#话题阅读量为9259万次，微电影累计播放量为816.9万次，公关软文阅读量为50万次；微博端成功登上微博热搜话题榜与微博热搜视频榜，中国移动"5G+云"在5·17世界电信日得到了巨量曝光与关注。影片深刻地触及了老年人群痛点，引起了全网对于养老、数字鸿沟、科技助老等问题的关注和讨论，本轮传播不仅让品牌得到了最大范围曝光，也在社会层面凸现了企业责任感。

本次传播在集团内部获得了一致好评，打破了移动系传统的传播模式，低成本高回报的投入产出比，受到肯定与好评。

亲历者说 王衍　北京华瑞成业管理顾问有限公司客户总监

近年来，To B行业公关传播利用社会化媒体进行宣传，对把握To B传播内容的专业性和To C传播内容的趣味性提出了更高的要求，这个项目的执行其实是一次平衡To B、C传播的综合验证结果，验证了在To B、C传播下"高、深、广、温"四度传播的可行性。

案例点评

点评专家：刘焱　智者品牌创始人、总裁

项目以独特的视角切入B端业务传播，在聚焦老年"数字弱势"群体的同时真实反映了数字化社会推进过程中的痛点，具有深刻的现实意义。温馨的品牌表达在受众中形成广泛的情感共鸣，B端业务传播C端化，在实现扩散效果最大化的同时展现了大型企业的民生担当，并在更高的层次上描绘了中国科技普惠的美好前景。

GOLDEN
FLAG
AWARD
金 旗 奖

2022
——
金旗奖最具公众影响力
短 视 频 营 销 金 奖

■ 华为云乌兰察布数据中心开服广告片

执行时间：2021年9月15日—9月28日

企业名称：华为技术有限公司

品牌名称：华为云

代理公司：和智传信品牌管理顾问（北京）有限责任公司

获奖类别：2022金旗奖最具公众影响力短视频营销金奖

项目概述

华为云乌兰察布数据中心在开服之际，以广告片形式宣传预热，视频内容分为3个故事情景，将乌兰察布地区所拥有的草原独特文化融入其中，以草原人民日常情节夸张表现，诠释华为云的数据中心技术能力，以达到传播最优效果。

项目策划

1. 创意执行

广告片诠释、传达了华为云乌兰察布数据中心的解决方案卖点，为开服预热传播；视频内容以创意制胜，以期上线传播后获得客户、业内人士的一致好评。

2. 核心亮点

夸张的创意表现手法、电影级镜头呈现、内蒙古独特民族文化的融入，作品中每一个镜头都可让观者沉浸式代入。本作品创意内容的呈现，为华为云以及B端视觉传播形成了良好的开端。以故事情节诠释B端原本晦涩难懂的干货术语，易于受众理解，使产品出圈。

项目执行

创意1：以内蒙古摔跤手在草原上进行摔跤比赛引入，落点到实际进行的华为云AI系统程序比赛。

创意2：以一对年轻情侣拍摄视频剪辑、渲染慢的痛点引入，情节真实、搞笑。

创意3：以草原上的羊群切入，将AI系统代码植入羊身，沉浸式感受程序的速度。

3组视频形象夸张地诠释了华为云乌兰察布数据中心"万核渲一图"的快、稳、安全、可靠等特性，展示了华为云乌兰察布数据中心作为华为最大的数据中心拥有海量算力的特性。

项目评估

视频上线传播期，主体内容创意制胜，传播效果突破预期，在自然流量的传播中，社交媒体各大矩阵播放量超百万次，并在华为B端市场形成了较好的传播口碑。

亲历者说 王璐　广告片制片人

这是一个本不可能完成的合作，一个挑战新纪录的合作。在服务华为的数年里，我们本以为已经习惯了每个执行周期都很紧张的日常节奏，却没想到能挑战一个从上线到发布只有不到两周时间的任务。创意，脚本，演员选择，蒙古族服化道的准备，全组连夜往返乌兰察布，在拍摄的3天时间里我们感受了深秋大草原的冷风冷雨和天气的变幻莫测，体验了追羊群赶马群的快乐，我们也收获了大量素材和通宵赶后期以及视频上线后的成就感。

案例点评

点评专家：马志强　浙江传媒学院教授，温州商学院特聘教授

该广告片的最大亮点就是融入了独特的民族文化和鲜明的地域特色，以夸张的创意表现手法及电影级镜头，把蓝天、白云、羊群、摔跤等具有明显草原特色的具象元素与华为云AI系统程序比赛相融合，将AI系统代码植入羊身，完美诠释了B端本来晦涩难懂的干货术语，短视频"以简御繁""以具体代抽象"，达到了"此时无声胜有声"的良好传播效果，作品中的每一个镜头观看者都可沉浸式代入，感受程序的速度。

乐虎 × 虎标《两只老虎》跨界营销①

执行时间： 2022年5月1日—6月10日
企业名称： 达利食品集团有限公司（简称达利食品集团）
品牌名称： 乐虎
代理公司： 福建壹鲸文化有限公司
获奖类别： 2022金旗奖最具公众影响力短视频营销金奖

项目概述

乐虎是达利食品集团旗下能量饮料品牌，在以往的品牌传播中，乐虎侧重于专业营销，赞助过CBA（中国职业篮球联赛）、FIA F4中国锦标赛、FIBA（国际篮球联合会），深化了受众对乐虎体育属性的品牌认知，提升了品牌专业性。此次跨界营销，是为了在实现品牌年轻化的同时，在品类销售旺季来临前，通过异业合作拓展品牌曝光渠道，并在传播中推广产品卖点。

项目策划

1. 项目调研

能量饮料赛道，有3大头部品牌主导市场，但其针对的核心客群，是长途司机、体力劳动者等高体能消耗者。随着能量饮料消费场景的多元化，加班人群、运动人群、电竞人群等都成为能量饮料消费主力军。

2. 策略思考

在进行创意思考前，项目组先对客户的需求进行拆解。

（1）在跨界时如何放大乐虎的产品卖点？

（2）与哪个品牌合作才能借势或利好双方？

（3）如何跳出常规思路，让相对保守的乐虎有新鲜的品牌内容，迈出品牌年轻化的一步？

答案是虎标。原因有以下几点。

第一，"万金油"一类的产品，有提神醒脑的功效，而虎标是该品类里的知名品牌。提

---

① 本文中所涉及的视频及照片，福建壹鲸文化有限公司均已得到被拍摄者的使用许可。

神这一卖点与乐虎一致，使用场景截然不同的二者，联名能带来意外之喜。

第二，二者都是品类中的头部品牌，虎标更是具有超高国民度，根据情感迁移理论，二者合作能让"品类标杆""专业"的印象迁移到乐虎品牌。

第三，两个品牌元素中都有"虎"的文字和视觉元素，组成了"两只老虎"组合，自带IP属性，在传播上具有天然的亲切感，也更容易被记住。

3. 内容创意

在六一儿童节这一节点，改编童年经典儿歌《两只老虎》，并拍摄一支魔性风格的MV，塑造"两只老虎"CP。

（1）音乐改编：六一儿童节，献歌"过期"的孩子。

音乐营销有将品牌、内容、场景深度融合的能力，借音乐打破娱乐和消费的次元壁，为品牌价值注入新的能量，为品牌营销找到了一个新的切入口。

将音乐制作融入营销传播是项目组的强项，选择在儿童节这一节点改编《两只老虎》这首童年神曲，在歌词中强化"提神"这一产品力，能让消费者更轻松地接收乐虎×虎标传递的信息。

（2）MV："戏中戏+魔性编舞"，创意"洗脑"。

依托改编版《两只老虎》有趣的曲调及歌词，MV深入当代人生活场景，将核心用户群体作为剧情主角，把"早八人"、上班族、考研党、司机等人真实的困累场景映射到剧情中，持续在消费者脑海中植入乐虎×虎标产品力，加强消费者印象。

《两只老虎》MV

（3）限量礼盒。

此次合作设计了联名礼盒，完成设计、开模、成品生产等工作，做出了一个外形酷似XXXXXL版万金油、打开就会唱歌、附带亚克力虎行棋的礼盒。

联名礼盒

4. 媒介策略

布局 B 站，主动拥抱年轻群体。

在传播阵地考量中，项目组选择 B 站作为传播主阵地，主动接近 Z 世代，拓展品牌沟通人群，联合了 17 位 B 站鬼畜区、舞蹈区、搞笑生活类 UP 主，这也是品类第一次在 B 站尝试"官方 +UGC"营销活动。在产品没有更新的情况下，通过内容创意传播打破消费者对品牌的刻板印象，提升消费者品牌新鲜感，更新品牌形象。

5. 传播规划

第一阶段：6 月 1 日，品牌发声。

第二阶段：6 月 1—6 日，UP 主共创。

鬼畜区 UP 主契合 BGC 魔性 MV，改编《两只老虎》。

舞蹈区 UP 主锁定宅男、电竞爱好者等，以新编《两只老虎》为 BGM 跳宅舞。

搞笑区 UP 主根据自身风格，通过剧情演绎植入品牌，诠释产品卖点。

项目执行

项目从启动到出街，仅用了半个月时间，极大地考验了团队的执行能力。

设计组在 2 天内完成了礼盒的三维设计和平面设计，在外部合作商的配合下，仅用 10 天就完成了定制音乐礼盒的开模、加工生产，以及亚克力虎行棋的制作。

视频组在 3 天内完成脚本创作、编舞设计和音乐 demo，在 3 天内完成筹备工作并在 1 天内完成拍摄。

后期制作在 7 天内完成，同期完成音乐制作。

项目评估

1. 效果综述及亮点

借势2022年六一儿童节，联合虎标品牌，提出创意主题，设计生产包括联名礼盒、改编歌曲《两只老虎》、MV在内的传播内容，实现了品牌的突破，具体体现在以下几个方面。

（1）首次联合境外品牌，找到新伙伴：与虎标打造"两只老虎"CP，后续开展了羊城电台公益活动、线下地推活动等。

（2）开发新的营销节点：在此之前，品牌未在六一儿童节进行过营销传播，此次活动为品牌开发了新的营销节点，这是竞品未尝试过的新鲜创意。

（3）涉足B站，初战告捷：这是同品类第一次在B站尝试"官方+UGC"营销，主动接近Z世代，拓展品牌沟通人群，联合17位B站UP主，B站品牌指数增长超5倍。

2. 媒体数据

（1）新片场。将MV发布于专业视频创作者交流网站——新片场，取得36.9万次播放、729个点赞、1350次收藏的效果。在10天时间内完成MV实拍，视频创意及制作获得广告同行认可。

（2）B站。UP主玩梗，带动108万次播放、5.34万次互动，同品类首个B站"官方+UGC"营销案例。

品牌指数环比5月，乐虎超5倍增长，乐虎品牌初次在六一节点集中投放，引起了广泛关注，内容在B站持续发酵。

3. 受众反馈

不同类型的内容发布引起B站人群热议，关于乐虎和虎标的评论较多，粉丝认识到了不一样的乐虎。弹幕评论多为剧情相关内容，有许多自发玩梗和点评，观众对内容表示认可，充分了解到产品功效，产品理念植入消费者心智。

亲历者说 郑茜　福建壹鲸文化有限公司创意项目经理

跨界联名已经成为品牌营销常见的手段。当我们接到客户想做一次异业合作的需求时，我们做了几个方向的准备。在第一次提案过程中，《两只老虎》的创意仅备选在列，它虽然是团队认为的最有趣的方案，但我们深知它实施起来最有难度。这与以往的乐虎形象有些不同，它更为轻盈、年轻，甚至有点无厘头。很感谢客户接受了这个创意，愿意与我们一起发掘、创造乐虎不同以往的一面。

案例点评

点评专家：常濯非　派合传播总裁兼董事

《两只老虎》视频很有活力，具有很强的视听冲击力。这个品牌案例非常有创意，受众聚焦也很精准，co-branding（合作品牌策略）结合得也非常巧妙，最可贵的是客户为此买单并进行了大胆落地执行，出品和投放呈现出的效果同样可圈可点。尤其是内容输出方面，策划团队改编了歌词，加入热词串烧，特别是"两只老虎，醒过来！You and I, super nice"，让人印象深刻，在系列MV中频繁出现的舞蹈动作也形成了话题并实现了二次传播。

沃尔沃 RECHARGE T8 全擎登陆

执行时间：2022年2月28日—3月8日

企业名称：沃尔沃汽车销售（上海）有限公司

品牌名称：沃尔沃

代理公司：朗知传媒

获奖类别：2022金旗奖最具公众影响力短视频营销金奖

项目概述

沃尔沃RECHARGE T8动力系统新升级，参数大幅提升。品牌期望借此输出沃尔沃RECHARGE T8出色的四驱性能和动力信息，为沃尔沃汽车打造第二品牌标签。

沃尔沃RECHARGE T8 宣传海报

项目策划

1. 目标

（1）强调RECHARGE T8实力：创造有冲击力的记忆点，凸显其四驱和动力方面的优势。

（2）扩展品牌认知：安全之外，打造沃尔沃汽车的第二品牌标签。

（3）塑造品牌调性：延续沃尔沃汽车真实、吸睛的科技品牌化IP。

（4）新车上市造势：为RECHARGE T8插电式混合动力系统升级制造声量。

2. 策略与洞察

从2021年开始，项目组就以"科技品牌化"为主题，围绕沃尔沃汽车的硬核技术，打造独立品牌IP，在过去的时间里，不间断地输出硬核试验性内容，让消费者直观感受沃尔沃汽车的硬核技术。

这次，借助科技品牌化IP，沃尔沃汽车再度用硬核试验的形式向消费者直观展现新升级的沃尔沃RECHARGE T8同级领先的动力输出和四驱性能。

3. 创意诠释

牵引重物是对动力输出和四驱性能的综合考验，直观且有说服力，但是，拉飞机、拉货车、拉坦克……友商们的种种广告已有先例，且消费者逐渐审美疲劳。为验证新款沃尔沃RECHARGE T8动力以及扭矩，挑战牵引自身重量848倍的巨型货轮。

在港口，让2吨的沃尔沃RECHARGE T8牵引1695吨的巨型货轮前进20米，外加七级风浪带来的水阻、风阻，提升挑战难度和视觉效果。为了让整个视频更具亮点，选择了女性驾驶员，并在后期剪辑中加入舒缓的英文配乐 *Hole Me*，让整个视频在延续硬核风格的基础上更具冲突感。

沃尔沃RECHARGE T8牵引巨型货轮

项目执行

首次用代言人参与科技力系列，依靠明星效应及干货内容成功破圈。

2月28日，官方媒体平台上线悬念预告片，实力悬殊的直观对比让挑战更具吸引力。

3月1日，正片上线，"神秘女车手"高圆圆身份揭晓，与沃尔沃RECHARGE T8一同硬核牵引千吨巨轮；配合朋友圈广告等资源投放，全网制造讨论声量。

联合知乎等权威媒体平台，拆解动力系统，解读正片内容，持续制造热度。

项目评估

1. 项目效果

首次启用代言人参与科技力系列，依托明星效应及干货内容成功破圈，制造系列声量最高峰。

抖音广告投放：基于明星效应及挑战类噱头，多项数据创历史新高。

朋友圈广告投放：TVC明星吸睛，CTR（点击通过率）创历史第二高。

知乎话题：回答数、互动率均为历史最佳。

KOL打造破圈爆款：抖音爆款完播率41%，超98%商业合作；互动率创历史第二高，创造高ROI。

官方平台：总自然流量373万，为科技力系列历史最佳。

微博：最大化明星势能，双话题流量均破亿。

口碑阵地：头条号外CTR及完读率超均值70%。

全网传播量超2.03亿次，微博话题阅读量超5亿次，全网总互动量超135万次。

2. 项目亮点

除了延续科技品牌化IP系列内容一贯的硬核风格，这次项目组在制作和呈现方面进行了许多新的尝试。

在这次测试的试验员选择上坚持用女性角色，通过女性角色与硬核试验的反差感，强化沃尔沃RECHARGE T8的实力。另外，首次用代言人，更有利于依托明星效应制造系列声量，实现破圈传播。

在配乐选择上，并没有延用之前IP系列中的硬派风格，而是邀请音乐制作人额外制作了一支浪漫优雅的英文配乐 *Hole Me*。配合试验场的真实环境音，整个视频的声画更具冲突感。不断重复的歌词，也相当具有传播效果。

亲历者说 刘剑超　本案例GH（创意组长）

在短视频赛道，记录一个具有视觉冲击力的挑战 —— 沃尔沃RECHARGE T8牵引千吨巨轮，利用观众的好奇心理，让强大的牵引实力直观呈现出来。这也是沃尔沃汽车科技品牌化IP系列内容的一贯风格。

案例点评

点评专家：姚利权 博士、副教授、硕士研究生导师，浙江工业大学广告学系系主任、信息与传播研究所副所长

本项目的主要亮点体现在以下几个方面。第一，洞察到位，策略精准。项目以科技品牌化为主题，围绕沃尔沃汽车的硬核技术，重点打造和传播除安全之外的"出色的四驱性能和动力输出"这一特性。第二，内容有创意，声画具有极强的冲击力。以品牌TVC为主要手段，首次用代言人参与科技力系列，依托明星效应及干货内容成功破圈，实现很好的传播声量，强化了品牌内容的识别度。第三，传播渠道多样、有效。项目依托全媒体矩阵平台进行广泛传播及话题讨论，针对性强，传播效果好，提升了受众对品牌的认同感。

● 野兽派家居TVC ——《卧谷听松》

执行时间：2021年11月1日—2022年2月28日
企业名称：上海野派电子商务有限公司
品牌名称：野兽派家居
代理公司：上海原数民数字科技有限公司
获奖类别：2022金旗奖最具公众影响力短视频营销金奖

项目概述

1. 项目背景

野兽派是一个由花店成长起来的艺术生活品牌。作为野兽派旗下新概念家居品牌，野兽派家居在 2022年开春之际，希望携手代言人井柏然，制作一支颇有东方韵味的诗意TVC，全新演绎东方自然的居家理念。

2. 项目目标

（1）围绕传统意向"松"，构建东方浪漫的写意场景。巧妙地将代言人井柏然与"卧谷听松"系列家居产品融合在一起。

（2）呈现产品如云烟般丝滑的缎面材质，结合狐狸图案重工刺绣，打造灵动、写意的传统山水画意向。

项目策划

1. 项目洞察

伴随着国货崛起、传统文化和审美复苏，一些传统符号突破文化圈层，加入情怀与时尚跨界融合的商业实践，重新定义"潮"的概念，引发年轻人对"东方美学"的追捧。野兽派"卧谷听松"系列家居产品，意在让现代都市中的"自在闲人"在平凡忙碌的生活中停下脚步，享受"卧谷听松"时刻。

作为演员，井柏然在专业领域上不断突破，塑造各种类型角色。而荧幕外的他，也偶尔停下脚步，享受生活中的惬意悠然。井柏然说："生活和工作都应该会呼吸。"这正与品牌"卧谷听松"系列产品"卧谷听松，自在闲人"的精神内核不谋而合。野兽派家居希望与井柏然携手，一同演绎"卧谷听松"系列，以风雅之姿全方位展现共同坚持的艺术生活态度。

2. 传播策略

古人常用"听松"来描绘自我高雅出世、悠然自得的心境。醉卧听松中的"醉"意为陶醉在亦真亦幻山水中，"卧"意为坐、卧在床榻享受舒适的触感，"听松"则是在微风轻拂时聆听松树的声音。结合当代语境，"卧谷听松"即在喧嚣中寻求内心的一份寂静。

野兽派家居《卧谷听松》国风大片，源自唐文人雅士"卧听松风，闲看白云"的生活情趣，其以传统意象"松"为命题，结合中国当代生活哲学，赋予居家生活更加自由、惬意的自然氛围感。

3. 项目创意

井柏然半卧在床榻上，吟诵诗词，影片跟随吟诵声音的平仄起伏推进。通过高级感的视觉呈现及情感化的镜头语言，潜移默化地植入产品，用场景化语言烘托出产品所带来的舒适体验。产品选用了松烟色、石青色等中国传统颜色，还原不同时节下的松树色彩。置景上，项目组也从这两种颜色中提取灵感，融入灵动写意传统山水画，给早春时分乍暖还寒的卧室带来自然焕新氛围，赋予日常生活高级质感。

项目执行

为期两个月的 TVC 制作，从前期策划创意发散到后期沟通、执行与制作，每一步都努力做到了尽善尽美。

在明星代言人行程很紧凑的情况下，项目组为了在两个半小时内完成《卧谷听松》拍摄工作，提前制作了手绘分镜，并精确规划好了每个镜头的拍摄时长，拍摄现场严格按照流程拍摄每一组镜头。提前安排美术组进场置景并现场完成灯光调试，为了节省转场时间，两个场景布局为直角形式，缩短了拍摄时长。在团队 20 余人的通力协作下，超预期完成了此次拍摄。

项目评估

1. 效果综述

野兽派家居于 2022 年 2 月底推出全新形象广告片 ——《卧谷听松》，极具现代感的语言设计，充分诠释了井柏然的典雅儒士气质，和自然松弛的意境融为一体，带给受众极致的视听享受，是一支能让人静下心来的广告作品。野兽派家居发布 2022 早春"卧谷听松"系列，携手代言人井柏然演绎东方意境里的洒脱浪漫，加上官博与用户积极正向的互动，撬动了千万级传播量，获得了消费者很多正向评价。

2. 项目亮点

从电影中提取灵感，通过高级感的视觉呈现及情感化的镜头语言，潜移默化地将产品植入，用场景化语言烘托产品。

置景上，一侧营造的是若隐若现的山水氛围，另一侧是渐变的绿松石色背景，床垫放在正中间，巨大的白色背景后是参差交错形态各异的松树，微风吹过，仿佛被"松风"包围。

亲历者说 黄松　上海原数民数字科技有限公司创意总监，导演

拍摄前品牌给到的创意简报是非常抽象的，仅有"卧谷听松"这四个字。前期创意的时候，我们尝试过许多方向，最终找到的切入点是"卧谷听松"隐藏于字面之下的"风"，我们将"风"作为视觉创意内核，随后顺理成章地找到了产品和画面的关联。整个《卧谷听松》TVC创意制作中，非常多的灵感来自电影和照片等作品，项目组将这些艺术作品转换成视频创意语言，最后呈现出既具中国风又现代化的视觉效果。

案例点评

点评专家：吴翀　霍尼韦尔特性材料和技术集团亚太区市场营销总监

代言人的选择对于B2C的产品来说是非常关键的，除了要考虑代言人的名气和职业操守，更重要的是代言人与产品及品牌气质应相辅相成，让消费者可以产生直接联想。野兽派家居精准把握了这点。井柏然的名字、外形、气质以及他一贯在穿搭上的表现，都与"卧谷听松"想要传达的飘逸感和淡然舒适的感觉完美契合。视频的创意来源于电影，画面中飘逸、清透的布料和古筝的声音相得益彰，观者可以自然而然地沉浸其中，身心得到片刻放松。本次传播从创意到成品都非常完整，与品牌和产品特性高度契合，表达强烈又十分到位。

■ 优酸乳《樱花星球爱了》3D视频项目

执行时间： 2022年1月26日—2月28日

企业名称： 内蒙古伊利实业集团股份有限公司

品牌名称： 优酸乳

代理公司： 内蒙古众拓营销管理有限公司

获奖类别： 2022金旗奖最具公众影响力短视频营销金奖

项目概述

乳饮料作为第一代乳制品创新物种，曾吸引一众品牌纷纷入局，在品类红海逐渐显现后品类销量连年萎缩，不仅品类竞争胶着，受高速扩张的大饮料等多元品类的侵蚀，品类红海突围迫在眉睫。

2019年起，优酸乳持续开展樱花季项目，该项目不仅承载着品牌建设和产品探索使命，更是与消费者一期一会的仪式感赴约。

新媒体时代，品牌要想在节日营销中脱颖而出，只能被动结合固有的热点话题和固定节日，造节成本过高，导致品牌在固有节日中很难做出亮点。2022年2月22日，是万年一遇的有"爱"日，要想率先抢占社交属性媒体点位，就必须大胆预判热点，打破常规，提早押题和布局。

樱花星球3D建模

项目策划

1.目标

（1）突破樱花季想象空间，赋予品牌有情感温度的未来感气质，唤醒年轻目标群体爱的仪式感，制造一个浪漫有爱的营销事件，实现品牌与当代青年的情感共振。

（2）跳脱乳饮料品类同质化竞争红海，极致推新，探索新品市场机会，助力第一季度销量发力。

2.受众

18～35岁年轻群体。

3.品牌策略

挖掘宇宙间真实存在的深色樱花GJ504b星球，以"樱花星球爱了"为品牌主题，以差异化樱花营销选题"樱花星球"和春季"爱的仪式感"为核心抓手，突破想象空间，赋予品牌有情感温度的未来感气质。

4.产品策略

探索新品市场机会，助力品牌饮料销量提升。以乳汽樱花白草莓风味和爆爆珠牛奶饮品樱花白草莓风味为核心产品矩阵，打造"樱花星球乳汽"和"樱花星球爆爆珠"网红潮品。

5.传播策略

采用前沿3D技术，打造充满爱与神秘感的樱花星球元宇宙大片，借势具备强粉丝号召力和强品牌关联度的明星艺人，占位2022年2月22日星期二，史上最有"爱"的节点，聚焦微信、微博、小红书三大主流社交分享平台，线上媒介数字传播精准触达目标消费人群。

6.渠道策略

联动天猫旗舰店及经销商电商店、华润苏果系统及美团O2O构建营销闭环，打响品牌活动声量，助力销售压制竞品，站稳品类第一。

小优3D建模1

项目执行

1. 打造最有仪式感的樱花季IP矩阵

高效协同研发、供应，实现优酸乳乳汽气泡水内容物首次"变粉"，并以定制罐吸引粉丝自发晒图，与世界顶尖包装解决方案供应商康美共创业内首款粉色爆爆珠复合颗粒新品，调研品快速面市，从0到1整合星球包和星球灯周边，打造樱花星球IP矩阵；小程序端乳汽预售及周边买赠套组上市当日即售罄，爆爆珠调研品每日卡点秒杀沽清；电商端乳汽新品不仅拿下天猫38购物节活动碳酸加购榜前三名，更作为伊利液奶首支联动电商区域经销商进货的新品，帮助5家经销商店获得小黑盒行业新品背书，带动电商西南经销商全品进货同比增长36%。

2. 瞄准最有话题度的传播节点

押题 #20220222也是正月二十二星期二# 史上最有"爱"的一天，率先抢占社交属性媒体点位。活动期间全网曝光量超4.3亿次，微博话题曝光破2亿次并涨粉4.48万人、微信朋友圈广告曝光2000万次且推文3天阅读量破10万次、小红书总曝光达1830万次，被FIBF、Topdigital、顶尖包装等25家权威媒体自发报道。

3. 发起最有传播力的定制互动

情人节率先发起定制罐预热活动并在7天内用户陆续自发晒图，2月22日正式上线"陈立农×小优樱花星球"内容，3D大片演绎"爱的蜜语"，定制玩法引粉丝抢购晒单，产出大量UGC，微博有1000余篇晒图、小红书有超2300篇相关笔记，更吸引千余人报名申请好物体验。在无投放的情况下，通过三重互动机制，微博单条互动量达474.5万次，刷新2022年优酸乳单条微博互动量新纪录！

小优3D建模2

项目评估

占位#20220222史上最有"爱"的一天#，聚焦微信朋友圈、微博、小红书，全网曝光量8.6亿次，互动量高达589.5万次，代言人陈立农发起樱花星球ID互动，以474.5万次高互动量创优酸乳单条微博互动量新纪录；小红书平台新品搜索量上涨 700%，成为当季小红书樱花口味饮品第一名，作为第二季度 REDcase 获奖案例，载入小红书商业化动态成功案例。

天猫首次联动电商经销商，打造上新营销模式，拿下天猫 38 购物节碳酸加购榜前三名，以新品拉动电商西南经销商全品进货同比增长 36%；线下华润苏果及美团试点 O2O 樱花季景区门票互动，拉动优酸乳美团全品销售 288.7 万元，同比增长 84.9%。

亲历者说 刘少华　内蒙古众拓营销管理有限公司数字化传播事业群客户经理

从接到项目到上线仅有 54 天，我们迅速成立项目小组，与客户拉齐需求，同时与导演和制作团队同步商讨创意内容实行方案，在发现真人数字化效果呈现不理想时，我们立即接入其他团队的画面处理师，经过多轮反复调试和处理，终于及时地解决了问题，最终保证创意视频在 2 月 22 日完美上线。得益于团队每一个成员的高责任感和专业度，以及在执行过程中与客户的充分沟通，本次营销活动准时与大家相见了。

案例点评

点评专家：刘海迎　乐智公关（SoftPR）创始人、CEO

春暖花开，一年一度的"春季限定"又正式抢占市场了。伊利优酸乳可以说是春季限定的常驻品牌之一，通过每年的"一期一会"，以及打造品牌独有 IP，与"季节限定"形成深度捆绑。通过樱花星球这一 IP 打造出多种玩法，除两款限定新品外，还推出定制罐、0 元尝鲜、新品社群等多样化活动，构建起了春季限定产品的营销矩阵。有趣的玩法让产品"活"了起来，制造了不少话题。同时，从气味、口感、触感、视觉上营造"春季氛围感"，迎合消费者的好奇心，让消费者乐意为这些"小心思"买单，并对来年的"春季限定"产生期待。

GOLDEN
FLAG
AWARD
金旗奖

2022
—
金旗奖最具公众影响力
娱乐营销金奖

■ "KT-1976s" 三丽鸥 2021 Hello Kitty 庆生派对

执行时间： 2021年10月24日—11月5日

企业名称： 三丽鸥（上海）国际贸易有限公司

品牌名称： 三丽鸥

代理公司： 上海脉奥公关顾问有限公司

获奖类别： 2022金旗奖最具公众影响力娱乐营销金奖

项目概述

Hello Kitty 作为三丽鸥极具代表性的明星，可谓家喻户晓，在全球范围内都极具影响力。在"KT-1976s"庆生派对中，三丽鸥进行了大胆尝试，将一向以甜美可爱形象示人的 Hello Kitty 打造成极具未来感的赛博朋克风格形象，以一场沉浸式科技感的生日派对，引发当代年轻群体共鸣。

三丽鸥作为IP授权行业龙头品牌，塑造了许多经典形象，陪伴了一代又一代人的童年，如何从经典中脱颖而出、推陈出新，推翻大众对品牌的固有印象，是本次活动的重点。近年来三丽鸥陆续进行了多次科技向的全新尝试，从开展与非遗的跨次元合作，实现不同文化之间的碰撞结合，到在成都太古里投放裸眼3D动画，吸引了大批粉丝前往观

活动现场搭建

看。三丽鸥不仅用心研究传统文化艺术，创新演绎潮流 IP，同时着眼于当下年轻群体高度关注的亚文化热点，致力于多方位吸引年轻群体注意，实现线上线下全方位迭代更新。

Hello Kitty 作为三丽鸥著名 IP，以甜美温柔的形象深入人心，如何刷新大众对 Hello Kitty 形象的认知，以全新的视角向大众展现具有时尚感、现代感、潮流感的全新形象，引起广大年轻群体共鸣，成为本次活动的一个重点。

项目策划

1. 目标

（1）展现品牌转型形象，深化品牌影响力，吸引行业关注。

（2）强化用户黏性，提升品牌在年轻群体中的传播度。

（3）创新传播，更大范围地促进大众对品牌的认知。

2. 内容创意

此次生日会以登陆未来星球"KT-1976s"为概念，打造了一座科技感与潮酷感交织的未来城市，邀请 Hello Kitty 的好朋友们以时空旅行者的身份来到现场庆生。值得一提的是，本次生日会三丽鸥还与新锐时尚大刊《新视线 Wonderland.》展开深度合作，Hello Kitty 与受邀嘉宾一同参加了赛博朋克主题大片拍摄，共同营造独特的庆生体验。

3. 受众

喜爱三丽鸥的粉丝、年轻群体、战略合作伙伴。

4. 媒介策略

本次活动与知名时尚杂志《新视线 Wonderland.》展开深度合作，腾讯网、搜狐网、瑞丽网在内的 100 家媒体进行了活动传播。

5. 传播规划

本次活动采用"现场活动+线上直播"的方式，进行线上线下联合传播，最大化地实现了覆盖，官方微博、微信、抖音等新媒体矩阵在活动前期进行线上传播。

本次 Hello Kitty 庆生派对的到场嘉宾中，除了各领域出众的男性嘉宾外，更有奥运冠军孙一文、人气偶像赖美云等各行各业出色的女性嘉宾，各位嘉宾的发言充分展示出三丽鸥认可每个人认同自我、个性发展的理念。Hello Kitty 的亮眼转型向大众传达出三丽鸥"敢于突破不设限"，展现了支持大家勇于挑战、实现自我价值的态度。

项目执行

第一阶段：活动方案准备、场地确认、活动现场主视觉设计确认。

第二阶段：3D 效果图确认、物料搭建及宣传物料准备。

第三阶段：活动现场搭建调整、直播间搭建、彩排预演。

第四阶段：现场活动、线上直播同步开展。

第五阶段：项目总结报告输出。

团队紧密配合，每一个执行环节都有详细的时间表，严格按照活动时间节点落实推进，从各方面对活动进行跟踪把控。这一切都促使此次活动圆满成功。

活动现场场景搭建

项目评估

1. 效果综述

本次活动主题选择了在年轻群体中比较热门的话题赛博朋克，为现场来宾展现了一个具有科技感的未来城市。同时，邀请具有话题度的高人气嘉宾出席。结合线上传播，提升品牌在年轻群体中的传播度，展现了三丽鸥品牌的全新面貌，引发行业内外广泛关注，为中国 IP 行业的品牌宣传提供了新思路。

2. 受众反应

本次活动在年轻群体中引发热议，大众对于这次跨次元破界合作感到惊喜，积极线上观看互动，受邀到场的潮流杂志、电视台及视频娱乐媒体对活动进行了同步报道。

3. 市场反应

本次活动借助品牌影响力吸引了 500 多位品牌代表出席，获得行业极大关注，有效强化了品牌形象，提升了品牌关注度。

4. 媒体统计

活动总曝光量 11.5 亿次以上，三丽鸥官方自媒体矩阵宣传曝光量 5500 万次以上，活动直播观看量 1150 万次以上，现场物料宣发曝光量 1600 万次以上，艺人宣传矩阵曝光量 2.5

活动现场

亿次以上，微博娱乐号推广宣传曝光量5120万次以上，门户网站稿件铺发曝光量3000万次以上。微博话题收获7.4亿次以上的阅读量，凸显了Hello Kitty作为三丽鸥最具代表性IP的国民度。

本项目亮点如下。

（1）场景设计，颠覆传统认知。生日会现场以赛博朋克元素为设计重点，酷似登陆舱的签到台、浩瀚宇宙的机舱窗口、霓虹灯光打造出的科技迷幻风景，颠覆了以往大众对三丽鸥品牌形象的认知。活动现场设置了加油站、便利店、游戏区等互动体验拍照点，各种极具未来科技感的装置带给嘉宾视觉与听觉上的双重冲击。

（2）现场互动，拉进大众距离。本次活动采用冰屏技术，将Hello Kitty的3D形象投放至屏幕上并与观众互动，现场观众自发合唱生日歌并为Hello Kitty送出祝福。与此同时，大众可以在直播间发布弹幕与现场互动，同时新浪微博与一直播平台矩阵推流，有效提升了三丽鸥品牌全网影响力。

亲历者说 陈鹤　上海脉奥公关顾问有限公司总经理

三丽鸥陆续进行了多次科技向全新尝试，为了配合品牌思路，立项通过后，我们迅速组建团队，从客户需求、主题概念、媒介传播3个方向着手本次活动的策划执行。经过策划团队数次研讨、打磨，最终确定了以登陆未来为概念，将经典形象与科技感融合的方案。配合活动现场搭建使用的霓虹灯光、街区场景，为所有人展现了一个极具科技感的未来都市。时间紧，任务重，规模大，人员多，100多名项目工作者共同打造了一场完美的活动，充足的活动准备与专业的团队让这场别开生面的庆生会圆满落幕。

案例点评

点评专家：尚恒志　河南工业大学新闻与传播学院教授

　　活动成功出圈，主要原因有以下3个方面。一是沉浸式科技感的生日派对拥抱了Z世代年轻群体。生日会以登陆未来星球"KT-1976s"为概念，每个细节都颇具未来科技感，为嘉宾带来了科幻的冲击。二是充分发挥了名人效应。活动邀请了具有话题度的高人气嘉宾，如孙一文、赖美云，到场为Hello Kitty庆生，嘉宾的发言充分展示出三丽鸥"敢于突破不设限"的理念，也向大众传达出三丽鸥支持大家勇于挑战、实现自我，符合年轻群体的思想认知，同时粉丝们对于跨次元同台感到惊喜。三是多家媒体出席，提高了活动影响力。受邀到场的潮流杂志、电视台及视频娱乐媒体对活动进行了同步报道并给予了赞誉，提升了人气。

陈小春 × 缤瑞COOL上市传播整合营销

执行时间：2022年3月—9月

企业名称：浙江吉利控股集团汽车销售有限公司（简称吉利控股集团）

品牌名称：吉利汽车

代理公司：北京时空视点整合营销顾问有限公司

获奖类别：2022金旗奖最具公众影响力娱乐营销金奖

项目概述

2022年，品牌新款缤瑞COOL上市，意味着自主运动型轿车领跑者开启新征程。基于此背景，缤瑞COOL亟须解决两个问题：一是用什么方法持续吸引目标用户；二是如何继续缤瑞产品线的向上势头，实现上市声量、销量再突破。这两个目标归根结底是解决与用户沟通的效率和顺畅程度的问题，需要以更加创新的营销方式来实现本次新车上市的营销目标。

项目策划

1. 基本用户分析

作为用户基本盘的年轻人现在的心态是什么样的？

通常一款车上市，只能围着产品卖点"打转"，但是随着Z世代逐渐成为消费主力军，汽车除实用性之外，更要有情感价值。[1]

Z世代更忠于自己的"欲望"，推崇为爱买单和趣味生活。[2]

2. 营销思考

基于用户基本盘的变化，缤瑞COOL的上市营销如何创新？

基于年轻人这个用户基本盘的变化，本次缤瑞COOL新车上市，项目组不再以常规的产品卖点为主进行传播，而是创新性地采用性格相投的营销方式，让新车上市变成一场"情投意合"的双向奔赴。

基于此，项目组需要找到缤瑞COOL与用户性格的契合点，并且围绕性格契合点展开营销。

---

① 结论来源于新意互动《汽车潜客Z世代》。

② 结论来源于TalkingData《Y/Z世代 洞察消费新趋势——2021新消费人群报告》。

3. 用户洞察

缤瑞COOL要切入哪块细分市场？

（1）用户画像：居住在城市里的"年轻极致激情派"。

这一群体有活力、心态年轻且富有激情。

缤瑞COOL目标人群有三大基本特征：一是生活压力小；二是25～35岁，未婚或已婚刚有小孩；三是追求激情。

（2）用户性格洞察：不仅要玩得开，还要玩得有性格、态度。

（3）用户用车需求洞察：希望拥有澎湃动力和强烈性格。

4. 缤瑞COOL的性格洞察

（1）产品解析：缤瑞COOL产品重点优势是什么？缤瑞COOL该用什么性格跟年轻激情派相处？

"酷"轿跑颜值，潮酷先躁一步：竞速风暴外观、能量觉醒座舱、专属运动装备。

"快"超燃驾控，起步先行一步：全新一代雷神劲擎、1.5TD（涡轮增压）高效动力、全新一代7速湿式双离合变速器、优异驾控。

"智"科技座舱，科技先见一步：吉利银河OS①、10.25英寸全液晶组合仪表、12.3英寸高清悬浮中控大屏、"4G网络+FOTA（移动终端的空中下载软件升级）"、手机智能蓝牙钥匙、全域安全守护。

"享"全感舒适，舒适先享一步：感知舒适、驾乘舒适、便利舒适。

（2）缤瑞COOL的性格：如何包装缤瑞COOL的性格？

项目组认为，在澎湃的动力之下缤瑞COOL的性格应该是天生狠角。凭借对自己严苛的要求，拥有征服一切的实力和野心。

5. 传播任务

基于对用户和缤瑞COOL的性格分析，项目组认为缤瑞COOL上市的传播任务如下：丰满天生狠角立体形象并让用户充分感知，来一场双向奔赴的上市之旅。

6. 传播规划

天生狠角的上市之路，由车营销向车格营销突围。

（1）"狠"有来头：官宣代言人，陈小春带狠出山。他是山鸡哥，唱过《算你狠》，他是演员、歌手、综艺明星，将艺人、丈夫、父亲各个角色都处理得十分到位。狠的印记和标签贯穿陈小春整个人生。

---

① 是亿咖通科技融合百度Apollo导航、语音底层技术与自身在智能座舱体验领域的量产经验，基于全新硬件平台为吉利汽车深度定制的新一代智能座舱系统。

（2）缤瑞COOL"狠有场景"。"赛道+改装"是狠角的落地场景。缤瑞COOL联手陈小春，在缤瑞COOL赛道嘉年华参与狠角组局、改装盛会、赛道狂飙，完成天生狠角由人格到落地的全面布局。

（3）"狠"有想法：狠角行为鉴赏，狠角的自我修养。上下班、锻炼、人生规划……天生狠角在对待自己时也"狠"有想法。

（4）"狠"有态度：狠角态度释放，天生狠角狠有态度。

（5）"狠"有看头：全渠道传播，提振声量；海报、活动、问答，多维物料借势陈小春，强化缤瑞COOL狠角标签；创意物料加深狠角捆绑，实现狠角的传播效果；"官方渠道+达人+其他媒体"多重曝光，实现2.4亿次的曝光量，达成3000万次的阅读量。

项目执行

2022年3月，活动预热，缤瑞COOL以狠角形象登场，以命名、颜色等核心产品卖点助推缤瑞COOL立稳狠车"人设"。

2022年4月，开启陈小春代言传播，借陈小春狠人多面形象丰满缤瑞COOL狠角性格。

2022年5月，开启上市预热传播，聚焦缤瑞COOL上市价格等信息，释放天生狠角价格信息等。

2022年6月，缤瑞COOL举行赛道嘉年华，"狠角巨星+多元达人+潮趴市集"，打造专属狠角的嘉年华盛会，构建狠角落地场景。

2022年9月15日，搭载《披荆斩棘 第二季》节目，围绕缤瑞COOL给陈小春提供的强应援，高频输出，以品牌和代言人的高频互动为基础，多平台发布传播内容，同时借助陈小春在《披荆斩棘 第二季》节目中的超强表现丰富传播素材。

2022年9月22日，在云南丽江举办缤瑞COOL"疯狂的赛车""疯狂的青春"主题活

活动现场1

动。本次传播分为两大部分，"疯狂的赛车"试驾活动聚焦缤瑞COOL的跑山基因，产出契合产品力的大片等素材。"疯狂的青春"音乐会围绕陈小春带来的无限青春回忆，打造青春疯狂回忆系列传播内容。

活动现场2

项目评估

1. 媒体统计

（1）上市预热：9篇官方微信推文、5支官方视频号推送视频、37张公关美图、12条官方微博，42篇稿件曝光，总计曝光量3800万次，阅读量1490万次。

（2）陈小春代言人传播：2支官宣代言视频、3篇官宣微信推文、26张创意海报、8支创意视频等，微博话题#陈小春代言缤瑞cool#，实现6483万次阅读，5.9万次讨论，#陈小春说我家他最狠#实现3.5万次讨论、1.1亿次阅读量，共计达成1.7亿次传播总曝光量、30万次互动量。

（3）新车上市传播：2篇官方微信推文、4支官方视频号推送视频、2张朋友圈长图、12张海报、13条官方微博推文，总曝光量超过1亿次，阅读量1500万次。

（4）赛道嘉年华传播：6篇官宣微信推文、10张海报、1支视频、2张长图、20位抖音达人扩散物料，曝光量超过5000万次，阅读量2000万次。

2. 项目亮点

（1）一场双向奔赴的上市：年轻激情派 × 天生狠角，性格互吸的上市营销。

（2）丰满的狠角形象打造：狠角组队、狠角想法、狠角态度，打造丰满的狠角人设，完善赛道嘉年华落地场景。

（3）多维解读广泛传播：媒体、达人、图文、视频等多维提升狠角声量。

亲历者说 吴芳　北京时空视点整合营销顾问有限公司高级客户总监

缤瑞COOL是一款在性能上拥有极强赛道基因的车型，在思考上市策略的时候，我们决定打破常规，从用户和车型双向匹配角度出发，将发布会打造成以用户人格成就产品车格、以产品特性成就用户梦想的双向情感营销。围绕狠角这一共有特性，以代言人陈小春为开端链接用户与车型，以一系列狠角传播加深情感羁绊，打造一场成功的"天生狠角"上市发布会。

案例点评

点评专家：孙瑞祥　天津师范大学新闻传播学院原院长、教授，舆情与社会治理研究中心原主任，中国新闻史学会新闻传播教育史研究会副会长

说到底，创新营销方式的奥妙就在于准确把握产品线和用户线。适合的就是最好的。本项目的成功在于其做到了用户和车型的双向匹配，围绕缤瑞COOL与用户性格的契合点展开营销是本案的突出特色。居住在城市里的"年轻极致激情派"与产品"酷""快""智""享"的激情碰撞，恰到好处。本次传播亮点在于紧紧抓住了都市年轻人的消费心态，这是一场天生狠角与都市激情派的双向约定，是用户人格成就产品车格、产品特性成就用户梦想的双向情感营销。

来伊份影视剧植入及代言人娱乐营销

执行时间：2021年4月20日—12月5日
企业名称：上海来伊份股份有限公司
品牌名称：来伊份
代理公司：北京沃姆互动行销策划有限公司
获奖类别：2022金旗奖最具公众影响力娱乐营销金奖

项目概述

1. 大剧植入营销

围绕《乌鸦小姐与蜥蜴先生》《理想之城》《对你的爱很美》《女心理师》《两个人的世界》等一系列都市、职场、家庭剧集，来伊份深度结合剧情，打造全年#来伊份为××加满新鲜buff#话题，传递品牌产品信息，突出产品芒太后、居司令等的食用场景及社交功能，开启#来伊份为爱、理想、奋斗、治愈加满新鲜buff#的剧植话题。

2. 来伊份808代言人官宣

来伊份在808东京奥运会期间进行代言人续约官宣，提出"鲜潮世代"战略。以官宣TVC为抓手，趣味捕捉并结合品牌"鲜潮世代"的传播主题，以及产品内容传播方向，使来伊份品牌登上抖音热搜。

项目策划

1. 实施策略

（1）大剧植入营销。借助不同类型影视剧IP合作，面向不同生活角色受众，传达不同使用场景，培养来伊份有价值共情点的"新鲜buff"溢价标签认知。

基于影视剧类型，其分为古装甜宠类"恋爱"buff、都市职场类"励志buff"、古装武侠类"热血buff"、现代都市类"治愈buff"、爱情偶像类"甜蜜buff"、青春悬疑类"醒脑buff"等标签。

（2）来伊份808代言人官宣。项目组以两种维度进行传播：代言人王一博自身维度；泛娱乐类用户维度。

采用三棱镜式账号传播策略："娱乐营销类强权重＋真人秀粉类强真实＋实时素人微信

出圈强辅助"，实现强有力的折射式传播。

联动诸多头部KOL、追剧类、追星秀粉类等真实账号，以真情实感触达更多粉丝圈层，引导多维二创，为品牌做娱乐性背书，触动用户对品牌的娱乐理解。

2.核心创意

（1）大剧植入营销。电视剧题材角度，受众以职场人群为主；播出平台角度，受众辐射全国，覆盖更年轻受众；演员角度，每部剧都有知名演员及流量艺人参演，辐射中青年观众；"题材＋平台＋演员"综合扩大受众范围。提出全年＃来伊份为××加满新鲜buff＃话题，适用全类型剧集，强势露出品牌的同时明确剧集调性及适用场景。

（2）来伊份808代言人官宣。打造"沙漏式"传播策略，高效选择娱乐营销类、泛娱乐类、段子手类、粉圈类、时尚类等多调性KOL，多角度发布内容，内容落点集中于品牌软性广告植入，助力传播突破圈层，引导用户自主传播。

项目执行

1. 大剧植入营销

（1）优化物料组合形式，打破与剧情贴合的"大物料"，使用更多轻量级的物料创意，尝试以"路人"视角曝光品牌。

（2）结合植入剧情做具体分析，在食用场景更为具象和突出的前提下（例如，办公室零食食用场景），以种草产品为主。

（3）延展零食新吃法，打造零食CP"组合种草"，丰富零食创意吃法的同时带动终端销售转化。

2. 来伊份808代言人官宣

（1）围绕TVC内容，从3个维度挖掘传播点，体现传播新鲜感。提取TVC核心内容，用更加趣味化的手法如互动视频、创意动图等，将来伊份新鲜概念、新产品、新官宣TVC新鲜地呈现在用户面前。

（2）结合当下社会、粉丝感兴趣的话题，通过官宣代言人TVC的扩散，提升用户话题参与度，激发用户粉丝兴趣，吸引用户讨论。

项目评估

1. 大剧植入营销

（1）微博侧。＃来伊份为理想加满新鲜buff＃传播话题总量达1.2亿次，讨论量达4.1万次，3次带剧方话题传播来伊份品牌，5次登上剧方综合热搜。

（2）小红书及抖音侧。抖音和小红书发布剧情植入内容，二创视频多渠道传播，视频覆盖337.8万人次。"官方＋联动KOL"发布内容共计35次，覆盖超2.23亿人次。累计阅读量超 5269.5 万次，互动量达 11.8 万次。

2. 来伊份 808 代言人官宣

（1）抖音侧。#王一博和门和解了# 话题引发热议，播放量 858.9 万次，触达量 1019.8 万次，登上抖音热搜榜第5位及抖音娱乐榜第5位。

（2）微博侧。趣味话题 #王一博和门和解了##男明星高质量脚踝# 总阅读量达 4406.7 万次，总触达量达 1.67 亿次。

亲历者说 李青　北京沃姆互动行销策划有限公司业务总监

本次项目结合经验及互联网舆论情况，及时把握机会，从大剧植入。制作趣味物料，借助职场剧情增加品牌的话题度和曝光量；发布趣味内容，带动粉丝表白，吸引粉丝关注产品。热播期间结合剧方话题，展现品牌新鲜活力，收官期盘点剧中人物内心活动，结合趣味二创，增强互动。来伊份 808 代言人官宣传播基于代言人自身调性，结合时下网络热词，推出趣味话题及趣味物料，吸引其他圈层、艺人粉丝参与话题讨论，增加热度的同时引流品牌内容。

案例点评

点评专家：姚曦　武汉大学新闻与传播学院博士生导师

该案例的成功可以归结为以下三点。一是对自身的品牌特质有清晰定位。每个品牌都拥有拟人化的特质，来伊份的拟人化特质是年轻、新鲜、潮流、趣味。围绕这一特质，来伊份选择了与自身调性相符的电视剧进行品牌植入，让观众在沉浸剧情时对来伊份这一品牌产生好感，进而加深品牌印象。二是利用名人和背后的流量来增加产品曝光度。社会化媒体时代，"明星—KOL—粉丝—路人"构成了圈层式曝光路径，来伊份通过话题联动、打造各类社交媒体矩阵，打通了产品曝光全链路。三是来伊份将线上品牌强曝光与线下销售转化实时结合，注重食用场景细分，同受众实现有效互动。总的来说，这是一个值得行业参考借鉴的娱乐营销案例。

腾讯视频《且试天下》王诗玥、柳鑫宇冰舞事件

执行时间：2022年4月25日—5月10日

企业名称：腾讯科技（深圳）有限公司（简称腾讯视频）

品牌名称：腾讯视频《且试天下》

代理公司：北京睿影思创文化传媒有限公司

获奖类别：2022金旗奖最具公众影响力娱乐营销金奖

项目概述

《且试天下》讲述了江湖人称黑丰白夕的丰兰息和风惜云在经历朝堂变幻后归隐山林共度余生的故事。该剧于2022年4月18日首播。作为腾讯视频头部剧集，打破固有粉丝圈层，向更广泛的大众用户传播剧集亮点，达成破圈效应，助力剧集播放量跃升，成为本次营销的重点。

项目策划

冬奥期间，冰雪运动热度居高不下，尤其是奥运冰舞组合王诗玥、柳鑫宇有着极高的国民度与认知度。《且试天下》以国风为底蕴，对于传统文化元素兰、扇、水墨等有着极美呈现。

基于此，《且试天下》借势冬奥国民热度，制造破圈事件，携手冰舞组合王诗玥、柳鑫宇，以浪漫冰舞演绎唯美国风，王诗玥、柳鑫宇全新创作的国风冰舞，以扇为盟，以绫为誓，通过关键道具与名场面融入，倾情演绎剧中黑丰白夕组合"相遇、相知、相恋、携手归隐"的动人故事。以国风冰舞之名，联动微博，发起#且试天下万技皆可炫一下#主题活动，二创延展热度，吸引美妆、舞蹈、游戏等十余个领域受众；后续在抖音、小红书、哔哩哔哩等阵地持续发酵，拓展长尾效应，助推剧集破圈。

本次神仙级梦幻联动，达成娱乐圈与体育界的双圈破界效应：奥运冰舞组合与影视剧集、娱乐圈与体育界双圈跨界，强强联动，既提升了剧集破圈影响力，又以剧集的娱乐热度反哺冰雪运动，创新式响应带动三亿人参与冰雪运动号召，促进正能量传播。

首创跨圈碰撞，共同传递国风之美：冰舞与国风，联动两大高热度内容势能，创新式演绎、传递剧集的国风底蕴，每一帧都展现了文化自信之美。

项目执行

1.预热期

预告引发梦幻联动，艺人与运动员互相关注，微博预埋悬念。

2022年4月26日，且试冰舞预告视频释放，杨洋、赵露思、王诗玥、柳鑫宇评论《且试天下》官方微博并且互相关注。

2.爆发期

2022年4月27日冰舞火热上线，神仙联动破圈，十余个领域全民挑战助力。

（1）且试冰舞纯享版视频正式发布，杨洋工作室、赵露思、主题曲演唱者汪苏泷、王诗玥、柳鑫宇矩阵式互动。演员、音乐、体育多圈跨界，热度值飙升。

（2）联动微博台网发起#且试天下万技皆可炫一下#主题活动，体育、游戏、美妆等多领域博主花式安利剧集。

（3）杨洋、赵露思连麦直播，提及冰舞联动，助力直播冲上热搜，热度再度攀升。

3.发酵期

花絮爆料国风冰舞初心，运动员化身剧集安利官。

2022年4月28日，且试冰舞花絮视频上线，王诗玥、柳鑫宇台前幕后追剧，讲述国风冰舞灵感，强势安利剧集。

4.长尾期

B站博主二次创作，冰舞与国风剧情混剪，引发全平台网友热议。

2022年5月10日，且试冰舞剧情混剪视频发布，全新解读冰舞含义，还原剧中名场面，并在微博、抖音、快手、B站、小红书全平台发酵。

项目评估

且试国风冰舞引爆热搜，被网友盛赞为最强梦幻联动！单一冰舞事件全网狂揽20个热搜，创下影视剧业界单一事件营销最多热搜纪录。其中，#王诗玥柳鑫宇且试天下冰舞#登上微博热搜主榜第13位；#汪苏泷看了且试天下冰舞都想转评赞#登上微博热搜主榜第24位，#且试天下万技皆可炫一下#主题活动微博主话题阅读量超1.1亿次，主话题讨论量超14.1万次。炫技大事件共衍生十余个相关子话题，相关话题阅读量累计超2.3亿次，相关话题讨论量累计超37.4万次，获得微博当周"剧集创意话题"第1名。本次冰舞事件多维度收割高位热搜和网友高质量口碑好评，并以其破圈影响力，助力《且试天下》播放量破37亿次。

亲历者说 杨帆　北京睿影思创文化传媒有限公司总经理

此次营销是娱乐界与体育界跨圈首次碰撞，邀请中国冰舞第一组合王诗玥和柳鑫宇跨界演绎《且试天下》版冰舞,将国风融入冰舞,被网友称为神仙联动。怀揣着对剧集的喜欢和对冰舞的热爱,王诗玥和柳鑫宇亲自参与了编舞,对话制作团队,一起深入探讨剧集的内容及深度意义,研究冰上动作的情感展示。正是运动员们的真诚付出,为观众们带来了一场冰雪视觉盛宴,实现了双圈破界的正能量传播。

案例点评

点评专家:彭焕萍 河北大学新闻传播学院副院长、教授、博士生导师

此次传播的精彩之处体现在以下3点。一是创新性驱动娱乐圈和体育圈双圈互动,巧妙地带动娱乐圈和体育圈两大圈层的明星和粉丝跨圈互动,有助于达成现象级传播效果。二是通过冬奥冰舞组合,成功借势冬奥的影响力和热度。2022年冬奥会是世界瞩目的体育盛事,也是人类友好互动的盛会,具有极强的影响力和传播力,本案例既有热度,又有温度。三是通过将国风融入冰舞,传递文化自信。通过挖掘《且试天下》剧集的文化元素,与奥运冰舞组合巧妙融合,"国风+冰舞"带来的新奇感给观众带来了极强的审美体验,传统文化元素和盛世体育元素的联动更好地传递了文化自信。

GOLDEN
FLAG
AWARD
金 旗 奖

2022
—
金旗奖最具公众影响力
媒介投放金奖

新青年 × 认养一头牛

执行时间：2022年4月—5月

企业名称：杭州认养一头牛生物科技有限公司

品牌名称：认养一头牛

代理公司：开域文化创意产业有限公司（简称开域文创）

获奖类别：2022金旗奖最具公众影响力媒介投放金奖

项目概述

2022年五四青年节期间，新华社旗下全球青年品牌新青年携手新锐乳业品牌认养一头牛，联合共创聚焦青年群体的现象级营销事件。在此次项目中，新青年独家运营商开域文创团队以创意突围，利用全矩阵优质媒介资源，开展"招募养牛新青年、日薪一万的养牛实习"等活动，充分发挥新青年平台社会价值、传播价值、内容价值三大核心优势，通过抒发年轻人热爱与坚守的奋斗精神，传递认养一头牛"只为一杯好牛奶"的品牌主张，成功打造出主流价值下品牌与青年群体对话的优秀营销案例。

招募养牛人主旨视频

项目策划

1. 项目洞察

2022年是全面推进乡村振兴的关键之年，作为农业供给侧结构性改革的重要行业之一，乳制品行业对助力乡村振兴具有至关重要的作用。新锐国货品牌认养一头牛深知民族企业所肩负的责任与使命，积极响应国家号召，用实际行动助推乡村振兴，打造匠心产品，传递国货初心。

"养好牛，产好奶"是认养一头牛品牌的核心价值观，"养好牛"是品牌积极响应乡村振兴政策的主要战略部署，"产好奶"是品牌的品质策略需求。在全面部署战略打法后，品牌亟须权威认证国货匠心品质，也需要搭建一座与目标客群青年群体沟通和交流的桥梁。

2. 营销策略

（1）价值传递：打造"养牛新青年"话题，聚焦品牌"00后"养牛人及推动中国农牧业发展的青年力量，体现"深耕且专注"的品牌价值。

（2）情绪沟通：以年轻人的方式与年轻人互动，重磅打造"招募养牛新青年"事件，洞察青年群体的坚守与热爱，与年轻人产生情绪共鸣。

（3）顺势而为："招募养牛新青年"活动舆论持续发酵，有效提升了品牌曝光度，线上线下多渠道助力品牌传播扩大声量。

3. 内容创意

（1）不端着、不拘束的养牛宣言：新青年联合品牌方策划并发布了系列宣言海报，以"养牛新青年"的视角，用鲜活、有趣的文案形式，传递给消费者"认真养牛、认真做事"的正能量态度，吸引大众关注。

养牛宣言海报

（2）招募养牛人主旨视频：新青年团队探访品牌农场，进行实景拍摄，结合"养牛新青年"招募信息，输出主旨视频。小切口、大视角展现认养一头牛深耕专业的品牌精神，彰显专业青年的奋斗历程，深刻体现"奶牛养得好，牛奶才会好"的品牌匠心。

（3）联名礼盒：认养一头牛联合新青年推出联名礼盒，礼盒包装上采用"新青年号外"的标志性视觉风格，玩法上推出趣味抽奖卡活动，激发年轻人互动欲，从话题传播到产品售卖，花式玩转营销组合拳。

4. 媒介策略

（1）新青年微博、微信、抖音、B站全矩阵账号，联合品牌官方，共同推出#养牛新青年#活动主话题。

（2）新华社客户端及微信公众号头部资源推广，重磅加码，印证养牛青年力。

新华社客户端发布

（3）线上线下曝光资源全面覆盖，电商直播打通销售后链路，线下户外梯媒扩大活动势能。

5. 传播规划

（1）预热期：联合品牌发起#养牛新青年#话题，同步发布"养牛新青年"系列宣言海报，以生动的文案撬动首波用户关注。

（2）爆发期：发布招募养牛人主旨视频，全网招募"养牛新青年"，日薪1万元、5日实习体验的核心创意引爆全网，大批年轻用户入场参与讨论，社交媒体持续发酵。

（3）持续期：新青年×认养一头牛限量联名款礼盒发布，并搭载"开箱扫码即可参与抽奖"的互动活动，在天猫、京东、抖音等电商渠道及品牌小程序销售，有效释放营销价值。

（4）长尾期：创新电商直播形式，全面打通销售后链路，线下户外梯媒资源提升品牌曝光度。

项目执行

整体活动从4月底发酵，到5月4日青年节爆发，以较短的时间迅速打响声量，完成"话题打造—态度表达—互动招募—全网热议—销售转化"品效销合一的全场景、全链路传播。多元的营销玩法，与青年消费者产生情绪共鸣，在消费者形成价值认同的同时实现销售转化。

本次项目可细分为三个阶段。

第一阶段：4月上旬完成话题策划及物料筹备。采用招募品牌体验官的全新玩法，确定#养牛新青年#主打话题，团队实地考察认养一头牛品牌牧场——河北衡水·康宏牧场，用镜头真实记录新一代农牧人的"养牛"故事。

第二阶段：4月底到5月初完成传播动作。在计划时间节点内，完成系列传播内容，成功引发全网热议，#养牛新青年#相关话题持续发酵。

第三阶段：5月中旬开启电商销售。在传播期间，同步推出新青年×认养一头牛联名款产品，并在各大电商平台开展直播销售活动，产品销量大幅度提升。

项目评估

1. 效果综述

项目通过线上传播及线下曝光的联动，实现了品效销合一的效果，深度传递"深耕且专注"的品牌精神，有效培育了品牌年轻心智，利用矩阵传播权威认证品牌价值。

2. 受众反应

此次项目中的招募活动采用当下热门的微博抽奖方式，充分激发了消费者的评论欲和转发欲，让年轻人对这次招募活动产生认知，UGC 频频产出。

3. 市场反应

新青年与认养一头牛的合作，探索出了权威媒体与品牌合作营销的新思路，在积极响应国家乡村振兴战略的背景下，通过呈现新时代青年热爱与坚守的精神，传递品牌理念，打造出"1+1>2"的优势聚合传播效应。

4. 媒体统计

新华社客户端阅读量破100万次；#养牛新青年#微博主话题热度非凡，衍生话题#每天1万请你养牛#微博阅读量达1.4亿次，讨论量达10.9万次；"新青年×认养一头牛"IP联名合作全网曝光量破亿次；线上覆盖淘宝、京东、抖音直播等电商全渠道，销量全面提升。

5. 项目亮点

（1）品牌花式出圈新招式。本次项目由新青年为认养一头牛品牌赋能，开辟了"背书+内容+传播"的新路径，以"养牛新青年"的拟人化表达，沉淀品牌鲜活的"人格"底蕴，将合作双方的价值最大化。

（2）青年价值力强捆绑品牌理念。经过精准的洞察，延续企业价值和文化，将新时代青年寻求自我表达的愿望与品牌内涵相结合，会聚更多年轻化 Z 世代用户，成功实现品牌精神的传递。

（3）话题持续发酵，激发"蝴蝶效应"。在本次项目中，#养牛新青年#话题爆发出超强的营销生命力，不仅引发网友持续讨论，热度不减，后续招聘类 App 入场，"养牛新青年"招聘直播吸引更多人群关注，此后品牌方联动众多一线品牌，如格力电器、苏泊尔、洁丽雅等，推广衍生话题#每天1万请你养牛#，活动热度持续走高，"蝴蝶效应"般打响品牌力。

亲历者说 张正为　开域集团品牌传播事业部总经理

基于五四青年节营销节点，我们通过新青年深度链接青年群体，洞察青年文化，将主流价值与营销微创新结合在一起，帮助认养一头牛精准表达、传递品牌价值。

项目成功的关键一是客户对我们的信任，客户给了我们充分的创意表达空间；二是受众精准定位，紧抓青年用户群体，通过打造让年轻人产生共鸣的金句、招募线上"养牛新青年"、定制礼盒、拍摄牧场养牛青年"只为一杯好奶"的背后故事等，将一家新锐企业的品牌主张传递给年轻受众。

我们也很注重品牌商业增长的需求，此次项目实现了从品牌价值传递到销售转化的闭环链路。联名礼盒在各大电商平台上线后大卖，直播间、社交平台吸引了众多青年消费者留言互动，品牌收获了一批忠实用户。

案例点评

点评专家：徐俊　资深企业传播专家，伟达公关中国区原首席执行官

该项目的成功有两个方面值得同行借鉴。第一，在传播技术选项方面，项目的传播对象界定清晰，并基于此与在年轻群体中有影响力的实力IP合作，为企业自身背书、提升影响力。在传播内容和渠道选择上，该项目选择了年轻人喜闻乐见的纪录片视频形式，以年轻人为主咖，讲述身边人的故事，唤起与企业品牌精神的共鸣，辅以全矩阵优质媒介资源，强势传播，海量曝光，从而提升品牌知名度和影响力，与青年群体产生联动。

更亮眼的是，品牌联结自身企业叙事与社会宏观叙事的"修为"。牧场养殖质量是企业从事的奶制品业务的品质基础，并直接关联着消费者的健康营养与生活品质；年青一代是社会进步发展的基础，而当代年轻人是有理想、有家国情怀、笃定求实的一群人。联结这两个"基础"认知，有效提升了该项目的社会价值，并获得权威媒体的传播支持。

GOLDEN
FLAG
AWARD
金 旗 奖

2022
—
金旗奖最具公众影响力
内部沟通金奖

■ "全新工作方式"内部传播项目

执行时间：2021年1月1日—2022年8月31日
企业名称：罗氏制药中国
品牌名称：罗氏制药
代理公司：上海晨岸广告传媒有限公司
获奖类别：2022金旗奖最具公众影响力内部沟通金奖

项目概述

VUCA[①] 时代，为了帮助员工跳出舒适圈，积极拥抱变化，罗氏制药在组织内部推广"全新工作方式"，鼓励员工运用敏捷的思维和行动方式，促进组织内部无边界合作，达成并共享一致的目标成果；借助"自我驱动、自我学习、自我管理"，激励员工释放更多潜能，实现组织和个人的同步成长、发展。

项目策划

项目启动前进行了员工调研，得到4个传播难点，有针对性地制定4条传播策略，并策划组织了跨年度的内部整合传播活动，帮助员工积极投入"全新工作方式"各类实践，实现个人与组织的共同发展。

（1）针对"员工分布广、办公方式多样"的难点，选择多渠道、广覆盖、移动端、可多点触达所有员工的传播载体。

一是网络直播季度全体员工大会，达到高效能、广覆盖、信息传递清晰有力的效果。广大员工通过手机或电脑即可一键参会，零距离沟通，直播后还提供要点内容视频回看，以便因为时间冲突无法及时参加的同事查看。

二是搭建社交媒体化的内部传播平台，让沟通既高效又便捷。充分借助内部微信平台，员工通过手机就能第一时间获取公司重要信息；内部沟通使信息变得简单、易读、好懂，回溯还方便，满足了员工不同工作场景的需求。

● 化整为零：打造有助于碎片化学习的"大罗词条""头条宝典"等专栏，分享新工作方式，促进经验积累和流动。

---

① Volatility（易变性）、Uncertainty（不确定性）、Complexity（复杂性）、Ambiguity（模糊性）的缩写。

● 化零为整：员工日常高度关注的工具资源散落在各类平台，不易查询，在手机端推出的"小罗爱问"，一站式集合所有资源入口，方便员工随时调用，有利于更高效开展工作。

（2）针对"员工年轻，需要互动性强、具有创新性的沟通方式"的难点，采用"双向联动"沟通互动机制。

高层有问必答，员工拥有"参与感"。员工不仅是信息的接收者，更是组织的贡献者、共建者。

将传统的"上讲下听"式的员工大会改为50%以上的环节为互动类的新式会议，同时设计匿名提问平台，鼓励员工畅所欲言；在直播中动态展示问题点赞排行榜，优先回答点赞数最高的员工问题，让互动"刺激、带劲又接地气"。而管理团队的"坦诚透明、有问必答"，更加激发了员工的参与意愿，员工积极建言献策。

（3）针对"一线员工工作忙、企业文化需要脱'虚'"的难点，选择"少点纸上谈兵，多些场景还原，增强企业和员工的连接性"。

走近员工，落地实操，解决真问题。在探索阶段，及时分享成功经验，项目组举行了20多场线上线下结合的直播活动，分享"全新工作方式"最佳实践和创新举措，帮助员工看到个人工作方式的改变为自己以及整个组织带来的价值，从而获得安全感和幸福感，也让员工更加自信、坚定往前走。这也激发了更多小伙伴加入，促进大家交流合作。

形式上不仅有现场观剧、观众热点话题讨论等，还有问答带货互动、知识福利大礼包、脱口秀等不同形式。这不但打破了部门、产品管线和业务单元之间的无形壁垒，而且通过实践社区扩大了员工协作网络、拓宽了视野。

（4）针对"员工担心新工作方式能否被业界接受"的难点，选择"构建内外沟通平台，实现双向奔赴可能"。

搭建内外沟通平台，邀请治疗领域大咖、外部合作伙伴、患者组织代表等和罗氏员工对话交流。

在全体员工大会网络直播中，邀请治疗领域大咖走进罗氏内部直播间，和他们分享罗氏"全新工作方式"，并请他们提出建议。这非常有用，既解答了员工的困惑，也指明了前进方向。

项目执行

1. 每季度全体员工大会网络直播策划筹备与执行

确立主题日程，邀请发言嘉宾分享内容，准备与会资料及调适直播互动平台，会后总结传播内容，准备调研反馈并复盘。

2. 持续打造"社交媒体化"内部传播平台

创建的"大罗词条""头条宝典""全体员工大会"等专栏，每周发布1～2个高质量原创内容视频，持续抓取用户高关注度话题，创意生动有趣，简单、易读、好懂的内容呈现，保持高阅读率。

3. 各类贴近员工的"互动直播"栏目和内容的打造与传播

"情境小剧场"每2个月举办1期，所有人员都从各部门招募，每周1~2小时投入该项目，确立主题、准备实践工具和案例、准备直播平台与简单物料、招募演职人员、准备前后期传播内容等。

项目评估

1. 效果综述

通过打造一系列新颖的互动性强的沟通活动，搭建有效的沟通平台，激励并帮助员工积极拥抱未来，共同创建一个敏捷和网络化的学习型组织，提高合作伙伴关注度，增强价值影响力，最终实现组织和员工的共同发展。

从管理团队做起，倡导并积极推行坦诚透明的沟通方式，及时帮助员工消除困扰，更加聚焦工作重点，助力打破部门、产品管线和业务单元之间的无形壁垒，促进组织内部的无边界合作，实现组织更高效能运转和外部影响力的提升。

超过95%的员工具有"全新工作方式"基本知识，60%的员工在日常工作中加以运用，新的模式和技能不断出现并被强化。

发掘员工潜质，激发员工热情，有461位小伙伴成为先行者，"全新工作方式"累计覆盖9107人次参与实践。

整个过程中，传播团队持续创意和产出了一大批高质量内容和强互动类活动。

● 发布74篇手机端微信创意互动报道，累计覆盖员工129528人次，以及25篇"敏捷快讯"专题邮件。

● 策划筹备并支持25场直播活动，有26638个UV（独立访客）。

● 组织了4场员工大会线上直播，UV累计高达16465个。

2. 受众反应

"直播间"式的员工大会，线上参会一气呵成，问答环节直击痛点，贴近一线员工，还有多轮互动环节，一线员工觉得很有参与感，更愿意交流。

邀请外部大咖、合作伙伴走进罗氏内部员工大会直播间，真诚对话"构建内外沟通，实现双向奔赴"。

3. 项目亮点

（1）运用"化整为零、化零为整"的社交媒体化内部传播平台，高频次分享新工作方式，促进员工经验积累和交流，更高效地开展工作。

（2）互动环节占50%以上的"直播间"式的员工大会采用"双向联动"沟通互动机制，

珍惜员工的每一条反馈。员工问题以点赞数排名，优先回答高点赞问题。管理层有问必答，毫不回避。

（3）创新推行"多场景还原，增强企业和员工连接性"的创意互动实践。"情境小剧场"演绎实践中的痛点、槽点、爽点，更有代入感和共鸣感，启发员工一起捋出"能破局、能迭代、能聚焦的真问题"的行动策略，是一个集思维与实践于一体的可促进多方学习交流的平台。

亲历者说 Maggie Gong　罗氏制药患者解决方案经理

我非常喜欢这种坦诚透明、包容倾听的氛围，可以真诚表达建议或问题。其实，每个人都有多元的兴趣和能力，"全新工作方式"给了我们更多运用不同能力的拓展实践，我们看到了自己在岗位之外的潜能。大家为了一个目标展开讨论，从提出方案到实践解决问题，一步步落地。回看这个过程，当从"0"到"1"去完成一项工作，在遇到挑战需要某些专业知识和能力时，会调用好的工作方式，这种感觉很棒。我觉得自己很幸运，可以继续和大罗一起成长。

案例点评

点评专家：顾杨丽　浙大城市学院新闻与传播学院副院长

该案例是一个企业文化建设典范，在线上办公期间，充分利用社会化媒体的便利性，通过打造一系列强参与度的互动活动，搭建企业内的有效沟通平台，激励和帮助员工积极共建学习型组织，建立资源汇集和双向联动优势机制，提高了工作效率，助力打破企业内部壁垒，以"全新工作方式"连接内外部活动，促进各类分享，并且相关栏目直播可以为品牌项目持续输出内容，为企业创造更大的公关价值。

● 西门子150周年企业文化传播项目

执行时间：2022年5月4日—9月5日
企业名称：西门子（中国）有限公司（简称西门子中国）
品牌名称：西门子
代理公司：恒世（北京）国际文化传播有限公司
获奖类别：2022金旗奖最具公众影响力内部沟通金奖

项目概述

1. 项目背景

2022年是西门子在华的150周年，品牌希望在这个特殊节点开展一期对内的员工互动活动，进一步回顾企业百余年来的成就，展现企业文化，提升员工的企业归属感、认同感和自豪感，同时提升企业对外影响力。

2. 对内目标

通过强化"西家"文化属性，提振员工士气，增强员工的确定感和归属感，提升企业文化自信力。

3. 对外目标

通过讲述企业与员工"双向成就"的故事，展现"西家人"的员工风貌，传递西门子中国"矢志不渝，向未来"的企业精神，进一步提升品牌影响力。

项目策划

1. 创意策略

基于目标诉求，项目组提出"以小见大，至真至美"的创意策略，以视频为载体，真实还原普通员工的日常经历，展现"西家人"看似平凡却不平凡的故事；通过呈现"西家人"群像，以"四两拨千斤"的方式展现西门子中国150年来扎实的业务发展与深厚的文化沉淀。

2. 项目洞察

（1）内容洞察。

①"西家"荣耀：表现为对企业精神文化的高度认可，以品牌、产品、企业成就为荣。

②"西家"使命：表现为员工对未来有更高的愿景，并高度认可自己是实现更高目标

时不可或缺的力量。

③"西家"亲情：表现为企业对员工的关怀、员工间的同事情谊，共同协作、动人的经历和特殊的缘分等。

④"西家"成长：表现为员工可以分享在工作中与企业共同成长的故事，有价值感和获得感。

（2）人群洞察。

①"西二代"：父母在西门子工作，具备子承父业、生生不息的传承感。

②"夫妻档"：夫妻二人因在西门子工作而结缘并组成家庭，既是生活中的灵魂伴侣，亦是工作中并肩作战的伙伴。

③"中坚力量"：在西门子经历过代表性项目的中青年员工，他们深度参与着西门子当下和未来的发展，是西门子硬核实力的形象代表。

④"退休员工"：在西门子光荣退休的员工，他们见证了西门子的一路发展，是最具"回忆杀"的人物类型。

项目执行

通过前期宣传预埋伏笔，在内部社区平台及微信公众号全面征集案例故事。曝光期借势传播，借势七夕热点发布"对西家的告白""西"家篇，借势开学季热点发布"那些儿时的梦想，在西家实现了""西"望篇，引发"西家"内外极大共鸣。

项目评估

1. 内部沟通亮点

通过紧密的跨团队配合，在最短时间完成前期全员征集、故事初筛、员工采访、人物选择、人物沟通等复杂工作，为后期拍摄落地做好了充分准备。

2. 策划亮点

通过洞察，为西门子企业内部传播打造"西家归属感"和确定未来传播调性，使企业文化更具视觉性和传播属性，从而打造"西家人"名片。

3. 创意亮点

将"以小见大，至真至美"作为创意的突破口，利用人物的真实视角，生动展现企业层面的文化精神，更好地影响目标受众；通过"时空对话""儿时梦想"，将抽象的企业文化概念和企业成就以生动、趣味、真实、互动的视觉语言展现给每一个"西家人"。

4. 项目管理亮点

用极少的费用和更高的效率完成北京、扬州、上海、广州四地拍摄，通过合理有效的项目安排节省时间和费用成本。

亲历者说 朱珺　西门子中国传播部传播经理

作为150周年系列活动的负责人之一，我在与百余名员工的交流中感受到的不仅是"西家人"身上强烈的归属感和荣誉感，更是这家百余年企业文化基因中沉淀着的深刻的务实与传承精神，即无论外部环境如何变化，他们始终在笃定、有韧劲儿地去促成一些确定的事，一些能让这个世界更美好的事，令人动容。正如一位员工谈到的"'西家人'注定是要做大事的，祖国的每个重要时刻，我们都不能缺席。"

案例点评

点评专家：王洪波　中国对外文化集团有限公司新闻总监

相较于公共传播，内部传播其实更难也更需要创意。不少企业理解和重视公共传播的意义，对于内部传播，却往往以为有会议、邮件、OA（办公自动化）就足够了。因此，西门子此次借助视频方式进行内部传播并引发一定外部效应的传播案例，特别值得肯定。

西门子是一座名山，150周年是一个大事件，相关传播，往往需要格外用心。因为在内部传播中，一切的荣耀和使命都需要入情、入理和入心。匠心精神传承、科技创新发展是西门子的重要基因，进入中国150年，其无疑会深受中国文化的影响。传播者找到"家"的形象，以"西家""西望"为落脚点，调动出"西家人"对"西家"的昔日情感与未来寄托，不动声色地实现了企业文化基因构建和员工情感共振。

中外运敦豪35周年庆内部传播项目①

执行时间： 2021年3月中旬—12月20日
企业名称： 中外运-敦豪国际航空快件有限公司
品牌名称： 中外运敦豪
获奖类别： 2022金旗奖最具公众影响力内部沟通金奖

项目概述

中外运敦豪于1986年由DHL与中国对外贸易运输（集团）总公司各注资一半成立，是在中国成立最早的国际航空快递企业，2021年是公司成立35周年，回首过去和展望未来，公司取得每一份成绩，都离不开全体敦豪人的付出与奋斗。

2021年，企业传播团队策划并执行了中外运敦豪35周年庆内部传播项目，在9个月的时间里，以一个个有仪式感和参与感的传播活动，与全体员工共同回顾过去、庆祝当下、展望未来，提高了员工认同感与自豪感，以及公司凝聚力与向心力，与员工携手迈向未来。

中外运敦豪35周年庆

项目策划

1. 传播策略

为实现提高员工认同感和成就感，以及提升公司凝聚力的目标，项目团队将本次传播的

---

① 本文中所涉及的视频及照片，中外运-敦豪国际航空快件有限公司均已得到被拍摄者的使用许可。

基本调性定为"共情"，在长达9个月的项目周期里，通过将自上而下与自下而上的传播相结合，突出不管是过去还是现在公司与员工始终"双向奔赴"的主旨。

2. 传播规划

本项目分为前期宣传（2021年3月中旬至12月15日）与35周年庆庆典当日及后续宣传（12月16日至12月20日）两个阶段。传播节奏张弛有度，以多个前后衔接的长期活动搭配数个主题活动，维持话题热度和员工参与热情。

（1）前期宣传。

前期宣传由支线"不忘初心，同心同行"和主线"递送卓越，共创共赢"组成。

① 支线："不忘初心，同心同行"（2021年3月中旬至11月底）。

支线活动旨在强化员工与公司之间的情感联结，为后续活动进行情绪铺垫。项目团队从唤起"共同记忆"入手，于3月中旬面向全体员工发起"每周一图"图片分享活动，鼓励员工拍摄身边带有中外运敦豪及DHL Logo的照片，并分享其中的故事，以这样的形式让员工切身感受公司令人骄傲的"当下"，进而对过去所取得的成就更感自豪。项目团队每周从员工投稿中选取部分图片发布，栏目共35期，贯穿大部分前期宣传阶段。

栏目发布后受到了员工的广泛好评。项目团队收到大量充满趣味和情怀的照片，了解到许多或感人或有趣的员工故事。活动结束后，项目团队整理出部分员工投稿，与其他公司照片一起制作成精美的掠影2021纪念明信片集并寄给所有参与支持活动的员工，以实物礼品为活动做一个有仪式感的收尾。

掠影2021纪念明信片集

② 主线："递送卓越，共创共赢"（5月中旬至12月中旬）。

5月中旬，项目团队在企业微信、内网和全员邮件等内部渠道发布CEO沟通信，以充满感情的笔触，回顾成绩、感谢同行、展望未来，并预告接下来的一系列线上和线下活动，正式开启35周年庆相关传播活动。

CEO沟通信发出次日，发布周年庆主题"不忘初心，递送卓越"，以及活动标识和使用手册。此后，全国各地在举办庆祝活动时都按手册要求应用标识，增加仪式感。

5月下旬至8月下旬，发布"定格35年·见证"系列报道，这是本项目的核心活动之一。报道名称意为"定格历史瞬间，见证公司发展"。项目团队花费数月时间，查阅大量历史资料，走访老员工、老地点，修复老照片，反复斟酌内容，整理了公司自1986年成立以来的35个主要里程碑，并将其撰写成共计万余字的故事，与员工共同在回顾中坚守初心，在展望中再次起航，从而提高员工自豪感。文章发布后受到了广泛关注和好评。系列报道内容被各地分公司以"历史墙""文化海报"和"内部通讯稿"等多种形式复用，实现了更大范围的二次传播。

此后，项目团队一方面正式推出公司全新企业宣传片，全方位展示公司今日取得的成就，表达对未来发展的信心，为自上而下的传播收尾；另一方面发起"我为公司送祝福"留言征集活动，并对各地庆生活动进行集中报道，以自下而上的内容接棒自上而下的宣传，延续话题热度，实现了由点到面、由总部到各地百花齐放的效果。

（2）35周年庆庆典当日及后续宣传。

经过充分的前期宣传，公司内部的庆祝氛围和员工自豪感、认同感都已达到高峰。基于此，项目团队在庆典当日对外发布新闻稿，释放内部积累的势能，将"共庆同愿"氛围推向高潮，通过员工自发阅读、转发和点赞微信文章和媒体报道等，进一步提高员工的认同感和自豪感。

"定格35年·见证"系列报道KV

项目执行

本项目从3月持续至12月，分为前期宣传与35周年庆庆典当日及后续宣传两个阶段。

前期宣传为3月18日至12月15日。在此期间，支线传播从3月18日持续至11月26日，内容为"每周一图"图片分享活动。

主线传播从5月18日持续至12月15日。其中：5月18日，发布CEO沟通信，宣布35

周年庆相关活动正式开始；5月19日，发布主题、主标识和使用手册；5月27日至8月20日，在企业微信平台发布"定格35年·见证"系列报道；8月12日至12月15日，对各地庆生活动进行报道；8月19日至8月20日，举办"我为公司送祝福"员工留言征集活动；8月25日，发布全新企业宣传片。

35周年庆庆典当日及后续宣传从12月16日延续至12月20日，其中，12月16日，在内外部渠道上发布庆祝公司成立35周年新闻稿；12月16日至12月20日，启动"集赞赢好礼"活动，鼓励员工转发新闻文章至朋友圈，添加话题#中外运敦豪成立35周年#，在朋友圈写下感想或祝愿，进一步提升认同感和自豪感。

项目评估

本项目在9个月的时间里，依照张弛有度的传播节奏，通过丰富多样的传播素材，对35周年相关信息进行传播，结合自上而下和自下而上两种形式，充分提高员工参与感，不仅很好地维持了话题在内部的热度，也增强了员工的认同感和自豪感，很好地实现了最初的项目目标。

从结果来看，项目不仅制作并发布了大量形式多样的传播素材，各项传播活动也都取得了令人满意的成果。例如，通过"每周一图"活动收集超过100张高质量员工摄影作品；"定格35年·见证"系列报道总字数过万，点赞数超过13000次，总阅读量超过10万次；"我为公司送祝福"留言征集活动在一天内收到员工祝福留言超过1200条；35周年微信推文阅读量超过20000次，分享次数超过2000次等。

本项目也充分证明了员工对企业内外部传播的重要性。员工不仅是拥有大量好故事、好素材的"宝藏"，更是实现好故事从内部走向外部的关键推力。本次传播通过对员工采访沟通以及开展多个员工活动，收到了员工分享的大量老照片、历史故事和对公司的真诚祝福，不仅让传播素材更加立体丰富，也在双向沟通中拉近了公司与员工的距离，增强了公司内部凝聚力。

亲历者说 兰嘉 中外运-敦豪国际航空快件有限公司企业传播总监

企业周年庆类传播的难点之一是员工普遍对歌颂式传播比较反感。为让大家怀着自豪的心情自发分享，不仅需要对内容进行设计，还要注意把握文字调性。以"共情"代替"宣贯"，是本次传播活动取得圆满成功的关键。我们对传播内容做了较为感性化的处理，用客观、真挚的笔触，细数过往大事记，还原一个个不可多得的高光时刻，让员工的自豪感和归属感油然而生。在这样的"共情"基础下，员工敞开心扉，分享自己和公司的故事。不少员工在留言中表示，在公司经历了多个人生重要时刻——恋爱、结婚、生子，愿与公司继续携手同行。真情所致，感人至深，员工与公司同呼吸、共命运的相守相伴让人动情。

GOLDEN FLAG AWARD 金旗奖

案例点评

点评专家：杨亮　尚诚同力副总经理

企业的周年庆类传播，最怕脱离群众。中外运敦豪35周年庆内部传播项目，从一开始就用寻找"共同记忆"的方式进行广泛的员工情感动员，让员工与企业双向发声，可以说切中了周年庆类传播的要害。员工的奋斗记忆构成了企业的成长记忆，员工的真实故事，勾勒出一部鲜活的企业发展史，这让后续系列传播动作"一马平川"式铺开。

GOLDEN
FLAG
AWARD
金 旗 奖

2022
—
金旗奖最具公众影响力
国际传播金奖

2021财新国际圆桌：全球绿色复苏

执行时间：2021年

企业名称：交通银行股份有限公司

品牌名称：交通银行

代理公司：北京财新国际信息咨询有限公司

获奖类别：2022金旗奖最具公众影响力国际传播金奖

项目概述

在联合国《生物多样性公约》第十五次缔约方大会（COP15）于中国昆明举办之际，财新国际充分发挥国际嘉宾资源和媒体报道优势，策划和打造"全球绿色复苏"主题国际圆桌，积极寻求全球绿色环保领域专家与商业领袖的对话碰撞，力求构建独家知识和实践分享平台，助力中国绿色金融的可持续发展。

经过为期4个月的策划、设计和打磨，结合财新内部专家和外部强大资源网络力量，"全球绿色复苏"主题国际圆桌邀请绿色环保领域政策制定者、企业代表、学者、金融机构代表等，就"双碳"目标、绿色经济、绿色金融与投资、科技与创新4个板块展开讨论，通过分享独家见解，输出专业观点，推动中国绿色金融的可持续发展。

线上回看地址：https://video.caixin.com/2021-10-15/101785297.html。

2021财新国际圆桌：全球绿色复苏主视觉

项目策划

联合国《生物多样性公约》第十五次缔约方大会（COP15）于2021年10月11日在云南昆明召开，主题是"生态文明：共建地球生命共同体"。此次大会将描绘未来10年全球生物多样性保护蓝图，有利于扭转生物多样性恶化的趋势，实现人与自然是命运共同体、人与自然和谐共生的2050年愿景。同时，COP15是中国通过"生态文明"愿景、"生态红线"制度和绿色"一带一路"倡议等展现国内外生物多样性保护成就的宝贵机会。

在此重要时间节点，项目组充分发挥国际嘉宾资源优势和媒体报道优势，在COP15同期举办线上国际圆桌会议，推动绿色可持续发展，探讨碳中和背景下的全新商业模式，深度剖析中国绿色经济，助力业界把握机遇、迎接挑战。

1.项目内容策划

聚焦话题："双碳"与高质量发展、全球可持续发展新动能、绿色金融与低碳经济、中国绿色经济与ESG投资、碳中和下的商业模式创新。

核心话题1："双碳"目标。"双碳"目标的意义是什么？如何平衡"双碳"目标与经济增长？在"双碳"目标前提下，传统能源与新能源之间的关系应该是怎样的？"双碳"目标下，在从传统能源向新能源的过渡中，如何平衡行政干预和市场干预二者之间的关系？交通银行如何支持企业尤其是中小企业实现绿色转型？

核心话题2：绿色经济。在碳中和背景下，发展绿色经济会涌现出哪些新的投资逻辑、盈利模式以及商业场景？清洁能源转型过程中最突出的问题是什么？如果想要实现可再生能源发展提速，哪些方面可以先着手做？中国绿色产业目前的重点行业有哪些？

核心话题3：绿色金融与投资。商业机构如何用碳普惠理念制订个性化融资方案？在吸引绿色投资方面还可以考虑哪些政策和工具？如何看待绿色投资的金融风险和投资回报率问题？

核心话题4：科技与创新。面向碳中和的战略性需求导向，中国低碳、零碳科技创新的方向和重点有哪些？在绿色转型过程中，传统银行怎么用科技来更好服务转向绿色发展的实体经济？企业如何在技术投入上帮助自身或其他企业实现零碳转型？

2. 项目议程

会议平台：Zoom（多人手机云视频会议软件）Webinar（网络研讨会）。

录制时间：10月11日，星期一16：00（共计90分钟）。

上线时间：10月15日，星期五15：00。

语言：中英双语（配有同传）。

主持人：李昕，财新传媒副总裁，财新国际董事总经理。

流程如下。

（1）主持人开场（2分钟）。

（2）主旨演讲（40分钟）——4位主旨嘉宾依次单独演讲。殷久勇，交通银行副行长；吉姆·奥尼尔（Jim O'Neill），英国皇家国际问题研究所原主席，高盛资产管理公司原董事长，英国财政部原商务大臣；李俊峰，国家应对气候变化战略研究和国际合作中心高级顾问、首任主任/学术委员会主任；瑞沛霖（Randall Riopelle），国际金融公司（IFC）驻中国、韩国及蒙古国首席代表。

（3）专题讨论（45分钟）——4位专家主导：柴麒敏，国家应对气候变化战略研究和国际合作中心战略规划部主任；刘劲，长江商学院会计与金融学教授、副院长；何俊，交通银行授信管理部副总经理；孙捷，远景智能副总裁，远景碳管理业务总经理。

（4）主持人总结，活动结束（3分钟）。

3. 目标受众

财新全球读者：有效触达全球高净值读者、机构合作伙伴、全球客户、顶级媒体合作伙伴。

处于约65个国家或地区：新加坡、中国、美国、印度、加拿大、澳大利亚、日本、欧洲多国和地区等。

多元化背景：各行业领军者、高净值个人，包括经济政策顾问和经济学家、知名企业家、企业高管、全球投资者和金融分析师、高级研究员和学者等，多数为决策层、意见领袖；与绿色金融有关的环保和金融行业人员，以及全网更多受众。

4. 传播策略

此次"全球绿色复苏"主题圆桌以财新全平台传播矩阵为出发点，搭载外部媒体平台，与合作伙伴共同宣传，有效打造了特约合作伙伴交通银行大力支持绿色金融发展的行业领袖形象。

财新全平台传播矩阵：财新中英文网、PC及App双端、电邮、《财新周刊》、会议专题页面、海内外社交媒体平台，利用财新自身强大的影响力，精准触达财新高净值读者及各类机构。

外部媒体平台：上线爱奇艺、腾讯、优酷、一点资讯、B站等主流平台，吸引潜在受众，并在网易财经、凤凰网财经、同花顺财经、东方财富网等多家财经类媒体首发稿件，进一步扩大本次国际圆桌会议在财经圈内的传播效力。

合作伙伴自媒体平台：交通银行视频号发布金句短视频推广宣传，长江商学院转发微博，吸引银行客户、商学院校友等更多专业人群关注本次国际圆桌会议。

项目执行

代理公司团队负责项目的总策划、嘉宾邀请、合作方管理、传播、会务落地等全链路的项目统筹工作。

（1）前期阶段：2021年6—9月，结合COP15的热点话题，财新充分利用自身强大的专家资源网络，搭载智库专业的研究能力，与合作伙伴交通银行多次沟通，确认了参会嘉宾名单、会议议题、会议流程、传播策略等，并开展嘉宾邀请、会议议题细化、物料设计等准备工作。

（2）核心执行期：2021年10月上旬，对内，结合财新内容、传播、会务各团队专家的力量，项目进度沟通精确到每天；对外，与合作伙伴、几位嘉宾设立最快沟通机制，通过反复沟通、彩排等方式，确定项目执行的各类细节。

（3）活动当天：全程把控活动执行，管理线上会议平台、嘉宾、主持人、流程、第三方等，确保活动的顺利进行。

（4）后期阶段：2021年10月下旬，落实所有会议产生的内容、打磨视频，与合作方、嘉宾沟通，落实后续传播。对影响力数据进行评估、复盘，做好结项工作。

项目评估

1.效果综述

项目的效果超出预期。在国际圆桌会议进行过程中，嘉宾金句频出，且互动、讨论充分。借势COP15相关话题热度，全平台传播形成广泛影响力。作为与国际大会热点相结合的定制化线上国际圆桌活动，本次国际圆桌会议是财新国际年度成功案例。

2.项目亮点

首场2021线上国际圆桌会议聚焦全球瞩目的绿色话题，结合COP15的历史性节点，打造了一个开放、多元、深刻、务实的交流平台，让企业家、学者的精彩观点精准触达财新核心读者及更多关注绿色话题的行业实践者。

本次活动紧扣全球生物多样性和绿色复苏趋势，契合同期于中国昆明举办的COP15，以及全球实现绿色复苏的迫切性与必要性，从生物多样性入手，以"绿色"为着眼点，向外延展多样性议题，为嘉宾提供讨论平台，为观众提供多元视角和丰富的信息内涵。

本次活动内外联动，带来激烈的思想碰撞。主旨演讲与专题讨论嘉宾从业背景深厚，来自全球绿色环保界、学界、商界，他们从不同领域带来各自最新的研究与实践成果，知识涵盖范围广，洞见深刻，并结合财新自身对"双碳"话题的关注，与财新智库、ESG团队携手，实现"双碳+项目"联动。

本次国际圆桌会议合作默契，多平台推广。节目录制与上线的前、中、后期，与合作伙伴交通银行、长江商学院紧密沟通，持续输出、汇总意见，配合默契，保证节目较顺利按预期完成。后期各媒体发布稿件，在主流媒体平台上线，扩大节目的二次传播效应。

3.传播效果

在财新网PC端和App端、爱奇艺、腾讯、优酷、一点资讯、B站等平台上线，财新网广告曝光超1185万次，全网视频播放量超66.2万次，网易财经、凤凰网财经、中国日报网等30余家媒体发布相关稿件，交通银行视频号发布短视频推广宣传，长江商学院转发微博。

4. 嘉宾反馈

嘉宾均对本场活动给出很高评价，并在社交媒体互动。合作方均表示对本次合作满意度较高。

5. 受众反应

大多数受众的反馈都是本次国际圆桌会议内容扎实，提供了不同视角、全球视野的内容分享，给他们很大启发。后续的微信稿件、金句也加深了他们对本次国际圆桌会议内容的理解。

亲历者说 刘丹　项目总监

财新国际圆桌是财新国际经典会议产品，是中国企业与海外政策制定者及核心影响力领袖的高端对话平台。财新国际圆桌的脚步遍布全球十多个主要城市，其与国际重要大会，如冬季达沃斯论坛、IMF（国际货币组织）年会、APEC（亚太经合组织）等相结合，连续多年举办具有中国视角、国际视野和当地特色的边会，已打造成特色会议品牌，具有较强影响力。本次活动，定制化地将传统的国际圆桌转为纯线上形式，综合发挥团队专业的议题策划能力、项目统筹能力、中外嘉宾资源、会务组织能力和全球传播力，讨论全球绿色复苏的愿景和行动。项目团队精心打磨内容，有效进行内外部沟通协作，在策划和执行方面体现了高水准和专业性。本次活动是财新国际圆桌项目的一次成功延伸，也是为绿色可持续发展做出贡献的积极行动。2023年我们会策划更多传承经典、持续创新的圆桌活动，结合全球重要议题，构筑民间沟通桥梁，发出中国声音。

案例点评

点评专家：张景云　北京工商大学商学院教授

作为经典会议项目，财新国际圆桌为中国企业提供了与海外政策制定者及具有核心影响力领袖对话的高端平台，打造了独特的"圆桌会议品牌"。本次项目是其中富有特色的一部分。与消费类品牌不同的是，作为金融机构，交通银行在圆桌会议项目中的目标受众主要是商业机构的高层管理者，专业性很强。本项目基于COP15"生态文明：共建地球生命共同体"主题，提出"全球绿色复苏（Global Green Recovery）"这一议题，邀请相关专家学者，以圆桌会议形式，就"双碳"目标、绿色经济、绿色金融与投资及科技与创新等核心话题展开讨论。该项目立意高，切合全球大势，不但为传统金融机构转型提供了借鉴，而且为企业（经济实体）的商业模式创新提供了决策思路。

GOLDEN
FLAG
AWARD
金 旗 奖

2022
—
金旗奖最具公众影响力
品牌 TVC金奖

奇骏·荣耀"5+2"新行态

执行时间：2021年11月1日—2022年2月28日

企业名称：郑州日产汽车销售有限公司

品牌名称：郑州日产

代理公司：北京鱼得水营销顾问有限公司

获奖类别：2022金旗奖最具公众影响力品牌TVC金奖

项目概述

2021年12月，2021款、定位城市SUV的奇骏·荣耀被引入主销皮卡、偏商用的郑州日产销售网络。郑州日产作为NISSAN（日产）和东风在国内皮卡事业发展的承载者，多年来主销皮卡，已经和专业皮卡形成强联动，因此，在市场认知方面，奇骏·荣耀需要让用户在心智上将其和郑州日产进行品类层面的关联。基于此，奇骏·荣耀"5+2"新行态[①]通过高举高打的方式，推出奇骏·荣耀和纳瓦拉"双子星"组合，以奇骏·荣耀助力都市、纳瓦拉赋能户外的策略架构，快速形成知名度和关注度，唤醒了市场对于奇骏·荣耀的认知，构建了奇骏·荣耀"经典SUV"的品牌形象。同时，项目实现了奇骏·荣耀和郑州日产在品类层面和经销渠道方面的联动，助力后续产品销售破局。

1. 行业

在汽车领域，受用户去城市中心化生活新趋势的影响，城市城郊私人用户出行、越野需求显著增加，用户对于多功能、多场景用车需求的提升，催生了汽车行业一大变化：皮卡品类车型的乘用化属性越发明显。

2. 市场

从数量上看，当前主要购车用户仍然以首购为主，但增购用户持续攀升，双车族、多车族显著增加，有望形成新的购车格局。

3. 用户

伴随城市化进程，现象级主流生活模式逐渐显现，工作日事业打拼与假日生活休闲两种方式的区隔越发明显，一种是必须做的，另一种是想要做的：工作和生活、职场和家庭、都

---

① "5"即5天工作日，代表用户的城市出行场景；"2"即周末2天的休旅时间，代表用户户外出行场景。"5+2"新行态，实现用户现实与热爱的自由切换。

市和越野……面对由此带来的截然不同的场景，新的出行需求
应运而生——"'5+2'新行态"。

"5+2"新行态

项目策划

1.整体策略

整体策略层面，将奇骏·荣耀和郑州日产旗下同车标、
高流量旗舰皮卡纳瓦拉进行营销联动，以定位城市 SUV 的
奇骏·荣耀赋能都市出行场景，以擅于户外越野的纳瓦拉
赋能户外出行，从而实现奇骏·荣耀和郑州日产的认知关联；同时，在营销层面，通过奇
骏·荣耀贴高流量车型纳瓦拉的方式，积淀奇骏·荣耀自身的流量池和关注度，从而迅速
打开知名度。

2.目标受众

立足"5+2"新行态的用户出行现状，奇骏·荣耀的目标受众定位为喜欢户外、渴望摆
脱城市束缚的城市白领人群。他们是兼顾家庭和事业的务实派，周一至周五忙于事业，周
末则选择户外活动等。

3.传播策略

传播策略层面，围绕用户打造"5+2"工作、生活方式类传播内容，同时打造事件性活
动，解读"5+2"新行态的价值，并借助 KOL 强化对目标用户的影响力。

4.传播创意

（1）策划一场"5+2"新行态品牌战略车型发布会，在发布新车及其价格、强调产品亮
点的同时，以"5+2"新行态锐化奇骏·荣耀产品形象，强化用户认知。

（2）挖掘和打造"5+2"新行态用户群像，通过"奇骏·荣耀+纳瓦拉"的组合，打造
用户故事，形成典型标签。

（3）制造"5+2"新行态热点事件，引导用户积极共创，提升舆论口碑和用户记忆。

项目执行

1."5+2"新行态发布会

2021年12月22日，奇骏·荣耀上市发布会在郑州举办，以此强化属地标签，将奇
骏·荣耀和郑州日产进行强绑定。上市发布会重点发布了"5+2"新行态战略和奇骏·荣耀
新车型，并通过"奇骏·荣耀兰陵王国风创意产品形象 TVC"解读产品定位和亮点，引爆奇
骏·荣耀产品关注度。

2."5+2"新行态标签化传播

承接奇骏·荣耀上市和"5+2"新行态发布热度，对外输出"奇骏·荣耀+纳瓦拉"旗

奇骏·荣耀"5+2"新行态车主故事TVC

舰"双子星"组合，全方位传递"5+2"新行态理念，进一步锐化品牌形象，提升品牌关注度，打造双车营销典范。

首先，发布奇骏·荣耀"5+2"新行态车主故事TVC。TVC以第一人称视角代入，分别以奇骏·荣耀和纳瓦拉双车出行场景演绎不同行业的"人·车·生活"，打造标签车主故事，诠释既要努力工作也要享受生活的"5+2"新行态理念，与潜在用户产生共鸣。

其次，发布"5+2"新行态系列态度海报，画面以分屏的形式表现生活的多面性：一面展现都市用车，一面展现户外越野；一面展现城市工作，一面展示生活热爱，以此传达生活不止一面的理念，从而以不同的生活用车场景诠释"5+2"新行态。

最后，邀请重点媒体深度解读"5+2"新行态价值，阐述"5+2"新行态带来的美好印记和生活改变，营造良好的舆论环境。

3.抖音挑战赛

抖音挑战赛以#解锁你的5加2新形态为主题，承接前期上市发布会和传播热度，以用户共创内容的方式，强化受众记忆。首先，邀请车圈、户外、生活等不同领域的KOL演绎"奇骏·荣耀+纳瓦拉"的双车生活，传递"5+2"新行态价值主张。其次，KOC发布引导示范视频：分享自身工作时间和休闲时间常用或喜欢的造型、动作，视频文案带挑战赛话题#解锁你的5加2新形态及产品话题#郑州日产奇骏荣耀，并@郑州日产官方账号，以此引导用户跟进发布内容。最后，用户在KOL和KOC的带动下纷纷分享工作、休闲时的常用造型和动作，从而带动"5+2"新行态的持续性传播，强化"5+2"新行态价值主张记忆，提升受众对奇骏·荣耀的关注度。

项目评估

奇骏·荣耀作为紧凑型城市SUV，借助"5+2"新行态策略和传播策略，上市后收获极高的曝光度和关注度，形成了"三高"传播效果：高热度点燃流量关注，高评论带动话题讨论，高互动引发情感共鸣，最终实现了破圈传播效果，奇骏·荣耀上市不仅成了车圈热点，也引发了户外、越野等不同圈层用户的关注。承接发布会和传播热度，抖音挑战赛最终曝光量达 2.2 亿次、投稿数 4.3 万条、点赞量 250.9 万次、评论数 36.5 万条、转发 8.9 万次。

项目亮点如下。

1.创新性营销方式

针对奇骏·荣耀新车型上市及其亟须解决的销售渠道问题，项目并未采取直接宣传的方式，而是通过将奇骏·荣耀和郑州日产旗下明星流量车型纳瓦拉联动营销，实现了用户关注度和认知度双提升的目的。

2.独特性营销思维

在策略讨论阶段，在对郑州日产各车型进行深入分析的基础上，项目组制定了独特的解题思路，即不是将奇骏·荣耀作为单一车型营销，而是将其融入郑州日产现有车型序列，聚焦其市场站位，采取流量营销的思维，以奇骏·荣耀联动郑州日产同车标高流量皮卡纳瓦拉的方式，实现了流量破圈关注。

亲历者说 李厚斌　北京鱼得水营销顾问有限公司事业部总经理

奇骏·荣耀复产 2021 款奇骏，绝对算得上汽车圈令人瞩目的一件事情。秉承日产奇骏的基因，引入郑州日产体系，在其"商乘并举"战略框架中，奇骏·荣耀必将成为乘用形象担当。因此，从企业高度出发，我们庆幸一开始就放弃了传统的传播方式，而是利用流量思维，聚焦用户"5+2"真实工作、生活新行态，提出了以定位城市 SUV 的奇骏·荣耀助力都市、以擅于户外越野的纳瓦拉赋能户外的"5+2"新行态策略架构。这一策略思路转变过程中团队伙伴一起付出了很多，也成长了很多。

案例点评

点评专家：吴志远　华中师范大学自媒体研究中心主任，湖北省自媒体协会会长

奇骏·荣耀是一款复产的城市 SUV，如何重新引起目标消费者的关注是需要解决的重要问题。郑州日产作为这款车的主要承销商，其销售网络原本主销皮卡，偏商用，可以说与城市 SUV 不在一个赛道上。但郑州日产并没有被困住手脚，而是利用"可持续营销"的理念，深入洞察并挖掘城市部分白领人群"渴望摆脱城市束缚，工作日忙于事业，周末选择休闲于户外"的需求，顺势推出满足这部分白领人群需求的"5+2"新行态双车型组合模式：周一到周五使用适合城市出行场景的奇骏·荣耀，双休日使用擅于户外越野的纳瓦拉。一个符合逻辑的都市白领用车故事就此形成。本项目充分使用各自的优势资源，然后整合媒介渠道，将故事进行广泛、有穿透力的传播，对目标消费者实现了广覆盖。

中国联通5G东京奥运会TVC

执行时间：2021年6月—7月23日
企业名称：中国联合网络通信集团有限公司（简称中国联通）
品牌名称：中国联通
代理公司：北京天大星辰文化传媒股份有限公司
获奖类别：2022金旗奖最具公众影响力品牌TVC金奖

项目概述

1. 项目背景

推迟许久的东京奥运会终于拉开序幕，东京奥运会也成为首届没有观众的奥运会。中国联通5G网络为用户带来极致的、畅快的观赛体验。

2. 目标描述

通过在东京奥运会期间宣传中国联通的5G网络优势，扩大品牌的影响力。

项目策划

1. 创意思考

不分内场和外场，联通5G为所有用户带来如临现场般的极致观赛体验。3亿名联通用户体验酣畅淋漓的奥运精彩！

2. 项目洞察

奥运期间，"你"满眼都是赛事，而联通满眼都是"你"。相比奥运的精彩，联通5G更关注每个"你"观看奥运的体验！企业会倾其所有，用更好的网络、更稳定的画质、更完美的观赛体验等让"你"更好关注"你"所关注的一切。

3. 创意概念

你关注奥运，联通在意你的观赛体验。

4. 创意脚本

电视屏幕里长跑冠军正披着国旗绕行庆祝。 画面微微虚化，电视前方，是画面的焦点。 一家人正在吃饭，看着电视上的画面。 一家人都兴奋地手舞足蹈。 VO（话外音）：激情时刻，极速燃动。	 千兆网络
场景变换：屏幕变成手机（看到满格的联通5G信号）。 　虚化画面：跳水冠军正在亲吻金牌。 　画面焦点：地铁里，手持手机的几个女孩相视击掌。 　VO：冠军品质，见证荣耀。	 高清视频
场景变换：手机屏幕变成笔记本屏幕（镜头扫过路由器）。 　虚化画面：某球赛上射门未进。 　画面焦点：寝室里围观的年轻男孩生气懊恼。	
场景变换：笔记本屏幕变成投影屏幕。 　虚化画面：羽毛球运动员一个"扣杀"。 　画面焦点：户外露营区，男男女女聚精会神地观看比赛。男生突然激动地挥舞手臂，做"扣杀"动作。酒杯的酒全洒在自己身上，引来哄堂大笑。 　VO：联通5G，让精彩从不缺席！	 随时同步
场景快速变换，展现不同屏幕前的不同人群。	 屏幕前的人群
联通5GⁿLogo。 　品牌联合Logo。	

创意脚本

5. 创意形式

始终聚焦观赛的屏幕，包括手机、Pad（平板电脑）、电视，形成强记忆，展现联通以更好的网络、更稳定的画质为用户带来更完美的观赛体验。

项目执行

项目于2021年6月初启动，时间紧、任务重。在确定策划方向和脚本方向后，项目组对脚本进行了二次优化和调整，让广告片展现出生动、有趣、更有冲击力的效果，并让用户在激情观赛的同时体验到联通的高品质网络服务。团队在该TVC的视觉特效和拍摄手法上下了很多功夫。整个制作周期只有30天，在前期确定分镜画面后，团队进行了紧锣密鼓的准备，现场拍摄历时两天，后期特效包装同步进行，各部门配合非常顺畅。经过20天加班加点的后期制作和包装，最终在第30天顺利交片，圆满完成任务。

项目评估

整个视频客户要求呈现出科技感、迎合年轻人的激情，画面要动感且具备较强的视觉冲击力。制作团队在现场拍摄和后期特效制作中，竭尽全力达成客户的以上要求，最终效果得到了联通领导的认可和高度评价。

该项目亮点在于炫酷的特效制作和包装，TVC打破了广告宣传的老旧套路，借助赛事感染力，以炫酷的视觉冲击感为整个视频的突破点，辅以联通的品牌宣传，为大家呈现出一个具有科技感和动感活力的广告片，更符合年轻用户的口味，更符合赛事投放需求。

拍摄现场

联通在赛事期间在央视、各大地方卫视、互联网媒体进行广泛宣传，全媒体总曝光量达1.4亿次。广告投放后的用户反馈非常理想，家庭宽带和资费套餐业务的巨量增长就是受众市场得到认可的最好印证！

亲历者说 石佳　本项目客户经理兼广告监制

身为整个项目的客户经理兼广告监制，从项目创意开始我就积极参与，直到确认脚本。这个项目的难点在于要在有限的时间内完成后期特效制作，工作量十分庞大。后期团队配备了3个组的人员，齐心协力加班加点，最终在客户要求时间内顺利交片。可谓过程辛苦且煎熬。当然，这也给参与此次项目的所有成员留下了难忘的回忆。

案例点评

点评专家：商容　微软亚太研发集团副总裁

2021年东京夏季奥运会是一届没有现场观众的特殊的奥运会。中国联通在此期间推出的聚焦5G、以"无限连接"为主题的TVC，聚焦观众的线上观赛体验，通过奥运赛事场内场外、线上线下的场景联动，捕捉奥运精彩瞬间，展现了中国联通5G技术的"无处不在"，突出了中国联通5G技术的魅力，同时很好地传达了中国联通服务全球用户的决心和能力。多平台的广泛传播，使中国联通收获了良好的品牌影响力。

中国农业银行壹私行品牌TVC项目

执行时间：2021年5月1日—12月31日

企业名称：中国农业银行

品牌名称：壹私行

代理公司：上海原数民数字科技有限公司

获奖类别：2022金旗奖最具公众影响力品牌TVC金奖

项目概述

1. 项目背景

中国农业银行私人银行自2010年成立以来，持续推出全方位的优质金融服务，广受客户好评。随着社会与经济发展，财富向善逐渐成为时代的主题之一。中国农业银行私人银行秉持"以客户为中心"的服务理念，致力于不断探索"公益＋金融"模式，经历十余年的砥砺探索和高速发展，中国农业银行面临全新的挑战和重大的市场机遇。

2. 项目目标

（1）打造全新的品牌宣传片，进一步丰富品牌内涵，塑造财富向善推动者的形象，为社会贡献爱与力量。

（2）保证故事质感，兼顾消费者对私人银行业务的理解，展现独特的品牌精神。

项目策划

1. 洞察与策略

在中国农业银行私人银行十周年纪念之际，中国农业银行对于私人银行业务进行全面升级，在原有私人银行的基础上推出全新的产品——壹私行。壹私行秉持"成就行业领导地位"的宗旨，将"以客户为中心"的理念作为服务核心，着力升级打造更加细致、更加专业、更加优化的私人银行服务，为客户提供更加安全、更加专业的金融服务保障。壹私行的推出，标志着中国农业银行私人银行的发展进入一个崭新的时代。壹私行品牌形象的蜕变，要求项目组从单一的商业宣传模式向全新的宣传手段转变。

2. 灵感来源

创意灵感来自壹私行真实的客户故事。王玉玲是湖南沙坪最早出来创业的绣女之一，这些年来，从普通绣女到知名企业家，她不仅改变了自己的人生，还回归家乡，带动了地方经济发展。

在此基础上，项目组收集、凝练素材，并将此最终打造成一个有温度的故事。区别于原来的创意概念，项目组并未从品牌高端定位出发，通过讲述品牌形象对品牌进行推广，而是紧紧把握"以客户为中心"，在故事之中，你我自现，引发观众的情感共鸣，将品牌文化与品牌形象植入人心。

3. 创意概念深化

在故事的选材方面，项目组精心挑选了苏绣作为本次视频故事的承载物。苏绣，是四大名绣之一，历经两千余年而不衰，作为一种极致的艺术，苏绣本身就具有文化属性与历史价值。选择苏绣，不仅是在以苏绣代表壹私行服务的周到，增进目标客群对"私人银行"和"壹私行是客户财富管理和传承的专业伙伴"的理解，精心配置、针法多样、变幻多姿的苏绣，承载着中国人的文化乡愁和文化记忆，满足了人们对美好的向往，在历史进程中不断创新和发展。在推广壹私行品牌的同时，弘扬了中华民族传统文化，让更多的朋友了解到我国非遗之美。这非常契合壹私行向上向善的品牌形象，同时高度契合壹私行"传递财富向善的能量，体现企业温度"的理念。

4. 创意故事制作

故事通过一个刺绣世家经历创业的艰辛、传承与发展的选择以及归乡振兴地方经济的探索，展示壹私行服务客户、至诚相伴的理念。壹私行用极致、专业的服务，为客户在"危""机"并存时代下出谋划策、排忧解难。企业成长、转型、传承的故事，与壹私行资产配置、财富传承、顾问咨询等业务的服务理念不谋而合。以客户视角，切入创业发展传承过程中的诸多挑战和问题，从而详细地引出壹私行的业务和产品服务，使观众更加直观感受壹私行在事业起步发展阶段乃至财富传承过程中无微不至的服务。

在壹私行的专业服务和贴心陪伴下，企业与壹私行共同推陈出新、向上向善，这是家族企业的传承，也是民族文化的传承。创意故事借助非遗传承的向善向上，体现壹私行财富管理的向善向上，这不仅阐明了壹私行的核心产品服务，更加突出了壹私行的品牌价值和理念，即让财富发挥更大作用，助力客户向上向善的发展、传承、新生。

刺绣世家三代人在事业发展上，乘势而上，每一位成员都为弘扬民族文化和振兴家乡经济砥砺前行、不忘初心。壹私行以敢为天下先的勇气，力争成为行业领导者，一直以来持续打造有温度的私人银行品牌，引领财富向善，为社会贡献爱与力量。

传承新生，刺绣世家不仅是家族财富和精神的代代传承，更是中华文化和匠人精神的传承，其担起使命，用绝技绣出美好生活，以创新的方式赋能传统手工艺升级迭代。壹私行与客户一道，携手共进，不断突破，超越自我，助力客户成就幸福事业。

项目执行

品牌宣传片制作用时约半年，从前期的调研、创意讨论和拍摄到后期制作，50 余名工作人员倾注心血，用心拍摄每一帧画面，专业的拍摄团队运用顶级设备，为大家呈现完美画面。

1. 前期执行筹备

（1）场地：前期花费多日勘景研究，寻求更让观众沉浸的实景拍摄场地，经过层层筛选和讨论，最终将拍摄地点定在苏州陆巷古村、中国刺绣艺术馆、邹英姿刺绣艺术工作室、晨风集团、安徽省美丽公路等地。这些场景古色古香，与故事的发展融为一体，能够更好地诠释古朴文化。

（2）美术：配合故事设定，以富有年代感的道具作点缀，呈现出跨越时空的变化。

2. 现场拍摄执行

在拍摄前设定详细的分镜故事，确定合理的拍摄时间。拍摄当日 A、B 组同时进行，一组拍摄家族三代人的故事，另一组拍摄需要呈现的空镜。工作人员和演员全力配合，最终顺利完成拍摄。

项目评估

1. 效果综述

新媒体的立体化矩阵式传播，兼具广度与深度地推广了壹私行这一有温度的私人银行品牌形象，引领财富向善，为社会贡献爱与力量。

本次推广过程中，项目组有意识地结合银行业务转型和品牌升级契机，重构了视频拍摄和脚本写作架构，有意识地打破一些商业模式的陈规和边界，帮助壹私行实现品牌形象方面的转型升级和企业文化的蜕变发展。用有温度的故事代替传统商业广告模式，这是一次创新，也是一次勇敢的尝试。实践证明，用故事打动人心，用情怀引起共鸣的思路是行得通的，并且是卓有成效的。

2. 受众反应

项目组大胆地将壹私行品牌宣传片向年轻化的客群推广。宣传片有意识地贴合壹私行"以客户为中心"的价值观，并在此基础之上有意识地淡化客户年龄划分。项目组深信，不应该对客户进行分类并设定条条框框，而应该让所有的潜在客户和现有客户有机会看到品牌想要传递的内容。

对于苏绣故事的选材，大量年轻人表现出极高的热情和极大的兴趣。他们虽然不能立刻转化为壹私行的直接客户，但是通过推广，壹私行有温度、有责任、有底蕴的品牌形象深入年轻人脑海，获得了年轻人的肯定。这足以说明壹私行品牌宣传上的成功，也突破了私人银行固有的年龄藩篱。

3. 项目亮点

通过苏绣的艺术性塑造企业文化与品牌形象，在业内尚属首次。事实证明，这种跨界结合不仅赋予企业更加深厚的文化底蕴，更重要的是，在推广过程中为非遗传承注入了活力，赢得了社会关注。

项目组打破了原有广告片"就事论事""就品牌论品牌"的固有模式，向见微知著的思路转变，不再直接介绍业务本身和企业，而是叙述客户与企业的互动，在这个过程中彰显企业文化和品牌价值，增强客户共鸣，从而加深客户对于品牌的认同感和信赖感。

亲历者说 黄松　上海原数民数字科技有限公司监制、策划

在前期和客户沟通中，项目组想要跳出传统的商业广告思维，采用全新的"讲故事"办法，将大家目光聚焦于壹私行与客户的故事，对此进行提炼和深度加工，从而引发用户的强烈共鸣。同时，项目组借助银行业务转型和品牌升级契机，打造专属于壹私行品牌的个性化视觉形象，用有温度的故事代替一味强调品牌形象高端定位的传统商业广告模式，这是一次创新，也是一次勇敢的尝试。

案例点评

> **点评专家：顾杨丽　浙大城市学院新闻与传播学院副院长**
>
> 该项目汲取了刺绣世家创业、传承、振兴的故事，展现了社会经济发展宏大背景下具有温度和感染力的"人"的故事，以匠人、匠心和传统文化的结合，在叙事中融入正能量的价值观，代代传承的不仅是物质财富，更是精神财富，突出了中国农业银行壹私行助力客户向上向善的品牌理念，让客户的财富发挥出更大作用。优质的故事让观众更有代入感，更有记忆点，提升了观众对品牌的好感度。

GOLDEN
FLAG
AWARD
金 旗 奖

2022
—
金旗奖最具公众影响力
实效营销金奖

■ 《英雄联盟：双城之战》创意核雕项目

执行时间：2021年10月1日—11月30日
企业名称：腾讯科技（北京）有限公司
品牌名称：腾讯视频
代理公司：北京沃姆互动行销策划有限公司
获奖类别：2022金旗奖最具公众影响力实效营销金奖

项目概述

借势腾讯视频与腾讯游戏联合打造的年度爆款动画《英雄联盟：双城之战》，打造开播大事件，以用户追动漫就上腾讯视频为传播目的，建立动漫迷、游戏迷与腾讯视频的联结，实现破圈发展。

项目策划

1. 实施策略

在动画开播时，以核雕为传播抓手，对$Arcane^{①}$中的人物进行核桃雕刻创作。同时，联合京派核雕艺术家方振杰打造创意核雕视频，"硬核文化值得一盘"的中国文化与西方动画相互碰撞，迅速辐射泛娱乐圈层，形成广泛的全民感知与讨论。

2. 核心洞察

（1）基于硬核动漫的固有卖点，制作创意硬核核雕海报，创设"用硬核核雕，演绎硬核动漫"传播口号。

（2）根据美漫的特点，打造文化出海概念，形成文化反向输出。

项目执行

（1）联合京派核雕大师，对英雄联盟四位核心主角进行演绎：联合大师提前对动画人物进行雕刻，制作完成后，根据成品拍摄核雕事件宣传片，并通过插入动漫内容的方式将大师的硬核精神与动漫内容进行结合。

（2）制作相关物料，对制作结果进行展示：在制作过程中，采用多种设计方案，经过

---

① 《英雄联盟》首部动画剧集。

综合评估最终采用打造场景的方式进行呈现。

（3）制作核雕周边礼物，文化出海，形成文化反向输出。

项目评估

本次开播事件在文创圈产生较大影响，单支核雕视频在平台播放量达20万次，助推《英雄联盟：双城之战》动画上线，配合传播，平均单集播放量达5000万次。

本项目亮点如下。

（1）动漫主角创意核雕视频：联合京派核雕传承人、中国工艺美术协会会员方振杰，根据《英雄联盟：双城之战》四位主角制作人物肖像核雕，用硬核手艺演绎硬核动画，为整体效果增色。

（2）"创意场景海报+朋友圈九宫格图片"社媒传播：基于既有创意方向，产出创意核雕场景海报，充分保证创意内容精准输出、传达。

创意海报

（3）核雕大师个人自媒体账号发布视频破圈传播：核雕大师在个人社交平台发布核雕视频，开辟传统文化传播新通路。在社交平台与核雕爱好者互动，在粉丝群体中将核雕与英雄联盟形成强关联，破圈传播此次《英雄联盟：双城之战》开播信息。

亲历者说 田琳 **北京沃姆互动行销策划有限公司高级客户经理**

本次传播项目执行方式很新颖，见证核雕从核桃变成品的过程很有趣。同时，此次与京派核雕传承人的联动，是二次元文化与传统文化的一次精彩碰撞，重新诠释了文玩含义，实现文化出海反向输出，达到传播目的的同时开辟了传统文化推广的新通路。

案例点评

点评专家：姚利权　博士、副教授、硕士研究生导师，浙江工业大学广告学系系主任、信息与传播研究所副所长

项目以《英雄联盟：双城之战》开播为事件营销点，通过合理且有创意的方式，将动漫迷、游戏迷与腾讯视频联结起来，达到了良好的传播效果。主要亮点如下。第一，形式新颖。项目联合京派核雕大师，对英雄联盟4位核心主角进行雕刻演绎，这是二次元文化与传统文化的一次精彩碰撞。第二，理念恰当。项目围绕硬核动漫的卖点制作硬核核雕，传播"用硬核核雕，演绎硬核动漫"的理念。第三，意义深远。项目将成果赠送给英雄联盟开发商 —— 美国拳头游戏公司，从而实现文化出海，讲好中国故事，传播传统文化，进行有效的文化输出。

伊利安慕希水果节整合营销项目

执行时间：2022年5月28日—7月10日
企业名称：内蒙古伊利实业集团股份有限公司
品牌名称：安慕希
代理公司：北京海唐新媒文化科技股份有限公司
获奖类别：2022金旗奖最具公众影响力实效营销金奖

项目概述

健康饮食成为趋势，安慕希顺势而为，寻找新消费趋势下的价值锚点。项目挖掘并洞察用户宅家痛点，将夏日饮用场景与"酸奶+水果"深度结合，为消费者打造一场集健康饮食理念与场域营销的"酸奶+水果"盛宴。

项目策划

1. 营销策略及目标

（1）在品牌层面：打造长线IP水果节，诠释安慕希的品牌理念，借助新品上市全渠道势能，在线上、线下全渠道布局"果切+酸奶"组合生意赛道。

（2）在生意层面：瞄准平台大促流量、场景共创，O2O全平台新品强势曝光，联动果切商家"新品+果切"尝鲜，实现消费者拉新。

（3）在消费层面：打造"水果+酸奶"饮用场景的安慕希水果节视频及场景海报，并与KOL共创内容，助推站内外生意双向驱动，让"安慕希+水果"活起来，通过一系列营销活动打通目标用户消费链路。

2. 执行亮点

线上线下整合协同，快速落地，将新品与场景、渠道深度绑定，打造IP安慕希水果节，助力品牌拓展、生意增量。

（1）最协同：5月新零售线上发起安慕希水果节，5月至7月线下推广，大区快速发力，线上线下共同发声，持续推动活动热度提升，打造最强联动。

（2）最整合：本次项目利用场景跨界，使得品牌、平台、零售商等多方形成合力，高效整合驱动，实现营销破圈。

（3）最落地：以日常高频消费品类水果作为切入点，占位水果店等消费场景，拓展安慕希饮用时机，打造最快速落地营销内容，引发消费者强烈共鸣，实现多圈层传播。

项目执行

1. 站外传播

（1）场景海报：打造夏日场景下的"酸奶＋水果"组合，促使消费者产生产品联想。

（2）安慕希水果节3D视频：让"安慕希＋水果"活起来，拓展饮用场景、深化健康饮食理念。

（3）全域资源扩散传播：利用微博、小红书、抖音KOL媒体矩阵，多维度打造饮用场景，夯实组合吃法。

（4）借助新品上市全渠道势能，追本溯源，打造"新疆哈密瓜酸奶溯源视频"，提升产品力及产品好感度。

2. 站内营销

联动新零售四大平台，打造水果节，培育用户"酸奶＋水果"的组合吃法，实现水果品类占位和生意转化。

项目评估

1. 线上新零售端

（1）平台强曝光：全平台新品强势曝光，免费置换超市等核心资源，实现站内曝光超3亿次；打造"水果＋酸奶"饮用场景的安慕希水果节视频及场景海报，并与KOL共创内容，站内外生意双向驱动，实现站外曝光超9000万次、新零售平台商品交易总额达7286万元、同比增长25%的目标。

（2）水果店拓展：品牌、平台、果切商家三方协同，联动836家果切商家推出"新品＋果切"尝鲜试饮5万包，实现消费者拉新，驱动营销增长。

2. 线下推广端

（1）大区响应：以清甜菠萝、丹东草莓、新疆哈密瓜、甜郁杜果为核心品项，全国10个主要营销总部、16个核心区域快速、积极响应。

（2）水果店拓展：聚焦水果渠道，攻占以水果店为代表的立体渠道，安慕希联合百果园、绿叶水果等全国及区域性水果店系统开展安慕希水果节线下推广活动，覆盖全国各区域百城千店。截至发稿前，已完成门店拓展2万余家，新品销售额破千万元。

案例点评

点评专家：胡远珍　湖北大学新闻传播学院教授

安慕希作为伊利奶制品中的高端品牌，致力于为消费者提供更多营养、浓醇享受。此次推出液态系列新品，线上、线下整合协同，将产品与场景、渠道深度绑定，植入"酸奶＋水果"新组合消费玩法，根据品牌调性，量身定制本项目，打造"水果＋酸奶"饮用场景的安慕希水果节视频及场景海报，并与KOL共创内容，通过媒体矩阵扩大传播声量。水果节作为营销传播事件，是对传播仪式的再造，是一种整合性仪式化传播。一方面，其可以整合多方资源，跨界破圈，将品牌价值取向活化在传播中；另一方面，契合了消费者提升健康品质、注重营养美味的需求，构筑了开辟新场景、打造新玩法、驱动新力量、产生新效应跨界传播的立体化网络，取得了巨大的溢价效应。

贝壳省心租营销推广

执行时间：2022年8月8日—8月31日
企业名称：天津海贝科技服务有限公司
品牌名称：贝壳省心租
代理公司：北京行行行广告有限公司
获奖类别：2022金旗奖最具公众影响力实效营销金奖

项目概述

贝壳省心租是贝壳租房推出的一站式机构房屋托管品牌。在品牌建立初期，C端用户对该业务的知晓度低，无法判断"省心租"与"普租"业务的区别，而B端经纪人对业务的理解也不够成熟。为解决相关问题，此项目应运而生。

项目策划

1. 项目目标

（1）打开上海重点区域市场，提升C端用户对贝壳省心租品牌的知晓度。

（2）帮助业务端获取商机。

2. 目标受众

短期内（1~2个月）有租房需求的用户。

3. 项目挑战

全新品牌，尚未在消费者心中形成认知，且B端对业务也不了解。使用传统广告作为推广方式，并不能同时提升租赁经纪人的推荐率和消费者的签单成交率。

通过营销推广，想要实现以下两个挑战。

（1）建立品牌感知：让全新品牌在消费者心中形成认知，且让B端对业务形成深入了解。

（2）B端与C端双赢：传统的广告并不能为业务带来强劲助力。基于此，提出新的营销推广方案，提升租赁经纪人推荐率和消费者签单成交率。

4. 市场策略

"品牌+运营"，双管齐下。

品牌定调：让C端以及B端对品牌形成深入认知。

深入运营：贴近业务一线，依托经纪人沟通场景，为其提供运营工具，从"品牌＋运营"两个角度整体提升业务认知和品牌认知。

5. 洞察

"省心"是虚词，不易被C端感知。通过走访调研租房用户，项目组发现，货比多家是租房市场最常见的现象。比房源的真实性、比房屋装修、比家居设施、比周边配套、比物业服务、比交通便利……这种"比"的行为，恰好是C端用户对整体租房市场"不省心"的直接反映。

6. 创意概念及传播口号

（1）创意概念："好房不用比"。

（2）创意阐述：如何体现"不用比"？项目组将贝壳省心租的利益点梳理成一套看房标准，并对该标准进行加工，使之成为一个用户可感知的核心记忆点，将创意概念与用户感知相连接，让标准成为省心的具象化展现。

（3）传播口号：贝壳自营省心租，严选好房不用比。

贝壳省心租在收房阶段就制定了严格的收房标准，从房源本身的装修、家居配套、租房价格到房源周边设施检查、周边环境考量等，有多种指标，确保贝壳省心租的每一套房源都是该区域内性价比最高的，让租客无须再货比多家，给租客提供省心的租房选择。

（4）创意亮点：一是建立品牌资产，将严选标准打造成品牌长期可用的资产，并将其"符号化"，加强记忆；二是打造运营工具，围绕标准，贴近一线，提供运营工具支持，对业务获取和转化进行有效落地。

7. 传播策略

考虑到租赁行业的特殊性以及贝壳省心租业务模式的特点，项目组并未采用传统的先做TVC再进行大面积渠道推广的方式，而是以小圈层教育与渗透为业务重点，再反哺大众市场传播。

品牌侧：以"严选好房标准"为RTB（实时竞价），强化品牌认知，建立与竞品的区隔。

业务侧：深入租赁经纪人渠道，打造"运营向活动＋运营工具"，助力业务转化。

8. 传播规划

（1）第一波预热：打透房屋租赁第一线圈层，渗透经纪人渠道，进行实际教育和支持。

① 上线全民"免租月"运营活动，将"免租"作为C端感

活动海报

知抓手，调动贝壳经纪人积极性，促进C端互动。

② 围绕贝壳省心租严选标准，打造一系列贴近经纪人实际业务场景的运营工具，反复强化并露出品牌利益点。

（2）第二波加码：两大经纪人活动加码，创造长期可用、可复制的工具模板，助力签单成交率。

对原有运营机制玩法进行创新升级，在贝壳真实房源中开展"看房标准操"抖音挑战赛以及门店内"对暗号"活动，助力租赁经纪人与C端进一步沟通，展现贝壳好房严选标准。

（3）第三波定调：品牌重磅收官。上线贝壳省心租系列创意视频以及利益点海报，为品牌定调。以上海的收官作为全国推广的开端，让贝壳省心租标准成为全国推广的标准。

（4）第四波长尾：创造长期业务连接点，形成贴合业务的品牌价值。

项目执行

项目于2022年8月8日—8月31日在上海落地启动。

项目评估

1. 效果综述

（1）整体项目有效触达上海区域租赁经纪人，超4600人参与其中，有效推动了经纪人对贝壳省心租业务的深入理解，并通过持续不间断的销售工具，让上海区域贝壳省心租房屋签单成交率由活动初始的18%飞升至92%。

（2）在没有任何媒体投放的情况下，充分撬动贝壳旗下自有门店资源和经纪人渠道，精准触达有租房需求的用户，3日、5日、7日出房率均提升10%以上。

2. 受众反应

这次贝壳省心租针对上海区域的推广卓有成效。最突出的表现是创新性。这次项目突破了以往常规品牌推广利用高曝光影响目标受众的固有模式，通过深入分析一线工作者，从他们的作业场景去切入，设计并推出了一系列创新性作业工具，如微信表情、微信头像框、微信语音铃声等，经纪人在使用的时候很顺畅，并能自然地融入日常作业。通过这样不断重复、强化使用，贝壳省心租用户群对产品有了深入的了解，有效助力业务转化。

3. 项目亮点

跳出传统广告传播思维，反其道而行之，先精准打透租赁市场小圈层，再渗透大众市场。完全深入前端业务，为业务端打造可长期使用、可复制的营销玩法，极大促进业务转化。在不依赖任何媒介投放的情况下，一个月内创造出签单成交率提升至92%的良好效果。

亲历者说 Cherry　北京行行行广告有限公司BD（商务拓展）

　　现代广告公司的价值应体现为能够与客户同频思考，这是我们一直以来强调的宗旨。这次营销战役跟传统营销战役有极大的区别，我们要做的是能够将内容渗透到所有客户的触点细节，理解不同产品的业务模式，深入一线，了解真正需求，并贴合需求去做规划。创意是重要的，其解决的是客户生意问题，尤其是在实效营销中，应跳出思维惯性，以极大的同理心拉近甲乙方的沟通，让双方同频对话，以最专业的能力，成为甲方最信赖的合作伙伴。

案例点评

> **点评专家：何春晖　浙江大学经济与文化研究中心执行主任，浙江大学公共外交与战略传播研究中心副主任，中国公关学会副会长**
>
> 　　贝壳省心租营销推广的创意是新颖独特的，其对消费者需求的洞察细致入微，以"比房"与"标准"为核心记忆点，从目标用户痛点精准切入，深耕垂直赛道，建立与竞品的区别，强化品牌形象与自我标识。同时，在营销方式上跳出利用高曝光来影响目标受众的套路，以实际作业场景切入营销，直击地域租赁市场小圈层，逐步实现地域外延与大众市场渗透，这极大地提升了客户触达率与内容渗透率，把传播成本降到了最低，获得了高性价比的传播实效。贝壳省心租营销推广案例知晓品牌痛点，洞悉目标受众诉求，以小圈层渗透为突破口，以低成本、强效果亮出全新的品牌名片，实现了B端和C端的双赢，提供了可长期复制使用的营销策略，从而为品牌塑造了独特资产。

金典助力上海独立咖啡馆"新生"

执行时间：2022年6月1日—7月15日
企业名称：内蒙古伊利实业集团股份有限公司
品牌名称：金典
代理公司：上海希遐广告有限公司
获奖类别：2022金旗奖最具公众影响力实效营销金奖

项目概述

2022年7月1日，伊利金典娟姗有机奶携手《上海日报》展开系列营销传播活动，向社会传递积极的"复苏"信号。

活动邀请了30个上海独立咖啡馆品牌、近50家咖啡馆，以伊利金典新上市的娟姗有机奶作为主要原料，推出了30款特调咖啡，并邀请KOL、达人、媒体号对其进行种草曝光、线下引流宣传，助力独立咖啡馆复工。

咖啡是上海精致海派文化的重要代表，寄托了上海人对品质生活的殷切向往。以本次营销活动为契机，伊利金典娟姗有机奶积极践行企业社会责任，用咖啡抚慰上海居民；扶持独立咖啡馆，从消费端助力海派咖啡文化积淀与商业活力奔涌。

项目策划

人间烟火味，最抚凡人心。清晨的粥暖胃，深夜的酒慰心，而咖啡则帮助上海居民感知这座城市的品质。和其他温暖人心的食材一样，咖啡融进了上海居民绝大部分的生活和工作场景。

牛奶是咖啡的最佳伴侣，它可以给咖啡增加质感，让咖啡口感更细腻、风味更丰富，以卡布奇诺、拿铁咖啡为代表的热销咖啡品类，均以牛奶为原材料。伊利金典娟姗有机奶由素有"牛中贵族"称号

主题海报

的娟姗牛生产，正是高品质牛奶的代表。

项目执行

在敏锐洞察到双方的契合点后，伊利金典娟姗有机奶迅速启动系列营销传播活动。

1. 目标及要解决的问题

（1）拓宽产品消费场景，抢占有机奶市场：奶制品行业发展整体向好，同时，受益于消费升级与下游乳企的相关产品推广，以有机奶市场为代表的细分领域增速与盈利能力均高于行业平均水平。如何帮助伊利金典娟姗有机奶迅速抢占蓝海市场，提升产品渗透率和占有率，是项目组需要考虑的首要问题。

（2）弘扬社会积极情绪，提振城市经济信心：如何更好履行企业社会责任，把企业自身利益与国家利益、他人利益融为一体，加速融入人类命运共同体，是项目组应着手解决的主要问题。

2. 传播策略

坚持企业长期主义是VUCA时代唯一的确定性，而品牌正是长期主义价值建设的基石。传播策略以让品牌融入城市文化为切入口，让咖啡和奶结合起来，打造爆款产品，以此扩大消费场景、培养消费习惯，同时实现品牌与城市文化的长期价值共振。

（1）优质联创内容预热，沟通目标用户群体：基于独立咖啡馆品牌IP以及伊利金典娟姗和《上海日报》的影响力，通过在企业自媒体发布优质联创内容，实现目标用户沟通、活动预热、品牌物料传播与扩散的目标。

伊利金典娟姗官微发布"上海侬好，一道喫杯咖啡好伐"联创内容，在沟通目标群体后，迅速推出活动预热海报，强化宣传效果，紧接着《上海日报》官微发布沪上复工复产后的咖啡馆视频，用"一家一言"的品牌故事引发消费者精神共鸣。

（2）外围炒作层层放大，引爆传播大事件：结合独立咖啡馆在上海居民生活中的场景覆盖优势、长期培养的消费者习惯及消费者对其品质的认可，伊利金典娟姗联合近50家咖啡馆共创了30款特调咖啡，上架到大众点评、美团等外卖平台。

品牌信息以"外卖单"的形式在城市空间流转，加速伊利金典娟姗品牌渗透率建设。与此同时，品牌官宣活动信息打卡地图，邀请KOC探店引流，赋能独立咖

预热海报

啡馆发展。《上海日报》线上配合活动转发内容、自媒体渠道发布活动预热信息等，持续引爆城市大事件。

（3）强化品牌精神和城市文化共鸣：很多人认识上海是从一杯咖啡开始，咖啡已成为上海最鲜亮、生动的文化符号。为帮助伊利金典娟姗有机奶放大品牌精神共鸣，与城市消费者建立起长期价值共识，伊利金典娟姗邀请独家媒体进行深度专题故事采写，进一步续写上海咖啡文化的多维内容。

传播产品实拍

参加企业社会责任奖项评选，强化品牌公益、温暖、正能量的社会责任意识。由"上海复苏后的第一杯特调"来带动上海独立咖啡馆快速复工复产，给予这座城市无比温暖的正能量。

3. 控制与管理

为应对物料制作、门店拍摄、产品配送等问题，品牌方制订了两套解决方案，以降低执行风险。

在预算有限、时间紧迫的情况下，上海希退广告有限公司安排经验丰富的人员沟通对接，每个项目板块推进7×24小时调整、修改、反馈，双方响应时间不超过30分钟，最终顺利推动活动项目落地。

项目评估

#上海七月的第一杯特调咖啡#与#庆祝上海七月新生的第一杯咖啡#两个话题总浏览量超2.6亿次，讨论次数近10万次，与《上海日报》合作的视频自然讨论热度冲至微博视频热搜榜第一。

联创SKU在小红书、抖音及大众点评等多个平台都收获了不少自然流量口碑。吸引上海日报－SHINE、iDEALShanghai报道，SocialBeta、餐饮O2O、FBIF食品饮料创新等多个行业及营销媒体收录案例。

联合近50家咖啡馆共创的30款特调咖啡，在大众点评、美团等渠道获得消费者一致好评，切实为沪上联合咖啡馆带来复苏后的生意口碑增长，同时让大众感知到伊利金典的公益属性，为上海带来新的消费生机，实现了新品上市声量与美誉度的双丰收。

项目亮点如下。

咖啡和奶的结合打造了城市文化传播的新符号。咖啡是精神、经济以及文化复苏的象征，而牛奶则是生活的象征，二者结合体现了上海开放、创新、包容的城市品格。

结合"咖啡的文化属性"和"牛奶产品卖点"打造公益营销案例，实现了金典娟姗有机奶新品上市声量和美誉度的双传播，同时开拓了金典咖啡饮用场景，不仅让金典顺利渗入咖啡领域，同时通过独立咖啡馆的联创特调，打破了咖啡与鲜奶融合度更好的刻板印象。

亲历者说 Vivian Yu（俞丽维）　上海希遐广告有限公司创意总监

在金典娟姗有机奶新品上市的背景下，品牌希望从拓展饮用场景出发去提升新品的关注度与美誉度，咖啡场景是首选之一。

上海复苏后的第一杯咖啡，将成为沪上社交分享新热点，因此，我们希望以公益营销的形式去拓展新品饮用场景，提升声量和美誉度，同时帮助独立咖啡馆新生。

案例点评

点评专家：董斌　科大讯飞股份有限公司品牌市场中心副总经理

品牌找到了触达用户的场景、合作赋能的渠道伙伴。上海七月的第一杯咖啡，满足了人们的味蕾，温暖了人们的心田，为品牌方的决断、传播伙伴的精彩创意与使命必达喝彩。

◆ 汇丰银行会员运营活动实效营销

执行时间：2022年6月14日—6月19日

企业名称：汇丰银行（中国）有限公司

品牌名称：汇丰银行

代理公司：上海尚诚同力品牌管理顾问有限公司

获奖类别：2022金旗奖最具公众影响力实效营销金奖

项目概述

数字经济浪潮之下，项目组为汇丰银行从零开始搭建的会员小程序——汇丰汇友荟数字会员社区，成为汇丰银行业务全新品牌与业务增长的引擎。

受疫情影响，银行线下业务近乎停滞，亟须一波产品销售转化。于是，项目组迅速打造了专门针对会员的父亲节H5"爸"气人生体验馆，以前期线上积累的流量为基础，以父亲节主题活动引爆，通过线下客户经理与用户的见面，为汇丰银行带来了一波数量可观的产品销售转化——跑通模式用户运营，成为业务增长新动力。

项目策划

对银行零售业而言，项目组希望"深做"：从底层逻辑出发，走到用户心里，线上与用户共情并发现客户需求与痛点，线下通过服务链接用户并为用户提供解决方案。

受疫情影响，部分依赖线下销售的实体企业出现收入下滑甚至发展停滞的状态。对于客户群体为高净值用户的汇丰银行而言，产品销售转化需要线上宣传与客户经理线下1对1的高价值服务双管齐下。

对于银行业而言，最终的目标是产品销售，但用户的留存、激活路径同样重要。想要将一场活动做好，挑战在于基于用户的转化路径，将每一步串联，使线上互动与线下服务实时联动，换句话说就是盘活资源、串联资源。项目组基于会员运营方面积累的经验，以及从用户行为数据洞察用户需求的经验，解决了这个挑战。项目组通过调研和分析，发现银行业的用户运营有三大痛点。

一是留存难。通过广告、公众号、裂变拉新等加入的新会员，很可能在注册那天就成为"沉默用户"。流量到留量是银行用户运营第一难点。

二是激活难。银行产品不像消费品，不能通过"新品、优惠、限量、特供"等噱头短时间内激活客户，更别提激励开户促进产品销量增长了。留量到互动量是银行用户运营第二难点。

三是转化难。数字化时代，通过用户行为分析、用户画像分析可以圈定潜在价值客户，但将目标客户名单科学地分配给前线客户经理去跟进往往存在时效性低的问题，错过最佳沟通时间，互动量到销量是银行用户运营第三难点。

于是，项目组针对银行用户运营三大痛点，通过私域与游戏化相结合的方式，以父亲节为主题，线上与线下实时联动，策划了一场以产品销售转化和开户为目标的H5运营活动。

项目组从以下3个方面进行游戏化方案设计。第一，将父亲身上沉重且严肃的家庭责任"游戏化"。在"爸"气人生体验馆让用户跳出"现实"视角，带用户想象"未来"新体验。

"爸"气人生体验馆

用户在新视角、新体验下，思考如何为家庭规划财富增值，提前规划孩子教育基金、养老保障等，在此过程中深感决策不易、拿到自己想要的结果不易。

第二，将游戏互动与业务相连接。回到现实，用户对教育、理财、投资、存款、家庭保障、房贷等方面有了新的抉择。此时进行业务植入，用户乐于相信银行的解决方案，对品牌产生信任，就会联系客户经理进一步问询了。

第三，在游戏互动中赋予情感价值。情感方面，特定节点，提供虚拟游戏体验父亲的责任维度，让用户有代入感，唤起用户对父母"沉默"的爱，感受到父亲的不易；情绪方面，特定场景，从国际到国内、从社会到自身的不确定性，会让用户产生在家庭中怎样才能承担好父亲角色的思考。这时用户会比以往任何时候都需要关注、关怀，他们希望获得切切实实的支持。

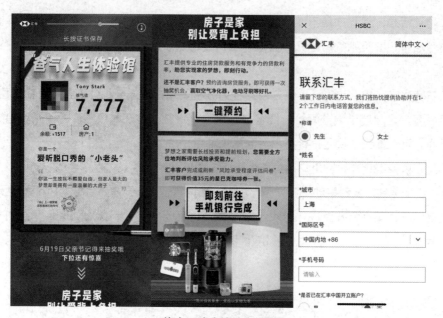

游戏互动连接业务截图

活动宣讲：在银行内部对数据团队、外呼中心、客户经理进行活动流程及协作宣讲。数据团队负责输出用户名单及用户分层信息，外呼中心负责触达，客户经理负责1对1跟踪服务。

活动推广：在公域投放有情怀的朋友圈广告，在汇丰银行自有渠道全面展开宣传，如以官网海报、订阅号推文、线下门店海报、客户经理私域群、小程序内横幅、弹窗、话题等在站内布局。

活动运营：活动上线后，监测用户的互动情况，并在用户参与后将其兴趣及信息发给客户经理跟进，客户经理收到的是已经打好标签且进行过分群处理的用户信息，方便更精准把握用户。

项目执行

2022年6月14日，"爸"气人生体验馆互动H5上线，活动持续约一周。

在执行层面，活动上线前期设计和策划与银行内部团队的配合机制，包括名单传输频率频次、用户兴趣分层、奖品发放、用户跟进反馈等，提供内部培训宣讲材料。上线后在公域和私域进行推广引流以及用户转化数据跟进。

项目评估

父亲节H5互动游戏达成了既定的获客、留资转化、已开户用户价值转化目标。

获客：通过父亲节主题有情怀的宣传素材，微信朋友圈广告公域曝光数达10万次，注册转化率4.8%。相对于日常流量，注册人数提升469%。提供前线销售线索，进行差异化沟通，游戏互动率为75%。

留资转化：预约开户率为51%。

已开户用户价值转化：购买产品前需要完成的风险等级评估问卷，完成率为59%。

本次活动，实现了银行内资源的有效串联与配合，通过完整的流程和运营机制设计达成了既定业务目标，同时解决了银行留存难、激活难、转化难的三大用户运营问题。

一是解决了留存难问题：贴合用户需求设计游戏，植入业务，让有需求的用户接受度更高，让没有需求的用户不反感，提升用户留存率。

二是解决了激活难的问题：既可以在节日问候时非常自然地发起沟通；被分配到业务线索时，也可以根据用户的答题情况对用户打兴趣标签，引起责任共鸣，提供更多谈资。

三是解决了转化难的问题：在用户参与互动后，将用户兴趣及信息第一时间传给前线客户经理，由其对接客户，在提升时效性的同时，1对1的个性化服务也有利于建立好的客户关系。

游戏化的方式给银行业务转化带来了显著的效果，盘活了私域流量。

亲历者说　杨彦文　上海尚诚同力品牌管理有限公司用户运营

很多品牌认为用户运营就是把用户当流量、只关注转化。但我们对用户运营的理解是人情维护，除实际利益外，更重要的是与用户建立情感连接。品牌与其制造焦虑，不如为用户提供情绪上的解决方案。父亲节活动方案，不是为了刺激用户，而是帮助用户缓解焦虑、带来情绪共鸣。用户从活动中获得了帮助，这就是汇丰银行和用户交朋友的方式。

案例点评

点评专家：孙瑞祥　天津师范大学新闻传播学院原院长、教授，舆情与社会治理研究中心原主任，中国新闻史学会新闻传播教育史研究会副会长

本案瞄准银行业用户运营留存难、激活难、转化难三大痛点，以父亲节为契机，通过游戏化的运营方式，成功策划了一场线上线下相结合的开户和产品销售转化活动。"爸"气人生体验馆H5，为受众提供了一种个性化并带有即时激励色彩的有趣互动体验，效果非常显著。本案的可贵之处在于扭转了一种错误认知，即很多品牌都认为用户运营就是对数据进行维护，把用户当流量，只关注转化。本案对用户运营的理解是人情的维护，除了实际利益外，更重要的是与用户建立情感联结。理念影响决策，决策关乎效益。本案在很短的时间便达成了既定营销目标。

物流数字化赋能，领跑B2B私域600%增长

执行时间：2021年6月—2022年9月6日
企业名称：中外运-敦豪国际航空快件有限公司
品牌名称：DHL快递（DHL Express）
代理公司：东西互动（北京）科技有限公司
获奖类别：2022金旗奖最具公众影响力实效营销金奖

项目概述

1.项目背景

DHL快递主营企业航空快件进出口业务。由于海关查验烦琐，跨境航空快件的业务逻辑比国内快递复杂，该细分市场常年由三大国际品牌主导，DHL快递就是其中之一。

2. 挑战

DHL快递依赖线下销售与客户沟通。由于业务复杂，用户数据繁杂，这种沟通模式效率低，导致品牌缺乏对客户的全面认知和培育。加之近年市场动荡，疫情阻碍线下沟通，品牌面临挑战。

3. 目标

营销数字化：基于线上业务平台，依托微信建立品牌私域，促进精准营销，提升用户体验。

项目策划

1. 整体受众洞察

由于B2B业务的特殊性，DHL快递品牌私域建设的目标受众是品牌现有客户和潜在客户。

DHL快递核心目标受众以中男性居多，年龄多在25～40岁；职位集中于中层经理级别，这部分人群是业务的执行者或影响者。受产业分布影响，目标受众按行业呈现地理上的集中分布，如东莞－珠海大区用户多从事3C①行业，福建－浙江大区用户多从事外贸服装行业。

该人群集体感、荣誉感强，热爱互动，尊重规则，对竞技类活动和富有激情、热血风

---

① 是计算机（Computer）、通信（Communication）和消费电子产品（Consumer Electronics）三类电子产品的简称。

格的IP有较强兴趣。

此外，核心目标受众拥有较强的裂变能力。

2. 整体策略

基于洞察和用户数据，对用户分组，进行精准营销。针对全量用户，策划其感兴趣的品牌活动，如大型赛事联名、知名IP互动活动等，以吸引用户注意力，增加品牌曝光度，提升受众对品牌的关注度和好感度。

针对细分用户，先由中国区市场部总部基于用户生命周期搭建通用的标准化沟通流程，再由各大区按业务场景自主开展定制化营销活动与用户互动。

通过线下线上联动，引导用户向线上转移。在品牌活动传播策划中，项目组格外注重线下赛事等与线上互动的链接，利用线上传播扩大曝光覆盖面，引导受众养成线上沟通习惯；通过标准化的业务向营销活动，提升用户使用自助服务、进行线上深度互动的频率，过程中不断积累和校准数据，逐步向营销智能化过渡。

以活跃用户为突破口，引领增长。通过品牌活动提供的限量、高稀缺性激励，以及业务向营销活动提供的定制化激励，引导核心活跃用户主动参与并在社交圈转发评论，从而唤醒裂变式传播，拉高用户互动率，并获得新客。

项目执行

1. "IP跨界＋黑科技"，突破用户心智

基于洞察策划品牌活动，触发目标受众对品牌的正向情感认知。

比如，通过赞助运动赛事、与经典电影IP联名等，使更多人看到DHL快递对卓越品牌价值的追求；2021年DHL快递推出了行业内第一个应用NFT（非同质化通证）的社交互动活动，体现了品牌创新、开放的观念。

2. O2O链路放大声量，社交裂变拉动增长

充分利用品牌资源，设计易参与的线上活动，配合精准投放，提升品牌声量；同时利用稀缺激励（如球星福利、限量周边等）激发社交裂变式传播，引流私域。

3. 分组推送，精准沟通，深度互动，加强忠诚

善用数据，细分用户。利用业务后台数据库和自研小程序标签体系，将用户分为超过50组细分人群。外部投放可再利用标签，结合广告平台数据，筛选更相关的人群。

基于业务，深度互动。除品牌内容面向全量用户外，各区分别梳理业务场景，在市场部协助下发起专题策划，灵活定向人群，在定制开发的自动化营销后台的支持下分组推送，与用户开展深度沟通。

例如，2021年欧盟海关法规变更，涉及欧洲航线客户，DHL快递迅速策划了包括政策解读、视频课堂、直播答疑在内的系列内容，帮助客户有效应对市场变化。

项目评估

B2B品牌广泛投放和引流不是最优解，因为目标人群存在显著的行业属性，目标人群的总流量相对B2C而言也更加有限，在此前提下，策划合适的主题、输出有价值的内容、吸引正确的人群尤为重要。

本次项目达成了两个效果。

效果一：粉丝增长。

2021—2022年，品牌私域（微信订阅号和小程序）运营的KPI是关注粉丝数量，年度增长50%。

目标解释：设定这一目标，是因为DHL快递以往依赖线下销售与客户沟通的方式难以向用户传递稳定、全面的品牌形象和价值，对目标用户的覆盖率也较低，而引流用户关注私域（特指微信订阅号和小程序），则使DHL快递借助基于用户洞察的品牌活动与用户进行大规模精准沟通，激发用户对品牌的认同感，为加强品牌忠诚打下了基础。

实际结果：截至2022年6月，DHL快递俱乐部微信公众号和小程序粉丝增长达102%，远超预期。

效果二：用户忠诚。

KPI设定为微信小程序的用户绑定数，数值设定为年度绑定用户增长12万人。

目标解释：在DHL快递平台进行注册，会获得个人账户，同一企业用户可共享企业账户，以完成需要权限的业务操作。拥有这两种账户的用户到小程序进行账户绑定，有助于品牌整合业务数据与用户行为数据，搭建标签体系，加强精准沟通，实现营销自动化和用户管理。因此，双绑定是比用户注册更深的转化指标（每个账户的绑定都单独计数）。

实际结果：截至2022年6月，绑定用户增长16万人，超出预期33%。其中，超过60%的绑定用户为下单用户，营销数据与业务数据的高度吻合意味着精准引流的成功。

更重要的是，活跃企业用户（按发件频率划分）绑定数由1万多家增加到8.5万人以上；高价值企业用户（按订单价值划分）绑定数由3000多家增加至2.3万家以上，增长超600%。由于这部分客户是业务面向的核心人群，并且是企业账户而非个人账户，因此达成难度较高，该成果对品牌来说含金量很高。

亲历者说 高怡阳　DHL快递市场部数字营销经理

B2B运营私域有它独特的挑战，特别是对于DHL快递来说，存量客户基数很大，由于以前使用传统的沟通模式，人群的业务和数据价值尚未被完全挖掘，因此私域建设更注重将存量客户（不管是活跃还是暂时不活跃、业务金额大还是小）引流至线上，留存下来。

这非常考验团队精细化运营的能力。从用户增长和忠诚度建设的数据来看，该项目无疑是成功的！

案例点评

点评专家：张辉　亚虹医药企业传播及公共事务总监

对于B2B品牌而言，私域运营是增加核心目标客户品牌黏性和忠诚度的有效方法之一。DHL快递洞察了这一趋势并采取了行之有效的措施，从存量客户切入，实现了精准打击。项目效果的衡量，既有量化的数据支持，也有定性的品牌认同，可以说是品牌传播B2B领域一次卓有成效的尝试。

◗ 中国银联2021年社会化传播

执行时间：2021年12月28日—2022年1月19日

企业名称：中国银联股份有限公司

品牌名称：中国银联

代理公司：艾迪沃思国际传媒广告（北京）有限公司

获奖类别：2022金旗奖最具公众影响力实效营销金奖

项目概述

跨年期间，节日氛围助燃消费者的消费欲望，品牌营销在迎来机遇的同时面临着挑战。跨年营销是各大品牌的必争之战，各大行业品牌纷纷强势入场，如何在这个龙争虎斗的战场上突出重围、吸引关注并俘获人心，是本次创意营销所面临的严峻考验。本次中国银联的主要传播目的，是借助跨年期间的喜庆氛围和消费热度，向消费者充分推广中国银联跨年营销活动主题和内容。需要达成以下传播投放目标：扩大活动声量，提升各类平台指数数值，通过制造热点话题打响品牌声量，以趣味IP刺激年轻用户参与并分享活动，助力拉新，提升活跃度和参与度等。

项目策划

1. 策略洞察

用有趣的视觉内容和低门槛的活动参与机制占据消费者心智，深挖受众用户，结合跨年消费场景和情感需求，融合新年"吃、购、游、娱"四大消费趋势，通过"银联点亮假日"话题，向核心用户人群充分传递中国银联跨年活动福利机制以及跨年消费用中国银联更便捷更优惠的信息内容。全平台创意整合、媒体创新、公私域整合，多端共振，实现全域营销的全新突破。

2. 核心创意

视频创意基于对日常生活中各人物关系聊天对话内容的洞察，聚焦三大活动产品内容，从中奖的角度出发，结合一语双关的生活场景，利用轻悬疑的节奏形式，从开场就让消费者代入剧情，从而引出活动内容以及凸显活动优势。创意设置了3支相互关联的视频，分别聚集亲情、爱情、友情，将生活化的小故事和活动利益强势绑定，提升趣味性。

海报创意则充分借势"大圣"IP，运用上美影视觉画风与活动产品建立关联，通过局部细节的放大聚焦产品，形成亮点产品的视觉记忆；海报文案通过与"大圣"IP内容相关联的对比手法，引发消费者的好奇思考，同时建立起可以"一块钱买到大牌产品"的消费认知，将大牌产品作为主要宣传素材植入进来，利益点与趣味性双线并行，打动消费者。

3. 传播策略

多平台矩阵全面开花：微博、微信、抖音、快手、小红书5家平台KOL流量叠加，多方发力，同时进行活动宣传。

直发宣传，流量叠加：围绕"吃、购、游、娱"四大节奏话题，选择各平台同话题类别的KOL，各自产出相应内容，持续释放福利信息，如5折秒杀、笔笔刷天天返、爆品秒杀等，增加活动曝光度与认知度，并结合活动时点打造每周周三Big Day（大日子）。

项目执行

（1）全网联动，微信、微博、抖音、小红书、快手渠道同步传播，达成话题扩散及深度种草的目标。

微信KOL 10余人，微博KOL 80余人，抖音KOL 9人，小红书KOL 18人，快手KOL 16人，其中，微信渠道进行深度用户种草；小红书直接活动种草，高互动量精准触达目标用户，传递活动信息。

（2）视频传播方面，联合抖音头部大号打造爆款内容。

（3）各渠道优质内容共创，传递活动信息，提升活动传播质量。

（4）借势热点影视剧《小敏家》流量，以及新年节点的新年愿望等热点话题，打造"圆梦""萍姐推荐""新年消费"等内容，借助高关注度内容吸引用户关注。

项目评估

通过一整套的创意内容搭配投放打法，项目组保质超量地完成了本次活动的传播目标。投放期结束后，活动曝光量均达到了可观的效果，微博话题页达到亿级曝光量，品牌活动实现高曝光、强宣传；三重福利活动内容深受欢迎，受众参与度高。

活动总曝光量：5.6亿次。

活动总参与度：百万级参与度，250万人次参与。

微博话题热度：2.6亿次阅读，8.4万次讨论。

抖音话题总参与度：3.0亿次播放。

亲历者说 张驰　本项目创意总监

随着跨年营销节点的临近，各大品牌、电商营销活动集中爆发，在跨年营销活动的创意洞察中，我们希望能够从情感层面切入，让"无套路，真优惠"与人们的日常生活连接起来，从而打动消费者。此次中国银联携手上美影"大圣"IP上演回忆杀，将"一块儿跨年"进行到底，把人们带回了那个可以和小伙伴们相约一起跨年、过节就有礼物收的童年。项目以短视频与系列海报为主要传播物料，在微博、抖音、快手、小红书、公众号等自媒体平台全面开花，丰富了跨年场景。

案例点评

点评专家：张殿元　复旦大学国家文化创新研究中心秘书长、教授

借助节日喜庆的氛围，跨年营销成为众多企业和各大品牌的必争之战，这意味着企业和品牌的营销内容、营销手段和传播路径必须具备新意，才能在众多竞争者中脱颖而出，这很具有挑战性。本案例通过设计系列传播活动，向用户传达中国银联假期福利机制。从营销内容来看，将跨年的消费场景置于亲情、爱情和友情所发散的生活化小故事中，借由独特的视觉画风和具有趣味的IP形象，试图唤醒用户情感需求，增强视觉记忆。从传播路径来看，全域化的传播渠道拓宽了跨年营销的广度，而不同平台的差异化营销设计和各渠道意见领袖的推广，又增加了跨年营销深度，促使活动获得更多的识别度、曝光度和参与度。综合来看，本次活动是比较成功的跨年营销和社会化传播服务案例。

GOLDEN
FLAG
AWARD
金 旗 奖

2022
—
金旗奖最具公众影响力
互联网产品推广营销金奖

腾讯新闻美好内容品鉴会 —— 洞见新绿洲 ①

执行时间：2021年11月

企业名称：腾讯科技（深圳）有限公司

品牌名称：腾讯新闻

代理公司：北京天下凤凰文化传播有限公司

获奖类别：2022金旗奖最具公众影响力互联网产品推广营销金奖

项目概述

深度内容有其独特价值，不只是一时吸睛，而是真正提升与消费者的沟通效率，从而提高受众黏性，促进用户转化。中国之声作为品牌与消费者沟通的有效媒介之一，不只带来了内容营销的差异化选择，更为品牌传播提供了长期可复用的新思路。

活动海报

2020年后，受疫情影响，传统的线下活动不断减少，线上发布活动日渐增多。

---

① 本文中所涉及的视频及照片，北京天下凤凰文化传播有限公司均已得到被拍摄者的使用许可。

线上发布方式不断推陈出新，在非场景营销的当下赢得用户长时间关注，成为企业的主要诉求。

项目策划

1. 目标

（1）用更新颖的方式让线上营销发布更具黏性。

（2）传递腾讯新闻下一年度战略布局。

（3）强化新闻内容的重要性。

2. 受众

企业、精英、内容制作方、大众。

3. 整体策略

（1）以节目制作的方式赋能线上发布。

（2）多场景与多内容交互并行，丰富镜头语言的表现力。

4. 传播覆盖

（1）主打对高质量新闻内容有诉求的精英群体。

（2）构建以内容为吸引的受众矩阵，链接B端和C端。

（3）首次尝试多内容的节目化包装方案。

活动截图

项目执行

2021年，线上发布会不断创造新颖的活动形式，此次项目完美地诠释了腾讯新闻精品内容生产分发平台的属性，为广告主从活动形式上深刻理解产品内容奠定了坚实基础。

（1）整体项目以节目化包装为核心，脚本策划输出将TVC的逻辑应用于活动当中，从节目化串场形式到转场的形式，都有别于传统的线上发布会。

（2）整体项目从前期策划到录制、剪辑再到最后的线上播出数据分析仅用时25天，成为高品质线上活动典范。

（3）高度契合腾讯新闻产品气质和客户诉求，为客户精品内容的营销推广助力。

项目评估

2021年，流量逐渐退潮，依托高价值内容完成品牌建设，成为全新营销策略，深度内容作为稀缺品，收获越来越多品牌的重视关注。截至发稿前，腾讯新闻已与白酒、食品快消、3C、IT、汽车等多行业品牌展开合作。

未来，腾讯新闻将以媒体公信力凝聚新温度、以内容塑造力焕新空气、以高价值注意力构建新土壤，持续开拓内容新绿洲，为更多品牌打开以深度内容为核心的商业发展机遇。

亲历者说 **栾娜　腾讯公司副总裁**

优质的内容从来不是曲高和寡，而是精益求精。

某种意义上，品牌是企业和用户的想象共同体，共识的凝聚、精神的感召、定位的区隔、理念的传递、认知的巩固和价值的支撑，都会让这个想象共同体引力增强、不断壮大，而真实、优质的深度内容，则可以成为激活企业与用户联系的"按钮"。

案例点评

点评专家：张殿元　复旦大学国家文化创新研究中心秘书长、教授

在传播主体多元、信息严重过载的网络时代，高效获取真实有用、清晰理性的信息对大众而言越发困难。时下流行的短视频无法满足用户对有价值信息的需求，深度内容创作本身有更高的门槛，行业内能够承载和创作高价值内容的沟通媒介也十分稀缺。腾讯新闻持续构建内容新绿洲，以专业、可靠、及时的热点资讯报道帮助用户保持理性视角。通过对社会现象与生活肌理的深刻洞察，以真实的新闻记录当下、传播最新信息、反映时代变化。腾讯新闻美好内容品鉴会——洞见新绿洲秉承更高的社会责任感，坚守新闻专业主义精神，向全社会传递有温度的新闻专业内容，展现对社会现实的人文关怀。

建行生活 "717美好生活节"

执行时间：2022年6月9日—7月28日
企业名称：中国建设银行
品牌名称：中国建设银行 "建行生活"
代理公司：和智传信品牌管理顾问（北京）有限责任公司
获奖类别：2022金旗奖最具公众影响力互联网产品推广营销金奖

项目概述

建行生活App是由中国建设银行倾力打造的一个集花钱、省钱、借钱、赚钱于一体的一站式本地生活服务平台，在全国范围内提供丰富的生活场景服务。该App以满足老百姓本地生活需求为出发点，集美食、商超、外卖、充值、电影演出、出行等多种场景于一体，致力于为用户品质生活提供新选择与新体验。

本次传播目标十分明确，即破圈突围，盘活平台KA商户（大卖场），让 "717美好生活节" 在全网用户中建立起IP化认知，占领用户心智。

项目策划

本次 "717美好生活节" 的营销推广以造节为思路，致力于打造 "717美好生活节" 专属性，聚焦盘活KA用户，突出节庆核心利益点，以视觉物料为抓手，结合有力的活动权益，突破用户对 "717美好生活节" 的固有印象，打造传播话题，实现品牌出圈，改变以往常规操作，冲破银行类活动传播界限，运用营销新玩法，在社会传播层面不破不立，达到营销传播新峰值。媒介策略上结合建行生活快速拉新的年度目标，更侧重社交媒体传播，主要是搭建强曝光平台、深度种草平台、生活种草平台，通过各社媒KOL的集中式强曝光，营造整体活动狂欢氛围，强化活动系列利益点，吸引更多的关注互动。从传播层面来看，通过多个社媒平台集中造势，最大范围扩散活动影响力，通过导流，使建行生活私域流量得到有效转化。除此之外，重点聚焦C端消费和生活类KOL，利用多圈层KOL资源打造传播矩阵，软性植入定制化内容，引导C端消费者对 "717美好生活节" 产生强烈感知，从而产生深度种草的消费行为。

在着手设计 "717美好生活节" 视觉物料之前，项目组考虑需要一个统一的标识，一个可以让"717元素"深入人心且包含"717美好生活节"核心关键点的icon（图标），于是设计过程中，在严格遵守VI品牌色运用的基础上，将"礼物""狂欢""惊喜"代表元素与建行生活及"717美好生活节"相结合。在接下来的视觉物料输出中，始终重复这个icon，将它打造为此次"717美好生活节"的视觉符号，形成视觉统一，占领受众心智。

项目组在主视觉上做了以下几点思考。

（1）如何在众多生活节、购物节中脱颖而出，抢先抓取受众注意力，打造记忆点？

（2）如何在主视觉方面做出突破、做出创新？

于是，项目组发散思维、大胆创新，充分利用与十大餐饮品牌深度合作的机会，在视觉上利用C4D（4D电影）技术将十大餐饮品牌与717核心元素结合，用实际的活动内容及品牌优惠去构造、搭建"717美好生活节"，在视觉上传达这样一个信息：717不再是空泛的数字，而是真正有内容、有支撑的狂欢节。

同时，项目组打造了两支极具风格的视频，旨在传递建行生活App是定位于生活全场景的互联网平台的核心概念，受众人群多、功能全面、权益丰富是建行生活App的主打亮点。此次"717美好生活节"将活动权益按照场景分为"17购大牌""17全城购""17好券天天领""17玩转'金'彩""17全民嗨"五大类，涵盖餐饮、外卖、电影、鲜花、买菜、商超、图书等领域。在主宣传片这条物料上，项目组重点考虑的是在有限的时长内向受众展示最全面的活动场景，并且将活动体验感、狂欢感作为潜在信息，有效地通过视觉传达给受众，所以从拍摄的场景、演员的选择到画面文案的设计、VO的创意等，都紧紧围绕"年轻、活力、节日的欢乐"几个关键因素执行。

拍摄涉及多个场地的转场（4个KA商户、电影院、超市、草坪、泳池、居家客厅），35名主演及群演（含动物演员），5种拍摄机型。使用到了航拍、穿越、水下拍摄等拍摄方式，后期还加入了绿幕特效、二次元手绘特效、分身特效等，视频更具趣味性及创新性。

"**717**美好生活节主视觉"

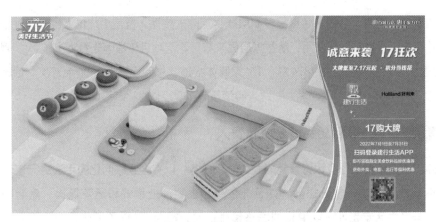

"717美好生活节"合作商户海报（好利来）

在有关 10 家合作餐饮品牌的视频中，项目组面临的课题是：突破惯用形式，更加迎合年轻人口味与兴趣点，让这支视频能够脱颖而出，既起到宣传活动的作用，又通过创新的形式吸引受众的注意力，让物料自身破圈，形成自传播。

所以项目组决定采用业内暂无先例的"二次元元宇宙"风格，打造一个"717美好生活节"奇异世界，这个奇异世界里充满了各种福利、狂欢。值得一提的是，为了更好营造氛围，起到传播效果，项目组为这支视频打造了原创歌曲《夏日来袭717》，歌曲将10个品牌用有趣的rap（说唱）歌词串联起来，副歌多次重复17购大牌口号，达到了趣味宣传的效果。

项目执行

6月9日收到采购通知，这时距活动正式开始不足1月，项目组快速反应，进行各项同步启动工作，执行物料的设计制作，传播工作的筹备规划。极具挑战性的执行时间，充分考验了项目组内部的快速响应机制。本次建行生活"717美好生活节"较之以往同类活动，在物料设计上有明显的突破，从现实感C4D的应用到元宇宙风格的创新，在吸引建行生活App现有用户及更多的建行生活App潜在用户的同时，证明了银行类App也可以玩出新花样，并获得受众的好评。任何项目的成功都离不开各方配合，高效的配合能够使项目执行事半功倍。此次建行生活"717美好生活节"的顺利执行离不开项目组同事的专业与支持，相关素材的提供、创意的探讨、执行的支持、质量的把控到审核流程的高效推进，都展示出项目组的专业执行能力。

项目评估

本次活动内容形式及达人类型丰富多样，覆盖全方位人群。通过直发717宣传片，最大范围进行物料传播，实现建行生活公众号的成功引流。以"诚意来袭，17狂欢"为主题，微信、微博、小红书等多平台集中造势，利用不同平台属性发布不同形式和不同角度的活动传播内容，通过生活、美食、营销、金融等多圈层账号矩阵式传播，覆盖更广泛人群，实现了曝光量最大化并有效引导用户注册使用。从数据层面来看，本次项目传播曝光量近12亿次，网点物料100%覆盖，商户物料覆盖224874户，374家媒体报道，总阅读量达4000余万次，话题总阅读量2300余万次，25位KOL联合发力，达人阅读量超1700万次。

亲历者说 王涛　项目组品牌公关负责人

这是一次突破传统国有银行营销形式的推广任务，以完全互联网化的手法进行造节活动。

以造节的思路进行整体操盘，并且抓住平台主要商业模式和运营现状，盘活KA商户，打造717美好生活专属性，以IP化的思路整体布局，期望"717美好生活节"将来也可以变成像"双11"、618那样的全民节日。

如何打造"717美好生活节"的专属性呢？视觉上，有统一的标识，有用717组成的C4D风格的KV，并且在主宣传片中，用几十个"717"串联起服务的生活场景和对应的"717美好生活节"活动会场，全方位塑造717的专属性。还有很重要的一点，即打破国有银行以往充满距离感的形象认知，对建行生活品牌调性再次塑造。由此，联合十大KA商户的rap元宇宙风格歌曲视频以及C4D海报，都刷新了市场对于银行的认知，而且通过对于KA商户的重点推广，进一步盘活了KA商户。线上直播发布会一改传统发布会的沉闷形式，以年轻时尚的方式与行业、用户沟通。同时，我们发动了全国分行进行宣传推广，既发挥了建行强大的推广能力，也积极拥抱了市场化新媒体渠道推广方式。这么短的时间做出这么多高品质的、创新性的、突破性的内容，可谓是一个奇迹。

总的来说，此次建行生活"717美好生活节"项目堪称国有银行造节营销的一个标杆，从活动投入、品牌宣传到渠道投放，全部冲破了受众对国有银行营销活动的传统认知。以造节思路打造平台流量峰值，抢占717专属性，塑造建行生活平台自己的全民性节日，也探索出了可复制的KA营销模式，并且实现了渠道的一次全面整合，将银行内外的渠道全面整合，探索最优的媒介策略。相信这将启发更多同业人士一起思考，一起探索，一起打造更多的经典案例。

案例点评

点评专家：沈激　日产中国公关传播副总经理

项目策划和执行团队大胆创新，以更好的内容、传播方式、渠道和视觉设计吸引更多用户关注。执行团队在执行过程中以市场化思维，站在最终受众的角度去思考、策划，采用了很多创新性的、年轻化的表达形式，通过主视觉、合作品牌视觉、品牌 TVC 等活动宣传视频，在多个社媒平台集中造势，最大范围扩散活动影响力，通过导流使建行生活私域流量得到有效转化。最终在活泼、破圈与建行国有大行的形象中找到完美的平衡点，取得了良好的传播效果。

GOLDEN
FLAG
AWARD
金 旗 奖

2022
—
金旗奖最具公众影响力
电商战役营销金奖

♩《山海寻梦，夜愈人心》荣耀手机——京东Plus会员日传播

执行时间：2021年3月18日—4月29日
企业名称：荣耀终端有限公司
品牌名称：荣耀手机
代理公司：智者同行品牌管理顾问（北京）股份有限公司
获奖类别：2022金旗奖最具公众影响力电商战役营销金奖

项目概述

为透彻展示荣耀Magic 4系列至臻版产品能力，区别于其他厂商常规展示形式，项目组以京东Plus会员日为契机，借助《山海经》文化IP，与国风画师@舍溪合作，打造玄幻画作以及创意治愈系视频，全方位展示手机夜景拍摄能力。

项目策划

1. 消费者洞察

城市的快节奏使现代人在忙碌后将夜晚作为情感释放的时机。作为今天与明天的连接，夜晚拥有更多情绪治愈能力和梦想孕育能力。

夜生活因人们对生活场景日益多元丰富的精神需求而披上越来越华丽的盛装。而在科技日益发达的今天，人手一部智能手机，随时随地可以完成对精彩时刻的记录。

2. 实施策略

以新颖的形式展示荣耀Magic 4系列产品夜景拍摄能力，加深消费者感知，通过洞察现代城市生活发展、消费者对夜生活的精神需求以及夜晚的情绪点，结合时下流行的国风文化，借助玄幻著作《山海经》，创作治愈系神兽"腓腓"，联手国风画师@舍溪（曾受《新周刊》采访并凭借微博话题"90后女孩用3D插画还原山海经神兽"登上热搜、在各大短视频社交平台收获百万粉丝），共同打造治愈大片，展示华夏文化的魅力与温度，让年轻朋友了解、爱上《山海经》，了解荣耀Magic 4系列产品。

3. 内容传播及媒介策略规划

项目传播物料包括国风插画师@舍溪结合手机创作的3幅创意作品以及1支创意TVC。

核心传达荣耀Magic 4系列至臻版邂逅《山海经》，用科技焕活神兽"腓腓"治愈人心的文化魅力。除荣耀手机以及京东Plus会员官方传播，在微博以及微信视频号端口，传播范围覆盖科技、艺术等KOL以及媒体，结合不同类型传播资源特点，对视频以及创意绘画作品进行解读，对产品能力进行分析，多维度形成消费者的产品认知，实现销售转化。

项目执行

（1）以手机夜景拍摄产品力营销需求为指引，通过洞察消费者精神需求，锁定古文化玄幻著作以及书中在夜晚出现、治愈人心的神兽角色"腓腓"。

（2）同国内在绘制《山海经》相关题材方面具有一定影响力的插画师@舍溪合作，以绘画形式将山海经神兽与手机夜景样张融合，最后以创意视频形式"焕活"神兽。

（3）视频内容结合城市框架下某些人群情绪情景设定，以@舍溪第一视角，通过荣耀Magic 4系列观察生活，到激发创作灵感再到夜晚降临，用影像科技"捕捉"山海经神兽"腓腓"身影，记录神兽治愈人心的瞬间。

创意作品

项目评估

1. 效果综述

此次核心传播视频播放量超 500 万次，30 余种视觉、广告、创意类微信视频号对该视频从营销、广告创意层面予以解读，40 余种科技、设计类 KOL 在微博传播视频及创意样张，解析产品能力。累计阅读量超 2000 万次，互动量超 30 万次。

2. 项目亮点

区别于传统厂商意义上的产品夜景样张展示，通过创意漫画二创形式在荣耀 Magic4 系列至臻版直出夜景样张上"画龙点睛"，以此加深公众对产品的印象。

视频借助后期处理，将样张上的山海经神兽唤至人间，通过几类人群侧写与公众产生共鸣，对产品能力进行更立体、沉浸式的整体展示，起到"1+1 > 2"的作用。

线下展览艺术装置使用了合作插画师绘制的神兽形象，营造玄幻神话氛围，视觉冲击感强，项目中产生的视觉样张得到集中展示。

亲历者说 **吕婧　智者同行品牌管理顾问（北京）股份有限公司 AAM（助理客户经理）**

本项目执行时兵分两路，视频拍摄与舍溪手绘双向并行，原定 @ 舍溪本人出镜参演，但受特殊因素影响，临时调整拍摄策略，改为异地在线指导拍摄，完成"实拍 + 异地拍摄 + 创意手绘作品植入"等内容，最终呈现给大家这样一支治愈系 TVC。后来荣耀手机影像线下展览活动于 7 月初在南京夫子庙举行，当地文旅局代表以及圈层摄影师共同出席。

案例点评

点评专家：吴翀　霍尼韦尔特性材料和技术集团亚太区市场营销总监

其实荣耀手机发布就算不做太多营销也可以引起话题，但要想出彩就需要更加精心设计发布创意。作为国货的旗舰品牌，荣耀手机选择中国古代神话故事这个非常好的切入点，与大众文化输出、文化自信特别契合。视频突出了手机的夜拍功能，也将人文关怀编织于其中，有让人感动的点，更有视觉冲击力。

康师傅2022抖音年货节数字营销专案

执行时间：2021年11月12日—2022年1月4日

企业名称：上海康翊企业管理有限公司

品牌名称：康师傅

代理公司：杭州网营科技股份有限公司

获奖类别：2022金旗奖最具公众影响力电商战役营销金奖

项目概述

1. 项目背景

抖音2021年第一季度至第三季度方便速食品类月均生意规模超5亿元，但康师傅方便面仍处于抖音生意的冷启动期，市场占有率低。

2. 痛点提取

（1）人群年轻化不足。基于抖音云图人群画像，康师傅方便面在18～30岁年轻人群关注度占比上落后于行业平均水平，尤其是18～23岁的人群占比。

（2）老品占比过高，货品结构亟待优化。康师傅店铺2021年第一季度至第三季度老品红烧牛肉面GMV（拍下订单金额）贡献超六成，而新品贡献率不足三成。

（3）品牌在抖音营销话题度低，消费者认知陈旧。康师傅话题讨论度低于竞品，且品牌核心热词仍为经典款红烧牛肉面。

3. 目标描述

抓住年底电商大促机会——年货节，帮助品牌实现认知焕新和电商板块整体生意突破目标。

活动海报1

项目策划

1. 营销洞察

（1）新年节点前后消费者具有主动购买、囤货的消费意识。

（2）人们有一定的思乡情绪，具有家乡特色的产品能够自然地刺激消费。

（3）1月年货节开启，各品牌市场营销动作不断，康师傅需要营销亮点，突破重围。

2. 内容创意

基于营销洞察结果，提取关键词——"家乡味"。

挖掘干面荟汇聚中国特色口味的产品亮点，对"城市记忆"追本溯源，以"中华城市面"概念升华情绪价值，挖掘面与人的关系。

3. 项目策略

（1）核心策略：全域整合营销打造新品干面荟爆款，使其成为品牌撬动抖音年货节的重要支点。

（2）内容策略：挖掘人们对于上海、广州、香港三城的共同文化记忆，强化城市人间烟火味的产品亮点，塑造干面荟#城市之味#话题，抢占消费者独特心智。

（3）媒介策略：以抖音为核心渠道，辐射小红书、B站，实现全网话题覆盖。

4. 传播规划

（1）第一阶段：小红书渠道心智先行，沉淀产品口碑。广投小红书KOC，率先渗透渠道美食垂类人群，通过笔记文案、地域元素强化城市心智，场景化传达"城市之味"产品心智。

（2）第二阶段：IP联名，营销活动快速提升产品声量。合作上海城市地标IP朵云书院，发起#发现城市之味，书写上海一面#主题活动，助力干面荟葱油鸡丝拌面率先出道、绑定上海消费者心智。

12月21日，康师傅干面荟登陆朵云书院上海五大地标门店，面碗金字塔亮眼吸睛。同时，干面荟加入朵云书院商城，借助满赠活动，引导高品质客流关注康师傅线上官方旗舰店，打通"线下—线上"人群转化链路。

此外，康师傅邀请抖音知名探店达人线下打卡朵云书院，在上海最高地标享用葱油鸡丝拌面、晒出联名文创周边——"52上海"冰箱贴，

活动海报2

快速提升抖音平台声量、沉淀品牌兴趣人群。

（3）第三阶段：发布品牌创意BGC（商家自产内容），引发"自来水"讨论。从城市典型人物形象视角出发，挖掘城市记忆和美食文化，拍摄3组剧情类创意短视频。

上海阿姨×葱油鸡丝拌面："上海阿姨"是上海鲜明的城市符号之一。#发现城市之味#上海篇，从上海阿姨的视角出发，从老味道的葱油拌面到康师傅的干面荟，串联起上海这座城市日新月异的变化、历史与潮流交织的当代生活。

广州大爷×铁板牛柳炒面：人字拖、白背心、腰间一大串钥匙……这些是广州大爷在当代网络上的标签元素。#发现城市之味#广州篇，以结束一天收租工作后去路边大排档吃一份热腾腾的铁板牛柳炒面的大爷为主角，表达不平凡生活中平凡一刻的幸福。

香港城市青年× XO酱海鲜炒面：以一位工作快节奏的精英女性为切入点，以上班严肃认真的场景与下班茶餐厅吃一份面的悠闲场景形成强烈对比，展示香港快节奏工作的同时极具烟火气的矛盾魅力。

（4）抖音、B站方言达人特色种草，反复强化城市消费者心智。精选抖音、B站两大平台具备方言特色的美食垂类达人，邀请达人从自己对家乡城市的记忆出发，用广东话、上海话等方言讲述自己记忆中的美食故事。

（5）发起抖音特色主题直播，匹配特色货品、特色直播间设计、特色广告投放"烟火至味礼盒"：为年货节设计专属货品礼盒——四味尝鲜装，极大降低消费者决策难度。

特色直播间设计：将城市独特风貌如上海老弄堂、广州红楼、港式茶餐厅引入直播间，打造年货节专属的康师傅面馆。

特色广告投放：借助内容赛马机制，在种草阶段甄选出CTR（点击通过率）、CPM（千人成本）指标更为优质的种草内容，并在直播活动阶段加大投放规模，实现直播间精准转化。

项目执行

"双11"结束后，干面荟聚拢了110位小红书综合KOC进行营销蓄水，贯穿城市心智，进行产品种草，有效渗透小红书美食垂类人群，完成产品初曝光。

圣诞节前夕，康师傅干面荟携手朵云书院上海五大门店启动IP联名活动，实现线上线下两大品牌活动全域曝光。同时，借助线下满赠活动、文创周边联名等实现了GMV转化。

年货节期间，抖音、B站两大渠道美食达人集中发布种草视频，通过线下打卡等有效种草。

元旦前夕，康师傅抖音官方号发布品牌创意BGC，引发"自来水"讨论。

元旦期间，#康师傅面馆#抖音年货节特色直播活动正式上线，承接前一阶段的种草热度，再度精准触达品牌兴趣人群，实现有效转化，助力品牌生意突破。

项目评估

1. 效果综述

通过多阶段、持续性、覆盖多平台的营销活动，在把控传播节奏的同时，创造了持续且强劲的传播声量，并实现了产品GMV的增长。

2. 市场反应

（1）声量达成：营销活动期间，全网品牌曝光量超过3000万次，同比提升612%。

（2）人群年轻化升级：24～30岁人群关注度提升8%。

（3）货品结构升级：新品GMV贡献率达到52%，相比营销前提升20%。

（4）生意增长：直播日销GMV突破10万元，店铺GMV较2021年第三季度月均提升129%。

3. 媒体统计

项目期间线上KOL、KOC总投放量达160位，项目整体投入达120万元。

4. 项目亮点

本项目直击品牌自身在拌面领域缺乏爆品的痛点，基于抖音云图、飞瓜数据等工具量化分析结果，提出"发现城市之味""挖掘共同记忆"等差异化内容策略，然后在抖音、小红书、淘系视频进行全渠道差异化投放，并基于市场反馈做出及时的策略优化，最终在触达、种草、引流和转化多个层面均取得了突破性成果，使新品干面荟成为爆单新品。

本项目基于经典营销STP理论筹划，相较于传统的营销案例，进一步采用了基于数据的决策方法，从确立痛点到提出方案再到方案实施与效果评估（如内容赛马机制不断优化），都有翔实多元的数据作决策支撑。

亲历者说 岫烟　杭州网营科技股份有限公司营销总监

这次项目对康师傅品牌的意义是非常大的，让品牌看到了新品的潜力和爆发力，新品干面荟关注度的增长，除抖音外还外溢到了天猫、京东等平台，可以说实现了全网关注度的有效增长，这也侧面反映出康师傅这个三十多年的品牌仍然具备年轻化的潜力。

我认为这个项目成功的关键是数字化，项目组利用数智工具实现了人群路径的精准升级以及产品的扫描和选择，最终锚定了干面荟这款新品。可以说这个项目里的每一次营销投放都有精准的链路追踪和数据分析，都对下一步动作起到了指导意义。有数据可依的营销，使我们对结果的成功性有了更大的把握。

案例点评

点评专家：姚利权　博士、副教授、硕士研究生导师，浙江工业大学广告学系系主任、信息与传播研究所副所长

项目的亮点主要有以下几个。第一，有洞察。通过对抖音平台进行大数据分析，深入了解方便面行业的发展现状与趋势，精准定位并做出合理选择，为康师傅品牌的发展提供方向性指导。第二，有新意。以"发现城市之味"为核心主题，以情感切入，与消费者链接，从而提升品牌价值。第三，有方法。在整个营销过程中，线上、线下结合，各阶段层层推进，前后连贯，逻辑清晰，方法新颖、有效。

GOLDEN
FLAG
AWARD
金 旗 奖

2022
—
金旗奖最具公众影响力
包装设计创新营销案例金奖

伊利安慕希周边 —— 菠萝拖鞋上市营销

执行时间： 2022年5月25日—7月2日

企业名称： 内蒙古伊利实业集团股份有限公司

品牌名称： 安慕希

代理公司： 飞扬博远（北京）公关顾问有限公司

获奖类别： 2022金旗奖最具公众影响力包装设计创新营销案例金奖

项目概述

以安慕希菠萝酸奶为出发点，提取其中的菠萝元素进行创意延展，与菠萝面包深度结合，打造了3款夏日出游装备。在主阵地平台小红书传播，实现0投入、高转化的效果，总阅读量达55万次，单篇笔记涨粉6000余人，创造品牌小红书成立以来互动量、阅读量最高的纪录。

项目策划

本次创意主要以小红书平台为主、以微博为辅。小红书作为安慕希官方品牌的内容主阵地，是年轻人玩在一起的触媒渠道。安慕希菠萝拖鞋系列周边出街后，立即在小红书形成很高的粉丝讨论量。评论区粉丝纷纷表示这波安慕希菠萝拖鞋刷新了安慕希周边认知：原来拖鞋还能"吃"，还自带菠萝味！

在周边产品广受好评后，粉丝们开始期待这一次安慕希菠萝周边能有生产落地的机会，借此高期望，项目组安排了第二波传播，官方选择第一波高赞下的菠萝产品进行落地生产，以拟人化安慕希IP安比赶工踩缝纫机的创意海报，向粉丝表达周边在来的路上了。以可爱的IP形象诉说赶货生产拖鞋这件事，也收获了一波粉丝的追捧，形成自主转发及收藏破千的有利局面。这一波物料除了及时回应了粉丝的期待外，也成了业内酸奶品牌周边宣发的案例范本。项目组把周边的生产权交给了粉丝，让粉丝全程参与这一次周边生产，以此拉近了粉丝与品牌之间的距离，提升消费者参与感的同时拉高了品牌好感度。

通过前两个阶段的内容发酵铺垫，品牌积攒了一定的粉丝关注度，实现了口碑和流量转化的双丰收。在引起消费者共鸣的前提下，项目组收尾阶段的内容再次回应粉丝需求，以菠萝拖鞋试穿再度引发粉丝积极参与，许多粉丝将活动转发至朋友圈，形成自然裂变，很多新用户纷纷表示有购买产品的意愿。

项目执行

1. 5月25日"菠萝拖鞋元日"

最高互动：互动量55万次，创安慕希小红书互动量历史纪录。

拉新最多：单篇"吸粉"6000人，占小红书粉丝总量的9%。

有效评论：超8000条评论希望菠萝拖鞋上市，推动拖鞋飞机稿落地筹备。

2. 5月26日—7月31日维持拖鞋热度

为提升拖鞋飞机稿热度，维持小红书粉丝关注度，阶段性进行"赶工提示"以及"尺码征询"，为后续周边正式上市做尺码准备及购买意愿评估。

3. 8月13—8月14日实现量产，官宣上市

联合天猫超市，官宣拖鞋上市信息并打造买赠机制。

项目评估

强曝光：官方发布笔记总浏览量达65万次，占浏览总数的2/3。

强互动：3篇笔记破5000次互动，其中5月25日单篇笔记破3万次互动量，创安慕希有史以来最高互动纪录。

强引流：自来水传播"菠萝拖鞋话题"浏览量破30万次、67位买家晒出买家秀。

拖鞋上架后：8月14日—8月15日带货2790提，GMV环比提升196%；客单价94元，环比提升34%。

截至8月21日：菠萝拖鞋共带货7485提，日均GMV12.5万元，比7月日均提升113%；客单价77.8元，环比提升10%。

亲历者说 秦江丹　内蒙古伊利实业集团有限公司管理培训生

安慕希体系化进行品牌周边的建设，以赋能品牌及产品，但是由于没有成熟的体系，这个过程充满了未知。做什么？怎么做？做什么有效？怎么做有效？这些问题困扰我许久，我开始不断思考、对标和学习。没声量？那就借助品牌的力量，和新品结合推广，以达到事半功倍的效果。没想法？那就大量收集C端用户的反馈，反复揣摩思考。没创意？那就每天头脑风暴到深夜，总能出来一个点子。最终也是功夫不负有心人，我们推出了既赋能新品又引发消费者喜爱的周边产品。

案例点评

点评专家：王洪波　中国对外文化集团有限公司新闻总监

　　酸奶跟拖鞋有关系吗？安慕希推出的菠萝拖鞋周边突然走红，让人耳目一新。本次项目成功暗含一个规律，那就是好的营销一定要调动消费者参与积极性，跟消费者生活发生紧密联系。酸奶是柔软的，拖鞋也是柔软的，但让这两种柔软产生通感式联结很难。安慕希以切开的菠萝形状为创意设计拖鞋鞋底，让人感到个性十足的同时不由自主地想到酸奶那一丝丝的甜蜜。最关键的是，粉丝全程参与这一次周边生产。这拉近了消费者与品牌之间的距离，在提升消费者参与感的同时提高了品牌好感度。招募消费者试穿拖鞋，使之自主评论和宣发，形成网络热门话题，刷新了行业官宣自主品牌周边内容结合形式。顺应年轻人的喜好，调动年轻人参与，安慕希菠萝潮流周边真正实现了与年轻粉丝玩儿在一起、享受在一起、开心在一起的营销目的。

GOLDEN
FLAG
AWARD
金 旗 奖

2022
—
金旗奖最具公众影响力
体育营销金奖

"璀璨亚运·星耀长龙"亚运号发布会

执行时间：2022年6月—8月8日

企业名称：浙江长龙航空有限公司

品牌名称：长龙航空

获奖类别：2022金旗奖最具公众影响力体育营销金奖

项目概述

2022年8月8日，长龙航空以国内首次机库3D Mapping（结构性投影）秀的形式，为崭新的A321亚运彩绘飞机打造了一场主题发布会。通过新潮的呈现形式，展现新飞机、新团队、新机库形象，加深长龙航空作为亚运官方合作伙伴的公众认知，扩大人员形象与飞机形象的品牌传播，并在杭州亚运会延期举办背景下展现支持继续办赛的信心与决心，将其打造成杭州亚运会里程碑事件。

A321亚运彩绘飞机

项目策划

1. 项目目标

展现新飞机、新团队、新机库形象，结合亚运主题开展体育赛会主题传播，加深长龙航空作为亚运官方合作伙伴的公众认知，扩大人员形象与飞机形象品牌传播。

2. 项目洞察

这场发布会是杭州亚运会延期后的第一场主题活动，是亚运会里程碑事件，它是热情的；它是辗转欧洲最终归国的崭新 A321 的第一声啼鸣，是 12 架彩绘机队集结完毕的出征号，它是激情的；它是第三款亚运彩绘涂装飞机的发布，是航空文化与体育文化的融合，它是新潮的。

3. 环境与困难

从场地可控、场景契合的角度出发，策划时还在建设中的长龙航空 MRO^① 机库是最佳选择。该机库空间有诸多特性：空间巨大，能同时对 3 架民航客机进行维护；管理严格，机库是民航作业环境，受到机场与监管局的严格管理，火源等危险品以及 FOD^② 受到严格管控，基于机场与管理局的要求，项目执行期间的作业用人、车、物进出均需申报、制证、随员监管，交通运输要求复杂；机库为钢结构主体，大厅无空调或通风设施，环境炎热。活动执行期间正值酷暑时节，作业条件较为恶劣。但该机库作为航司自有的空间，在场地支持、人员协助、设备使用方面提供了极大的支持，提高了项目执行效率。

4. 策略与应对

客观环境和行业规范较难突破，团队与行业主管单位积极协调，在确保项目安全可控、符合规范的情况下完成项目执行工作。团队充分踏勘，与项目策划、执行单位积极协商，组织前期、中期、后期 10 余次进场踏勘，充分了解现场环境、进离场流程及相应要求。团队利用在线文档，大到效果图小到车辆器材单，每个环节均安排专人协调，在高效的文档合作下完成了操作流程的高度细化，充分指导了机场限制区内每日 10 余次进离场安监作业，节约了监管与协调成本；经过积极、充分的内部动员与协调，活动执行期间，在进离场、交通接驳、餐食、特种设备、人员演出等方面品牌方提供了充分的支持，与执行单位团结协作，在机场限制区顺利、高效地完成了作业。

5. 活动环节

基于空间条件和热情、激情、新潮的调性，团队研究了国内外机库场景发布会案例，决定设置四个环节。

（1）暖场与致辞。活动在夜间开始，以舞蹈秀开场，活跃现场气氛，随后安排领导致辞，从亚奥理事会总干事侯赛因的信件致辞，到杭州亚组委副秘书长陈卫强致辞，再到浙江长龙航空有限公司董事长刘启宏致辞，逐步清晰晚会主旨。在此期间，飞机停泊在大型喷绘板后，保持神秘感。

（2）活动开幕。在领导按下启动柱后，身后喷绘板移开，呈现飞机下方事先就位的

---

① 是 Maintenance（维护）、Repair（维修）、Operation（运行）的缩写。
② 是 Foreign Object Debris 的缩写，即有可能损伤航空器的某种外来物。

5组航空服务人员方阵，他们代表了杭州亚运会期间直接服务于航空运输工作的5个岗位——飞行员、乘务员、安全员、维修工程师、地面服务人员，随后人员退场，全场暗灯，机身投影秀启动。

（3）机身投影秀。投影秀时长4分钟，通过将画面投射到飞机机身，配合机身原有的彩绘图案和氛围灯光组进行呈现。投影秀共分三幕，以"智造航空""亚运精神"和"飞向杭州"为主题，分别呈现飞机设计制造、乘坐亚运号飞机巡游亚洲、亚运吉祥物互动等元素。

结尾处仿照东京奥运会的马里奥创意，真人机组与外机舱动画同步开启舱门亮相。

（4）启航参观。真人机组下台接受简短采访，讲述飞机辗转欧洲完成验收返回祖国的历程，最后邀请现场嘉宾参观亚运号飞机。

项目重点落在发布会的现场搭建与效果呈现上，邀请亚运频道现场直播，通过7家媒体的网络账号转播，将杭州亚运会矩阵与民航业界媒体作为主体，将客户代表、合作伙伴及飞友爱好者等KOL嘉宾作为辅助，开展活动当日及次日的话题传播。同时，在活动前后与杭州亚组委开展自媒体联动，进行预热活动、与粉丝互动。

项目执行

四月底，"亚运号"火炬主题彩绘飞机在德国汉堡完成验收，飞抵杭州交付。6—7月，团队积极协调机场与监管局，就机场控制区内作业、防疫等流程和要求进行协商。同期，长龙航空携手沐柯文化、象趣引擎及杭州亚组委宣传部，就活动方案与投影秀脚本进行多轮讨论与修改优化，并保持动态调整，以满足安全规范等多方面需求。7月中下旬，团队与亚组委、机场、监管局沟通，正式报备活动素材与方案。同期，完成公司内部动员，成立综合保障、品牌市场、搭建支持、安保防控、演出礼宾共五大执行工作组，明确分工，与执行单位合作完成活动筹备工作。8月1日至5日，组织各工作组与执行单位进场，对现场

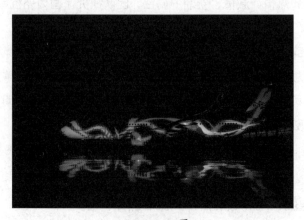

3D Mapping 秀

布局、操作流程进行最终测试与确认。8月6日至8日白天，组织作业单位进场，完成现场布局搭建与演出排练，夜间进行投影设备的光学校准和调试。8月8日夜晚，举行发布会，完成现场发布。活动结束后撤场并恢复场地。8月9日早间，机库完成复原作业，通过维修、安保、消防验收。

项目评估

在彩绘涂装亚运飞机上火炬主题所呈现的精心组合的设计元素和细节，是对长龙航空服务亚运、助力亚运最好的诠释。歌舞环节以人物为核心，展现出长龙航空作为一家年轻航司品牌所具有的青春活泼的独特调性。震撼人心的3D Mapping引爆活动热点，给人留下深刻印象，形成传播话题，不仅通过画面内容向公众传达出长龙航空细致、专业的品牌形象，还突显出长龙航空标新立异的精神内核。

发布会特邀杭州亚组委副秘书长陈卫强出席并致辞，展示亚奥理事会总干事侯赛因先生的活动贺信，体现出品牌较高的站位，突出企业社会责任感。

传播声量及效果以小博大。整场发布会凭借策划的优秀设定和呈现上的高度还原，以较低的传播推广投入撬动了巨大的活动曝光量，引发50余家媒体关注报道。

发布会采用定向邀请的方式，邀请第19届亚组委相关领导、头部媒体、行业伙伴等现场观摩，伴随活动流程的推进现场氛围不断被推向高潮，灯光秀环节极具视觉张力的画面直接点燃嘉宾们的兴奋感，其纷纷拍照发至社交平台。线上传播方面，全网共计收获超千万的关注量，网友们纷纷留下"非常帅气""太震撼了""期待亚运，长龙加油"等评论。

以央视新闻、人民网、中国新闻网等头部媒体为引导，20余家权威媒体对发布会进行了深度报道。中国蓝新闻、天目新闻、钱江视频等地方媒体对活动全程进行直播报道，强势聚焦"长龙航空'亚运号'火炬主题彩绘飞机亮相"话题宣传热潮，据不完全统计，各家媒体通过自有传统和新兴传播渠道，共计达成300万次的活动曝光。人民网、侨报网、亚组委海外融媒等媒体将活动声浪传至海外，英语、日语、葡萄牙语等多种语言类型的新闻报道广泛触达海外受众。社交媒体及自媒体圈层，微博、抖音、微信等多平台共振，多圈层、多维度触达公众，助力品牌曝光，增加了品牌认同感和公信力。无主动推流的情况下，微博客户端形成#亚运号火炬主题彩绘飞机##亚运号彩绘飞机集结完毕##璀璨亚运，星耀长龙#等多个实时热点话题，吸引众多KOL自发宣传报道；抖音平台当日同城话题榜爬升至第二，斩获500万热度。截至8月16日，社交媒体及自媒体圈层总点击量近800万次。

通过资源合理分配、利用，本次活动实现了品牌曝光的高效转化，权威媒体和新兴自媒体同频共振，全网总曝光量超1000万次，极大提升了公众对长龙航空的品牌认知和认同。

案例点评

点评专家：郑威　华硕电脑中国业务总部副总经理兼新闻发言人

在机身作为广告位的今天，长龙航空创造性地以机身3D Mapping秀拓展广告空间维度。其将夜空作为幕布，以光影作画笔，以杭州亚运会为主题，呈现3种视觉主题，展现出一场艺术性与广告性相结合的光影童话。

同时项目组的执行力不容小觑。光影秀的背后隐含着前期运载、协调以及后期撤场、复原等大量工作。MRO机库、验收过程等用户未知领域的展示很有吸引力，又带动了新一轮传播。

整体项目从创意到执行都很扎实、出彩。

"为运动而声"
—— Shokz韶音专业运动耳机推广全案

执行时间：2022年1月6日—12月31日
企业名称：深圳市韶音科技有限公司
品牌名称：Shokz韶音
代理公司：北京摩翡信息咨询有限公司（简称摩翡）
获奖类别：2022金旗奖最具公众影响力体育营销金奖

项目概述

2022年1月，全球领先的专业运动耳机品牌韶音，在全球范围内将英文品牌名称"AfterShokz"统一变更为"Shokz"。新品牌名称正式启用之后，韶音的品牌Logo、官方域名、各电商官方旗舰店、产品包装等都全球同步进行了更换。这是自2011年品牌成立以来首次启动品牌名和Logo的全新更换。随即，Shokz韶音面向大中华区发布了2022年度旗舰款专业运动耳机OpenRun Pro，这也意味着Shokz韶音从品牌到战略的全新起航。

项目策划

结合Shokz韶音更名之后的全新品牌主张和"专业运动"的定位，项目组决定分别从"S、P、O、R、T"5个维度运营品牌，并在一系列实操经验基础上为此特地建立了社群营销"烽火台理论"。

项目组提出了3个"浸透式"品牌执行策略：浸透式产品思维、浸透式用户体验、浸透式社交UGC。

一是S，即Social（社交）。项目组发现口碑不但是社群运营的结果，而且可以成为下一次社群运营的催化剂，这就是社群（团）营销的"烽火台效应"。烽火由点及面，即可爆发出强大的品牌力和营销力。Shokz韶音品牌营销的社群对象，主要是大中华区的各个大小跑团、骑行团、游泳协会、登山协会、铁人三项组织等。

（1）社群"烽火台效应"。主动、被动覆盖全国几乎所有的知名马拉松协会、城市跑团，并携手各运动类世界冠军、KOL、网红，如邀请马拉松世界纪录保持者、东京奥运会马拉松冠军基普乔格为Shokz韶音大中华区品牌代言人，邀请环法自行车大赛四冠王弗鲁姆为Shokz韶音大中华区环法联名款产品代言人，邀请东京残奥会铁人三项殿军王家超、UTMB中国品牌形象大使运艳桥、2022UTMB中国选手第一名申加升为品牌好友及品牌专属精英运动员。

（2）从消费者中遴选案例，实现最低成本UGC变现。这里的消费者不仅包括一般大众、KOL、明星等，也包括跑团等组织。截至发稿前已知覆盖运动社群超过500个、专业运动员超过50人次，全年举办市场活动（"线上+线下"）超过600场，收获了超过1800篇次原创产品体验测评。

（3）大咖、明星花式植入。将品牌从专注运动场景延展搭配到时尚icon、潮流ootd①，引发粉丝群体关注及"明星同款式"追捧。同时，基于上述"烽火台效应"，引导其他明星跟进佩戴与出镜。

二是P，即Precise（精准的），项目组倡导媒介投放"二八法则"，将足量的资源花在足够精准的适合Shokz韶音品牌的媒体及渠道上，而这些媒体和渠道，能直接与目标受众沟通，避免了成本损耗、资源浪费以及流量重叠。

三是O，既可以认为是Oversea（海外），也可以理解为Opinion（观点）。Shokz韶音创始人团队一开始就将品牌定位于全球化，因此，营销基础虽然立足于大中华地区，但在品牌荣誉和褒奖上应做到全球联动。

对Shokz韶音品牌与产品在海外的任何动态，项目组都会进行本土化编译，以让大中华区的消费者和粉丝与品牌有同样的世界观。同时，基于国际媒体的奖项和赞誉，提高品牌本身的高度、权威度以及产品的可信赖度。

四是R，即Response，线上即时反馈。国内销售层面，线上不设总代及分销，唯有京东、天猫两个独有渠道。线上直管的优势有以下4点：杜绝非官方正品的线上销售及接受官方售后；定价方面官方拥有唯一话语权，不影响或牺牲线下分销商利益；与营销活动同步，跟随不同的活动主题即时调整线上营销策略；精准跟踪大数据，精确获得用户购买意向及行为，并因此制订下一阶段营销规划。

五是T，即Tracking，传播紧随热点，销售契合传播。Shokz韶音市场部在各个社媒平台分别发起SHOKZ POWER、LAB EVENT、FUN、TALK TIPS等主题话题，围绕原点人群打造官方系列内容。

项目执行

2022年1月，韶音全球更名，由AfterShokz更改为Shokz，同时推动大中华区全部合作媒体、合作伙伴、品牌挚友等更新品牌信息及视觉素材。

① 它是outfit of the day的缩写，意为今日的穿搭。

2022年3月，Shokz韶音发布年度旗舰款专业运动耳机OpenRun Pro及基普乔格联名款OpenRun Pro，头部科技媒体及自媒体大批量评测、众测，体育明星、运动达人及社交媒体种草。

2022年4月，运动明星刘教练刘畊宏直播植入产品，引发全网种草。

2022年6月，Shokz韶音联合环法大赛官方发布环法联名款运动耳机OpenRun。

2022年7月，Shokz韶音分别与大中华区数百个跑步、骑行、游泳、徒步等社团合作，发起多场运动主题活动。

2022年9月，发起火遍全网的户外主题运动"向山出发"并带动都市人掀起户外露营风潮。

2022年11月，知名财经媒体《界面》授予Shokz韶音"年度突破创新公司"荣誉，中国区CEO受邀发表题为"中国耳机让世界运动起来"的演讲。

2022年12月，获选新华网2022年度优秀数码产品、新浪科技2022年度运动耳机、ZOL中关村在线2022年度运动耳机、《时尚健康》2022健康新风尚品牌、《体育画报》2022年度专业运动耳机、手机中国CNMO2022年度专业运动耳机、《新潮电子》2022年度专业运动耳机。

项目评估

（1）项目执行期间，Shokz韶音关联的品牌、产品、活动等，全网主动、被动曝光量超过2亿次，社交媒体新增关注用户超过200万人，视频播放量超过1600万人次。

（2）大中华区产品销量，在维持运动耳机品类销量TOP3（京东、天猫数据）的基础上，同比增长超过30%。

Shokz韶音专业运动耳机

国家级专精特新重点"小巨人"企业论证

（3）在新华网五四青年节官方视频《我们正青春》中，Shokz韶音专业运动耳机为带品牌Logo正面亮相、主持人佩戴出镜的消费电子产品。

（4）全球头部媒体荣誉（海外）：《滚石》2022荣誉音频奖、《连线》2022编辑推荐奖、*Runner' sWorld*（《跑者世界》）2022金勋章奖、*Men's Health* 2022最佳跑步耳机。

亲历者说 朱永钢 项目总监、摩翡合伙人

"将运动DNA注入项目的每个创意"是我们对团队成员的要求，为了做好Shokz韶音项目，团队中所有"躺平"的、"御宅族"同事都加入健身、跑步、骑行、徒步甚至是瑜伽运动。Shokz韶音耳机虽然是消费类电子产品，但我们将其定位为"最重要的随身运动装备"，并将之作为项目执行的思维指挥棒，带领创意、文案、活动等各个同事，努力做到将Shokz韶音关于运动的倡导，传递给每一位运动爱好者和极客发烧友。

案例点评

点评专家：孟茹 浙大城市学院品牌与会展传播研究所所长

Shokz韶音专业运动耳机借助英文品牌更名这一契机，在大中华区发布新产品OpenRun Pro，在传递新的品牌形象与理念的同时为品牌注入新的活力。该案例清晰、简单地呈现出传播思路，所提出的"S、P、O、R、T"营销思维不但与品牌核心利益点"运动"一致，而且赋予这个主张更大的想象空间与价值内涵。对于如何发挥社群营销的作用，该案例也提出基于"意见领袖"实现口碑营销联动的"烽火台效应"。传播效果评估的数据与目标市场反应证实了方案的有效性。

三星&冬奥"屏出色，玩出彩"跨界营销①

执行时间：2021年12月1日—2022年2月28日

企业名称：三星（中国）投资有限公司

品牌名称：三星显示器

代理公司：北京优时光网络科技有限公司

获奖类别：2022金旗奖最具公众影响力体育营销金奖

项目概述

2022年冬奥会落幕后，三星作为冬奥会官方赞助商，以冬奥赋能品牌价值，邀请斗鱼主播孙悟空与花样滑冰世界冠军张丹在直播间进行了一场跨圈互动直播。将电竞与冬奥结合，邀请KOL共同打造全民参与大事件，提升了三星品牌的曝光度与产品知名度。

项目策划

借势冬奥话题热度，进行一场电竞与冬奥相结合的趣味直播活动，邀请花样滑冰世界冠军张丹做客斗鱼主播孙悟空直播间，和三星显示器一起送冬奥吉祥物冰墩墩，充分发挥直播平台优势，打造一场全民体育跨界直播。

活动海报

---

① 本文中所涉及的视频及照片，北京九九互娱数字文化传媒股份有限公司（北京优时光网络科技有限公司母公司）均已得到被拍摄者的使用许可。

项目执行

直播间中，主播孙悟空和世界冠军张丹畅聊电竞和冬奥，并在现场借助三星超宽屏显示器体验3A（高成本、高体量、高质量）滑雪游戏，通过屏幕感受身临其境般的高山滑雪，二人在游戏中做出花式滑雪动作，并在过程中对产品性能进行介绍，超大曲面屏让玩家充满沉浸感，体验到了逼真的游戏世界。同时，直播间为粉丝送出超多福利，不仅有三星显示器周边，更有超级网红冰墩墩。

活动现场

项目评估

直播最高热度228.8万。

直播曝光量636.5万次。

直播点击量172.7万次。

亲历者说 米亚娟 北京优时光网络科技有限公司客户总监

中国首次举办冬季奥运会，三星作为冬奥会官方赞助商，希望借此机会在国内提高品牌影响力。我们根据品牌方需求，提出全新创意，将电竞与冬奥结合，共同打造全民参与的大事件，提升品牌在垂直领域的影响力。此次活动邀请到了中国花样滑冰世界冠军张丹和斗鱼知名主播孙悟空，共同讲述冬奥和电竞里的那些事儿。全新的直播内容引发全网围观，体育迷和电竞玩家共同参与，既让大家更深入了解了冬奥，又让大家看到电竞运动员的付出。此次跨圈活动收获了颇多好评，不仅与冬奥会热点息息相关，也让三星显示器品牌在电竞玩家心中树立了良好的品牌形象。

案例点评

点评专家：朱瞻宇　励尚公关中国区总经理、亚太区合伙人

　　三星在奥运营销方面有着丰富的经验，同时，擅长把产品同运动员和热点话题结合起来。这个案例就是典型代表。无论是滑雪的热度还是运动员在奥运期间的受关注度，都是流量的主赛道，而电竞又是三星高性能屏幕的重要使用场景。这样多方面的结合，既赢得了关注，又突出了产品，是一个很不错的创意活动。

◖ 五四青年节 "无热爱，不青春"

执行时间：2022年5月2日—5月4日

企业名称：内蒙古伊利实业集团股份有限公司

品牌名称：伊利

代理公司：飞扬博远（北京）公关顾问有限公司

获奖类别：2022金旗奖最具公众影响力体育营销金奖

项目概述

在五四青年节暨共青团成立100周年之际，伊利秉承着"国有盛事必有伊利"的战略理念，首次试水五四营销，对话年轻人，邀请两位代言人苏炳添和苏翊鸣合体拍摄《无热爱，不青春》的品牌视频，触达年轻人，完成品牌新主张"热爱"的首次亮相。在这场关于青年的传播中，品牌方希望项目组可以结合品牌视频，思考话题引爆点，打造微博热搜话题，进而引发社会讨论、目标受众共鸣，强化品牌与年轻消费者的关联。

项目策划

1. 策略

打造一场"社交媒体最强音"的传播战役；以小时为单位紧凑精准发声；以《人民日报》及六大青年类头部媒体强势占位；以"双苏"首次合体为传播噱头；将伊利品牌态度主张"无热爱，不青春"深度传播。

2. 创意

（1）合理使用资源，成功打造社交媒体最强音：《人民日报》联手头部青年、体育媒体发布信息。头部资源矩阵带来的辐射影响力远超其他品牌，20余家团委和地方媒体主动转发，有效引导舆论风向。

（2）传播角度精准，以小时为单位打法紧凑：遵循"1990"IP发酵传播法则，针对每个圈层的传播，项目组均选取一两个代表为原点，配合多个KOL扩散，形成以小时为单位的"1990"IP发酵传播；黄金24小时矩阵式打透，核心资源集中在24小时内发力。5月2日抢先发布热点视频，打造热门话题，用头部资源带动超高的讨论度，5月3日—5月4日用优势的资源迅速占位，让品牌内容抢占五四当天大众的关注度。

项目执行

5月2日，人民日报微信公众号、视频号、微博多渠道率先发声，强势占位行业高点。单条微博阅读量达4094万次，微博视频播放量达3118万次，互动量7万余次，微信公众号相关内容阅读量10万余次。品牌TVC强势曝光，视频多圈层扩散。

5月3日，六大青年、体育媒体联合发布相关内容。

5月3日至5月4日，9位明星、艺人及代言人微博直发造势，51个新闻媒体、41个体育类KOL、7个文化类KOL、25个段子手等143个KOL密集发声，撬动体育圈层、明星粉丝圈层、泛娱乐圈层，进而影响至更广泛的大众群体。

项目评估

（1）影响力TOP1，真实有效的渗透效果完胜。话题＃苏炳添苏翊鸣合体＃阅读量达16亿次，视频播放量达5991万次，影响力远超其他品牌，讨论量达246万次，是其他品牌的几十倍。

（2）话题冲上自然热搜，成功引发社会性大讨论。围绕视频的"热爱"主题和苏翊鸣明星向内容，5月3日、4日引发大量网友讨论，冲上4次话题总榜和1次热议话题榜。

＃为热爱付出全部值得吗＃最高话题总榜28名；＃苏翊鸣一直是有些演技在身上的＃最高话题总榜21名；＃用热爱的方式度过青春＃最高话题总榜25名；＃苏翊鸣越旋转越清醒＃最高话题总榜36名。

（3）CCTV-5在5月3日一天内主动报道两次。

（4）十家营销媒体主动将本案例作为优秀案例加入盘点并收录。

亲历者说 薛瑜　飞扬博远（北京）公关顾问有限公司项目经理

在五四青年节如何利用核心资源"双苏"，通过巧妙的话题设计，打造后浪一样的爆款事件是此次营销的关键。策略上我们进行了反复打磨，整体上采用了"社交媒体最强音"的规划，配合精准的青年圈层KOL，深刻触达年轻人群，有关主题"热爱"以及代言人的讨论多次冲上自然热搜，这也超出了我们的预期。令我们惊喜的是，《体坛快讯》和《体育新闻》引用了案例的核心创意以及"无热爱，不青春"的表达，再次促进了此次营销的传播。

案例点评

点评专家：来向武　西北大学新闻传播学院副院长

本案例实现了良好的传播效果。从创意到执行的整个过程，技巧娴熟，衔接顺畅。本案例成功的关键在于两个因素：一是与五四青年节的结合，二是两位体育明星的合体。前者很好地促使诸多主流媒体的主动转发，既扩大了传播范围、提升了受众数量，也增强了创意诉求的价值水准。后者则成功引爆了系列话题，契合互联网传播的特点，形成了大量受众主动传播的效果。当然，这些成功之处存在的总前提，就是整体的优秀创意。

◢ 植选 × 京韵冬奥

执行时间：2022年2月5日—2月19日

企业名称：内蒙古伊利实业集团股份有限公司

品牌名称：伊利

代理公司：上海奥美广告有限公司北京分公司

获奖类别：2022金旗奖最具公众影响力体育营销金奖

项目概述

植选首次亮相冬奥会，为伊利开辟第二植物蛋白赛道，以高能营养展示更加前沿、潮流的营养趋势。国人对植物基市场认知比较浅，包括对植选所传递的植物营养的认知也比较弱，此次借势传播，可以强化植物营养观念。3款定制包装产品一经上市便层层出圈，相关话题全网强势曝光42亿次。最终活动期间植选小程序私域拉新11.8万人。植选的包装设计脱颖而出，受到各大媒体广泛好评，澎湃新闻、人民网、读者、正和岛等22位新闻大V和行业大V背书，总阅读量超135万次。各大数据证明，此次与冬奥会合作，对植选扩张声量、营养占位起到了很大作用。

项目策划

通过借势冬奥会，项目组想触达的受众群体为热爱运动、自信向上、自律且注重身体管理的潜在消费者。他们总会及时洞察全球时尚潮流，拥有较高的艺术审美素养且乐于尝新，明白如何提升个人及家庭的生活品质，并且热衷环保，懂得人与自然的共生与平衡。

项目组将通过冬奥会扩大品牌影响力。冬奥会赛事对每一位运动员的体能素质有着更高的要求，更高更快更强离不开更高品质营养的供给。植选作为第二植物蛋白的领军品牌，通过进驻奥运村，与运动员的营养饮食形成强关联。

加深现有受众认知，对新受众进行产品讲解以及推广，宣传植物营养健康自然，可以帮人们进行蛋白补给。

项目执行

植选为响应国家"带动三亿人参与冰雪运动"号召，为奥运健儿助力，借势冬奥会热点，推出定制装，以北京奥运会的3个赛区为灵感，其设计理念与2022年冬奥会会徽的寓意一脉相承，用书法的笔触风格、水墨的配色，遵循书法的浓淡相宜、以形写神特点，展现3个赛区的独特性和冰雪运动的美感，将厚重的东方文化底蕴与现代风格糅合在一起，将植选自然健康的植物营养观念传递给大众。

项目评估

项目组从冬奥会的灵魂信息"冬"字出发，对"冬"进行笔画拆解，并与三大赛区及赛事结合——北京冰上运动与冰丝带，延庆雪车雪橇与雪游龙，张家口雪上运动与雪如意，以形写神，用苍劲有力的泼墨笔触动态地勾勒出冬季运动的专属美感，与植选为运动员带来的高蛋白高营养的理念相得益彰。

入驻冬奥村，为运动员们展现出中国传统文化与植选植物营养的崭新形象。全网强势曝光42亿次，澎湃新闻、人民网等22位新闻大V和行业大V背书，总阅读量超135万次。

亲历者说 刘媛媛　上海奥美广告有限公司北京分公司商务总监

作为奥美品牌核心主管人，从植选只拥有一个商标开始一路伴随其成长至今，从隔氧研磨的浓香豆乳，到无糖植物基的高蛋白，再到太空级豆奶，植选的每一次改变、每一步成长奥美都深度参与、全程助力。在多次紧急工作处理方面，我们做到了有效组织、协调。面对客户越来越多元的需求，项目组积极响应并激励团队，迎接变化、拥抱变化，与植选一起成长。

案例点评

点评专家：张洁　金科华东大区品牌总经理

这是令人耳目一新的传播案例，借势大型赛事热点，强化产品的植选品牌印记。其以传统与现代、虚拟与现实的完美融合，吸引客户关注，将传统文化的悠长韵味和现代冰雪运动的灵动至美充分融合并释放出来。

在产品设计、传播场景方面，项目组把东方传统文化、国风京韵以及北京冬奥会三大赛区赛事有机融合起来，将"冬"字拆解并变成不同的视觉符号，以此关联不同的赛事项目；把花样滑冰、冰球、滑雪与中华传统文化的太极、象棋、京剧融合渗透，营造出兼具传统与现代特点的独特意向氛围。

以植选品牌登场冬奥会开展强势传播，潜移默化地影响消费人群心智。借势大型赛事资源，开展中国植物营养科普，率先占位赛道，用优质的创意内容和多样化的传播形式造势，有效提升了品牌知名度和影响力。

中粮福临门2021—2022年冬奥营销项目

执行时间：2021年12月1日—2022年3月31日

企业名称：中粮福临门食品营销有限公司

品牌名称：中粮福临门

代理公司：腾提度（北京）文化传播有限公司（腾提度传媒）

获奖类别：2022金旗奖最具公众影响力体育营销金奖

项目概述

作为世界顶级体育赛事，奥运会一直是各大品牌的营销高地。福临门并非冬奥会赞助商，如何巧妙借势奥运热度为品牌赋能，实现预期营销效果，体现国民粮油品牌地位，以及"带动三亿人参与冰雪运动"、为建设体育强国贡献力量的央企责任，显得尤为重要。

自2021年中粮福临门宣布启动"福将计划"以来，在日常营销中，福临门借势女排、航天等相关热点，持续打造"福将"IP，不断拓展"福将"外延，与精准消费人群沟通，强化品牌核心标识。

基于以上情况，本项目希望以福临门精准受众——亲子家庭为主要沟通群体，借势冬奥热度，与冬奥相关媒体、冰雪项目组织合作，开展整合营销，持续打造"福将"IP，多维度触达用户，彰显品牌态度，传递"有家就有福临门"的品牌理念，强化行业地位。

项目策划

1.营销洞察

（1）竞品分析。奥运会不仅是运动健儿拼搏的赛场，更是品牌的战场。数十家非官方赞助品牌和官方赞助品牌"杀"入赛场，抢占流量红利。

金龙鱼：持续长线体育营销，不断深耕专业主义。

伊利：自创IP资产，强调消费者体验。

青岛啤酒：以欢乐互动聚焦消费者。

君乐宝：聚焦家庭，精准锁定目标消费人群。

（2）营销难点。

冬奥营销后来者：其他品牌早已进场，将冬奥营销发展成品牌资产。

品牌关联性较弱：作为非官方赞助品牌，无法与冬奥会直接关联。

缺乏营销权益：受营销规范限制，营销存在掣肘情况。

（3）营销对策。

中粮福临门以冰雪福将为抓手，助力带动三亿人参与冰雪运动，形成强关联。

冰雪嘉年华落地、冬奥世界冠军助力，形成强关联。

整合头部媒体资源，冠名栏目，形成强关联。

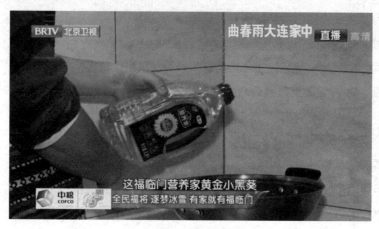

栏目视频截图

2. 营销目标

（1）深化品牌内涵，夯实品牌定位（品牌理念）。借助全民性冰雪主题活动，实现"家家有福将，人人是福将"的愿景，深化"有家就有福临门"的品牌内涵，夯实国民粮油的品牌定位。

（2）拓展"福将计划"外延，扩大品牌曝光度（品牌资产）。继承女排营销资产，发扬体育精神对品牌的助力作用，借势全民目光聚焦冰雪运动的热点，形成"福将计划"与冬奥会的强关联，实现品牌信息的海量传播。

（3）广泛互动亲子家庭，增强消费者产品认知（产品认知）。通过设置活动，借助媒体传播让产品卖点和形象直接、有效触达目标消费群体，提升产品的认知度和美誉度，凸显福临门国民粮油"安全、健康、营养、美味"的产品品质。

（4）践行企业使命与责任，持续输出"忠良精神"（企业责任）。响应国家号召，普及冰雪运动，弘扬体育精神，倡导美好生活方式，彰显以社会责任驱动企业发展知行合一的作为。

3. 营销主题

（1）全民福将。对IP进行延伸，持续彰显中粮福临门的体育运动基因和国民粮油的健康担当。

（2）逐梦冰雪。通过"冰雪"关键词，强化与冬奥会的关联，传递营销主题信息。

4. 阶段规划

（1）冬奥前（1月20日—2月3日）。三地联动，辐射全国，迅速突破，借势突围。

（2）冬奥中（2月4日—2月20日）。结合节日氛围，融合春节元素，奥运媒介公关化。

（3）冬奥后（2月21日—2月28日）。营销解构，打造标杆，维持品牌热度。

项目执行

1. 活动

中粮福临门携手前花样滑冰运动员陈露和朗诵艺术家徐涛，同时联合视觉中国，以"冰雪＋国风＋萌童"进行跨界融合，普及冰雪运动，弘扬体育精神，通过冰雪秀、冰雪大师课、冰雪趣味互动和国风文化表演、民俗体验、快闪行动等多种形式，点亮和守护小福将的冰雪梦想。在北京国贸冰场举办启动仪式，并将活动推广至南京、杭州等城市，共襄冰雪盛会。

2. 代言人

主题微电影让品牌精神成为主角，迅速占领"冰雪"营销阵地。

（1）官宣花滑世界冠军陈露为"中粮福临门冰雪梦想大使"，通过陈露身上既有标签，迅速占领"冰雪"营销阵地。

（2）以陈露母女真实生活中的点滴为故事原型，推出微电影《用爱陪伴梦想》，携手陈露在线上推出冰雪大师课。

3. 媒体资源合作

（1）与新华网特别栏目《权威发布》和《荣耀一刻》合作，汇集比赛相关资讯，实时发布比赛获奖情况，通过独有的传播优势，巧妙地和热点内容实现同屏，为品牌传播带来更大价值。

（2）与BTV（北京广播电视台）合作，成功抢占晚间大众使用电视观看赛事的高峰期，借助栏目本身的内容和权益，采访冠军的教练、家人，揭秘冠军成长背后的力量。

4. 跨界合作

联合中国妇女网和视觉中国，举办"她就是福将"女神节摄影展。

巩固福将概念的同时，一方面致敬时代女性，另一方面鼓励更多的女性在事业与生活中顽强拼搏、勇敢追梦，展现新时代女性的巾帼风采。

项目评估

1. 项目亮点

（1）资源亮点。

形象代言："中国花滑第一人"陈露。现任北京冬奥组委运动员委员会委员、中国第一枚冬奥会花样滑冰奖牌获得者陈露，担任中粮福临门冰雪福将计划推广大使、中粮福临门品牌鉴证官。

冬奥天团加油助力。不同时代的知名冬奥运动员，为冰雪福将计划发声，并在新春佳节为全国人民拜年，送上冰雪祝福。

跨界合作，实力破圈。联袂北京冬奥会专业影像素材支持商——视觉中国，打造冰雪、运动、艺术、品牌视觉盛宴，针对冰雪主题的珍贵影像资料，举办展览鉴赏活动。

资深奥运营销专家出任顾问。由资深公共关系专家、政治传播学者、中国传媒大学政府与公共事务学院教授董关鹏与央视奥运前方报道顾问、著名体育社会学家易剑东出任项目顾问。

大区资源联合推广。联袂河南广播电视台、成都市广播电视台，同步举办活动，助力媒体传播和选手招募，打造大区营销的标杆活动，提升区域影响力并促进产品销售。

（2）活动亮点。

福将IP升级。联合冰雪运动员与专业冰场，举办中粮福临门全国性活动，开展"寒假第一课"，充分覆盖全国重点销售区域，助力销售。

冬奥明星倾情出席。国民福将、中国花滑冬奥首枚奖牌获得者陈露参与活动，央视"流量密码"主持人担任活动主持。

超多景别，沉浸式互动。多元化沉浸式场景构造，舞台设计、场景设计、品牌产品展示，助力品牌传播围绕活动主题展开，家庭化场景充分展现体验感、科技感、幸福感。

顶级冰场，流量助力。聚焦城市中心顶级冰雪场地，为受众提供专业体验，满足活动多层次需求，同时借助其周边的天然人流量，打造高人气地标活动。

（3）传播亮点。

强势绑定冬奥持权媒体。深度合作北京冬奥会官方持权媒体，联袂央视大小屏、新华网客户端、北京冬奥纪实频道等实现内容共创，形成非奥赞助商与赛事传播的有机结合。

品牌、冰雪、节日三位一体。在冬奥营销传播中，结合传统节日风俗与消费者媒体使用习惯，实现多元内容的交融，满足多元化需求。

持权媒体二次传播。借助北京冬奥纪实频道、新华网客户端的专向合作，产出与冬奥赛事强关联的内容素材，借势热点二次传播。

情感共鸣，产出UGC。通过消费者的冬奥情结、话题噱头引发情感共鸣，借助文创礼品、观赛票务的刺激，持续与消费者互动，产出具有特色的UGC。

2. 媒体统计

本次营销通过媒体渠道实现了传播内容的精准落地及多维扩散，利用图、文、视频以及权威媒体进行传播，覆盖2.5亿余人，媒体价值达2600万元。

（1）"央视＋地方电视台"相关报道，覆盖3200万人。

（2）"BTV冬奥纪实频道＋新华网客户端"，2022冬奥会权威媒体资源触达1.5亿人次。

（3）门户、客户端类媒体，综合性互联网信息资源，触达2500万人次。

（4）新媒体KOL，社交媒体覆盖面广和流量大，精准垂直受众传播达2400万次。

亲历者说 苏玲　腾提度传媒创始人、总裁

以"福"制胜，优在借势，立在覆盖，赢在传播。

"弘扬中国传统文化"的花样冰雪，守护国民精神层面幸福感的"福将计划"，共襄冰雪盛会的全民热潮，这些营销既有对现实的深刻洞察，同时实现了高效的品牌价值输出，这是一场出色的营销。

案例点评

点评专家：张泽　王小卤品牌中心总经理

2022年北京冬奥会话题频频出圈，诸多企业角逐奥运营销，非赞助品牌在这个节点在影响消费者认知方面面临极大的挑战。福临门前瞻性地推出了"福将"IP，把"福将"作为营销切口，借冬奥、奥运明星热度进行营销，丰富品牌"福将"IP内涵，对品牌来说这是一种非常聪明、性价比极高的借势营销。

与此同时，福临门面向亲子家庭这一核心消费群体，推出了相关活动，致力于在下一代中推广冰雪运动，良好的ESG表现也有利于企业可持续发展。

GOLDEN
FLAG
AWARD
金 旗 奖

2022
—
金旗奖最具公众影响力
媒体商业化金奖

华为云"云中筑梦人"公关传播案例①

执行时间：2021年11月22日—2022年1月15日

企业名称：华为云计算技术有限公司

品牌名称：华为云

代理公司：北京华瑞成业管理顾问有限公司

获奖类别：2022金旗奖最具公众影响力媒体商业化金奖

项目概述

1. 项目背景

2021年，华为云推出盘古AI大模型，服装设计行业是其探索的重点领域之一，华为云希望能实现跨界突破。

2. 项目目标

（1）品牌：提升品牌声量和温度；强化核心受众对盘古AI大模型的感知。

（2）产品：实现盘古AI大模型广泛曝光，实现其从ICT（信息通信技术）领域到大众领域的破圈；突出盘古AI大模型在服装设计领域的能力和价值。

3. 要解决的问题

一是华为云与公众价值链接少，需要解决陌生感问题；二是盘古AI大模型技术很专业，需将其转化成非行业人士能理解的内容。

活动海报

---

① 本文中所涉及的视频及照片，北京华瑞成业管理顾问有限公司均已得到被拍摄者的使用许可。

项目策划

1. 目标人群洞察

（1）公众（含服装设计师），尤其是为公众（含服装设计师）提供智能解决方案的伙伴。

（2）高学历者，他们关注社会热点，善于独立思考，具备人文精神，能感受到AI带来的便利性但对背后的支撑技术了解较少。

（3）知道盘古AI大模型但对其核心能力、差异化价值等缺乏深入了解者。

2. 策略

强内容、共情，少营销、广覆盖、广关注。

（1）线下打造有温度的社会公益事件，注重对社会层面的实际价值，同时为线上传播搭建基础。

（2）线上以强故事性引爆传播，形成广泛关注，传递华为云科技向善的价值观。

（3）爆发期对产品技术的营销采取克制态度，弱技术、重功能，让人工智能相关产品在新闻中自然流露，进而赢得品牌好感，传播产品价值。后续通过精准传播，对生态伙伴、行业客户进行产品价值的深入营销。

3. 创意

以大山深处科技教育相对薄弱为出发点，围绕"科技启蒙"展开营销。在大凉山一所爱心小学，华为云利用AI成果开展一堂跨越几千公里的科技启蒙课。为让孩子感知科技，让科技启蒙的价值真正落地，课程设计围绕"可触摸、可感知、可互动"展开。本次课程选取大城市学校课堂上也不易见到的华为云多款高科技产品作为教学道具，与孩子互动，如华为云首个数字人"云笙"和孩子一起做数学题，让孩子初步感受元宇宙概念；机器狗可根据孩子手势做出动作，与孩子一起做俯卧撑；另外，向孩子展示了AI技术保护雨林、保护小熊猫的科普短片等。

本次课程邀请华为云AI高级研究员、清华博士任星为孩子们上课，近似的成长环境让他与大山里的孩子们有着天然的联结，也更能为孩子们树立榜样，提供力量。

如何将盘古AI大模型在服装设计行业的应用与山区孩子们建立起联系？华为云选取新年穿新衣的习俗，带领孩子们在智能设计软件辅助下设计具有民族特色的新衣，让孩子将"科技成果"穿在身上，与此同时，结合课堂上任星的指导，孩子们进一步了解科技成果背后的逻辑，让科技启蒙顺理成章。

4. 媒介策略

媒介组合联动，兼具"深度"与"广度"，深入触达各圈层，引发破圈效应。渠道整合，涵盖新闻媒体、行业类KOL、微博、抖音等平台。

短片与文字报道形式,重量级媒体率先定调;人物类媒体引发广泛情感共鸣;大V借势讨论话题,引爆大众舆论场;各界KOL深度解析价值;四川区域重点媒体传播,引发本地媒体转载,深化社会影响力。

5. 传播规划

(1)走心篇:云中筑梦,种下科技种子。新华社新闻报道:一堂特殊的"人工智能"课。内容方向:以采红村晓明爱心小学的一堂趣味课开篇,结合大凉山脱贫现状,引发孩子关于未来发展的思考。科技趣味课让学生们了解了前沿技术,AI制作的冬衣给孩子们带来温暖……科技"软"力量的投入为孩子们的未来发展播下希望的种子。

"新华网微信公众号+客户端"发布新媒体图文《AI了,大凉山里的这堂课》,嵌入视频。

任星的课堂

《人物》杂志,从人物故事视角深度报道事件。

30余家网络媒体扩散新闻,全网造势。

微博传播,社媒发酵,华为云官方微博海报及视频出街,《公益时报》《Vista看天下》《中国新闻周刊》《三联生活周刊》等官方账号转载并加入讨论,撬动话题。微博话题#大凉山的AI课#引发网友关注。

(2)技术篇:以AI织衣,传递科技温度。产出华为云盘古AI大模型设计冬衣纪录片,在抖音、视频号等视频平台传播,揭秘背后的技术故事。

从技术角度传播,ICT行业、泛科技领域等30余家媒体扩散。

聚焦华为云产品盘古AI大模型快速为小朋友设计既保暖又美观冬衣的事件,解析其背后的技术创新,展示华为云的技术能力,突出华为云科技速度和温度。

组织垂类媒体及KOL专访,解读冬衣设计背后的技术故事,产出深度文章。

(3)番外篇:学校里来了新老师。"四川本地影响力省级报网+新媒体平台"传播,集中引起社会正向影响。

项目执行

1. 重量级媒体新闻报道吸睛，打响"第一枪"

（1）新华社客户端、新华网微信公众号原发"图文报道＋视频"，权威媒体率先发布，客户端阅读量当日即超百万次。

（2）微信公众号发布人物深度报道。

2. 话题引爆，全网快速发酵

（1）华为、华为云微信公众号，华为云、华为中国微博等自有新媒体平台第一时间发布文章、视频和海报，为全网提供官方信息源。

（2）新华网、《Vista看天下》、《三联生活周刊》、《公益时报》等的微博账号转发华为云微博，大V带动全网热议。

（3）四川全省（市、州）官方新媒体平台及省级报网主动转载。

（4）60余家媒体发布新闻，引发500余家网媒转载。

3. 深入解读，价值沉淀

科技类媒体及KOL发布技术解读文章；科技博主等围绕#大凉山小朋友的AI冬装#话题评论或转发。

项目评估

1. 效果综述

从"走心、共情"到"科普硬核技术"，总曝光量超1亿次，实现了目标人群广覆盖，引发了情感共鸣，受众对华为云从陌生到认可，华为云品牌好感度极大提升，构建起华为云品牌与受众的情感连接。

孩子们参与科技趣味课堂互动

实现盘古AI大模型从IT领域到大众层面的破圈，并提供舆情支撑。后续通过IT、行业媒体对盘古AI大模型产品能力进行价值解读，覆盖服装设计圈层，有效提升行业用户对产品能力、价值的基础认知，为促成与时尚行业数字化伙伴的合作提供背书。

2. 受众反应

大众层面（含服装设计师人群）点赞华为云的科技温度、科技向善。

合作伙伴点赞华为云品牌向善，对盘古AI大模型应用有了进一步了解，并从不同层面肯定了盘古AI大模型价值，认为盘古AI大模型让AI开发变得简单。

学研人群也为华为云点赞。

3. 市场反应

项目结束后一周内3家服装智能设计企业联系华为云，详细了解盘古AI大模型。

4. 媒体统计

120余家媒体报道，新华社客户端报道阅读量100万余次，新华网微信公众号文章阅读量超10万次，总曝光量超1亿次。

亲历者说 程婕　北京华瑞成业管理顾问有限公司客户总监

传递科技向善的理念、打造品牌温度不应仅停留在传播上，更应切实践行。因此，项目组在课堂构思上下功夫，以高质量给孩子们上一堂科技启蒙课为根本目的，结合产品实践需求，选取互动强的产品，力求课程有趣、有料。此次活动不仅传递温暖，也感受到温暖以我们为起点被传递。主流媒体的主动报道、地方电视台公益活动的主动邀约、社会各界人士对此次公益课堂的纷纷点赞，驱动我们在更有社会价值的公关活动上走得更远。

案例点评

点评专家：朱瞻宇　励尚公关中国区总经理、亚太区合伙人

项目巧妙运用CSR主题，引发媒体和受众关注，同时借助少数民族文化，引入服装设计理念。博士与小学生对话，形成强烈对比，从创意上来说本项目是比较成功的，切中社会关注的热点。华为云计算技术有限公司是一家B2B企业，在品牌营销的基础上，其对目标受众、业务拓展的要求很高，未来可以考虑以更直接的手段来营销，影响服装行业主要利益相关方，以便收获更好的效果。

GOLDEN
FLAG
AWARD
金 旗 奖

2022
—

金旗奖最具公众影响力

MCN × 品牌内容推广金奖

◢ 懂东东视频号直播代运营

执行时间：2021年9月3日—2022年7月11日
企业名称：北京京东世纪贸易有限公司
品牌名称：京东
代理公司：青岛尊道传媒有限公司（简称尊道传媒）
获奖类别：2022金旗奖最具公众影响力MCN×品牌内容推广金奖

项目概述

微信视频号的战略地位不言而喻。京东作为其平台内购物生态的重要一环，势必提前布局，在视频号赛道抢占先机，懂东东应运而生。

2021年，尊道传媒联合京东团队，基于京东站内互动游戏《东东农场》，孵化、打造出懂东东IP形象，正式迈进微信视频号这一行业新赛道，开启视频号直播的探索之路。"百场原产地溯源直播"真正将全国各地优质生鲜水果带给广大消费者，为同品类直播注入了新生力量。

项目策划

微信作为社交平台，流量注入主要依靠微信私域。在有限的流量池内撬动更多公域流量，对整体项目来说是一个巨大的挑战。微信用户在平台功能的使用上以社交功能为主，用户心智的局限性导致视频号发展也可能面临瓶颈。

基于以上认知及前期的一系列调研，初期项目组在懂东东定位上耗时颇长，最终项目组赋予懂东东这个农场主以下人物特性：脑洞大，爱思考，有超出其年龄的知识广度，开朗活泼，求知欲强；从小在农场长大，热爱自己的农场，研究各种生鲜果蔬农作物；一心要为"邻居们"（目标用户）提供高品质低价格的生鲜产品。上述人物特性，拉近了懂东东与微信视频号用户的距离。

除了IP定位，在直播策略上，项目组也不断优化调整，只为更贴近微信视频号用户使用习惯。从前期的每周三场品类直播升级调整为日播，每月还会根据大促节点、节日属性或是应季生鲜打造S级直播专场，像3月杧果节、4月临朐樱桃节、5月海南荔枝节等。根据节点大促、季节限定及网络热点，直播间持续强化产品组合，不断更新选品策略，并联合产业带溯源寻找优质好物，甄选爆品集中、反复推荐，打造直播间专属爆品。

懂东东金秋寻鲜季

打造"百场原产地溯源直播"是懂东东的一大亮点，整个直播团队走进乡间地头，主播上山摘桃、下塘挖藕，为消费者真吃、真看、甄选，真正帮助广大消费者寻找全国各地优质的生鲜水果，让消费者看得见、信得过，与此同时，将更加实惠的价格带给消费者，成为真正为消费者挑好产品的好朋友。

基于微信用户的特性，懂东东社群运营常用聊天、陪伴式的沟通方式，主播天团也在社群内近距离与用户互动，同时配合倒金字塔式运营策略，针对不同用户提供不同的服务内容，以促进社群活跃，实现粉丝留存的目的。

对新用户：通过京东、公众号、算法推荐等渠道进行裂变，利用福利与服务促进留存，从而实现新用户的沉淀。

对普通用户：通过微信、直播渠道进行裂变，借助懂东东视频号的优质视频内容与直播服务促进用户留存，从而培养普通用户的浏览习惯。

对忠实用户：更多地通过直播福利、宠粉活动来实现这部分用户的留存与扩容。

为了抓住更多公域流量，媒介策略也几经更改，光朋友圈信息流投放这一条，投放团队经过几度调整，才找到适合懂东东的投放规律。

（1）朋友圈信息流投放可精准触达定向人群。通过朋友圈信息流展示优质直播封面，在直播期间可直接将用户引流至直播间，触达多重潜在用户，实现高曝光，促进直播间新增关注及订单转化。

（2）垂类达人公众号投放。选择与懂东东视频号直播品类、用户画像、受众群体等强相关的达人合作，以推文形式对懂东东视频号直播信息进行推广，实现公众号粉丝触达，为直播引流并沉淀粉丝。

（3）擅用社群投放。寻找美食、低价、团购等类型的社群，并在该类社群内进行直播宣发或开展相关活动，以强吸引力的利益点和优质的直播宣发物料引发社群用户关注，实现社群向直播间的引流，完成直播间新用户沉淀以及订单转化。

项目执行

项目执行过程中，项目组不断总结经验，追求变化，定期对项目迭代升级。

1.风险控制

直播项目面临的一大问题是人员流动，为了避免人员流动造成损失，项目组对直播导演、场控、主播等关键岗位和环节，设立专属SOP（标准操作程序），并设计新人手册，实行老带新的方式，不管在新人培训学习还是人员交接方面，都有效避免了对于项目的干扰，有效规避了风险。

2.团队激励

直播易出现突发性事件，但也不得不承认，其中的重复性工作相对较多，为了避免团队各个岗位人员进入舒适区后无法跳出，懂东东建立了比较完善的团队激励政策。一方面，激励团队的执行工作，提高团队执行的积极性；另一方面，对于主播的激励可以促使其拿出最好的精神面貌面对消费者，从而更好完成每场直播。

项目评估

懂东东从2021年9月开播，在一些重大营销节点取得了一系列出色成绩，先后获得"2021年双11带货量NO.1""年货节食品生鲜品牌榜NO.1""女神节品牌总榜NO.1"等荣誉。在单品爆单出圈方面，也成功取得了"柚子卖出2.3万余个，车厘子1万余单"的优异成绩。

除此之外，懂东东收获了一批忠实的私域用户，并沉淀到了不同的社群，其中，VIP社群粉丝复购率达到80%。

在2021年年末，懂东东获得了2021年度视灯奖"最具商业价值视频号"和"最佳视频号成长奖"荣誉，获得行业肯定。

亲历者说 **单梓良 本项目负责人**

在微信视频号建立初期，懂东东项目便进入视频号赛道，当时团队小伙伴都是摸着石头过河，通过一场场的直播实践，尝试各种直播玩法，进行经验总结，在执行过程中，不断对懂东东项目升级迭代。我们尝试过每天6小时连播7天、不间断24小时直播、室内和户外场景切换直播、古代和现代场景穿越直播等。这让我们对视频号的玩法有了一些经验总结，也让整个项目在仅仅不到一年的时间里屡创佳绩。这离不开团队小伙伴们的努力，他们是整个团队的骄傲！

案例点评

点评专家：吴加录　《成为公关高手：我在奥美、联想、美团的15年公关经验总结》作者，交个朋友公关副总裁

目前短视频及直播带货形式在微信视频号还处于探索期。虽然微信生态本身并不缺少流量，但由于微信各产品之间的用户信息是独立管理的，短视频和直播带货的用户大数据推荐不够精准，转化率也不够高，微信视频号较少有直播带货销售额破亿级别的成功案例。但视频号直播代运营是蓝海业务，要做好这块，不仅要基于商品本身的数据指标（曝光、点击、转化等）做运营，还要和内容结合，实现短视频、直播带货以及微信生态内的信息流和搜索等多频共振。由尊道传媒执行打造的视频号账号懂东东，一方面依靠微信私域和优质的内容撬动更多公域流量，另一方面在微信生态视频号的流量承接和转化方面做得颇为成功，为其他品牌探索微信视频号带货提供了较好的样板经验。

● 吉利中国年

执行时间：2021年12月22日—2022年1月3日

企业名称：吉利控股集团

品牌名称：吉利汽车

代理公司：青岛胖刺猬传媒有限公司

获奖类别：2022金旗奖最具公众影响力MCN×品牌内容推广金奖

项目概述

随着消费者对互联网的依赖增强，更多人喜欢在网上看车，希望不出门就可以了解车的款式。作为国内汽车自主品牌龙头企业，吉利控股集团凭借自身强大的科技生态优势，提高效率，降低成本，迭代产品，产品销量跨越式增长，品牌声誉大大提升，而且，实现了从线上输出转化到线下4S店实际体验完成消费的闭环链路。在2022年虎年到来之际，其在元旦这天举办了一场"2022年第一份吉利"品牌直播秀，与全国千家经销商门店线上线下联动，为消费者提供多重优惠。

活动海报

项目策划

作为时下最热的"社交化、数字化、场景化"互动方式，直播已成为各大汽车品牌重要的营销方式。将更多公域流量转化为私域流量，提升品牌营销效果，是本次项目的重中之重。

汽车行业直播逐渐常态化。从受众看，"90后"用户占比54%，远高于其他年龄观众，而主播也呈年轻化趋势，且更适应新的传播互动形式。

1. 创意

（1）本次直播定在元旦当天。抓住内容打造直播新玩法，增加直播留客时长，提升留资数。基于目标群体年轻化的特点，直播内容可偏向情景短剧等汽车直播用户喜爱度排名前三的类别，情节类或访谈新闻类形式更受他们喜爱，内容形式也从单一销售优惠转战丰富感观情节线。新年第一天，营造节日氛围，增强用户对元旦节日的情感共鸣，通过搭建多元化内容营造大吉大利中国年的温馨氛围。

（2）焦点转变，从打造人设到躬身入局。杭州大剧院乐队助阵，引爆元旦话题热度，将主播人设转化为车型"人设"，释放 KOL 价值，在横向的广度与纵向的深度上，从品牌视角出发创造有利于推广的营销内容，从消费者的视角出发提供消费观点，引导消费行为的产生。增强车型在用户中独特的记忆点，使其强势出圈。

（3）时机转变，抓住看播黄金 30 分钟，希冀用户在短时间内获取产品全面信息。开场联动 KOL，吸引用户，抓住开播流量塔，为直播助力。内容中融入年轻人元素，让用户短时间内看到并引发共鸣。逐渐发掘汽车直播的可看性和实用性，主动、持续观看。

2. 策略

提出年轻化核心理念，围绕用户动线进行全链路业务价值贯通。兴趣场、内容场、收割场三大阵地协同发力。通过标签，实现用户与内容的双向匹配。直播不是单独的环节，而是可以打通直播前后端营销的连接点。直播前，整合资源，为活动造势；直播中，引导用户配合活动内容，围绕消费者生命周期提供更加长效的种草模式，实现精准运营，实现吉利多平台流量互通以及留资数据转化。围绕吉利中国年核心想法，推出独具特色的吉利过年晚会，官方账号发声内外联合。开场有乐队助阵，围绕过年带好礼回家的习俗，在相应环节宠粉送"福利"。利用年味场景布置、结合产品卖点深入解读、红人评测种草等，多角度阐释产品，引发用户共鸣。在直播间给消费用户以真实体验感受，实现与目标用户的有效沟通，推动声量、销量双提升。

传播规划：用中国红作为传播视觉的主色调，突出品牌大气简约中国年的概念，贯穿"2022 年第一份吉利"的营销理念，以大家喜闻乐见的文案和直播圈粉，匹配中国年内容，做全网传播推广。

活动视觉：直播设计整体视觉呈现也会影响用户对直播的体验，所以本次视觉设计选择喜庆的红色。活动海报以及场地搭建、直播物料等沿用主色调红色，设计人物立牌，填充过年元素，展示新年氛围，配合直播内容，增加优惠信息，助力直播前针对目标用户做蓄水以及直播间内容种草工作。

投放规划：针对直播车型做短视频引流，完成直播间流量转化，为直播间造势，有效提高留资数据以及涨粉数据。

项目执行

本次活动吉利汽车官方抖音号从新产品优势出发，结合"2022 年第一份吉利"福利流量回馈新老用户的理念，从粉丝增长率和转化率两个维度进行用户互动策划，以"2022年第一份吉利"为核心传播点，通过直播互动游戏、车型福利、趣味话题吸引用户观看并收获流量。前期联动乐队造势，与品牌自有的"大脸主播团"相配合。支持团队由6人组成。每个环节都有1名导演在现场进行流程把控以及斟酌主持动线，规避穿帮镜头。执行团队由8人组成，不管是前期乐队的对接还是后期直播的执行，小到每个嘉宾麦克开关等，责任到人，每位工作人员清楚知晓个人工作内容，保证直播工作紧张有序进行。

项目评估

4个小时的直播，观看量达千万人次，互动量达25万次。环节中穿插宠粉环节，通过吉利福利微信小程序、吉利汽车App、官方抖音和天猫、京东旗舰店等多个线上平台，为全体用户派送"大吉大利"四重福利豪礼。该直播活动用户参与度高，是国产领头汽车品牌行业标杆性的直播活动。本次项目成果打造消费共鸣心理，直播整体从用户角度出发，触达用户关注点，融入品牌文化，解决用户痛点，保证产品输出的同时提升品牌美誉。其中，达人在横向的广度与纵向的深度上都实现了明显的"扩张"，不仅能够从品牌视角出发创造有利于推广的营销内容，也能从消费者视角出发提供消费观点，引导消费行为产生。线上联动线下的闭环链路，带动市场传播及产品收割，最终完成市场链路。用户反响强烈。

1. 受众反应

直播前期，通过发布活动海报，为处在观望中的受众种草，客服咨询量大大提升。因汽车受众一般为30～40岁的男性群体，本次直播以及产品介绍主要目的是收获年轻目标用户，结合生活痛点为其贴心推荐，受到用户广泛好评。

2. 市场反应

网络直播已经成为重要的数字化传播媒介，直播赋能已成为业内共识。作为国有企业品牌引领者，吉利汽车通过直播完成用户与品牌之间的沟通，打通了线上、线下流量闭环，突破了只有线下看车才能了解车型的固有模式，搭建了线上用户沟通桥梁，建立了与消费者之间的信任和认同，从而引流新用户、盘活老用户、加速用户转化。

3. 媒体统计

汽车之家、爱卡汽车等多家知名网站报道转播。除了精彩纷呈的线上互动体验活动，吉利中国年还联合全国五大区域为千万用户推出"温暖回家路""吉利年货节"等线下暖心回馈活动，为用户在春节假期购车、用车提供贴心、用心的全方位保障。

(亲历者说) 苏澜　青岛胖刺猬传媒有限公司项目经理

12月中旬客户告知需做一场元旦直播，本次活动受众是一直支持吉利的新老用户。众所周知，"年"是对前一年的回顾，对新一年的展望，那不如就来一场过大年式的吉利中国年直播。本次直播参考综艺栏目形式，由吉利"大脸主播团"主持，通过每个环节闯关积分的形式推出宠粉奖品，环环相扣，最终抽取豪礼。欢快的开场歌曲开启了本场直播，主播的十八般武艺逗得全场观众欢笑不断，在给大家带来笑声和奖品的同时，让未能回家过年的朋友在这特殊的日子里感到温暖与贴心。

案例点评

点评专家：刘永强　微梦&爱设计首席增长官

该项目在众多汽车与直播案例中令人印象深刻，在创意概念（吉利中国年）、新媒体手段运用（直播）、立体传播整合（门店、小程序、App、抖音、天猫、京东、汽车之家）等方面均体现出了较高的策划和执行水平。参考综艺形式进行直播内容策划，将品牌推广活动变成用户感兴趣内容，有效调动了平台流量与品牌资源，最终实现了品牌曝光、粉丝增长、留资获客转化的多重优异营销成果！

GOLDEN
FLAG
AWARD
金 旗 奖

2022
—
金旗奖最具公众影响力
电视剧推广案例金奖

电视剧《小敏家》新媒体传播

执行时间：2021年12月6日—2022年1月4日
企业名称：上海柠萌影视传媒股份有限公司
品牌名称：柠萌影视
代理公司：北京蔚蓝视界科技有限公司
获奖类别：2022金旗奖最具公众影响力电视剧推广案例金奖

项目概述

《小敏家》是一部聚焦"重组家庭与中年爱情"的家庭伦理剧集。播出期，内有家庭伦理剧同质化严重带来的市场刻板印象，受众年龄偏大，难出全民爆款，外有大流量大制作剧集环伺抢占社交赛道的市场竞争环境。在不利环境下，如何助推传播现热度突围，将剧集打造成2021年全民爆款成为项目组需要解决的难题，具体而言，其一，如何实现受众破圈，吸引多圈层受众关注并讨论；其二，如何实现热度突围，冲破大流量竞品"围剿"，收获年轻受众关注，抢占声量。

项目策划

1. 项目调研

（1）有别于以往家庭伦理剧，《小敏家》以"中年爱情"为核心议题，以平视角度全景式展现老、中、青三代人亲情与爱情的观念碰撞，内核犀利现实、风格温暖治愈，内核和风格的差异化为剧集出圈提供了内容基础。

（2）《小敏家》有其年轻化切口，在内容层面，《小敏家》中青春爱情、女性奋斗、代际沟通等话题为年轻受众提供了丰富的社交讨论维度。

（3）《小敏家》具有爆款"基因"，极致的人设打造、强感染力的情节设置、强现实化的生活质感、多维的话题讨论空间以及高品质的内容，为剧集高热出圈提供了有利条件。

2. 整体策略

（1）热度长线打造：全域话题网分层搭建，高能剧情话题搭载社会议题形成情绪共振。

（2）受众破圈拉取：三大极致人设齐发力，社交侧"中青年"两大情感线提升热度。

（3）焦虑陷阱避让：戏骨搭档镇场，稳信心，引入中年爱情视角，夯实治愈基调。

（4）爆款上下拓维：年轻玩法跨圈，法律、消防、高校领域高声量响应。

3. 内容创意

（1）多维、立体塑造中年爱情。以周迅、黄磊国民演员三搭引入，先导片首发，"唤醒"阵容回忆；前置爱情特辑，主创分享独家婚姻爱情观，引发核心受众关注；专家解读"小敏式中年爱情"，拆解消费捆绑的家庭关系。

（2）长线铺设青春校园爱情线。"渐入佳金"双人前置运营；演员环球影城合体拍摄青春大片；线上双人直播连麦互动，强化剧情。

（3）"戏骨"人物人设焕新，差异化亮相。先树立刘小敏"非典型性"的单身母亲形象，借"仙火气"标签展现艺人周迅和角色的反差感；巧借艺人周迅出圈梗"好多人啊"包装核心人物关系网，消解观众对三代人复杂关系的疑虑；打造黄磊差异化角色标签，塑造"人间高质量前夫"形象，放大角色亮点，同时联动黄磊司机角色，加深陈卓"网约车司机半永久"印象。

（4）极致人物扛社交"火力"，角色带动剧情热议。首先塑造李萍"女霸总"高人气形象，以豪爽行事作风和"一句话炸出清华帅哥"逗趣语录击中年轻用户；以李萍、陈佳佳母女间的趣味互动解构新时代亲子关系，引发全网争当李萍女儿的热度，"梦中情妈"印象升级；八卦吃瓜萍姐立体化人设；金波无赖爸爸的形象贴"国产寄生虫原型、中年版苏大强"社交标签，将角色具象化；整合国产剧"搞事父亲"角色，形成"影视剧作爹"联盟，实现角色引流；徐正角色前期捆绑安嘉和，形成"醋精"伪精英男形象，结合高能刺激剧情；打造金家骏"扛爸子"标签，配合父亲金波不靠谱的形象体现角色"惨帅"，同时以"校园学霸、养成系男友"的高颜值噱头吸引年轻用户围观。

（5）全域垂类渠道联动，达到热度广覆盖。"小系列"剧集角色围观互动；与江西衣、食、住、行全域本土文化联动；《人民法院报》微博账号借剧情在线普法；消防微博矩阵火热追剧，科普用火安全；艺人秦海璐与抖音视频博主内容共创。

4. 媒介策略

（1）据守社交主阵地，热度互哺。针对微博、抖音，在满足平台需求的情况下内容点合理分发，话题差异化；艺人陪伴式沉浸营业，互动产出剧情梗话题。

（2）垂渠拓圈，针对用户兴趣点进行"投喂"。针对B站、快手、头条、虎扑等有明显用户倾向的平台，内容下沉到多个渠道。

（3）豆瓣口碑渠道持续内容投放，引导社会话题正面讨论。

5. 传播规划

（1）以国民演员阵容镇场，为中年爱情定调。

（2）社交侧"中年+青年"两大情感线交叉牵引剧集热度，首播收视成绩稳定市场口碑。

（3）高能剧情搭载社会热议话题，剧集3个极致人设发力出圈。

（4）利用两大主演的强情节刺激观众，使其情绪达到峰值。

项目执行

预热期为12月6日至12月10日，以"影后和戏剧老炮"顶配阵容收获首波口碑；借中年爱情特辑，让观众感知剧集调性；以主演三搭再续前缘连接大众情怀。

开播首周，从爱情线出发，传递中年伴侣的真实和感人；青年线引导观众以单亲子女视角解读生活。结合热议点，开播日助推高收视话题。人设打造上，对周迅演的单身妈妈、黄磊演的网约车司机"半永久"、秦海璐演的"女霸总"、涂松岩演的"啃儿族"，观众均有较强感知。

热播期，采用极致剧情错峰打造、角色热度交叉的方式提前释放话题点，维持有效热度。实现剧集IP的联动，《小敏家》《小欢喜》演员线上互动，收获观众较高满意度。

收官期，延续剧集温暖治愈的基调，以高光情节收尾，全员用一句暖心治愈台词收官。

项目评估

1. 效果综述

收视与口碑全面飘红。斩获全网省级卫视年度剧集第一等多项成绩，社交热度高开高走。播出期间，更是获得《文汇报》《光明日报》《中国青年报》《中国艺术报》《北京日报》等20多家媒体背书。

2. 受众反应

《小敏家》的生活感深嵌多维观剧群体，其落地现实生活的婚恋家庭、极致人设、代际差异等内容元素，充分触达用户。每个角色都切中受众真实痛点，他们输出着或喜或怒的真实情绪，情绪共鸣性强，核心熟龄受众在中年爱情剧情中品味真情，年轻观众也在映照现实的剧情中找到情感困局解法、探讨健康的两性关系。

3. 市场反应

《小敏家》剧集指标全方位领先，斩获全网省级卫视年度剧集第一、湖南卫视年度剧集第一、优酷剧集年度第一、优酷年度流量冠军。微博剧集年度第一，收获全网热搜热榜1857次，2021剧集高位热搜数量第一。抖音剧集年度第一，播出期全期蝉联剧集榜第一，站内剧集IP总播放量超190亿次，剧集主话题播放量破106亿次，2021电视剧官方抖音总获赞第一，2021电视剧官方抖音百万赞爆款数第一。

4. 媒体统计

《小敏家》播出期间共获《文汇报》《光明日报》《中国青年报》《中国艺术报》《北京日报》等20多家媒体点赞背书，为剧集口碑定调积累了势能、打开了声量。地域媒体深度植入江西衣食住行全域本土文化，30多家江西媒体助力造势。100位头部意见领袖精准解读，从题材创新、女性态度等多维视角深度共情，反哺观点输出，助力剧集口碑深耕。20多篇阅读量破10万次的爆款文章全方位解读敏家时尚及高光剧情点，触达多领域受众，流量得到有效立体转化。

5. 项目亮点

（1）精准定位，"中年爱情"成市场风向标，精准定调核心差异化。

（2）情绪长线有效牵引，刘小敏、陈卓中年爱情贯穿主线；金家骏、陈佳佳青春甜宠感情辅线发力；刘小捷、徐正感情生活触发现实两性关系讨论。

（3）三大亮点人设出圈，"女霸总"李萍吸收首波热议值，金波借"渣爹"形象集结社交火力，徐正以"渣男"形象引发热议。

（4）"小系列"梦幻联动，强化柠萌影视"小系列"剧IP属性，刺激忠实剧粉活性。

亲历者说 尹蕾　北京蔚蓝视界科技有限公司项目经理

《小敏家》作为一部温暖现实主义作品，在大剧扎堆的档期中依靠着扎实的品质内容突出重围，实现了口碑、热度双丰收。团队伙伴对内容投入了极大的热情，伴随着人物成长体味悲喜滋味。让好内容被大众看到，我们觉得是一件很有幸福感和成就感的事。

案例点评

点评专家：张殿元　复旦大学国家文化创新研究中心秘书长、教授

作为优酷年度流量冠军，《小敏家》成为2021年度爆款剧，打造了现象级的沉浸式观剧盛况。《小敏家》在家庭本位的故事空间中，对中年恋爱、代际关系、青春成长、老有所养等话题做了阐述，剧中内容对都市生活场展现得淋漓尽致，在追求日常美学的同时，演绎引发全民共振、暖心疗愈的生活。剧中人设引起观众强烈共鸣，引领全民沉浸式追剧。在营销传播上，《小敏家》做到了跨领域线上、线下联动，打通全渠道，实现集体破圈。家居领域和生活方式的KOL快速跟进话题，相关品牌也参与其中，让《小敏家》的话题延伸至小红书、豆瓣、微信等平台，掀起了全平台破圈的传播风暴，打造全民观剧氛围。

腾讯视频《扫黑风暴》整合营销传播

执行时间：2021年7月31日—9月9日

企业名称：上海腾讯企鹅影视文化传播有限公司

品牌名称：腾讯视频

代理公司：北京蔚蓝视界科技有限公司

获奖类别：2022金旗奖最具公众影响力电视剧推广案例金奖

项目概述

1. 项目背景及难点

《扫黑风暴》是一部由多个真实社会案件改编的电视剧，旨在向大众传递"扫"的不易而非"黑"的可怕，因此舆论方向需引导，应严肃处理、审慎对待。多部同类型优质作品珠玉在前，这对口碑点的创新提出更高要求。全剧角色众多、案件复杂，存在认知门槛和追剧黏性挑战。

2. 项目目标

（1）通过剧集让受众感知国家对扫黑除恶工作的坚定决心和必胜信心。

（2）打造2021年度口碑与热度双丰收的全民爆款大剧。

项目策划

1. 项目策略

（1）口碑品质"保护伞"模型：以剧集核心口碑卖点为中心，张伞——向上矩阵结盟全域出击，降落——向下点位突破圈层覆盖，构建由上至下的牢固口碑体系，配合内容、市场、用户，形成圈层口碑营销路径，并最终完成用户声量、流量、情绪的三重转换。

（2）主动出击预言家模型：针对已知剧情，预判未知传播效果，如针对青年演员与老戏骨同台飙戏时演技方面的弱点等可能引发负面传播舆情的内容，做好提前引导、提前准备、提前占领、提前监测这"四个提前"工作，最终完成剧集预设期待，打造一部年度全民爆款剧。

（3）主动出击三重反黑机制：针对突发舆情，以预判分级、监测引导、追尾引导三重机制，实现口碑防护，全周期护航。

2. 内容创意

其一，定调、蓄力，矩阵结盟，向上给信心，"致敬"概念全网传播，保证品质。

权威媒体站台——向上给予信心。权威媒体矩阵背书，定调夯基；CCTV《今日说法》结合剧情推广普法内容；《人民日报》、新华社、《新京报》等10余家纸媒以及行业媒体报道。

主创下场证言——向上统一战线。全员接力发布音频海报，致敬扫黑英雄；联合艺人、台网、公安宣传矩阵等发布跨界手写致敬扫黑英雄大赛；导演五百知乎发布"绿藤市民五百小作文"。、

影视娱乐自媒体持续安利剧情，加固口碑，行业自媒体社会话题发酵，多维延展剧集价值观。

其二，亮点狙击核心人群，圈层搅热，口碑扩散。

艺人定制策划，狙击艺人粉丝：针对不同艺人特质对粉丝定制差异化话题。

品质内容输出，狙击目标用户：解说式代入追剧，强输出品质向内容，聚拢目标人群，堆积口碑。

硬核内容提炼，狙击目标用户：主打硬核追凶、正邪对立剧集风格，剧集精准渗透给目标受众。

其三，不同人的同频共振，定向跨界暴风增益。

借势奥运热点，渗透体育圈：借势冬奥，助推全民追剧狂潮。

跨界策划引流，触达相声圈：策划跨界事件，突出剧集正向立意。

正向营销定调，联动法制领域：撬动法制相关垂类领域，长线正向营销，填充正剧口碑基调，激活存量观众。

多领域联动：漫画、美食、美妆等多领域定向投喂兴趣内容，吸引女性潜在用户。

其四，话题引爆圈层共振，热度续航加热口碑。

爆梗话题输出，打造沉浸式追剧"天花板"：微博系定制玩法开创先河，社交热梗多渠道下沉传播。

痛点话题释放，口碑点与共鸣点强融合：挖掘剧情情绪点，剧情向、社会向等高讨论度话题全渠道持续释出。

3. 媒介策略：三大类型渠道获声量

（1）口碑阵地扩容量，豆瓣、知乎等口碑阵地，将演员阵容豪华、真实案件改编、制作班底强大、制作细节精良等口碑一一强化，主动打造好剧集口碑初印象。

（2）社交平台加声量，微博等社交平台通过真实案件改编与亮点剧情挖掘实现话题点位强释放，通过打造极致人设辅助群像出圈等，增大社交声量。

（3）下沉渠道拉流量，头条系、快手、抖音、虎扑等渠道定向投喂，包装剧集内容，辅以下沉话题，强势打造硬核追凶、正邪对立剧集风格。

4. 传播规划

打造"三全"社交货币。

（1）全网触达多媒介维度，热议不停，创剧集新高。微博热议，声量聚拢；豆瓣追剧小组沉浸式热议剧集细节；行业头部媒体发文表认可；短视频被多方媒体点赞好评、知乎开局讨论热度高能持续刷屏、虎扑深度渗透引爆口碑。

（2）打造全民热议话题，多角度覆盖全群体。打造覆盖18～25岁、25～35岁、35～50岁等全年龄段话题，涵盖男性、女性、垂类和泛娱乐受众等全方位群体；深耕剧集内容特色，定点投放趣味向话题，打造垂类高品质向话题、泛娱乐趣味向话题以及正能量话题。

（3）全领域花式互通联动。打造庆功宴热梗，联动美食圈，助力庆功宴"云吃席"；漫画圈创意绘画扫黑全员卡通形象，致敬扫黑英雄；奥运体育圈集体互动，官微点赞剧集；德云社与绿藤梦幻喊话催更，直播联动；焦作消防借势分享消防知识；美妆圈博主打造仿妆。

项目执行

预热期和开播期，向上给信心，向下铺基石。联动艺人及主创，致敬扫黑英雄；强推戏骨阵容，稳中求进以品质铸口碑。

热播期，全渠道、全年龄、全领域沉浸式打造社交货币。全渠道渗透，热议声量聚拢；深耕剧集内容特色及极致人设，定向投喂话题，强势拉拢用户；全领域互通联动；联动新浪微博，首创新玩法"绿藤市同城热搜"和"绿藤要闻剧情脉络"，创新打造追剧元宇宙。

收官期，长线预埋，热梗收官引爆，口碑情绪统一升华，维持长尾期热度。长线打造热词"绿藤市民""庆功宴"等，创意内容引发用户扩散传播；口碑打造与声量、流量、情绪的三重转换，实现高口碑与大众情绪的统一升华。

项目评估

1. 效果综述

热度口碑双"暴"来袭，开启2021年数据峰值。社交侧，全网收获1113次热搜，热度断层，包揽榜单首位。

2. 受众反应

剧集评分高，超九成观众给出五星好评，豆瓣评分较高，连续3周登上华语口碑剧集榜，获高口碑认可。

3. 市场反应

全网热搜1113次，热度断层，其中，微博热搜热榜279次，前十高位热搜45个，2021年剧集高位热搜数量最多；短视频热榜327个，资讯类热榜352个同档期断层第一。全网指数断层领跑，多平台流量第一，百度指数峰值181.8万，微信指数126亿，微博指数664.2万，今日头条曝光量50亿次，均创2021年剧集新高，全网指数一骑绝尘、翻倍领跑。行业榜单多日蝉联猫眼热度、灯塔剧集热度、百度电视剧热度搜索、德塔文电视剧景气指数、云合数据连续剧多行业榜单热度第一，播出期间连续 20 日上榜。

4. 媒体统计

口碑侧，100 余家权威媒体背书，规模史无前例；《人民日报》《光明日报》《北京青年报》《新京报》等媒体矩阵式点赞好评；行业头部媒体高度认可，认为该剧取材真实，为高品质剧集。

5. 项目亮点

（1）首创玩法。利用媒体影响力，联动百家权威媒体率先发声点赞，规模性入场背书、站台；元宇宙追剧模式，联动微博打造绿藤市同城热搜、开设线索式追剧专题板块以及绿藤市民等级测试等玩法，让绿藤市民深入《扫黑风暴》平行世界。

（2）创新标准。沉淀了 3 种适合绝大多数影视剧集尤其是类似《扫黑风暴》的特殊题材剧集的营销方法论：向上给信心、向下铺基石模型；主动出击预言家模型；积极应对扫雷队模型。让破圈成为过去式，打造全民、全网、全领域流通的社交活动，成为全渠道渗透、全民观看、全领域开花的影视新标本。

亲历者说 肖紫玉　北京蔚蓝视界科技有限公司策划经理

这部剧让观众关注到现实中发生的社会事件，向大众科普了相关法律知识，也让观众深切感知到了扫黑工作的不易，引发了全网的深度共鸣。从前期的创意到播出期的执行，团队群策群力，共同攻克难题，最终超预期完成宣传目标，并且沉淀出了可复用的剧宣方法论，我们团队每个人都与有荣焉。

案例点评

点评专家：姚曦　武汉大学新闻与传播学院博士生导师

《扫黑风暴》从前期推广到后期收官，可以说是口碑和热度双丰收的整合营销传播经典案例。具体有以下几点值得学习借鉴。一是在传播内容层面，聚焦电视剧的"扫黑除恶"调性，围绕情节打造绿藤元宇宙，实现追剧的双时空体验。二是在传播层面，让具有权威性的媒体背书，同时利用主创的影响力、社交媒体的话题度实现口碑的正面宣传。三是在整合营销手段上，在充分理解该电视剧剧情走向和调性的基础上，细化宣传阶段，就不同阶段的情况制定相应的策略。可以说，本次推广是一次针对新类型剧进行整合营销传播的成功尝试。

GOLDEN
FLAG
AWARD
金 旗 奖

2022
—
金旗奖
组委会特别奖

◾ "讲好中国故事"创意传播大赛

执行时间：2016年11月27日至今

企业名称：中国故事创意传播研究院（中国外文局与华中科技大学部校共建）

品牌名称："讲好中国故事"创意传播大赛

获奖类别：2022金旗奖组委会特别奖

项目概述

党的十八大以来，习近平总书记多次强调要讲好中国故事。由华中科技大学陈先红教授策划发起的"讲好中国故事"创意传播大赛，正是中国公共关系学界响应习近平总书记号召的生动体现，是中国公共关系理论和实践相结合的产物。该赛事已成功举办五届，2019年由最初的半官方赛事升级为由国务院新闻办公室作指导单位、中国外文局主办、华中科技大学学术支持、中国新闻史学会特邀协办的年度官方品牌赛事，已成为中国梦提出十余年来社会大众不断筑梦、圆梦的鲜活缩影。

项目策划

1. 项目背景

自习近平总书记于2013年提出"讲好中国故事，传播好中国声音"以来，社会各界都在积极探讨讲好中国故事的创新实践。在华中科技大学，以陈先红教授为代表的一批专家学者，积极投身国家叙事与国际传播的科研工作，自2016年起，获批立项了一批具有标志性的"讲好中国故事"国家级科研项目，产出的系列高质量研究成果获得中央和省部级领导的肯定性批示，为"讲好中国故事"提供了坚实的理论支撑。为了创造性地发掘、凝聚、培育真正的"中国故事·世界话语"，陈先红教授策划发起了"讲好中国故事"创意传播国际大赛，面向国内外民众征集国际社会"愿意听""听得懂""乐分享"的中国故事，推动形成"自塑、他塑和共塑"讲好中国故事创意传播的实践局面。

2. 项目目标

将讲好中国故事的传播实践由从上到下的"公传播"变成从下到上的"共传播"，从由内而外的"内传播"变成内外兼顾的"整合传播"，从由中国自己说自己好的"自传播"变成让别人来说中国好的"他传播"，从而提升中国国际话语权、增强中国国际传播能力、塑造中国国家形象。

3. 项目组织

首届"讲好中国故事"创意传播大赛由华中科技大学新闻与信息传播学院与中国外文局对外传播研究中心、中国新闻史学会公共关系分会、中国网联合主办，并邀请了中国外文局、教育部高等教育司、湖北省委宣传部、湖北省委统战部等作为指导单位，中国全聚德（集团）股份有限公司、湖北西游记公园有限公司和杭州市城市品牌促进对首届大赛进行了赞助。2019年，"讲好中国故事"创意传播大赛正式升级为由国务院新闻办公室指导、中国外文局主办、华中科技大学提供学术支持，当代中国与世界研究院、中国互联网新闻中心承办，中国新闻史学会公共关系分会（2020年后为中国新闻史学会）特邀协办的年度官方赛事。

4. 项目作品征集

大赛围绕中国梦的故事、中国人的故事、中国文化的故事、中国城市的故事、中国乡村的故事、中国品牌的故事等主题，面向社会广泛征集参赛作品（作品类型为视频类），参赛对象包括各地高校、各类传播机构、社会组织、在华外国人、华侨华人和海归留学生等。

5. 项目前期宣讲

为提升大赛知名度和影响力，首届"讲好中国故事"创意传播大赛举办了多场新闻发布会和宣讲活动。2016年11月27日，首届大赛在"第四届国家传播战略高峰论坛"上举办了首场新闻发布会。此后分别于2016年12月4日和2016年12月31日在香港浸会大学举办的1stPRSC（中国新闻史学会公共关系分会首届学术年会）& 9thPRAD（第九届公关与广告国际学术论坛）、全球华人公关学术会议上进行了大赛的宣传推介，还于2017年2月20日在澳门科技大学举办了首届大赛的澳门新闻发布会，中央驻澳的各个媒体均参加并进行了广泛报道。2017年2月27日，首届大赛在北京举行了启动仪式和高端研讨会。与此同时，首届大赛总策划陈先红教授还在北京大学、复旦大学、浙江大学、华中科技大学、中山大学、暨南大学、广东外语外贸大学、浙大城市学院、澳门科技大学等高校进行了相关宣讲活动。以上活动保证了首届大赛的顺利举行，也为大赛的升级奠定了坚实的基础。2019年，"讲好中国故事"创意传播大赛正式升级为年度官方赛事，在全国赛之下分设10多个地方分站赛和主题赛，此后每年全国赛和各地方分站赛均会举行隆重的颁奖典礼及启动仪式，为新一届大赛宣传造势。

6. 项目传播与成果展示

项目承办方之一的中国网为"讲好中国故事"创意传播大赛设置了官方网站，以便进行作品申报、获奖作品展播和相关新闻报道，全方位展示大赛成果，并在抖音平台开通抖音号"中国故事工作室"，传播优秀故事作品。中国故事创意传播研究院以组织官微为宣传阵地，及时跟进大赛进程。同时，"讲好中国故事"创意传播大赛举行隆重的颁奖典礼，表彰获奖作品、参赛者介绍参赛经验、总结大赛成效，集中展现大赛成果。颁奖典礼集中了政、产、学、研、媒各界在"讲好中国故事"理论与实践方面有丰富经验的代表，由指导单位、主办方和承办方的相关领导、专家学者、获奖者代表和媒体代表共同参加，共同探讨讲好中国故事的创新实践路径，共同推动讲好中国故事向纵深发展。

项目执行

大赛设置组委会，由中国外文局局长杜占元与华中科技大学党委书记李元元担任组委会主任，由当代中国与世界研究院、中国互联网新闻中心和中国故事创意传播研究院提供学术支持，保障大赛的顺利推进。大赛共设置启动仪式、分类赛事和主题赛作品征集、网络投票、专家评审、作品公示、颁奖典礼、优秀作品展播等环节，大赛组委会各单位分别负责不同环节的组织工作，其中，启动仪式与颁奖典礼（年中举行）由当代中国与世界研究院与中国互联网新闻中心承办，作品征集和网络投票（启动仪式后至当年12月）由中国互联网新闻中心负责，华中科技大学为大赛提供学术支持，中国故事创意传播研究院负责全国定评会的组织评审工作（作品征集与网络投票结束后），作品公示与优秀作品展播（定评会结束后）均在官网进行。

项目评估

1. 主题精准、文化性突出

大赛遵循"返回中国文化的原点，参照西方现代理论，贯通古今文史，融合创新学理"的设置理念，开展"还原—参照—贯通—融合"的创意传播战略路径。通过参照西方戏剧五元理论，以中国文化话语为分析框架，以"文化理念、文化仪式、文化符号、文化产品、文化信仰"作为修辞视野，挑选"家庭价值观、春节、汉字、《西游记》和儒释道"作为元故事层讲述样本，以中国梦的故事、中国人的故事、中国文化的故事、中国城市的故事、中国乡村的故事、中国品牌的故事为六大主题，由此展开中国故事的元话语和叙述组合，聚焦创意生产文化内容，深度挖掘故事背后的多元文化价值，突出文化性。

2. 参与面广、规模大

"讲好中国故事"创意传播大赛自创办以来便获得了社会各界的积极响应，仅首届大赛便有来自全国32个省（市、区）的200多所高校大学生组、留学生组、企业组、媒体组、社会组以及海外和国际组等提交了724件故事作品，参赛者年龄最大的超过90岁，年龄最小的不超过9岁。2019年，大赛升级为国务院新闻办公室指导的官方赛事后，参与人数进一步增加，当年大赛共征集到3893件作品，并先后在14个省（市、区）开展分站赛，2020年，"讲好中国故事"创意传播大赛更是收到来自全国各地的参赛作品13146件。由此观之，"讲好中国故事"创意传播大赛在全国乃至全球范围内已经形成较强的影响力，参赛人数多、覆盖群体广、规模大，堪称"全民性"公共传播活动。

3. 媒体关注度高，传播力强

"讲好中国故事"创意传播大赛作为专业性的国家级赛事，一直具有较高的媒体关注度，"第一届讲好中国故事创意传播国际大赛"颁奖典礼活动便得到了《人民日报》、新华社、中新网、人民网、中国网等近40家国内权威知名媒体报道，取得了广泛的社会影响力。其中，央视新闻频道《朝闻天下》对此进行了2分钟的专题播报；《人民日报》海外版刊发了相关新闻报道。同时，此次活动文字稿件被人民网、新华网、光明网、中国网等27家重点新闻网站转载，视频新闻被腾讯、爱奇艺、乐视、优酷、搜狐等12家知名视频网站推送。

4. 全球视野，立意高远

"讲好中国故事"创意传播大赛旨在向全球推广全面、真实、立体的中国，塑造可信可爱可敬的中国形象，受到了海外学者的高度评价。例如，欧洲公共关系之父、德国莱比锡大学教授Günter Bentele指出，"它能帮助构建积极的国家形象"；国际知名公关学者、悉尼科技大学教授Maureen Taylor指出，"这是把中国故事讲给世界听的一个好方法，通过讲故事的方式构建人与人之间的社会关系"；国际知名公关学者、新南威尔士大学教授Michael Kent指出，"把中国故事讲给世界是一个很棒的主题，它有着强大的力量"。

亲历者说 陈先红 "讲好中国故事"创意传播大赛首席顾问，中国故事创意传播研究院院长

习近平总书记提出的讲好中国故事的本质，就是一种全民参与的公共关系实践总动员。现代公共关系学作为一种讲故事的修辞技术和专业话语实践，是讲好中国故事实践的核心战略工具和公共沟通手段。"讲好中国故事"创意传播大赛提供了一种既传统又创新的跨媒介讲故事平台，鼓励和支持各行各业的人提交在中国发生的故事，参与到中国国际传播的全国性对话中来。目前"讲好中国故事"创意传播大赛已经成为跨越地域、跨越文化、跨越年龄、跨越学历、跨越语言的现象级公共关系活动。尤其是在大学生群体中，大赛成为增强新时代大学生文化自信的有效教育方式，是推动新时代大学生文化自觉的实践创新策略，是建立新时代大学生文化认同的战略沟通工具。

案例点评

专家点评：刘畅　克诺尔中国区副总裁，中国欧盟商会政府事务论坛主席

　　作为一项向世界展示新时代中国发展成就和文化魅力的活动，"讲好中国故事"创意传播大赛有效激发了社会各界的创意潜能，培养了更多的对外传播人才，实现了全民参与"整合传播"的目标。

　　同时，通过多元化的主题和形式，专业化的评审和网络化的投票，该活动搭建了一个广泛参与、同频共振的对外传播新平台，增进了中国与世界的沟通和理解，提升了中国的国际形象和话语权，打造了更多优秀中国故事。